心理学经典教材译丛

Group Dynamics
for Teams
(5th edition)

# 团队中的群体动力学

## （第5版）

[美] 丹尼尔·利维（Daniel Levi）

戴维·阿什凯（David Askay） 著

李文超 刘 娜 赖 葭 译

汪 琼 审阅

北京师范大学出版集团
BEIJING NORMAL UNIVERSITY PUBLISHING GROUP
北京师范大学出版社

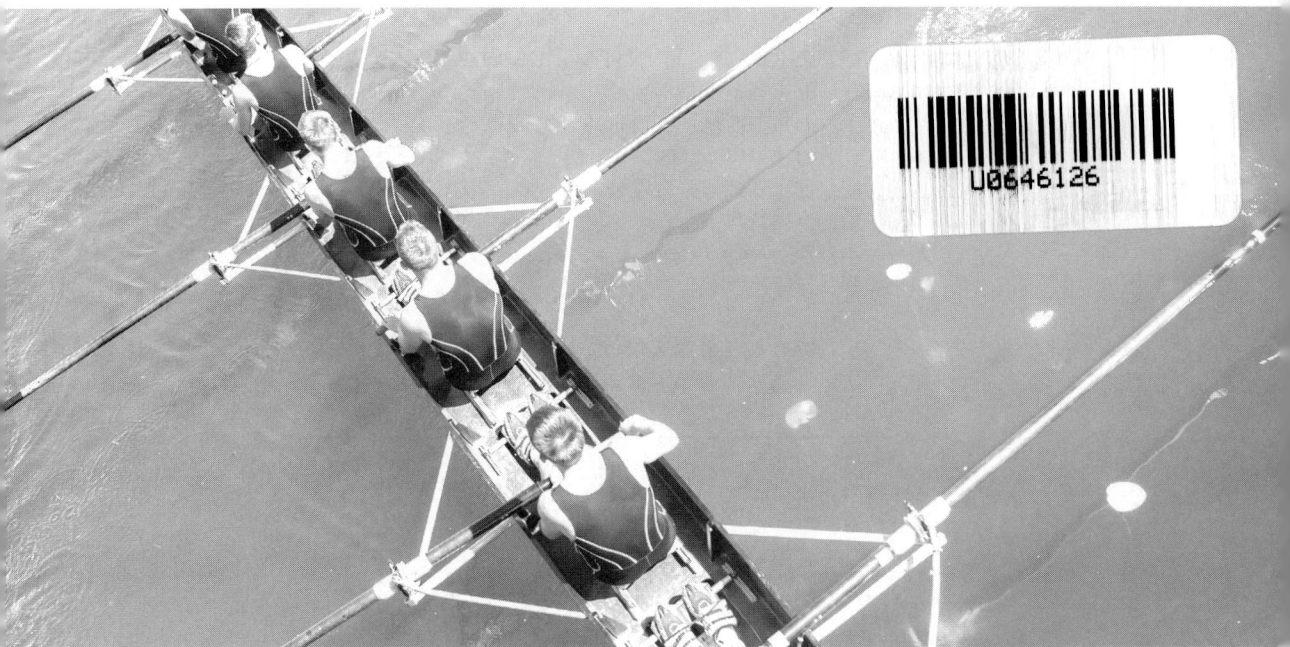

Group Dynamics for Teams(5<sup>th</sup> edition) by Daniel Levi Copyright © 2017 by Sage Publications，Inc.
All Rights Reserved．No part of this book may be reproduced or utilized in any form or by any means，electronic
or mechanical，including photocopying recording，or by any information storage and retrieval system，without
permission in writing from the publisher.

本书中文简体翻译版由 SAGE Publications，Inc. 授权北京师范大学出版社独家出版并限在中国大陆地区销售。未经出版者书面许可,不得以任何方式复制或发行本书的任何部分。

北京市版权局著作权合同登记图字 01-2017-4556 号

---

**图书在版编目(CIP)数据**

团队中的群体动力学(第 5 版)/(美)丹尼尔·利维等著；李文超
等译. —北京：北京师范大学出版社，2021.1
(心理学经典教材译丛)
ISBN 978-7-303-25187-2

Ⅰ.①团…　Ⅱ.①丹…　②李…　Ⅲ.①组织心理学－教材
Ⅳ.①C936

中国版本图书馆 CIP 数据核字(2019)第 236951 号

---

营　销　中　心　电　话　010-58802181　58805532
北师大出版社高等教育分社微信公众号　新外大街拾玖号

---

TUANDUI ZHONG DE QUNTI DONGLIXUE
出版发行：北京师范大学出版社　www.bnup.com
　　　　　北京市西城区新街口外大街 12-3 号
　　　　　邮政编码：100088
印　　刷：北京京师印务有限公司
经　　销：全国新华书店
开　　本：787 mm×1092 mm　1/16
印　　张：23.75
字　　数：435 千字
版　　次：2021 年 1 月第 1 版
印　　次：2021 年 1 月第 1 次印刷
定　　价：108.00 元

---

策划编辑：何　琳　　　责任编辑：梁宏宇　朱冉冉
美术编辑：李向昕　　　装帧设计：李向昕
责任校对：康　悦　　　责任印制：马　洁

**版权所有　侵权必究**
反盗版、侵权举报电话：010-58800697
北京读者服务部电话：010-58808104
外埠邮购电话：010-58808083
本书如有印装质量问题，请与印制管理部联系调换。
印制管理部电话：010-58805079

**Group Dynamics for Teams**    致　谢

　　在很多人的帮助下，这本书才得以出版。我有很多机会给各行业的实际工作团队做咨询，并在这个过程中形成了我对工作团队（制造业或者专业团队）的理解和认知。安德鲁·杨（Andrew Young）、玛格利特·朗（Margaret Lawn）和丹·德维托（Don Devito）给了我很多在美国及其他国家与团队工作的机会。我的关于工作团队的大部分研究和咨询都是与我的搭档查尔斯·斯莱姆（Charles Slem）在圣路易斯-奥比斯波的加州州立理工大学（Cal Poly）完成的。作为一位团体动力学的教师，我与弗莱德·斯塔尔茨（Fred Stultz）以及罗伯特·克里斯滕松（Robert Christenson）一起合作教学，并从他们身上学到了很多。此外，我也有机会与在加州州立理工大学的工程研发小组一起工作，这是美国国家航空航天局（NASA）赞助的为改善工程教育的部分项目。在德保罗大学计算机与数字媒体的副教授丹尼尔·米特尔曼（Daniel Mittleman）的帮助下，我对采用虚拟团队工作带来的影响有了更深入的理解，他对本书领导虚拟团队的内容也有很大的贡献。戴维·阿什凯（David Askay）——加州州立理工大学通信系的助理教授主笔了第六章"沟通",并为多元文化的影响及团队选用科技沟通工具的内容贡献了很多的想法和宝贵的建议。最后,在我的团队动力和团队合作的课程上,心理系、商业系以及工程科学系的学生也给了我很多关于团队如何运作的想法和建议。

我还要感谢美国世哲出版社(SAGE Publishing)多位编辑的大力支持,还有很多匿名的学术反馈及修订建议。此外,凯西·约翰斯顿(Kathy Johnston)和萨拉·克歇尔(Sara Kocher)都非常努力地帮我润色文稿,让本书的可读性更强。我还要特别感谢我的妻子萨拉给我很多有思考价值的建议并在写作过程中不断鼓励和支持我。

本书的完成,还要感谢下列朋友的全面审阅:

马克·阿维赛斯(Mark A. Arvisais),陶森大学(Towson University)

克丽·贝克(Kerrie Q. Baker),西达克瑞斯特学院(Cedar Crest College)

安尼塔·李菲尔(Anita Leffel),德州大学圣安东尼奥分校(The University of Texas at San Antonio)

拉塞尔·梅斯(Russell O. Mays),乔治亚南方大学(Georgia Southern University)

凯文·纳达尔(Kevin L. Nadal),约翰·杰伊刑事司法大学(John Jay College of Criminal Justice)

凯文·辛诺特(C. Kevin Synnott),东康涅狄格州立大学(Eastern Connecticut State University)

与其说这是一篇译者序，不如说这是一本译作的成长记。

2005 年，我从北大毕业，走入企业，开始从事人力资源开发工作。十余年中，从自我开发，到团队开发，再到组织开发，我深刻感受到了人力资源工作的复杂度越来越高。

2009 年，我在某世界五百强企业里开发一门团队发展的领导力课程。一位业务部门的领导问我："带人跟带团队有什么不同吗?"我说："是的，不同。带人是帮助每个人做到最好的'1'；而带团队则是促进团队有效相互依赖（interdependence），达到 1＋1＞2 的效果。"

2014 年，我重返北大，开启博士学习之旅。我很珍视这个机会，希望能够在学术视角下深入反思多年的实践困惑。

2015 年，我先生在经历了创业的最初两年后，对创业团队的困惑与日俱增。我开始与身边的创业者们有了越来越多的关于创业团队的探讨，也更加深刻地体会到他们的切身之痛。创业企业中的团队与成熟组织中的团队的团队动力的重要性和复杂性是相似的，但是团队动力的具体影响因素似乎又有所不同。

2016 年，我与一群志趣相投的同学和朋友开启了创业团队动力的研究。我们将国内外几十年关于创业团队研究的成果进行了梳理和总结，结合成熟组织中的团队发展的相关理论，提出了一套 TeamUP 创业团队动力研究框架，并开始实践探索。在近两年的时间中，我们收集了近百个创业团队的数据，分析研究，并深度跟踪了其中数个团队在一年中的发展历程，尝试在理论与实践中找到答案。

这一年，我的导师汪琼教授从美国带回这本书，希望对我的研究与实践有所帮助。本书将理论与实践相结合，亦如我的工作与学习之旅，从理论学习到实践应用，再从实践困惑回到理论探索，这是这本书最打动我的地方，也是最终促动我在繁忙的工作和研究之余，仍然决定要翻译本书的最重要的原因。

2017 年，我们开启了本书的翻译工作。参与本书翻译的一共有三位译者，她们是我研究与实践的同行者。我本人负责了第一部分与第二部分的翻译，刘娜负责了第三部分的翻译，赖葭负责了第四部分以及附录部分的翻译。最终全书由北京大学教育学院的汪琼教授审阅。此外，本书还得到了世哲出版社孙素青（Clare Sun）女士和陈淑贞（Jane Chan）女士的支持，并在北京师范大学出版社何琳编辑的敦促下得以顺利完成。

如同利维（Daniel Levi）博士在本书介绍中所说，想要做好团队工作，一方面要了解心理学和社会学方面的理论，尤其是群体动力（group dynamics）方面的研究；另一方面，在职场中对团队的应用和实践经验也是非常重要的。被称为"社会心理学之父"的库尔特·勒温（Kurt Lewin）曾经说过："好的理论最实用（There is nothing so practical as a good theory）。"应用性是群体动力学的突出特征，大部分群体动力的研究都是为了促进群体的发展。因此，群体动力学具有研究和介入的双重目标，既要说明群体运转的复杂机制，又要从中指出一些在现实层面上的应用。因此，几十年来，群体动力学的许多研究成果已被企业管理、教育、心理治疗等领域广泛采用。本书整合了研究和实践两个领域的观点，将群体动力学的研究结果与重要理论进行了梳理，帮助团队更好地运用这些理论，从而科学有效地促进团队的发展。

翻译本书的过程，也是我重新梳理对团队动力理解的机会。我将成熟组织中的团队动力，与创业企业中的团队动力或高管核心团队的团队动力进行了对比，对团队动力有了新的思考。感谢这本书带给我的学习和成长，也感谢在这个过程中，与我一起探索的 TeamUP 的伙伴们。怀揣研究的情怀，以及实践的使命，感谢有你们一起！

希望这本书能够为与我一样对团队理论感兴趣、在团队实践中有困惑的同人们带来一些启发，更希望这些启发能够落地生根，对团队研究的学术发展有所推动，对实践中的团队成长有所裨益！

李文超

2020 年 1 月于北京

　　团队工作有两个知识来源。首先，心理学和社会科学领域有大量的研究被称为群体动力学。群体动力学研究人们如何在小群体中工作。这些研究是在过去一个世纪中收集的，并已发展成为一个广泛的关于群体运作的知识基础。其次，在工作场所中团队的应用，在过去的很多年里迅速扩大。管理领域的研究者和应用社会科学家研究了这一发展，为组织提供了如何让团队运作更有效的建议。然而，这两个领域的研究和知识经常沿着不同的路径独立运作。

　　本书的目的是把这两方面重要的观点整合起来，将群体动力学的研究结果与理论加以整理，从而将这些知识应用于团队在组织中的运作。群体动力学概念的提出，对于在团队中工作的人们很有帮助，同时也能增进成员对于团队如何运作的理解。希望这种整合能够帮助读者更好地理解团队的内在动力，从而成为更有效的团队领导者或者团队成员。

　　本书更大的目的是让团队更成功。在我们的社会中，团队非常重要，学习团队合作技能对于个人职业成功是很重要的。本书介绍了许多有关团队如何运作的概念。此外，有些章还包含了技术应用的部分：对领导虚拟团队的建议、案例研究（被称为"团队领导者的挑战"）、问卷调查，以及旨在培养团队合作能力的活动。本书最后的附录包含了帮助学生形成项目团队的工具和建议。团队工作并非只靠读书就能理解，团队合作是需要通过经验指导和反馈来不断发展的。本书提供了一个关于团队的教学框架，以及如何改善团队运作的架构。

**概览**

本书一共有十七章，涵盖了与群体动力学和团队合作相关的广泛主题。这些章节分为四个部分：团队的特点，团队工作的历程，团队面临的问题，团队所处的组织情境。附录则是为学生提供的形成项目团队的建议和工具。

**第一部分：团队的特点**

第一章和第二章介绍了群体动力学与团队工作（teamwork）。第一章解释了群体（group）与团队（team）之间的差异，还探讨了组织使用团队的目的，以及为什么越来越多的组织运用团队。同时本章还简单总结了团队运用以及群体动力学研究的发展历史。

第二章探讨了成功团队的特点，解释了创建有效团队所需的基本要素，审视了成功团队的条件和特征。本章对团队成功的阐述，既有传统观点，也包括积极心理学的观点。本章指出，从很多方面可以为团队成员建立目标，而本书的其余部分则解释了如何实现这一目标。

**第二部分：团队工作的历程**

第三章至第六章阐述了团队工作的基本历程。第三章解释了团队形成的历程和阶段。团队成员必须被社会化或融入团队。团队必须建立目标和规范（运作规则）才能开始工作。这是团队发展的第一步。

第四章介绍了群体动力学的主要历程和概念，解释了团队是如何运作的。一个团队一起工作，会对参与者的积极性产生正面和负面的影响。团队成员彼此之间形成社会关系，有助于界定他们作为团队成员的身份。团队将任务分成不同的角色来协调工作。团队成员的行为和行动可以被视为任务导向的或社会导向的，这两者都是团队顺利运作的必要条件。团队是动态存在的，能够适应变化，并学习如何更有效地一起工作。

团队工作的基本概念之一就是合作。团队是一群人为了实现目标而协同工作的。然而，团队经常被竞争所破坏。第五章解释了合作与竞争是如何影响团队动力的。

团队成员通过相互交流与他人互动。第六章阐释了团队内部的沟通，描述了沟通的历程、团队如何发展支持性的沟通环境，以及情商对沟通的影响。本章还就如何促进团队会议，以及如何开发有助于改善团队沟通的技能，提出了实际的建议。

### 第三部分：团队面临的问题

本书的第三部分一共包括七章，集中讨论了团队在学习如何有效运行时面临的各种问题。第七章探讨了团队中的冲突及冲突解决方式。尽管冲突通常被看作负面事件，但某些类型的冲突对团队的成功运行来说是健康而必要的。本章解释了团队中冲突的各种动态形式，并探讨了管理团队冲突的各种方式。

第八章描述了权力和社会影响力在团队中是如何运作的。团队及其成员会采用不同的策略应用权力，发挥社会影响力；权力的运用会对团队产生广泛的影响。从某个重要意义上来说，团队发挥作用的本质就在于权力的转移。团队能够存在的原因就是所在组织愿意将权力和控制力移交给团队。

许多类型的团队的主要目标就是做出决策。第九章分析了群体决策的过程，阐述了团队决策优于个人决策所需的运行条件，以及在努力做出有效决策的过程中团队可能会遇到的问题。本章的最后提供了能够帮助团队形成决议的一些具体的决策方法。

第十章展示了从集权控制到自我管理等多种不同的团队领导方式。本章概述了理解领导理论的不同方式，着重强调了有助于理解团队领导模式的领导理论模型。本章还详细讨论了自我管理团队，一种重要的传统领导方式的替代方案。

第十一章探讨了团队用以解决问题的不同方式。本章对团队通常会采用的问题解决方式和团队应该采用的问题解决方式进行了比较。本章还展示了多种不同的问题解决策略来帮助团队更好地分析问题，解决问题。

第十二章讨论了创造力，团队运行过程中经常受到批评的一个方面。团队有可能会抑制个人创造力，但是有些问题确实需要采取团队形式来开发出创造性的解决方案。本章审视了团队中可能会抑制创造力的一些因素，并给出了能够促进团队创造力的一些方法与策略。

第十三章探讨了多元化对团队的影响：多元化差异引发的问题，问题产生的原因，以及多元化差异给团队带来的结果。从某种意义上来说，如果团队中每个人都是相似的，也就没有组建团队的必要了。多元化的内在特点决定了团队能够获益于多元化差异；然而，必须对团队运行过程进行有效管理，才能真正实现多元化给团队带来好处。

**第四部分：团队所处的组织情境**

本书最后一部分介绍了在组织内采用团队工作会遇到的一系列问题。第十四章探讨了团队和文化的关系。文化决定了团队或组织潜在的价值观和行事风格。团队会形成自己的文化来管理团队的运作。工作团队在组织支持的环境下更容易成功。国际文化对团队合作有很多方面的影响。跨国团队需要打造融合的文化来调和不同文化造成的成员间的差异。

人们通常认为在工作团队中，成员间都是直接互动和交流的，因此第十五章便全面分析了团队成员采用科技工具交流给团队带来的影响。虚拟团队的成员来自世界各地，他们需要使用多种通信科技才能很好地互相沟通、协同工作。科技工具的选择和使用也改变了团队内的部分群体动力。

第十六章探讨了评估和酬赏团队的多种方式。打造高效团队的一个关键是创造一种可提供高质量反馈的机制来让团队成员各自提高业绩表现。绩效评估体系有助于给团队提供反馈，而酬赏项目则可以激励团队成员在反馈的基础上继续行动。

第十七章是本书末章，主要介绍了团队建设及其他改善团队运作的方式。组织可以采用团队建设的方式组建团队、克服团队面临的挑战并提高团队业绩表现。团队合作培训提升了团队成员的相关人际技巧，让团队成员可以更高效地共事。

附录  学生团队合作项目指南

学生想要学习群体动力的一个原因是他们希望提高所在工作团队或所在学校小组的效率。作为群体动力和团队合作课程的老师，我会要求学生在学习过程中一定要实际参与一个大的项目。只有实际参与到需要团队合作的项目中，才有机会去实践课堂上的所学。

学生团队合作项目指南包含要成功完成项目所需的一些工具和建议。附录部分按照主题来编写，如如何组建一个团队、如何规划团队合作项目、如何管理团队和项目进展、如何以团队为单位来书写材料、如何做好团队收尾工作并宣告团队合作结束。这部分都是实用性强的技巧和活动，有利于提升团队的业绩表现。

我会在课堂上随机将学生分成 5～7 人的团队。他们会领到一个比较大的且不太有条理的任务，所以需要他们自行协商来明确一些具体细节。这个项目团队需要有定期的团队历程评估，这样他们可以周期性地讨论并改善团队合作流程。虽然我会根据团队最后产出的成果质量来评分，但学生也需要评定组内其他成员的表现。（这是非常重要的一个步骤，我们会在课堂上讨论如何评定。）

虽然这是一个学生团队合作项目指南，但是附录的工具也适用于多种类型的项目团队。

## 学习方法

学习如何在团队中工作，并不是简单地阅读群体动力学的书籍就可以的。从根本上说，团队合作是一套必须通过实践和反馈才能发展的技能。本书除了提供有关团队如何运作的信息之外，还包含了其他四种有助于开发团队协作技能的材料：应用部分、案例研究、问卷调查和活动。

本书的许多章节都包含了应用部分。其目的是应用章节讲述的概念，以及实用的建议。这部分着重介绍操作实务而非理论和概念。这些技能可以应用于现有团队中，或者在一个班级里与团队一起使用来实践这些技能。此外，大部分章节都包含了一个名为"领导虚拟团队"的应用部分，为处理在虚拟团队环境中工作所产生的群体动力问题提供了实际的建议。

　　每章的结尾都是案例研究和团队活动。案例研究——被称为"团队领导者的挑战"——提出一个困难的团队议题，以及一些讨论问题，从而为团队领导者提供建议。这些案例使用了各种学生团队和工作团队。运用各章中的概念，对案例进行分析，并开发出团队领导者可以有的选择。

　　本书中有八章包含了简要的心理调查问卷，用于审视本章提出的团队合作议题的个人倾向。调查的主题包括：对团队工作的态度、对合作的态度、倾向的冲突风格、对团队奖励的看法。问卷调查后的讨论问题，有助于学生和其他团队成员了解个体差异对团队合作的影响。

　　每章还都包含团队活动主题，并设计了一系列讨论问题，旨在帮助学生将所学的知识应用到实际的团队中。这些活动包括结构化讨论或小组练习。然而，大多数活动都是对团队如何运作的结构化观察。提高一个人的团队合作和团队运作技能的最重要的方法之一，就是学习如何成为一名团队历程的优秀观察者。观察活动可以用于培养和发展这些技能。

　　观察团队的活动有许多方式。如果观察者是功能性团队的一员，他就可以观察自己所属的团队。例如，团队课程可能会让学生参与项目团队的工作。学生使用观察活动来研究项目团队，并提供反馈，或在课堂环境中创建小组，并给小组布置作业。有许多关于小组活动的书籍，可以用来为小组创建作业。小组一起讨论"领导者的挑战"，提供了另一种用来观察小组如何互动的活动。一个班级可以分成多个小组，给每个组分配一名观察者；或者让其中一个群体进行活动，其他人来观察这个群体的历程。最后，还可以让学生找一个可以观察的团队，作为能够持续进行的课程项目。

　　每个活动都包括：目标、活动、分析和讨论部分。活动结构可以作为课后作业，或者群体动力日记。书面作业的基本结构，包括回答下列问题：你观察到了什么？你是如何分析这些信息的？你将如何运用这些知识？

　　通过本书的应用部分、案例研究、问卷调查和活动，团队成员可以获得实践技能和知识，并可以直接将它们应用于团队运作的改善，以及团队合作的最终成功。

Group Dynamics
for Teams

目　录

## 第四部分
## 团队所处的组织情境

### 第十四章 团队、组织和国际文化 241

### 第十五章 虚拟团队 258

第一部分　团队的特点

| 模块内容 |

第一章

# 认识团队

团队是群体的一种特殊形式，在团队中人们相互依赖完成目标。组织运用各种不同形式的团队以满足不同的目的。运用团队来完成任务有着悠久的历史，但是近几十年来，组织中的团队工作发生了变化：由于工作本身以及组织结构的改变，团队运作速度大大增加。群体动力学的科学研究为团队在如何运作以及如何改善方面，提供了很多有用的见解。

**学习目标**

1. 团队有哪些特点？

2. 团队与群体有什么不同？

3. 在组织中如何运用团队？

4. 工作群体（work groups）与团队（teams）以及自我管理团队（self-managing teams）有何不同？

5. 为什么组织运用团队越来越多？

6. 在团队运用方面有哪些主要的历史发展趋势？

7. 群体动力研究是如何随时间而改变的？

## 一、定义群体与团队

群体是一群人聚在一起。在公园里的一群人、组装产品的工作小组、足球队，这之间是有区别的。研究者使用了各种方法来界定人群、群体以及团队之间的区别，并找出其中重要的特点。

其中一种方法是描述一个群体的社会特质（见表 1-1）。一个群体是基于某种原因或目的而存在的，群体成员共享一个目标。群体中的人们有些特定的关系，彼此联结。他们认可这种联结，并因此而在一起，共同分享发生的事情。从团队工作的视角来看，这种相互依赖可能是群体最重要的特质。群体中的成员彼此互动与沟通。沟通经常被视为团队的核心历程。群体中的人们知道并认可他们是集体的成员。群体的正式及非正式规则、角色、规范，控制着群体成员之间的互动。群体中的成员彼此影响，想要留在群体中的渴望会增加彼此之间潜在的影响力。最后，群体满足了成员生理及心理的需求，使得其有动力继续参与这个群体。

表 1-1　群体的特点

| 目标导向 | 人们因为某些目的而在一起，并一起达到某种目标 |
|---|---|
| 相互依赖 | 有某些关系的人们，可以看到他们之间的联结，或者相信他们有着共同的命运 |
| 人际互动 | 人们彼此之间进行沟通与互动 |
| 成员感知 | 成员有归属感 |
| 结构性关系 | 规则、角色和规范，控制着人们的互动 |
| 彼此影响 | 联结使得彼此之间相互影响 |
| 个人动机 | 群体身份使得个人需求得到满足 |

资料来源：改编自 Johnson, D., & Johnson, F. (1997). *Joining together：Group theory and group skills*(6th ed.). Boston, MA：Allyn & Bacon.

从心理学视角来看，有两个过程定义了群体：**社会认同**(social identification)和**社会表象**(social representation)(Hayes，1997)。社会认同是指，人们认可自己的群体与其他群体不同，有一种"我们"相对"他们"的信念。认同既是一种认知过程（把世界分类），也是一种情感过程（认为一个群体比另一个群体更好）。社会表象是对世界有着共享的价值观、理念和信念。成员加入某个群体一段时间后，会改变其对世界的看法。通过成员之间的互动，这个群体发展出共享的世界观。

对于团队工作的许多定义，将团队归为一种特殊的群体。从理论上来说，群体与团队的差异是模糊的。有些理论认为，团队是工作环境下的群体(Parks & Sanna，1999)。还有一些理论则着重研究群体与团队成员行为的差异，将团队定义为有结构的群体，人们在共同目标下一起工作，并且需要协调互动来完成某种任务(Forsyth，1999)。这个定义强调了团队的一个关键特征：成员因共同的项目而一起工作以达到目标。当然，还有其他一些方式来区分群体和团队。

常见的区分方式与应用相关。团队通常被用于运动或者工作活动方面。就功能来看，团队成员的角色与其功能相关。例如，运动队的成员，每人都有特定的角色，如棒球队的投球手或游击手。团队通常存在于较大的组织之中。成员具有与其任务相关的特定的知识、技能及能力。这就是为什么研究者并不将家庭视为一个团队，在家庭中，角色是与生俱来的而非直接与任务相关。对群体的研究通常是在实验室环境下进行的，而对团队的研究则通常是在实际的工作场景中进行的(Kerr & Tindale，2004)。

群体的概念更为广泛，群体包含团队。群体的规模从两人到数千人，而团队的规模通常较小一些。两个约会的人可以看作一个群体，而非团队。政党和社会组织是群体，而非团队。一个团队通常由 3～12 人组成，他们彼此之间有直接的互动(虽然这种互动可能是通过技术手段的)。团队并不是简单的属于一个群体的人们或者是处于同一场所中的人。

卡岑巴赫和史密斯(Katzenbach & Smith，1993)的定义着重在团队工作表现上，除了团队成员有着共同的目标以外，绩效目标也应与这个目标相关，而且团队中的每个人都要相互负责。卡岑巴赫和史密斯还认为，团队的概念应该仅限于技能互补和直接互动的少数人。这有助于区分团队与工作小组，工作小组是因相同的任务而在一起的，但并不需要整合协调来共同完成任务。

海斯(Hayes，1997)的定义则强调团队的权力(power)。她认为，一个团队必须有主动的合作以完成目标。因此，团队必须相互依赖、负责，并拥有运作的权力。团队不是在权威人物的僵化控制下完成任务的。一个群体要成为团队，必须给一些人赋能并有自主行动的权力。另外，与工作小组相比，团队中的成员更能一起合作，彼此协助。

由于没有很明确的界定来区分团队与群体，本书使用这些术语时可能有些武断。当人们提到群体动力学的研究时，特别是实验室研究时，就会使用"群体"这个术语。当人们谈到彼此互赖的工作环境下的应用时，就会使用"团队"这个术语。在介于二者之间的案例中，"群体"和"团队"这两个术语可能会交换使用。

## 二、团队的目的和类型

组织运用团队的方法有很多种。由于运用方式的不同，有很多方法可以对团队进行分类，这些分类有助于解释不同类型团队之间的心理和组织差异。其中有一个重要区分，是团队与组织的关系，团队因组织所赋予的权力和权责的不同而异。

### (一)组织如何运用团队

对组织而言，团队有许多不同的功能。组织中的日常运作可以转移到团队(如工厂生产队、机组人员)中。团队可以用于提供建议，以及处理特殊问题。比如，建立一个团队来改善工作流程。团队可以通过链接组织的不同部分来帮助管理者协调问题。比如，可以由不同部门的成员组成一个预算或规划委员会。最后，组织还可以运用团队来做未来转型规划。

显然，团队的组成可能非常复杂。并发工程团队(concurrent engineering teams)是由组织的成员组成的一个团队，它的任务是监督新产品的设计、制造和销售。在这个团队中，研究和开发是团队成员日常活动的一部分。然而，团队中的其他成员可能是兼职的，或者临时处理协调特别问题以及变更实施。研发人员可以定义新产品的特性，而其他部门的代表则可以就生产和销售相关问题发表意见。

桑德斯特罗姆(Sundstrom，1999)基于执行功能，将工作团队界定为六种类型：

1. 生产团队：如工厂团队，每日重复制造和组装产品。

2. 服务团队：如维修团队或食品服务团队，重复性地与客户进行交易。

3. 管理团队：由管理者组成，共同规划、制定政策，或者协调组织活动。

4. 项目团队：如研究和工程团队，将专家聚在一起，在一定时间内完成一个特定的任务。

5. 行动或执行团队：如运动队、娱乐团体、外科手术团队，重复地在新条件下进行短暂工作，但需要专业技能和广泛的训练或准备。

6. 并行团队：在正常工作之外运行的临时团队。例如，员工参与小组和咨询委员会，为组织改善提供意见或建议。

### (二)团队分类

可以通过运作方式而非活动类型对团队进行分类(Devine，Clayton，Philips，Dunford & Melner，1999)。研究人员建议可以根据团队是永久的还是临时的，内部专门化和相互依赖的需要程度，以及组织与其他部门的整合和协调程度，来对团队进行分类(Mohrman，1993；Sundstrom，DeMeuse & Futrell，1990)。团队类型之间最重要的区别之一，是分配了多少权力(Hayes，1997)。当组织使用团队而非个人完成任务时，组织就给了团队一些权力和权责，以控制成员的运作。权力的转移会影响领导者、决策制定，以及团队成员是如何完成工作活动的。

组织中的人们组成的工作群体有三种形式：工作组、传统团队或自我管理团队。这三者之间的差异见表1-2。

工作组是组织分级系统的一部分，由控制决策过程的主管或经理来领导，小组成员通常独立完成由主管或系统赋予的任务。

传统团队被赋予了一定的权力和权责，因此在某种程度上独立于组织的层级结构。团队领导是由管理层挑选的，并被给予一定的管理权力。团队领导可以使用各种技术进行决策。比如，利用团队提供决策（或咨询）的建议，让团队投票，或者通过团队共识做出决定。团队成员的工作活动是相互依赖的，并由领导者协调整合。

自我管理团队，相对于传统的工作组来说，拥有更多特定的权力和权责，更独立于组织的层级结构。团队领导是由团队成员选出的，因此领导者的权力有限，他们必须通过引导而非控制的方式进行团队运作。领导者必须依赖民主或协商一致的方式进行决策，因为他们没有权力让团队接受决策。团队成员的工作是高度相互依赖的，所有团队成员一起协调活动完成工作。

**表 1-2　工作群体的形式**

| | 工作组 | 传统团队 | 自我管理团队 |
|---|---|---|---|
| 权力 | 组织阶层中的一部分，权力由管理阶层掌控 | 与组织阶层有联结，权力一部分转移至团队 | 与组织阶层有联结，享有更多权力和权责 |
| 领导 | 由主管或经理控制 | 领导者由管理层选定，有一定的管理权力 | 领导者由团队成员选出，是团队的引导者 |
| 决策 | 由权威或咨询专家决定 | 团队领导使用各种技术决策 | 由民主或协商一致决定 |
| 活动或任务 | 自主的 | 相互依赖，由领导者协调整合 | 相互依赖，由团队成员协调整合 |

资料来源：改编自 McGrath, J. (1984). *Groups: Interaction and performance*. Englewood Cliffs, NJ: Prentice Hall。

## 三、 为什么组织要使用团队

组织人们完成任务的传统方法被称为"科学管理"（Taylor，1923）。该方法中，管理者和技术专家对一个任务进行分析，并将其分解为可以由个人完成的小的活动单元。然后设计一套系统，使得每个活动单元与其他活动单元彼此联结，这样就可以通过个人独立工作来完成整体任务。管理者的角色是设计系统并控制员工执行，员工的角色是执行特定的活动。换句话说，管理者负责思考，员工负责执行。

这种传统的工作方法在某些特定的情境下非常有效。这种方法要求任务在一段时间内保持不变，因为系统是很难改变的。它还要求这个过程不能太复杂或易被打乱，因为员工执行例行事务时，并不了解系统其他部分发生了什么。这种方法重视生产力，经常忽视质量和客户服务，因为质量和客户服务都需要员工对工作有更多的承诺。这种方式假定员工愿意在被控制的环境下完成例行事务。在这样的情境下，科学管理是最好的方法，不需要花时间和投入去发展团队。

团队很重要，但是，当目标是改善产品或者所提供的服务时，当工作具有复杂性时，当质量和客户服务被重视时，当需要经常发生快速改变时，在这些情境下，团队形式的工作就显得重要了(Helper，Kleiner & Wang，2010)。由于工作和组织特点的变化，现代组织已经日渐趋向使用团队方式来完成工作。

### (一)工作的特点

当许多例行工作变成非例行工作(Mohrman，Cohen & Mohrman，1995)，组织就会使用团队工作方式。与例行工作相比，非例行工作更具复杂性、互赖性、不确定性、多样性，以及变化性。这种类型的工作很难通过传统工作系统的方式进行管理，但是却很适合团队工作方式。

非例行工作常见于许多当代工作情境之中。由于技术或其他因素，工厂工作变得日益复杂，团队工作方式成为处理工作的有效方式(Manufacturing Studies Board，1986)。如今，工厂里面已经不再是一个工人对着一台机器操作，而是由一组工人负责监测、解决、维护和管理一个复杂而完整的工作系统。技术是整合的，因此员工也必须要整合。

这些变化也会影响到专业工作。想象一下为市场设计一个新产品。产品的设计、制造和销售工作，需要来自不同学科的专家，以及组织中许多不同部门的支持。很少有人能够具备从产品制造到销售整个过程所需要的所有必要的知识，而团队工作方式可以获得多样化的知识。此外，来自各个部门的团队成员能够增强组织对新产品的支持，帮助在整个组织中协调项目。

问题和任务的复杂性通常需要多种形式的专门知识，而没有人能够拥有完成一个任务或解决一个问题所需的所有知识和技能，但是团队可以有足够的专业知识来处理这个任务或问题。复杂性还意味着，问题可能令人困惑或难以理解和解决。这里，团队合作的价值不仅仅是拥有多种专业知识，还是拥有多样化的视角。人们从团队的群体互动中学习，这有助于他们在分析问题和解决方案时获得新的视角。

### (二)组织的特点

商业和社会变化的速度是惊人的。市场越来越大，竞争日益全球化。传统的组织设计方法很难跟上这些改变。不断变化的商业环境迫使组织改变其运作方式。通信技术的发展可以让组织创建新的方法整合工作。企业需要降低成本，提高质量，减少创造新产品的时间，改善客户服务，提高对竞争日益激烈的环境的适应能力。

随着组织为了满足当代需求而发生变化，新的组织特征更加重视团队合作的重要性(Mohrman et al.，1995)。这一变化所带来的一个重要的新特点就是组织层次结构变得更为简单，驱动这种转变的期待是，希望通过减少管理层来节省成本和提高灵活性。在一定程度上，团队已经取代了管理者，团队现在常常行使着传统的管理职能。

团队提供了一种方法来整合和协调组织的各个部分，相比传统的组织层次结构，团队的工作方式更具时效性和成本效益。团队可以把任务执行得更好，学习得更快，比传统的工作结构更容易改变，这些都是当代组织所需要的特质。

## 四、 团队和群体动力学的历史

在过去的一个世纪中，团队在组织中的使用发生了显著变化。在此期间，对群体动力学的科学研究已经发展成为一个跨学科的研究领域。

### (一)团队工作的基础

工业革命将大多数工作组织转变为一种阶层的方式，使用科学管理的方法来设计工作(Taylor，1923)。制造业工作被简化，引入了专业人员和管理人员，以确保生产系统高效运作。科学管理是一个运行良好的系统，但它也产生了问题：员工变得疏离了，越来越难被激励。随着技术系统的复杂性增加，这变得越发困难，没有弹性，且难以改变。最后，除了提高效率之外，很难成功达到新的目标(如高质量)。

20世纪二三十年代，由于工作场所的社会问题，组织的科学管理模式开始受到质疑。霍桑研究项目(Hawthorne Studies)，旨在研究环境因素(如灯光及打断工作)对工作表现的影响，却无意中揭示了社会因素对绩效的重要影响(Mayo，1933)。在某些情况下，人们知道自己正被研究时，他们会试图表现得更好(社会科学家现在将其称为"霍桑效应")。在另一些情况下，群体规范限制或控制了团队的表现。例如，对"银行接线室"的研究表明，非正式群体规范对群体工作的表现有着重大影响(Sundstrom，McIntyre，Halfhill & Richards，2000)。"前面的群体"(group in front)经常参与对话和游戏，表现得很好："后面的群体"(group in back)也会参与其中，但表现不太好。工作群体迫使集体产生规范：做得太快的成员被其他成员抨击，这是一种被称为"爱现"(ginging)的行为。除了这些非正式群体规范对生产力产生实质性影响之外，工作群体还能够有效地执行规范，从而也对组织产生积极或消极的影响。

20世纪六七十年代，组织心理学家和工业工程师改进了在工作中对团队的使用。社会技术系统理论(Sociotechnical Systems Theory，STS)提供了一种方法来分析人们在工作中所做的事情，并确定最佳的组织方式(Appelbaum & Batt，1994)。根据社会技术系统理论，当工作在技术上是不确定的且非常规时，当工作需要相互依赖及协调时，当环境复杂多变且需要灵活性时，组织适合使用团队。今天的许多工作都符合这些标准。最著名的应用实例是在瑞典的沃尔沃汽车工厂。装配线的工作方式经过重新设计，由"半自治组织"(semiautonomous groups)进行。尽管已经成功展示了在工作中使用团队的价值，但这种团队合作方式并没有受到欢迎。

当代对团队合作的强调来源于20世纪70年代发生的另一个变化。日本作为制造业大国崛起，其高品质、低价格的产品畅销全球市场。当商业专家访问日本，以了解日本是如何实现这种目标的时候，他们发现的答案是，运用质量圈(quality circles)的形式进行团队合作。质量圈是由生产工人和主管组成的平行团队，他们在生产过程中分析问题并一起解决质量问题。在整个20世纪80年代，美国和欧洲的公司尝试了质量圈团队(以及后来的全面质量管理团队)，将工人们组织成一个团队，以改善生产质量和其他方面，但是工人们的工作仍然主要是个人的。

对制造业质量的关注引发了团队合作运动，而其他因素使得这一趋势得到持续。信息技术的增加，管理层的缩减，业务流程再造，经济全球化，都促进了团队的使用。20世纪90年代，美国公司大量运用团队合作的方式，包括更多的专业团队和管理团队。研究表明，在拥有100名或更多员工的公司中，有85%使用某种类型的工作团队(Cohen & Bailey，1997)。此外，一些组织在改组时会使用团队作为整合不同部门的主要元素(Mohrman et al.，1995)。

由于团队性质的变化，三个问题变得越来越重要：动态组合、技术与距离、授权与机构扁平化(Tannenbaum，Mathieu，Salas & Cohen，2012)。现在，团队在一个更动态、更复杂的环境中运作。相比较一起工作很长时间的稳定团队，当今的团队往往更容易改变成员身份。团队合作可以由在一个地方工作的人们来完成，也可以由分布在全球范围的人们来进行。在这两种情况下，团队都依赖技术来支持他们的沟通和工作。随着组织越来越依赖于团队的使用，权力正从传统的组织层级结构转到团队中。团队正在取代许多传统的管理功能。

当前，心理学的两个运动正在影响着团队合作方面的研究。随着社会和全球劳动力变得更加多样化，多元文化(multiculturalism)和多样性正变得越来越重要。多样性研究考察了不同类型的多样化团队的不同影响。由于通信技术的发展，对跨国团队的研究结合了国际多元化研究与技术的影响。第二个运动是积极心理学(positive psychology)的兴起。积极心理学研究人的优势以及如何促进积极的效果。许多积极心理学因素都与团队合作的研究有关，如支持性的人际关系、反思与学习、赋能，以及欣赏式探询(appreciative inquiry)。此外，积极心理学为团队成功的意义以及如何实现团队成功，提供了另一种视角。

### (二)群体动力学的基础

遗憾的是，我们对工作团队的理解与群体动力学研究之间存在着一定的差距。对团队的科学研究始于 20 世纪之初诺曼·特里普利特(Norman Triplett)的工作。特里普利特的研究比较了个人独立工作与团队工作的效果。例如，他观察到自行车选手在群体中骑车比单独骑车速度要更快，这种效应被称为社会促进(social facilitation)，因为其他人的存在会促进(或增强)绩效表现。(后来的研究发现，社会促进对于学习能力好的人来说会增强其绩效表现，但是对于学习能力较差的人而言则会降低其绩效表现。)

早期的心理学研究有一个类似的观点，即研究目的是发现群体是如何影响个人的表现或态度的。虽然是对群体的研究，但重点是个体。心理学家并不认为群体适合科学研究。然而，在 20 世纪 40 年代，这一观点由于库尔特·勒温及其同事们的研究工作发生了改变(Lewin，1951)。勒温创造了"群体动力学"这个词，以表达他对群体这个领域的兴趣。心理学家第一次认真地对群体进行了研究，而非简单地观察群体对个体的影响。勒温发展出的新的研究方法与应用，迄今仍是许多群体动力学研究的重点。

勒温发展出了心理学研究的一种新方法。他认为，"没有什么比好的理论更实用"(Lewin，1951)。他的创新在于改进了如何使用心理学理论，发展出一种叫作行动研究(action research)的方法。科学家们发展出群体是如何运作的理论，然后在实际应用中使用他们的理论来改进群体的运作，再运用理论和评价方法，修正理论并改善群体运作。

勒温主要关注的重点之一是社会变革。他认为，改变一个群体比改变一个人更容易。如果个体的行为发生改变，但当其回到日常生活中，就会受到周围人的影响，又回到原来的行为状态。然而，如果一群人的行为发生了改变，群体将会持续加强或稳定其成员的行为变化。勒温开发了组织变革模型和群体动力技术，至今仍被延用。

20世纪五六十年代，主流社会心理学家再度将焦点回归到理论导向的实验研究。研究的主题着重在如从众(conformity)和助人行为上，强调群体对个体的影响，而非群体动力。对群体动力的研究转向如罗伯特·贝尔斯(Robert Bales)这样的社会学家，他们利用小群体的研究来理解社会系统。他的研究使用了实验室群体的方式，发展出各种系统，用于对群体过程进行分类，如互动过程分析(Interaction Process Analysis)。

在此期间，组织和人文心理学家研究了一种特殊类型的实验群体，叫作T群体(T-group)，也称为会心群体(encounter group)。这是一种小型的、非结构化的群体，被鼓励进行公开和个人的讨论，通常在连续数天内进行。参与这些小组的目的是增加自我觉察、提升人际沟通技巧和提高团队历程技能。后来，对伦理道德的担忧和培训问题的转移，引发了人们对其价值的质疑，于是人们对其关注的热度有所下降(进一步讨论，请参见第十七章)。

20世纪90年代，团队合作研究从实验室的社会心理学研究转向其他学科(Stewart，2010)。社会学、人类学、政治学、传播学、商业和教育学等学科的研究人员开始研究群体动力的各个方面。尽管心理学研究仍然主要是在实验室中探讨群体是如何运作的，但许多其他学科则着重研究的应用，在真实世界中进行研究。关于群体动力的理论正在改变，变得更加复杂(Hackman，2012)。新模型不只是着眼于因果关系的简单模型，而是侧重于有助于进行团队管理过程的条件。不是把群体行为看作单个变量的加总，而是关注团队的突现属性(emergent properties)。寻找管理团队的最佳方法已经被另一种观点所取代——团队运作成功是有许多方法的。

## 领导虚拟团队： 虚拟会议和虚拟协作——为你的团队选择技术

**问题：** 虚拟会议是通过交流和协作(共享问题解决)工具来实现的。会议领导者如何知道在给定的会议上使用哪个工具(或工具组)？一旦选择了工具类型，会议领导者如何选择要使用的产品呢？

**解决方案：** 并不是所有的虚拟会议所使用的工具都是一样的。正如锤子、锯和螺丝刀在木工工具箱中服务于不同的目的一样，虚拟会议工具是不同类型的，服务于不同的目的。选择错误的虚拟会议工具类似于用螺丝刀钉钉子。你可以用它完成任务，但会非常困难，而且很难做好。

为了确定适合任务的工具，请考虑：在会议中，我们希望参与者在议程的每一步中都有什么样的互动？是一个人对许多人说话吗？人们需要显示图片吗？要在一起构建想法(比如，生成一个列表，或者撰写文档)吗？人们需要投票决定吗？列出每个步骤的具体互动活动。

为了确定适用于任务的产品，请考虑：这个产品支持大部分或者所有议程中的交互吗？哪些产品可供参与者使用？参与者熟悉满足我们需求的特定产品吗？如果我们必须使用多种产品，要使用的产品信息容易传递吗？对于新产品：稳定可靠吗？使用简单吗？或者很快就能学会吗？

## 小结

群体不只是一群人聚在一起。群体有目标，相互依赖，相互作用，有结构性关系，以及相互影响。每个人都认可自己在群体中的成员身份，并参与其中，以满足个人的需要。虽然群体和团队之间的区别仍然无法非常清晰地界定，但是团队合作这个术语通常用于描述体育运动或工作组织中的群体。团队成员相互依赖以完成目标，并拥有至少能够控制其运作部分的权力。

组织关注的焦点正在从分层工作结构的个人绩效转移到以团队为基础的运作上。这种转变的原因在于组织必须应对不断变化的工作环境所导致的不断变化的目标。工作变得越来越复杂并相互依赖，所以组织必须更加灵活。所有这些变化都推动了团队合作的工作方式。

组织以多种方式使用团队。团队提供建议，执行任务或提供服务，创建项目，并执行特别活动。团队也因拥有的权力、领导类型和决策过程，以及执行的任务而不同。这些因素界定出了工作小组、传统团队和自我管理团队之间的差异。

在工业革命之前，小群体工作是很常见的，但科学管理简化了工作，建立了工作等级系统。20 世纪 30 年代的霍桑研究，揭示了社会关系对工作表现影响的重要性。第二次世界大战之后，研究人员开始对工作小组进行实验。20 世纪 60 年代，社会技术系统理论提出了一种分析工作和确定团队需求的方法。然而，在 20 世纪 80 年代，日本制造团队的崛起，导致了美国运用团队合作的情形日益增加。在团队使用越来越多的同时，社会科学发展出了群体动力学领域，专注于理解群体如何运作。今天，群体动力学是一个科学领域，为帮助改善团队运作提供了有用信息。

## 团队领导者的挑战 1

你刚刚成为保险公司的经理，有 5 个专业代理和几个行政助理。办公室是一家大公司的一部分。公司总部坐落于其他城市。你们办公室负责处理保险索赔的销售和申请。办公室在传统上是有组织的，经理负责办公室运营，并监督每个员工的表现。

你在商业媒体上听说过很多关于改用团队的好处。采用团队合作的方式，可以改善客户服务，使办公室对变化做出更积极的反应，并提高员工士气。然而，你也听说建立和管理团队是很困难的。你更适应做一名传统经理的工作方式，而且也有能力做好，但是也认为需要尝试一些新的事物，如团队合作。

- 把办公室重组成一个团队有什么利与弊？
- 谁应该在这个团队中？团队中是否应该既有专业人员又有行政助理？
- 你应该在这个团队中保留多少权责与控制？

## 问卷调查：对团队合作的态度

**目的：**了解你在工作中使用团队的态度。你相信团队是一种有效的工作方式吗？你喜欢团队合作中的社交吗？这些问题的答案可能会帮助你决定是否想参与团队。

**使用说明：** 回想一下，你最后一次参与团队项目的情形。根据你的认同程度，来选择下面对团队合作的陈述。

| | 非常不同意 | 不同意 | 中立 | 同意 | 非常同意 |
|---|---|---|---|---|---|
| | 1 | 2 | 3 | 4 | 5 |

1. 使用团队是完成项目的有效方法

2. 我的团队善于解决内部冲突和分歧

3. 团队项目具有挑战性，也很重要

4. 我在团队工作的时候交了新朋友

5. 我的团队开发出了创新的方法来解决团队问题。

6. 我真的很喜欢了解团队中的其他成员

7. 管理层对团队表现提供了足够的反馈

8. 个人之间的冲突很少会破坏团队的运作

9. 我的团队有明确的方向和目标

10. 团队成员之间互相尊重

11. 我的团队很擅长执行计划

12. 我的团队成员一起工作得很好

13. 我的团队所做的工作非常适合团队合作

14. 成员之间很少有不愉快的情况

15. 我从这个团队的工作中学到了很多

16. 参加团队帮助培养了我的社交能力

17. 我的团队善于调节自己的行为

18. 我觉得我的团队成员支持我

19. 我的团队有很好的领导能力

20. 我们一起工作的时间越长，相处得就越好

### 分数计算：

将奇数序号问题的得分相加，这是你如何看待团队合作的任务方面的分数。

将偶数序号问题的得分相加，这是你如何看待团队合作的社交方面的分数。

### 讨论：

这个调查告诉你：一个人在团队合作的任务方面和社交方面的态度是怎样的？你应该如何处理那些对团队合作持消极态度的团队成员？团队合作的社交与任务的

关系是怎样的？

资料来源：改编自 Levi, D., & Slem, C. (1995). Team work in research and development organizations: The characteristics of successful teams. *International Journal of Industrial Ergonomics*, 16, 29-42。

## 活动： 在团队中工作

**目标**：在团队中工作，你喜欢的是什么？不喜欢的是什么？利用你过去在团队项目上的经验，了解团队合作的好处与问题。

**活动**：回想一下，你曾经在团队工作中好的经历和不好的经历。与班里其他同学讨论，列出团队合作的好的方面和不好的方面。

**分析**：你们列出团队合作的好的以及不好的方面之后，回顾这些条目，将其归类为团队合作的任务方面或社交方面。任务方面的问题与团队的工作有关，而社交方面的问题则与团队工作的社交和情感有关。针对任务方面或社交方面的分析，与你喜欢和不喜欢的团队合作的方面，是否是相关联的？如果是，那么是如何相关联的？你也可以把这个分析与对团队态度的调研问卷的结果进行比较。

**讨论**：在团队中工作有好处，也有问题。你们可以做些什么能让团队更有效、更有趣？

第二章

# 成功团队的定义

　　一个成功的团队可以完成任务，保持良好的社会关系，并促进团队成员的个人和职业发展。这三个因素对于定义一个成功的团队很重要。为了有效完成任务，团队需要有合适的人、适当的团队合作、良好的内部团队流程，以及具有支持性的组织环境。团队成员既需要适合的工作技能，也需要良好的人际交往能力，才能形成一个在一起工作的团队。尽管团队可以执行各种各样的任务，但适当的团队任务需要整合团队成员一起工作，以达到最终的目标。在团队执行任务的同时，成员之间还应该保持良好的社会关系。最后，组织还应该通过促进合作、提供资源和奖励成功来支持团队。

　　研究人员对团队工作进行了大量研究，以确定能够预测团队成功的因素。成功的团队有清晰的目标、良好的领导力、组织的支持、合适的任务特点，以及互相负责的奖励。然而，预测团队成功的特征因所研究的团队类型不同而有差异。团队越来越多地被用于工作场所。团队协作为组织和员工提供了许多好处，但对于组织来说，成功地运用团队却是一个挑战。

**学习目标**

1. 定义团队成功的三个标准是什么？

2. 为什么团队成功不仅仅是完成任务？

3. 哪些因素决定了一个团队是否拥有一群合适的人？

4. 什么样的任务更适合团队而非个人？为什么？

5. 组织如何为团队提供一个支持的环境?

6. 成功团队的特点是什么?

7. 积极心理学如何定义团队成功?

8. 运用工作团队的好处和问题是什么?

9. 当运用团队成为一种时尚时，会有什么影响?

## 一、 团队成功的本质

研究和理解团队工作的先决条件之一是定义团队成功的本质。对群体和团队的现有研究使用了多种方法来研究团队的功能。通常情况下，研究人员会对团队的内部运作进行测量，然后测量团队的外部成果，并试图检测二者之间的联系。

衡量团队工作是否成功是很困难的。因为团队成员和领导者所认为的对成功很重要的特征，可能与组织管理者所认为的重要的特征并不一样(Levi & Slem, 1996)。团队成员关注团队的内部运作，关注每个成员为团队带来的贡献，以及关注成员之间如何协作。组织中的管理者则关注团队对组织的影响。他们关心的是结果，而不是团队的运作方式。过于简单化地看待成功是危险的，因为这可能会导致管理者在评估和改善团队时将关注点放在错误的因素上。

哈克曼(Hackman, 1987)认为，团队成功与否，要从三个角度来看：任务、社会关系，以及个人。一个成功的团队，应该要完成任务或达到目标。在完成任务的同时，团队成员发展社会关系，帮助成员一起工作并维持团队。参与团队工作对个人而言是有回报的，因为参与团队可以获得社会支持，学到新的技能，得到组织的奖励。

团队成功的这个多元定义可以在行动团队中看到，如在消防队中。显然，完成任务或灭火是成功的重要标准。然而，同样重要的是，队员保持良好的工作关系，队员在这一过程中不会受伤。灭火很重要，但是要保持团队能力来对抗未来的火灾也同样非常重要。

### (一)完成任务

从管理的角度来看，团队成功的明显定义就是任务上的成功表现。与个人相比，一个成功的团队能够更好地完成任务。虽然这样的定义看起来很简单，但是测量团队的表现却是相当困难的。对于某些复杂的任务，可能没有办法选择团队合作的方式，因此无法比较团队还是个人，哪种方式能够完成得更好。对于需要创造性或价值判断的专业任务，可能无法明确决定哪种解决方案最好（Orsburn，Moran，Musselwhite，Zenger & Perrin，1990）。测量的一个方法是确定团队的产品或输出结果，这需要从团队所有者、客户、团队成员三个角度来看，这是有困难的，而且，这三方的观点可能并不一致（Spreitzer，Cohen & Ledford，1999）。

成功完成任务是衡量成功的标准，但项目成功并不代表着团队成功。这项任务不靠团队可以完成吗？使用团队完成任务的好处是什么？对于一个特别的任务来说，使用团队通常没有什么太大的优势。事实上，它还是有缺点的，因为时间浪费在团队发展上，而不是将重心放在所要完成的任务上。但是，当遇到无法预见的问题时，以及在未来任务中一起工作时，使用团队完成任务的优势就会显现出来。

如果项目运行顺利，个人在监督下通常可以完成必要的任务。然而，如果项目遇到了困难，团队的价值就会通过团队成员运用多元化观点来解决问题，以及在相互激励的能力之中体现出来。虽然发展团队需要时间，但当学会如何一起工作之后，人们能够更好地处理未来的任务。通常要经过一段时间后人们才能看到创建团队的好处，而不是在团队执行的第一个项目中。

### （二）发展社会关系

衡量团队任务完成的结果，并不能完全代表团队是否成功。一个成功的团队可以完成现在的任务，然后更好地执行下一个任务。这是团队工作的社会关系、团队维持能力或团队的生存能力（Sundstrom，DeMeuse & Futrell，1990）。团队工作的一个重要价值，就是建立团队与组织的技能和能力。要做到这一点，团队必须拥有良好的内部社会关系。管理者应该在团队中鼓励成员参与，使其愿意在未来继续以团队方式进行工作。

团队必须发展成员之间的社会关系。团队工作所必要的社会互动，需要团队凝聚力以及良好的沟通。凝聚力来自团队成员之间的情感联结，良好的沟通则有赖于理解和信任。当团队成员未能发展良好的社会关系时，他们就会沟通不畅，导致工作表现受到干扰，无法彼此激励以及给予回报。这些都会限制团队继续运作的能力。

基德尔（Kidder，1981）所描述的计算机开发团队中，有一个很好的例子，就是太注重工作表现而较少关注社会关系产生的问题。这个团队成功地开发了一个新的计算机系统。然而，在竞争压力和时间压力下，团队成员都精疲力竭了。项目结束时，每个人都对成功感到高兴，但团队成员不想再在一起工作了。这算团队成功了吗？是的，它完成了任务，但没有发展出鼓励未来团队成功运作的社会关系。团队能力在项目结束时丢失了，因为它只专注于任务。组织收获了一个新的计算机系统，但没有提高其运用团队在未来能够继续成功设计计算机系统的能力。这种类型的项目倦怠在现代科技公司中是很常见的。

### (三)对个人的益处

团队成功的第三个方面涉及个人。参与团队对个人是有好处的。团队工作有助于提高个人的社交能力或人际交往能力（Katzenbach & Smith，1993）。在职场中，与拥有不同专业知识或技能的成员一起工作，能够拓宽员工的知识，使其更了解其他观点。除了个人发展，参与团队还可以有助于员工的职业发展。工作团队成功与否，应该反映在员工工作表现的评估中（O'dell，1989）。

在团队中工作有助于满足人们社会和成长的需求。人们喜欢在团队中工作，因为这可以增加社会和情感支持。团队有很好的学习经验。成员可以分享他们的专业与知识。当他们学习到如何成为一名好的团队成员时，他们也就随之发展出沟通和组织技能。

显然，这些个人益处的重要性因人而异。人们的社会需求各不相同，那些社会需求低的人较少得到团队工作的奖励。有些人已经有了很好的团队工作技能，而另一些人则对学习这些技能不感兴趣。此外，团队工作的社会及学习益处，主要来自成功的团队。功能失调的团队，则可能只教会成员如何避免未来在团队中工作。

除了个人利益，参与团队还有助于员工在组织中的职业生涯发展。遗憾的是，情况并非如此。大多数组织都更注重管理员工个人而不是管理团队。即使员工将大部分时间用在团队合作上，典型的绩效评估系统关注的还是员工个人产出的结果，而不是团队的成功。团队之外的人可能看不出团队中哪些是优秀成员，因为得到奖励的人往往是站出来凸显自己的人。个人成功与团队成功之间的冲突，是许多组织还未解决的一个团队合作的问题（第十六章将讨论处理这种冲突的方法）。

## 二、 团队成功的条件

团队成功取决于四个条件，如图 2-1 所示。第一，团队必须有合适的人来执行任务。第二，任务必须适合团队工作。第三，团队必须有效利用资源。第四，组织必须为团队提供支持的环境。

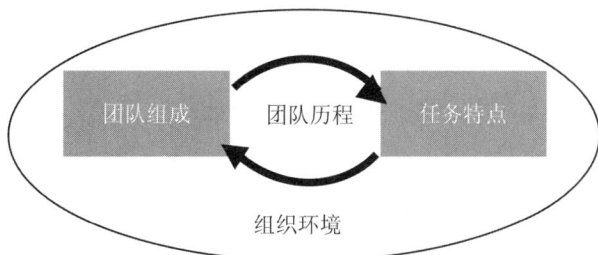

图 2-1　团队互动模型

### (一)团队组成

团队的表现有赖于执行任务的个人素质。首先，团队必须包含具有符合任务所需的知识、技能和能力的人。然而，团队成员也必须具备必要的团队历程技巧，团队运作才能有效。这涉及团队成员的社交技巧和个性特点。虽然有很多因素需要考虑，但团队领导往往受限于人员的选择。

有些团队之所以失败，是因为他们的团队成员缺乏完成任务所需的知识、技能和能力。好的团队都有优秀的团队成员。本尼斯和比德曼（Bennis & Biederman, 1997）的研究发现，高度成功的团队很大程度上是由于领导者能够招募到有能力的团队成员。高成就的领导者并不害怕雇佣比自己更有能力的人。

想要创建一个有效团队，其中一点是确保成员备必要的、多元化的知识和技能。跨领域的研究团队比成员背景相似的团队更具生产力。成员之间有意见分歧比彼此意见相似的团队更具有创造力。成员背景异质的管理团队比同质的团队更具创新性（Guzzo & Dickson, 1996）。然而，异质性并不见得总是对团队有好处。当成员都具备高技能，并认同团队目标时，异质性的优势才会显现。

拥有许多优秀的成员并不一定能成为一个优秀的团队（Swaab, Schaerer, Anicich, Ronay & Galinsky, 2014）。例如，对篮球队和其他运动团体的一些研究发现，与没有太多高绩效成员的团队相比，拥有许多高绩效的成员会带来冲突和协调问题，这些问题会降低团队的绩效。在相互依赖型的运动中，如足球和篮球，当有太多优秀运动员的时候，团队表现就会下降，而在像棒球这样更独立一些的运动中，有较多优秀运动员则会使得团队表现提升。这就是为什么选择团队成员，应该既要考虑与任务相关的技能，也要考虑与团队相关的技能。

团队要求成员拥有团队协作的技能。作为选择团队成员标准的人际交往能力、解决问题能力，以及团队合作技能，可以用来培训团队成员，或者通过引导者来指导团队成员(Carnevale，Gainer & Meltzer，1990)。人际交往能力包括沟通技巧，如面谈、积极倾听、提供反馈和谈判。解决问题能力，是通过提供问题分析和决策制定的方法来改善团队的效能的技能。团队合作能力是促进团队历程的理解，并有效管理团队历程的技能。

团队成员的个性与他们的任务和社会技能有关(Morgeson，Reider & Campion，2005)。尽责的人关注任务和目标，他们避免社会惰化(social loafing)，更可能表现出积极合作的团队行为。外向性格是团队成员的一个优点，因为他或她喜欢与他人一起工作，并且拥有更好的社交和沟通技巧。随和的人，更有可能与他人合作(而不是竞争)，他们更善于解决冲突。情绪稳定的人，与他处理压力的能力有关，能够保持积极的观点和合作性，乐于助人。

有时，团队成员的那些最弱或最强的能力，以及性格特点是最重要的(Mathieu，Tannenbaum，Donsbach & Alliger，2014)。例如，某些技术能力或领导技能可能对团队的成功非常重要，拥有这些技能的团队成员是至关重要的。另一方面，一个非常消极的团队成员可能会导致团队历程功能紊乱，挫伤团队士气和凝聚力，并在团队内部制造冲突。一个有社会惰化的团队成员，会产生不公平的问题，从而降低整个团队的积极性。

虽然团队组成很重要，但团队领导者很少有时间或能力来选择一个最佳团队(Mathieu et al.，2014)。他们需要在人员选择方面进行权衡。当要做一些团队成员的调换时，成员的选择通常基于任务所需要的技能，而不是团队合作技能。另一种调整团队的方法是进行团队建设。比如，团队合作培训、辅导和指导、行动回顾或团队引导，以开发团队有效合作的能力。

### (二)任务特点

团队可以用于执行不同类型的任务，任务会由于不同的团队合作的适用情境也会有所不同。一个好的团队任务可以激励团队成员，并需要整合协调活动。团队也需要为这些任务提供适当的任务和组织支持。

麦格拉(McGrath，1984)基于四个团队目标——产生(generate)、选择(choose)、协商(negotiate)和执行(execute)，开发了一套系统，用于描述团队运作中不同类型的任务。①产生，包括专注于创造性的新想法和任务的产生，以及行动计划的制订。②选择，指的是选择智力型任务(intellective tasks)。例如，有正确答案时进行问题解决，以及没有正确答案时做出决策。③协商，包括解决有观点冲突的任务，以及解决有利益冲突的混合动机任务(mixed-motive tasks)。④执行，指的是执行竞争型任务(competitive tasks)，帮助解决为创造和提供服务而设计的权力和绩效任务方面的冲突。

麦格拉的系统解释了团队实际执行中的不同类型的任务。一个团队可能只执行一到两种类型的任务。例如，工厂作业团队主要进行体力工作以及一些问题解决方面的任务。其他类型的团队则可能执行许多不同类型的任务。比如，一个项目团队要设计并制造一个产品。了解团队执行的任务的范围，在选择和培训团队成员方面是很重要的。

斯坦纳(Steiner，1972)创建了一个系统，用于解释团队成员以不同方式组合在一起的不同加总结果。团队工作可以叠加在一起，由最后一位成员限制，用任何团队成员期望的方法平均、选择或者合并任务。加成型任务(additive tasks)，是将团队成员的所有贡献叠加在一起，如团队粉刷房子。团队的生产力超过单个成员的生产力，但产出往往少于个体单独工作所产出的总和。合取型任务(conjunctive tasks)，是指所有团队成员都要完成自己的部分之后，团队任务才能全部完成。流水线作业就是一个例子。尽管表现最差的成员会限制团队的表现，但团队可以通过向表现较差的成员提供支持进行弥补。补偿型任务(compensatory task)将每个团队成员的输入进行平均，以创建一个单一的解决方案，而析取型任务(disjunctive task)，则必须形成一个单一的解决方案，来代表团队的产出。例如，陪审团的决定、技术团队的问题解决，这些都是析取型任务。在这些类型的任务中，团队通常都比个人表现得更好，但不一定比团队中最好的个人表现得更好。当团队能够决定如何执行任务时，这项任务就是自由决定型任务(discretionary task)。

斯坦纳系统显示了一个团队将各种方法进行组合，用于执行不同类型的任务，对于解释用不同组合方法来完成任务的好处和问题很有帮助。某些类型的任务，使组织团队进行工作可以产生协同作用，从而提高个人表现，但也可能由于协调和动机的问题，使得个人表现更差。(关于表现损失的话题，在第四章和第九章中会有更详细的讨论。)

团队任务应该与团队目标相一致，并且激励团队成员(Hackman，2002)。任务应该是明确的，并且是有意义的工作，能够让团队成员理解自己在其中的贡献。团队成员需要有权力和责任来对他们的工作实践进行评判。团队需要有定期的、可信的反馈信息，以学习如何进行改善。最后，任务需要团队成员的集体以及协调努力才能完成。

只有当团队在处理适合团队合作的任务，并且组织愿意提供支持时，团队合作的好处才会显示出来。表 2-1 列出了一些任务和组织特征，这些特征是使用团队的必要条件。

表 2-1　任务和组织特征

1. 这项工作至少包含一些技能活动
2. 团队可以在组织内形成有意义的单元，有明确定义的输入和输出，以及稳定的边界
3. 团队成员流动率低
4. 有能够针对团队及其成员表现进行有效评估的系统
5. 有及时的反馈
6. 团队能够测量和控制工作流程中的重要变化
7. 任务是高度相互依赖的，因此成员必须共同努力
8. 管理层支持多项技能的培训
9. 工作可以被设计，能够平衡团队任务与个人任务

资料来源：改编自 Davis, L., & Wacker, G. (1987). Job design. In G. Salvendy(Ed.), *Handbook of human factors*(pp. 431-452). New York, NY: John Wiley.

### (三)团队历程

拥有合适的人员和合适的任务，也并不能保证团队的成功。团队成员必须能够有效整合力量。如果团队的内部历程出现干扰，团队可能无法发挥潜力。有效的团队可以自我组织，执行任务，发展支持团队运作的社会关系，并指派能够提供指导和促进团队运作的领导者。

团队沟通是为了做出决策和执行任务。这两种活动，会受到团队内部历程的影响。团队可能会遇到难以决策的问题。团队是不完美的决策者，并不总能充分利用团队所收集的知识和技能进行决策。团队决策可能会因个人偏见而受到干扰，被不切实际的想要维持良好关系的愿望所扭曲，或者被想要快速做出决定的期待所分裂。团队通常会过早决定采纳第一个可接受的解决方案，而不是用结构化的方法来解决问题。

虽然团队是为了完成特定任务而组成的，但是团队历程的问题也仍然可能对团队表现产生正面和负面的影响。高效的团队有任务导向的目标和规范，团队表现优于个体的集合，但是，却有可能出现错误的情况。团队可能有不明确的目标或规

范，不鼓励任务的执行。在团队中工作，可能导致个人减少努力，而不是鼓励成就表现。（这一问题，被称为"社会惰化"，将在第四章中讨论。）

内部社会关系应该为团队提供支持。团队成员必须有良好的沟通，共同合作，并为彼此提供情感支持。具有高度团队凝聚力和良好社会关系的团队是最有效的团队。如果一个团队充斥着冲突，分裂成小团体，或者如果其行为是竞争性而不是合作性的，那么沟通就会断裂。

为团队提供方向，促进内部历程，是领导者的责任。不过并没有一套规则可以让一个好的领导者能够机械地因循跟随。根据任务和团队成熟度，团队需要不同类型的领导。团队的使用往往会改变领导力的本质，因为团队领导者与传统管理者没有同样的权力和权责。团队领导者的作用不是控制团队的行为，而是帮助创造条件，使团队能够在不断变化的环境中管理其过程，从而获得成功（Hackman，2012）。

### (四)组织环境

组织环境对团队运作是否成功有着显著的影响（Guzzo & Dickson，1996）。团队可能被用来改善组织的运作，但是团队对组织环境非常敏感，需要合适的条件才能成功。组织环境与组织文化有关，它提供了团队支持、评估及奖励系统。

团队更有可能在支持性组织文化中获得成功。支持的文化鼓励开放的沟通和协作。权力和责任是赋予团队的，这样团队就能控制自己的行动。虽然使用团队可以帮助改变一个组织的文化，但是当现存文化已经有了限制时，组织是很难开启改变的。

组织应该提供一些支持，以帮助团队更有效地发挥作用（Hackman，1990b）。当有明确的目标和界定良好的任务时，团队可以表现得更好。团队必须获得足够的资源，包括财力、人力和培训的支持。团队还需要可靠的信息来进行决策，与组织其他部门的工作相协调，并为未来的变化做好计划。最后，应该向团队提供技术和团队历程方面的协助，帮助他们解决技术上的问题，或者引导或辅导他们学会如何处理人际方面的问题。

构建有效的团队需要团队成员和组织的努力。为了改善团队成员的运作方式，团队需要对其表现给予反馈，并鼓励改变。在某种程度上，团队可以进行自我评估，成员可以互相提供支持，但是一个有效的团队需要来自组织的反馈，并奖励良好的表现。没有这一点，团队成员就不能专注于组织为团队设立的目标。

## 三、 成功团队的特质

什么让团队获得成功? 许多研究人员试图回答这个问题。最典型的方法就是寻找成功团队的例子, 采访和调查促使这些团队成功的原因。虽然研究方法很相似, 但研究人员调查的团队类型往往不同。此外, 问的问题也因为研究人员的不同背景而有很大差异。以下是尝试定义成功团队特征的一些例子。

哈克曼(Hackman, 1987)是一名组织心理学家, 其专长是工作设计。他的研究调查了在职场中和实验室环境下的各种各样的团队, 列出了成功团队所必需的五个因素:

1. 明确的工作方向和目标。团队需要目标, 以集中大家的努力和精力, 并评估成就表现。

2. 良好的领导力。领导者需要帮助管理团队内部和外部的关系, 并引导团队朝着目标前进。

3. 适合团队合作的任务。任务应该是复杂的、重要的、具有挑战性的, 需要团队成员的共同努力, 不能只靠个人就能完成。

4. 执行任务所需的资源。资源包括物质资源、培训和人力资源。

5. 支持的组织环境。组织必须分配足够的权力和权责, 允许团队成员制定并执行决策。

利瓦伊和斯莱姆(Levi & Slem, 1995)是研究高科技公司团队合作的心理学家。他们研究了工厂中的生产团队和工程研发团队, 以确定与团队成功相关的因素。以下是他们的发现结果——成功团队所必需的因素:

1. 工作评价和奖励。团队需要公平、客观的评价标准, 团队成员的绩效评估应该与他们的团队贡献相关。当团队获得成功时, 成员应该得到奖励。

2. 社会关系。团队需要在社交技能方面进行培训, 这样才能解决内部冲突, 使工作得以顺利进行。

3. 组织支持。组织的管理系统和组织文化必须支持团队的使用。

4. 任务特点。团队需要明确的方向和目标, 任务应该适合团队合作, 工作具有挑战性并且重要。

5. 领导力。领导者需要促进团队的互动, 并在出现问题时向团队提供帮助。

拉森和拉法斯托(Larson & LaFasto, 1989)是群体沟通专家。他们研究了来自商业、体育和政府的各种团队。正如前面的研究一样，他们发现，明确的目标、卓越的标准、有原则的领导、外部支持和认可，是团队成功的重要因素。此外，他们的研究还表明，以结果为导向的结构、胜任的团队成员、一致的承诺，以及合作的氛围，都很重要。

卡岑巴赫和史密斯（Katzenbach & Smith，1993）是研究高管团队的管理专家，主要研究对象是大型组织。他们发现，清晰的绩效目标、共同完成任务的方法，以及相互的责任感，是与团队成功相关的因素。此外，他们还发现，当团队成员数量较少时，团队表现最好，成员有足够的互补技能，并且拥有共同的目标。

表 2-2 列出了许多研究指出的成功团队的特质。团队需要有清楚且明确的目标以提供方向和动机，并可以对表现进行评估。团队领导者要专注于目标，促进但不控制团队的活动。组织文化和系统必须与团队合作相协调，组织必须为任务表现提供必要的权力和资源（如人员、财务、培训）。任务必须适合团队合作。任务应该需要协调一致的努力，同时要具有挑战性和激励性。最后，团队成员应该有共同命运或相互负责的感觉，他们的努力必须以公平的方式进行评估和奖励。

**表 2-2　成功团队的特质**

|  | 哈克曼 | 利瓦伊和斯莱姆 | 拉森和拉夫斯托 | 卡岑巴赫和史密斯 |
|---|---|---|---|---|
| 清晰的目标 | √ |  | √ | √ |
| 合适的领导力 | √ | √ | √ |  |
| 组织支持 | √ | √ | √ |  |
| 合适的任务 | √ | √ |  | √ |
| 责任感和奖励 |  | √ | √ | √ |

虽然试图确定成功团队的特征是很有帮助的，但是研究方法是有限的，而且不同的研究方法，以及不同的团队类型，得到的研究结论会有差异。科恩和贝利（Cohen & Bailey，1997）在 20 世纪 90 年代对工作团队进行了研究文献的元分析，他们回顾了 54 篇团队工作的研究，发现生产、专业和管理团队的成功因素是不同的。例如，对于自我管理的生产团队来说，组织支持程度是非常重要的，但是领导力的质量相对来说并不重要。相反地，专业的项目团队则往往依赖于高质量的领导力，因为他们的任务是非常规性的。

例如，一项针对学生团队执行各种任务的研究发现了一个预测团队成功的因素——"集体智慧"（collective intelligence）（Woolley, Chabris, Pentland, Hashmi & Malone，2010）。集体智慧与团队成员的智力并不相关，但与其他三个因素有关：

社会敏感性(social sensitivity)、平等交流和女性比例。预测团队成功的最重要因素是社会敏感性——衡量团队成员情商的平均水平。平等交流是指,当团队成员之间是轮流交流的,或者不是由少数人控制团队的交流时,团队会表现得更好。提高女性在团队中的比例会提升团队表现,虽然这个因素与团队的社会敏感性会有重叠。

在过去的十年中,团队工作方面的研究持续增加,而且大部分都是在应用环境中进行的(Mathieu, Maynard, Rapp & Gilson, 2008)。然而,这些研究并没有形成一套关于团队应该如何运作的规则。不同类型的团队面临不同的挑战,因此需要采用替代策略来达到效果。即使类型相似的团队,也有多种方式可以让团队运作成功,这就是所谓等效性(equifinality)。如何成为一个有效的团队,并没有一个最佳的模式。事实上,一些研究表明,团队成员共享相似的工作模式,可能比正确的团队工作模式更为重要(Smith-Jentsch, Cannon-Bowers, Tannenbaum & Salas, 2008)。

## 四、 团队成功的积极心理学观点

积极心理学是近年来心理学领域的一项重要发展成果,主要研究个人优势,以及如何发挥优势促进积极作用的实现(Mills, Fleck & Kozikowski, 2013)。许多积极心理学因素在团队工作研究中得到了检验。正因为其专注于个人发展,积极心理学提供了另一种视角来研究团队成功的意义以及促进团队成功的因素。

大多数团队成功的模型都集中在任务表现上,然后将社会关系和个人发展作为支持因素。积极心理学关于团队成功的观点从团队成员的幸福感开始。当团队成员完全投入任务中,并与其他团队成员建立了积极和支持的关系时,团队就做好了成功的准备(Richardson & West, 2010)。在提升团队工作效果方面,积极心理学的方法,尝试帮助团队成员满足他们的社会和情感需求,同时通过一起工作完成团队的挑战和目标。

图 2-2 从积极心理学的角度概述了团队工作的输入、过程和输出。这个输入—过程—输出模型,假设一系列团队的输入导致团队历程的发展,而这些团队历程又为成功表现创造了条件。从积极心理学的角度来看,一个团队的结果包括团队成员的表现、情感、认知,以及团队个人的社会收益(Richardson & West, 2010)。成功的团队合作还为组织提供了其他益处,包括团队之间的良好关系,以及与组织中

其他部门之间的利他行为(altruism)(合作和帮助行为)。最后，成功的团队是学习型团队，他们寻求创造性和创新的方法来改进团队的运作方式。

| 输入 | 过程 | 输出 |
|---|---|---|
| • 激励人心的团队任务<br>• 自主与赋权<br>• 团队多元化<br>• 清晰并灵活的角色<br>• 积极的社会关系<br>• 支持型领导<br>• 团队依恋 | • 集体力量<br>• 乐观<br>• 学习/反思<br>• 信任<br>• 社会支持 | • 团队成员的幸福感<br>• 社会参与和支持<br>• 团队表现<br>• 团队学习与创新 |

图 2-2　团队成功的积极心理学模型

资料来源：改编自 Richardson，J.，& West，M.（2010）. Dream teams：A positive psychology of team working. In P. Linley，S. Harrington，& N. Garcea（eds.），*Oxford Handbook of Positive Psychology and Work*（pp. 235-249）. New York：Oxford University Press。

有一些重要的输入为积极的团队表现奠定了基础(Richardson & West，2010)。团队需要有激励人心的任务来激励成员的参与。任务应该是鼓励成员相互依赖的，要求成员运用自己的技能，被成员认为是一项有意义的活动，让团队获得高度的自主权，并及时反馈有关工作表现的信息。团队应该包含不同的成员，并创建一个安全的环境，支持所有团队成员的参与。团队成员需要有明确的工作角色，并有能力根据团队的发展演变对所承担的角色和责任进行调整。团队需要在其成员之间建立起支持性个人关系，通过定期互动来管理冲突，并鼓励相互帮助。支持型领导要帮助团队创建一个鼓舞人心的愿景，并通过监控、辅导和反馈来对团队表现进行指导。团队应该通过鼓励成员之间的信任和社会关系的发展，促进成员对团队的健康依恋(attachment)。

这些团队的输入产生了一系列积极的团队历程，支持丰富的团队合作(Richardson & West，2010)。团队成员有一种集体力量(group potency)的感觉，都相信他们拥有成功的技能和能力。团队成员对应对逆境并在将来达到他们的目标的能力是乐观的。团队学习成为一种持续的活动。团队成员花时间对团队的表现和策略进行反思，并从经验中学习。团队成员之间高度信任、清晰沟通和协调一致。团队成员为彼此提供社会支持，以帮助提升绩效表现，并通过提供情感支持帮助彼此应对压力。

团队合作的积极心理学方法通过关注团队成员的情感和认知收益，从而提高团队绩效表现。它为团队成功的意义以及如何促进团队合作的有效性提供了另一种视角。许多积极心理学因素在团队合作的研究中被检验，如支持性的人际关系、反思和学习、团队效能、赋权、支持性领导和欣赏式探询(Mills et al.，2013)。

## 五、 在职场中运用团队

团队工作是提高组织效率的重要途径。在工厂和办公室中需要转换成团队工作方式，被认为是帮助企业保持竞争力的必要条件(Gwynne，1990)。事实上，运用工作团队是制造型企业最常见的组织干预方法(Sundstrom et al.，1990)。它也是改善组织绩效的最有效的干预措施之一(Guzzo & Dickson，1996)。除了增加公司的财务收入以外，团队合作还改善了人事问题，如降低人员流动率和旷工率。

尽管在工作中使用团队有很多好处，但开发团队并不容易。组织要从传统的工作系统转变为团队工作的方式，会遇到很多问题。由于团队受欢迎程度的不同，有些情况下，团队可能更适合使用传统的工作方式。这使得评估团队工作在组织中的成功变得愈加困难。

### (一)团队工作的好处

因为团队是提高工作表现和工作满意度的有效途径，所以越来越多的组织开始使用团队工作。许多研究结果证明了生产型工作团队的有效性(Guzzo & Dickson，1996)。团队提高了组织绩效的效率和质量。团队提供了在当今瞬息万变的商业世界中运作所需要的灵活性。当工作团队在组织中普遍存在时，组织的其他部分往往也会得到改善，如员工关系。然而，团队可能带来由于有效性限制所引起的绩效问题，并且在组织中形成团队协作可能是一个艰难的过程。

除了提高组织效益之外，团队工作的运用往往会有助于工作满意度和工作质量的提高(Sundstrom et al.，1990)。团队工作的好处是为员工提供社会支持，鼓励合作，使工作变得更有趣，更具挑战性。此外，转变成团队合作需要提高员工的技巧和人际交往能力方面的培训。员工会认为这些额外的培训对自己是有好处的。

### (二)团队工作的问题

尽管团队工作对组织和员工都有好处，但团队的使用和团队的转换也会带来一些问题。在工作环境中对团队工作的研究有着不同的研究结果。许多关于质量小组的研究（例如，为改善质量提出建议的临时团队），显示这些团队并不是有效的，而对工厂工作团队的研究结果则大不相同（Guzzo & Dickson，1996）。其中一个问题是，项目的实施几乎没有考虑到团队工作的适用性。它不是让现有项目更好，而是引入了新的项目。

像质量小组这样的团队合作项目，只给团队提供了有限的权力。这样的项目往往会导致短期内业绩的改善，但对长期改善并没有帮助（Guzzo & Dickson，1996）。转变为自我管理团队通常会为长期的绩效改进带来显著效果。然而，对于传统的管理控制系统的组织来说，向自我管理团队的转变是比较困难的。

有效的工作团队拥有支持高质量表现的规范，以及一定水平的团队凝聚力，为成员提供社会支持。然而，工作团队可能有规范和凝聚力的问题。表现不佳的团队的规范可能无效，而且可能有较高的阻力抗拒改变。低水平的团队凝聚力可能会限制团队成员一起工作的能力，而高水平的团队凝聚力可能会弱化成员的绩效导向，削弱决策能力（Nemeth & Staw，1989）。

用团队方式执行工作经常会产生问题。在许多组织中，团队开发与传统管理系统之间存在冲突（Hackman，1990a）。由于抗拒改变，团队会面临执行问题的困扰。团队合作需要一个支持性的组织环境，以促进团队的成长和发展。

### (三)当使用团队成为一种潮流

许多管理者和员工高估了团队合作的有效性（Allen & Hecht，2004）。人们常常过分强调团队的成功，认为团队会有更好的表现，因为团队合作带来了很多心理效益。虽然关于团队工作有效性的研究结果不一，但许多管理者对团队合作仍然持有正向观点。采用工作团队是过去 20 年来最常见的组织变化之一。使用团队以及团队合作的好处已经成为一种商业潮流，而组织现在面临过度使用团队的问题（Charan & Useem，2002）。

过于正向看待团队工作的结果之一是，团队的使用范围已经超出其本来的价值（Allen & Hecht，2004）。不管是否适合采用团队的方式，团队都被用于解决组织中的所有问题。这意味着许多在组织环境中运作的团队合作是不适合的。关于团队有效性的强烈信念也会导致，在还没有进行必要的组织变更来支持团队的情况下使用团队（Charan & Useem，2002）。管理者希望通过运用团队看到收益，却不考虑团队的培训成本和其他随之而来的组织变化的情况（Paulus，2002）。

需要进一步了解的是，何时、何地运用团队，以及需要采取什么行动来有效地运行团队。团队不是每个组织问题的解决方案，团队也不是自动就能成功的。团队需要一个目标，一个共同努力、互补技能和互相负责的结果（Katzenbach & Smith，2001）。当一个团队的目标是促进团队合作（过程目标）而不是一个界定清晰的绩效结果时，组织就会陷入困境。

## 小结

团队成功的定义与团队任务、社会关系以及对团队成员的影响有关。成功的团队可以完成任务，并以一种集体的方式完成，而非通过个人单打独斗完成。团队必须建立良好的社会关系来支持任务活动，并维持团队的存在。参加团队应该是对团队成员有好处的，如可以学习新技能，增强个人职业成就。

团队的成功取决于团队组成、任务特点、团队历程和组织环境。团队组成有三个重要方面：首先，团队必须拥有丰富的知识、技能和能力来完成任务。其次，对于某些类型的团队，成员必须代表组织的相关部分，以确保有参与决策的意识，并支持其达成结果。最后，团队成员必须具备人际关系技能，从而一起在团队中工作。

团队因任务不同需要不同的技能。团队执行的任务可以通过审视成员的付出与产出的关系来进行分析。对于一项只是将团队工作简单地加总在一起的任务来说，团队的表现并不比成员各自完成要更好。如果表现最差的成员会限制任务的完成，就比较适合团队工作的方式，因为团队可以补偿个体问题。如果任务是要求团队做出高质量的决定，团队通常比个体单独工作的表现要更好。一个好的团队任务是激励团队并需要协调共同努力才能完成的。

团队历程让团队成员与任务有所关联。成功的团队历程把团队组织起来完成任务，发展支持性的社会关系，并指派领导提供方向和引导。以上每一个步骤中，团队都必须克服人际互动的障碍。

组织为团队提供了一种环境。组织文化支持团队创建一个鼓励协作的氛围，并允许团队控制其内部操作。组织系统通过提供方向、资源、信息和帮助来支持团队。组织环境最重要的方面之一是组织愿意为团队的表现提供反馈，并奖励成功的表现。

不同视角下的研究者已经确定了成功团队的几个共同特征：团队有明确的目

标，并提供方向和动力。团队领导构建任务并促进团队历程。组织为团队成长提供支持的环境。团队所执行的任务适合团队合作。最后，成员对团队的成功相互负责，成员的努力可以获得回报。尽管这些都是成功团队的特征，但这些特征的重要程度因团队的类型不同而异。

积极心理学为团队成功提供了另一种视角，即关注成员个体。当团队成员完全投入团队任务中，并得到其他团队成员的支持时，团队表现更可能会成功。

运用团队执行任务越来越多，因为团队为组织带来了许多好处。团队有助于提高组织的生产力和灵活性，同时提升员工的工作满意度。然而，团队无法解决组织的每个问题。组织需要为团队提供一个支持的环境。由于工作团队很受欢迎，有时会被过度使用。这使得评估团队在工作中成功与否变得更为困难。

## 团队领导者的挑战 2

假设你是学校质量改进团队的领导。在过去的几个月里，八名高中教师一起分析问题，并提出了改善学校系统运行的建议。你为这个团队感到骄傲。他们接受了很好的团队训练，并学会了如何进行有效的团队工作。此外，团队中教师之间的社会关系也很好，并形成了坚实的友谊。

你把团队的建议提交给学校负责人。在等了几周后，学校负责人告诉你，感谢你们的努力，但是由于预算限制，团队的任何一条建议，这次都无法被采纳。你感受到主管的拒绝，非常受挫。这是你们最后一次团队会议的时间了，你需要将结果告诉团队成员。

- 你(团队领导)应该如何处理团队的最后一次会议？
- 你认为团队是否成功？
- 组织未来应该如何更好地运用质量改进团队？

## 活动： 理解团队的成功

**目标**：为什么有些团队成功了，而另一些团队没有成功？用你的团队经验来回答这个问题。

**活动**：使用活动工作表2-1，回想当你在一个成功的团队中的时候，你写下当时对团队的描述（在团队中是什么感觉？团队像什么？）。再回想当你在一个不成功的团队中的时候，你当时对团队的描述。

活动工作表 2-1

**成功与不成功的团队**

| 成功的团队： |
| --- |
| |
| 不成功的团队： |
| |

**分析**：比较成功的团队和不成功的团队的两种描述。最明显的差异特征是什么？将你的答案与其他成员的答案进行比较。类似吗？团队共同回答以下问题：成功团队的特质是什么？

1. _____
2. _____
3. _____
4. _____

**讨论**：使用你列出的成功团队的特质清单，关于如何建立和管理团队，你会给一个团队领导者哪些建议？

第二部分　**团队工作的历程**

| 模块内容 |

第三章

# 团队开启

团队的发展会经过一系列阶段，这些阶段反映了团队内部历程和任务需求的变化。团队阶段的视角中，有一个关于团队的重要见解：通常在项目开始的时候，团队往往没有效率。

为了变得更有效，团队应该尽早解决几个问题。第一，要让新成员融入团队中，这个社会化历程能够同化新成员，同时满足他们的个人需求。第二，团队的目的或目标应该界定清晰，开发团队目标是一个重要的历程，它自己帮助团队规避问题，提供方向，提升动机。第三，团队应该为其运作制定团队规则或规范。这些规范为团队成员定义了适当的行为。

有些技术可以帮助团队形成社会关系，明确任务，以及开发团队规范，创建团队契约。如果团队在项目开始时使用这些技术，可以让团队更有效。

**学习目标**

1. 群体发展的主要阶段是什么？

2. 项目需求如何改变团队的运作方式？

3. 团队发展阶段的启示是什么？

4. 团队成员的变化会如何影响团队的表现？

5. 团队目标的主要特点是什么？

6. 隐藏性议程是什么？ 它如何影响一个团队？

7. 群体规范的主要功能是什么？

8. 群体规范的正面和负面影响是什么？

9. 如何帮助改善团队项目的初始阶段？

## 一、团队工作的阶段

针对项目团队的研究发现，许多专业设计项目启动活动所需要的时间都比预期的要长，大部分设计工作都是发生在指定时间的后半段的(Gersick，1988)。项目启动缓慢的主要原因是需要时间来阐明项目的定义，发展社会关系，并制定有效的运作规则。理解团队发展可以帮助加速这个历程，并减少成员由于在开始时认为项目推进缓慢而引起的挫折感。

有几种方法可以解释团队在运行过程中所经历的变化：团队发展阶段理论(stage theories of group development)关注团队内在历程如何随时间而改变；项目开发理论(project development theories)试图描述团队是如何根据所执行的任务而变化的；最后，循环理论(cyclical theories)解释了团队历程的变化是周期循环的而不是阶段性的。

### (一)团队发展阶段理论

群体发展有许多阶段理论，但大部分都有类似的元素。这些理论试图解释为什么一个群体在变得富有成效之前需要时间形成团队，以及为什么团队在发展过程中会经历冲突阶段。表3-1展示了塔克曼和詹森(Tuckman & Jensen，1977)开发的著名的团队发展阶段理论。该理论侧重于团队成员内部关系的发展。

表 3-1　团队发展阶段

| 阶段 | 活动 |
| --- | --- |
| 形成期(forming) | 定位：成员相互认识 |
| 震荡期(storming) | 冲突：对角色及过程不满 |
| 规范期(norming) | 结构：建立规则和社会关系 |
| 绩效期(performing) | 工作：关注任务的完成 |
| 解体期(adjourning) | 结束：完成任务，结束团队 |

资料来源：改编自Tuckman, B., & Jensen, M. (1977). *Stages of small group development revisited. Group and Organizational Studies*, 2, 419-427。

一个团队开始于形成期，在这个阶段没有什么效能产出。群体中的成员相互了解，并学习如何作为一个团队来运作。成员之间往往表现得比较客气，彼此互相试探，对领导比较顺从。成员因为彼此不熟悉，因而会觉得不舒服，有拘束感。团队成员不太确定应该如何行动，会花时间来计划如何完成任务。直到团队成员之间的互动变得比较自在时，这个阶段就结束了。

在随后的震荡期，通常团队成员之间会出现冲突，并对团队角色和项目需求感到困惑。团队程序上的分歧，会导致不满和敌意的表达。团队成员开始意识到，项目比预想的要困难，他们可能会变得焦虑和防御。角色和任务方面的冲突越来越多。虽然这些冲突可能会令人不快，但重要的是，冲突的发生促进了不同视角的分享。冲突的解决帮助团队澄清了目标，并经常会带来团队凝聚力的增强。

到了规范期，团队开始自己完成任务。在这个阶段，团队变得更有凝聚力，冲突减少，团队信心提高。团队已经建立了一些基本规则（或规范）来帮助成员一起工作，而社会关系已经发展到可以建立群体身份的认同。这个阶段的群体互动特征是信任和支持度的提升。虽然分歧仍然存在，而且可能还会越来越多，但是都可以通过建设性的讨论和协商来解决。

在绩效期，团队已经成熟，知道如何运作，所以将重点放在任务的完成上。如果团队制定了规范，并且成功建立了社会关系，就能很容易地应付任务临近期限的压力。研究表明，大多数绩效产出都发生在这一阶段。越接近项目结束，团队表现越好（Hare，1982）。然而，并不是所有的团体都能进入这个阶段，而且可能会由于早期阶段的冲突而受阻。

最后是解体期。有些团队会有计划的结束，也有些团队可能会无限期地继续下去。当团队结束时，应该花时间评估团队表现，并利用反馈为未来做准备（Wheelan，2005）。然而，团队往往并不是以团队学习经验为结束点的。团队成员可能更感兴趣的是庆祝团队成功，或者为失败寻找借口，而不是从团队经验中学习（Hackman & Wageman，2005）。

### （二）项目开发理论

团队阶段的另一种观点是基于项目的特征，而非团队历程的发展。该理论基于对团队工作的研究，而群体发展理论通常基于对治疗群体或学习群体的研究。例如，麦金太尔和萨拉斯（McIntyre & Salas，1995）基于团队成员在完成项目时所发展的技能，提出了一个团队发展模型。在该模型中，一个团队在早期阶段致力于角色的澄清，然后开始发展协调技能，最终专注于团队技能的多样性和灵活性的提升。这个模型使用团队和项目之间关系的变化，作为整个阶段改变的驱动者。

　　麦格拉思(McGrath，1990)提出了一个项目团队如何随着时间运行的模型。团队运行有四种功能：启动(选择和接受目标)、问题解决、冲突解决和执行。在启动阶段，团队专注于活动计划和协调。在冲突解决阶段，社会关系紧张，因为团队正在处理冲突。问题解决和执行阶段的重点是协调团队成员的想法或行动。团队不一定要发挥所有这些功能才能实现目标。例如，对于一些简单的问题，团队可能直接从启动到执行，而不经过中间的功能阶段。

　　安科纳和考德威尔(Ancona & Caldwell，1990)提出了一个针对新产品团队的团队发展模型。基于新产品团队任务的变化本身，以及这些变化对团队内部历程和外部关系的影响，新产品团队发展会经历三个阶段。在创建阶段，团队活动是内部和外部历程的混合。组成团队时，团队正在开发新的想法和创造性的解决方案。外部关系包括收集信息，以及与相关组织单位建立联系。在开发阶段，团队的重点主要是内部的。项目的想法已经得到了组织的批准，团队专注于项目的技术细节。最后阶段是传播，外部关系成为团队的主要关注点。这时候项目几近完成，协调向制造和营销转移，成为团队活动的重点。

### (三)循环理论

　　虽然团队开发的阶段理论很流行，但并不是所有的团队都遵循这些理论模型。有些团队会跳过某个阶段，有些团队则会被困在某个阶段，还有一些团队似乎以独特的路线穿越各个阶段。各个阶段之间的界限往往不像理论所指出的那样明确。

　　有些团队的理论家认为，与其强调阶段的顺序，不如在团队的整个生命周期中循环往复。马克斯、马蒂厄和扎卡罗(Marks，Mathieu & Zaccaro，2001)开发了一个团队工作的循环阶段模型(recurring phase model)，显示了如何在活动的时间周期中为团队创造节奏。项目的周期不同，可能从生产和服务团队的几小时到项目团队的好几年。周期的长度由任务决定。团队在行动周期(执行任务的时候)、人际周期(管理社会关系的时候)和过渡周期(评估绩效和规划未来的时候)中运作着。这些周期可以根据需要，或者在指定的时间，出现在不同的模式中。例如，军事团队在主要活动之后，会有正式的述职报告(过渡周期)。

　　盖尔西克(Gersick，1988)在对项目团队的研究中，提出了间断平衡理论(theory of punctuated equilibrium)。每个团队都有自己的发展模式，但是所有团队都经历了一段时间的低活力阶段，接着是能量和变化的爆发。此外，每个团队都有一个中点危机（midpoint crisis），当团队成员意识到它时，时间已经过去了一半，但是项目还处于完成的早期阶段。这导致了一段时间的恐慌，接着团队会专注于完成任务的活动。

盖尔西克的间断平衡模型认为，团队改变的主要原因是当团队面对外部挑战时，它会重新评估目前的做法（Humphrey & Aime，2014）。这个模型带来的一个启示是，在中点危机期间让团队专注于任务，而不是团队发展，是有裨益的。当团队遇到破坏性的事件或挑战时，成员们更愿意重新评估他们的常规做法并做出改变。

### (四)团队发展阶段的启示

了解团队通常会经历的阶段，可以帮助团队成员更好地认识到团队会发生什么，以及如何进行处理。团队发展阶段理论解释了为什么团队的大部分工作都是在项目末期完成的，以及为什么在项目开始阶段建立社会关系和团队规范是很重要的。然而，需要注意的是，团队发展阶段理论并不总是适用的。团队常常是在成功和失败之间起伏的。在不同的时间点，活动可能会有所增加或减少，但可能不会完全停止和消失（Humphrey & Aime，2014）。有些团队可能会卡在某个阶段，甚至会分裂——因为他们没有处理好早期阶段的问题，以致从未进入绩效阶段（Wheelan，2005）。

有能力的团队可以跳过这些发展阶段，直接进入绩效阶段吗？有时候，团队的早期成功会导致他们忽视开发团队历程的任务。高度自信的项目团队可能只是专注于任务，而没有充分讨论应该如何运行团队工作（Goncalo，Polman & Maslach，2010）。早期的过程冲突不仅帮助团队开发更好的工作流程和策略，而且还教会团队如何管理冲突（Tekleab，Quigley & Tesluk，2009）。这就是为什么早期的过程冲突预示着项目团队后来的成功。当这些团队在项目后期遇到问题时，它们已经掌握了管理冲突和开发替代解决方案的技能。

这里有几个要点。第一，情绪高低是团队发展的正常组成部分。第二，开发团队是很重要的。必须花时间发展社会关系和社会化新成员，建立目标和规范，并对项目进行界定。第三，当团队试图解决关系以及任务议题的冲突时，团队可能会经历较低任务表现期。这也是团队发展的正常部分。

## 二、 群体社会化

群体社会化是指一个人成为群体成员的历程。传统的群体社会化方法解释了新成员是如何被招募并融入相对固定的群体或团队中的。而当代的方法则是更多研究工作团队是如何应对不断变化的团队成员的。

在传统的群体社会化方法中，个体经历了一系列的角色转变——从新人到正式成员——在社会化过程中。在这一历程的每一步中，个体都在对团队进行评估，并决定其对团队的承诺水平（Moreland & Levine，1982）。这种评价是一种判断——参与团队带来的好处是否大于投入的成本。承诺一种意愿——与团队保持关系的意愿。这些过程是相互的。个体评估团队，并决定个人的承诺水平；团队评估个体，并决定对他或她的承诺。

社会化过程开始于调查阶段。团队试图招募个体成员，同时个体会考虑是否加入团队。社会化阶段决定了个体如何融入团队。新成员需要花时间探寻团队对自己的期望，团队成员也会通过正式和非正式的介绍活动为新成员提供信息（Wanous，1980）。刚开始的时候，新人往往会对自己在团队中的角色感到焦虑，倾向于被动、依赖和服从。事实上，这种形式是为了增加老成员对新成员的接受程度（Moreland & Levine，1989）。新人对团队是一种威胁，因为他或她带来了一种新鲜的、客观的视角，对现有的成员来说，是令人不安的。许多新成员会采用这种被动方式，以减少团队批评的潜在威胁，从而让自己比较容易被团队接受。

在维持阶段，个体完全忠于团队。即使已经是团队的正式成员，个体也仍需要一个持续的过程来和团队协商自己在团队中的角色和位置，以及团队目标和行为。尽管许多成员在离开团队之前一直待在这个阶段，但由于个人目标和团队目标之间的冲突，成员可能会偏离团队，或者降低自己对团队的承诺。

保持团队在一起的时间较长一些，有助于提高业绩（Huckman & Staats，2013）。团队会经历一个学习曲线。当成员彼此熟悉时，他们会做得更好。经验较多的团队更善于沟通和协调团队活动。因为对团队成员的知识和能力有更多的了解，所以团队能更有效地将信息应用于问题，而且还能更好地应对压力和变化。在项目团队的研究中，熟悉度较好的团队更能从团队成员的多元化中获益。

然而，在许多工作组织中，团队又是一个动态组合。在团队的生命周期中，经常有新成员加入，原有成员离开。现在越来越常见的是能够迅速适应新成员的临时团队，而不是永久团队。甚至还有"闪现"团队（"flash" teams），如紧急手术小组、航空机组人员或灾难救援队伍，这些团队很快就能形成解决问题的方法。还有许多专业人士同时服务于多个团队（Maynard，Mathieu，Gibson & Rapp，2012）。这些团队可以是由组织中处于中心或外围的团队成员角色所组成的。外围的团队成员只分配一小部分时间给团队，他们不太可能对团队负责，也不太了解团队的运作方式。

团队成员的流动率会对团队产生积极和消极的影响（Levine & Choi，2004）。新成员的引入需要团队花时间和精力将他们社会化。新成员可能会降低团队的表现，因为他们不完全理解团队的运作方式（Bell，Villado，Lukasik，Belau & Briggs，2010）。然而，新成员可以通过提供一个全新的视角来改善团队的运作。本质上，当团队将新成员社会化时，这些新成员可能会鼓励团队重新思考原有的运作方式（Tannenbaum et al.，2012）。

尽管人员流动可能会对团队绩效产生负面影响，但是有一些方法可以用来管理这个问题（Higgins，Weiner & Young，2012）。对于某些行动型和专业型团队来说，影响团队表现的重要因素是团队角色的稳定性，而不是这些角色的成员身份。团队社会化的启示是，要关注团队角色，而不是团队成员。新成员的社会化侧重于其在团队中的角色，而不是团队中的特定的个体适配或社会关系。这种关注团队角色的方法被用于绩效型团队，如管弦乐队、军队和运动队。虽然团队成员会有变化，但团队本身仍然保持完整性。

## 三、　团队目标

团队目标是"成员愿意通过一起努力而实现的一种理想状态"（Zander，1994）。通过表述清晰的目标理解团队的目的，是成功团队最常见的特质之一（Larson & LaFasto，1989）。对工作团队的研究表明，明确的项目目标有助于提高团队表现和提升团队内部历程（McComb，Green & Compton，1999）。有共同目标的团队更有可能按时完成任务，减少内部冲突。

目标只是团队界定其目的的一种方式，还有一些其他方法。团队创建任务声明，通常会用术语来定义其目的和价值。任务声明阐明了团队的价值，但没有说明团队目标如何实现。团队目标必须与任务声明相一致，而且目标应该是客观的，界定成功需要确定达成的结果。团队还可以创建子目标或目的，作为完成目标的阶段性路标。

### （一）目标的价值和特征

团队目标的价值在于向团队提供方向和动力。好的团队目标是清晰明确的，因此团队成员可以理解，并将团队目标与自己的表现联系起来（Locke & Latham，1990）。

实现目标的进展应该是可测量的(Zander，1994)。如果目标的进展不可量化，那么团队就不能获得对其表现的充分反馈。如果目标没有可测量性，只告诉团队"走出去，尽你最大的努力"——这是一种很好的激励表达方式，但却无法改善团队的表现。

目标应该是有些难度的。也就是说，目标应该要有激励性，但并非不可实现(Locke & Latham，1990)。当任务是有趣的、富有挑战性的，并且需要团队成员一起共同努力取得成功时，团队目标才能发挥最大的作用。当目标实现时，团队会有成就感(Zander，1994)。但是要注意，目标不要定得太高。如果团队一直无法达到目标，成员会有挫败感，开始互相指责对方和外部的问题，并可能会拒绝对未来的目标做出承诺(Zander，1977)。

目标为团队提供了许多功能。表 3-2 列出了其中的几种功能。目标能够帮助指导和激励团队及其成员，同时，目标还有服务于团队之外的功能，帮助与组织中的其他部门建立关系，以及建立与周围组织的评估标准。

表 3-2　团队目标的功能

| |
| --- |
| 1.　作为评价表现的标准 |
| 2.　激励团队成员参与任务 |
| 3.　指导团队进行某些活动，鼓励团队成员整合任务 |
| 4.　可以作为评估某些行动和决策是否合适的标准 |
| 5.　提供一种方法，让外界了解团队，并与他们建立关系 |
| 6.　决定团队成员的表现何时应受到奖励，何时应受到惩罚 |

资料来源：改编自 Zander, A. (1994). *Making groups effective*. San Francisco, CA: Jossey-Bass。

值得注意的是，团队并不总是能够自由地设定自己的目标。相反，团队目标通常由其所在的组织制定。有时，团队面临的情况是，目标不明确，或者团队成员对目标有不同的看法。对于一个项目团队来说，有时了解团队要解决的问题(也就是界定项目目标)，比开发解决方案更加困难和耗时。通过目标设定的活动来提高团队目标的质量，是解决这些问题的方法，这将在第十七章中详细讨论。

目标设定并非只是一次性活动。使用团队的价值之一，是团队能够适应变化，并学习如何改善团队表现。当情况发生变化时，团队需要重新评估其目的和目标。当团队过度陷入目标、策略和历程时，它就会发生反弹，以适应当前或变化的条件(West，2004)。定期召开会议回顾团队的目标、策略和历程，可以提升团队的长期表现。

## (二)隐藏性议程

团队目标提供了许多有价值的功能，但也可能是问题的根源。问题产生于隐藏性议程（hidden agenda）——与整个团队目标有冲突，但并未说出的个人目标（Johnson & Johnson，1997）。

隐藏性议程最基本的类型与目标的动机有关。尽管团队可能百分之百承诺高质量地完成项目工作，但是一些团队成员可能并不认为团队活动是重要的。他们可能会偷懒，会花更多的时间和精力在其他活动上。这些成员的目标是用最少的努力帮助团队取得成功。

隐藏性议程的第二种类型与目标的方向有关。有些团队成员可能并不认可团队的目标，或者个人目标与团队目标不一致。例如，在组织预算委员会中，团队成员可能必须处理有潜在冲突的目标，对组织最好的事情与对其所在部门最好的事情。

在一个团队中，隐藏性议程会产生难以解决的冲突。例如，一个缺乏动力的团队成员往往会为自己寻找借口，而不是告诉团队自己不愿意在项目上努力。一个忠诚的团队成员会隐藏这种冲突，导致其他团队成员不信任团队成员所说的话。隐藏性议程的全面性影响是破坏团队内部的信任，使得团队沟通越来越少，使冲突变得更难解决。

直接面对成员的隐藏性议程往往是行不通的，因为这只会带来强迫防御和拒绝。相比较直接面对成员的隐藏性议程来说，更好的做法是，加强团队历程，以减少隐藏性议程的影响。团队可以重新评估其目标，好让所有团队成员都可以接受。团队成员的角色可以重新协商，这样期望就清楚了。团队可以通过更好地记录和监控工作承诺来建立信任。团队领导可以帮助建立一种安全、开放的沟通氛围，从而更容易解决冲突。

## 四、 团队规范

团队规范（team norms）是定义团队中适当与不适当行为的基本规则，建立对团队成员行为的期望。这些规则可能是明确的（例如，采用协商一致的决策）或隐含的（例如，团队成员轮流发言）。虽然大多数团队并没有正式地描述规范，但成员通常都知道并遵循这些规则。

团队规范有四个主要功能（Feldman，1984）。第一，团队规范表达了团队的核心价值观，这有助于让成员意识到他们是一个团队。第二，规范有助于协调团队成员的活动，建立共同的基础，使行为更容易被预测。第三，规范指出哪些团队成员的行为是适当的，避免让团队成员面临尴尬或困难的情境，从而鼓励团队成员积极参与团队。第四，规范帮助团队成员创造独特的身份，让团队得以存在，这种身份有助于团队成员了解自己团队与其他团队的不同，并为评估团队中的异常行为提供标准。

许多因素会影响团队规范控制团队成员的行为的效力（Shaw，1981）。规范越清晰、越具体，就会有越多的成员遵守。如果大多数团队成员接受并遵循规范，其他人就更有可能会遵守。一个团队越有凝聚力，团队规范就越一致。团队更能容忍自我规范与外围规范的不同，但比较无法忍受对团队运作至关重要的规范的差异（Schein，1988）。例如，对团队有价值贡献的技术专家，可能被允许违反外围规范，如着装规范或社交礼仪规则。

### (一)规范是如何形成的

团队规范经常是在不知不觉中逐渐发展起来的，通过团队成员之间的互动和相互影响而发展。即使人们遵守这些规则，也可能无法一一表述出来。此外，即使没有外在压力，如惩罚的威胁，团队成员通常也会遵守规范。这说明团队成员已经接受了这些规范，并用来指导自己的行为。

团队规范有许多不同的来源。例如，参考其他团队的规范，或是基于外部标准，如社会或组织运作的标准。在团队存在的早期，规范也强烈受到团队过去经验的影响，尤其在成员不确定什么是正确或可接受的行为的情况下。例如，当团队在会议中出现问题时，团队可能会制定出明确的出勤规范。

许多团队可能忽略了团队规范的意义，认为每个人都知道应该如何在团队中行事，没有必要花时间去讨论规范。直到开始出现问题，团队才会发现不同成员是在不同的规范下行事的。讨论并建立明确的团队规范是有好处的，可以避免不适当的规范的发展（例如，一部分项目工作迟交是可接受的），让每个人都知道团队期待的行为是什么。表3-3列出了在团队会议中建立团队规范时需要考虑一些问题。当创建一个新团队时，对于团队领导来说，讨论并获得一致认可的规范是有帮助的。这可以作为创建团队契约过程的一部分来完成。（参见附录中的例子。）

由于团队经常依赖于信息和通信技术，因此，制定关于技术使用的规范是很重要的（Duarte & Snyder，2006）。团队需要决定哪些技术用于任务和社交沟通，以及如何共享和管理电子文档。例如，要确定技术规范方面的一些问题，如响应消息的预期速度，当整个团队都收到消息，允许谁来编辑共享文档、收发电子邮件和调整文本消息的适当大小。最后，团队需要决定何时进行面对面交流是必要的。（有关建立技术规范的活动见附录。）

表 3-3　团队规范

| 讨论 | 如何制定决策？必须每个人都要同意吗？每个人都有投票权吗？ |
| --- | --- |
| 出席 | 可接受的缺席理由是什么？如何鼓励常规出席？ |
| 任务实施 | 何时分配任务？如果有人无法完成或做得不好怎么办？ |
| 参与 | 可以做些什么能够鼓励每一个人都参与？ |
| 会议时间 | 何时开会？多久开一次会？一次会开多长时间？ |
| 日程和记录 | 谁是活动负责人？其他参会人的角色是什么？ |
| 加速行进 | 如何鼓励团队加速行进？ |
| 会话礼节 | 如何鼓励团队成员积极倾听并尊重他人？是否需要制定规则，以限制打断发言或防止个人批评？ |
| 强化 | 团队如何强化这些规则？ |

资料来源：改编自 Scholtes，P. (1988). *The team handbook*：*How to use teams to improve quality*. Madison，WI：Joiner Associates。

## (二)团队规范的影响

团队规范有积极和消极的方面。因为团队规范控制着团队的互动，使得沟通更公平，维护了成员之间的尊重，并将权力分配给团队中较弱的成员。例如，共识的决策规范可以限制领导者的权力；平等参与规范可以避免团队会议被健谈的人淹没；礼貌规范可以防止欺凌和恐吓。这些都对团队内部工作有好处。然而，从组织的角度来看，规范强调一致性，这可能是一个问题。

霍桑(Hawthorne)对团队工作的研究显示出团队规范的好处和问题。在工厂情境中，团队规范控制了每个人的工作量。当团队的绩效标准较高时，规范是有好处的，因为团队里有落后者，规范可以鼓励员工互相帮助。然而，当团队的绩效标准较低时，想要改变团队行为的管理能力就会受到限制，因为群体规范对外界的影响是有抵抗力的。

## 五、应用：启动项目团队

组成团队来完成项目，通常团队初期的表现不会很好，因为团队需要时间来开发内部社会历程和完成任务的方法（Katzenbach & Smith，1993）。当新的团队形成时，技术可以帮助加速团队的发展。改善团队工作需要在项目一开始就付出努力。一开始做得好的团队，往往之后的表现会更好（Hackman，1990a）。这个统计数据验证了为什么花时间设计和启动一个新团队是很重要的。启动活动的目标是改善社会关系，更好地定义项目，计划团队策略，创建团队契约，以明确目标、角色和规范。这些启动活动是长期团队成功的重要预测因素（Mathieu & Rapp，2009）。

### （一）团队热身

团队的一个问题是，容易只专注于任务。认识到开发团队社会关系的价值也同样重要。大多数群体发展阶段理论认为，社会关系的发展先于团队表现阶段。在团队成员之间发展社会关系有助于培养新成员。因此，在团队早期，注重发展社会关系是很重要的。

团队热身是社交"破冰"（Icebreakers），应该在团队会议开始时进行（Scholtes，1988）。这对于第一次团队会议是至关重要的，并且应该在团队形成初期的会议中进行，以发展团队内的社会关系。热身是一种社会活动，旨在帮助团队成员相互了解，并在团队项目中改善沟通。热身可以很简单，如花五分钟分享最喜欢的笑话，或者讨论团队成员在周末做了什么。在团队形成初期可用的团队热身活动，可参见本书附录。

### （二）项目定义和规划

团队通常会跳入项目中，然后在出现问题的时候，就不得不退回到较早的阶段。在匆忙完成任务的过程中，团队可能花很少的时间去理解任务（Pokras，1995）。团队中的每个人都应该对任务有相同的理解，这种理解应该与组织的期望相一致。许多专业团队发现，项目定义阶段是最困难同时又是最重要的阶段。

团队试图想要跳过项目定义阶段的原因有很多。团队成员一开始可能会觉得不舒服，所以想快速地专注于任务执行上。任务分配常常是模棱两可的，这种含糊不清会造成不适。快速做出决定以澄清问题会在情感上得到满足。这样的行为可能有助于解决情感方面的问题，但往往会导致团队走向错误的方向，产生项目冲突和进度延迟。

团队可以使用多种技术来提高自己定义问题的能力，并了解问题的潜在原因。这些将在第十一章进行讨论。团队应该在项目开始时使用这些技术，以更好地理解任务。

一旦团队同意项目的定义，就应该花时间制订一份关于团队成员如何一起工作的产出策略或计划。在团队成立之初，与任务有关的团队计划有助于提高团队效能（Mathieu & Rapp，2009）。正式的计划为团队成员的工作提供指引。制订如何达成目标的策略，有助于引导团队行动，并对创建团队如何运作的共享心智模型（shared mental model）有助益。

### (三)团队契约

一个适当的团队启动应该包括开发团队的共同目标与目的、明确角色、创建合适的团队规范，并定义对绩效表现的期望。一个有效的方法就是开发一份团队契约或章程（Herrenkohl，2004）。团队契约是如何管理团队活动的计划（Mathieu & Rapp，2009）。它有助于阐明角色期望和工作规范，以支持协作的工作。因为团队契约有助于列出成员的角色和工作历程，所以有助于团队成员更容易地专注于任务。

团队契约明确规定了团队在如何运作上所达成的一致协议。开发团队契约的行为有助于团队识别并解决冲突和误解。这是一种很有价值的技术，可以在一开始就朝着正确的方向发展。我们提供了团队契约的样本大纲，其完整地描述了团队契约的组成和使用，详见附录。

## 领导虚拟团队：　虚拟团队的启动

**问题：**面对面交流是每个人从婴儿时期就开始使用和练习的过程。通过技术进行虚拟交流和协作，对于一些人来说不太熟悉，而对另一些人来说则比较自然。当创建一个虚拟团队时，这既是问题，也是机会。

**解决方案：**由于团队成员在使用通信技术方面的经验和技能存在差异，因此，创建一个虚拟团队可能会带来一些问题。如果问题没有得到适当的解决，可能会导致团队成员之间的动机和满意度出现差异。然而，这种差异也可能是一个机会，因为团队领导者可以通过引入沟通和协作过程，对团队规范和文化进行影响。在初始会议期间，引入的虚拟沟通协作模式一旦建立起来，就很难再改变。因此，虚拟项目团队的领导者必须计划如何开启团队。

团队成员通常会根据自身的技能和经验来承担团队中的角色。在选择虚拟团队成员时，还需要考虑其他因素：使用技术进行沟通的能力、独立工作的能力，以及对虚拟团队工作的态度。除了这些个人问题之外，还要考虑一些技术方面的问题，包括为每个团队成员提供可用的技术、通信访问（带宽）以及成员使用该技术的经验。

大多数关于虚拟团队的文献建议，在项目一开始，尽可能先让团队进行面对面的合作。这个建议是有价值的。面对面的互动和伴随而来的非正式互动，可以帮助团队建立信任，树立团队身份，巩固团队规范和文化。然而，在最初的面对面会议中产生的沟通模式，可能会使后来建立虚拟规范和文化变得复杂。领导者必须取消最初的规范，并为虚拟会议建立新的规范。

最初的虚拟团队会议为虚拟团队奠定了基础。在会议过程中，领导者需要进行如下创建：清晰的团队目标和目的感；明确的团队成员角色感；团队契约和规范；虚拟会议协议、流程和技术支持渠道；用于存储和共享信息的集体虚拟空间。领导者应该为团队树立适当的行为模式（在视频会议中的打断方式，可以接受的邮件类型等）。不要假设所有的参与者都知道这些适当的行为。

为团队成员创建一个虚拟的社交空间，并强烈鼓励其使用。创建社交空间，如可以共享信息的团队网站，是在虚拟团队中建立社会关系的有用方法。应该鼓励团队成员使用这个网站来共享非任务信息。很重要的一点是，领导者也要在网站上参与分享信息。如果有必要且适当，可以设定网站的使用范围（如禁止的话题可能是政治和宗教）。鼓励分享个人照片和讨论个人爱好。使用这个社交空间是为了取代在面对面的非现场会议上进行的非正式谈话。来自不同文化的参与者可能会或多或少地分享个人信息，所以不要强迫任何人参与。

## 小结

团队的发展经历了一系列的阶段，从形成到解体。这些阶段与开发团队的内部历程和改变任务需求所需要的时间有关。从发展的角度看，团队在存在过程中会面临不同类型的挑战。团队的发展不是一帆风顺的，而是经历一段时间的低谷后，进入成就的爆发，从平稳的关系，进入冲突时期。理解这些阶段理论，有助于解释为什么大部分的团队产出都是在项目后期发生的。

团体社会化过程描述了一个团队及其成员之间关系的改变。团队及其成员相互评价，以决定彼此承诺的程度。社会化的进行经历从调查到维护的一系列阶段。许多类型的团队的成员身份都是动态的，这使得社会化成为团队的持续活动。团队成员流动率的增加对团队绩效表现既有积极影响，也有消极影响。

目标显示出团队的目的和价值，是团队成功的重要因素。目标通常被分割为与绩效表现标准有关的一些小目标。有效的团队目标应该是可衡量的，以提供对表现的反馈，并且目标应该有适当的难度，从而有一定的激励性。团队目标的一个常见问题是隐藏性议题。当单个团队成员有与团队目标相冲突但并未说出的目标时，隐藏性议题就会出现。这些都会导致团队中产生冲突和不信任的问题，必须小心处理。

团队规范为团队成员界定了适当的行为，帮助团队更顺利地运作，并创造出独特的群体身份。规范通常逐渐演变。然而，一个团队应该建立其正式的运行规范。团队规范的影响可以是积极的，也可以是消极的。规范可以帮助团队内部更好地运作，但是有些规范也可能会限制团队的表现。

检视团队演进方式的价值之一是，它说明了团队在项目开始时所遇到的问题。团队必须先要解决未开发的社会关系、未定义的项目、模糊的目标和规范等问题，然后才能集中精力执行任务。团队的运作可以通过在团队开始时关注这些问题得到改善。

## 团队领导者的挑战 3

这是新产品开发团队的第一次会议。团队的目标是为公司创造下一代厨房用具。团队由来自工程、产品设计、营销、制造和财务部门的人员组成。团队成员在未来的八到十个月，以这个项目为主要工作。

作为团队的领导者，你需要让团队快速启动项目。管理层已经给你提供了项目的总体目标，但是你没有时间好好规划如何管理这个项目。因为完成这个项目的时间有限，你希望团队能有一个好的开始。

- 在团队项目开始阶段，对你（团队领导者）来说，最重要的三个问题是什么？
- 在与团队会面之前，你应该先做多少项目规划准备？
- 第一次会议应该完成哪些事？

## 活动 1： 观察团队规范

**目标：** 团队规范界定了适当的和不当的行为。虽然团队成员通常会遵循规范，但大多数团队并没有形成正式的规范。团队可能要针对各种不同的议题，制定不同的规范。规范可以是官方强制的制裁措施（如对违规进行罚款），也可以通过来自领导或团队成员的非正式压力来实施。

**活动：** 观察团队会议或小组讨论中团队领导者的挑战。使用活动工作表 3-1，指出团队决策、参与和对话礼仪的规范。例如，团队是通过投票来实现民主决策的吗？在做出决定之前，每个人都需要参与吗？有什么规则用于制止成员打断的行为吗？

另一种规范活动（由伯恩于 2004 年提出）是让四人小组玩纸牌游戏。在玩了半个小时后，指出他们正式的和非正式的规范。

**分析：** 在开发出团队所使用的一套规范之后，注意团队是如何遵守规范的。团队成员是一致遵循规范的吗？有人违反规范吗？团队对违规行为如何回应？

**讨论：** 你观察的团队有无有效的规范？规范是明确的还是隐含的？如果团队让你提供建议，你会建议团队制定正式的规范吗？你认为团队应该正式采用哪些规范？为什么？

**活动工作表 3-1**
**观察团队规范**

| 决策规范 |
| --- |
| |
| 参与规范 |
| |
| 对话礼仪规范 |
| |

## 活动2： 开发团队契约

**目标：** 团队契约帮助建立一个团队的目标、角色、规范和对绩效表现的期望。制定契约是重要的第一步，以建立团队运作的指导方针。

**活动：** 由四到六名学生形成小组，要求他们计划并实施一个项目。这个项目可以是慈善筹款、音乐会或聚会。这是项目团队的启动会议。使用活动工作表 3-2，为项目团队开发一份团队契约。

**分析：** 目标是否清晰明确，足以为团队提供方向？角色是否充分定义了每个团队成员的职责？团队将如何执行其规范？成员有信心知道团队对自己的期望是什么吗？

**讨论：** 开发团队契约的价值是什么？定义团队的目标、角色、规范和期望困难吗？如何让成员对团队契约做出承诺？

活动工作表 3-2

**开发团队契约**

| |
|---|
| 团队目标：团队目标是什么？每个成员希望在这个团队中收获什么？ |
| 角色：每个团队成员的主要角色和职责是什么？ |
| 规范：团队的运行规范是什么？（考虑针对决策、出席、任务分配、参与和礼仪方面制定规范） |
| 对表现的期待：用于评估团队及成员表现的标准是什么？ |

第四章

# 理解基本团队历程

动机、团队凝聚力、角色分配、任务和社交行为，以及团队学习，是团队成功表现的基本要素。在团队中工作的团队成员可能会因为受到激励而更努力地工作，但有时团队工作也会使个人的努力减少。这种现象被称为社会惰化。发展需要相互依赖的，并且具有挑战性的任务，改善激励机制、培养团队效能感、增加团队承诺等，可以帮助减少社会惰化，提升团队成员的动机。

除了团队激励以外，成功的表现还需要许多其他的因素。群体凝聚力是将成员联系在一起的纽带。有凝聚力的团队通常表现会更好，但凝聚力也会带来一些绩效表现的问题。就像在游戏中的角色一样，成员在团队中也会扮演各种角色。如果角色定义不清，这就会导致成员感到有压力和效率低下，而清晰的角色可以帮助团队以更少的压力和更有效率的方式进行运作。虽然在工作团队中，任务行为通常占主导地位，但在团队成员之间建立关系是必要的。团队有时会因为缺乏旨在建立成员间关系的活动而受到影响。团队在瞬息万变的情境中，需要适应各种变化，并要学习如何改善团队表现。而这种学习需要付出额外的时间对团队工作进行反思。

**学习目标**

1. 哪些因素导致了团队的社会惰化？ 如何预防社会惰化的产生？

2. 如何激励团队？

3. 哪些因素有助于群体凝聚力的提升？

4. 凝聚力对团队表现有哪些影响？

5. 哪些因素造成了角色模糊和角色压力？

6. 团队成员扮演的正式角色通常会有哪些？

7. 任务和社交行为是如何影响团队表现的？

8. 领导者如何促进团队学习？

9. 观察团队历程有何价值？

## 一、 动机

团队合作的潜力在于整体大于其部分的总和。也就是说，团队的集体工作比个体贡献的总和要大得多。团队协同(synergy)，冲突想法中的创造力，以及团队精神的激励作用，应该是团队的一个优势，使得团队超越个体的集合，然而，事情并非总是这样的。在某些情况下，共同工作导致成员动机下降，可能是由于社会惰化。理解这个动机问题，可以为提升团队成员动机提供建议。

### (一)社会惰化

团队最大的动机问题之一就是社会惰化(social loafing)。在团队中而不是个人独自工作时，个体可能由于社会惰化而减少其对团队的贡献(Latane，Williams & Harkins，1979)。一个简单的实验证明了社会惰化。让每个人独自尽可能地大声喊出声音，并记录下音量。接下来，让两个人同时一起完成同样的任务，记录下两人一起喊出的音量。相比两人独自喊出的音量，两个人一起完成时，音量会减少34%。最后，要求6个人同时一起完成同样的任务，并记录下6个人一起喊出的音量，6个人一起完成时，比每个人独自完成的音量会减少64%。

社会惰化与一些群体现象有关。人们可以成为"搭便车者"，这些人在团队中贡献很少，因为他们认为自己的努力是不重要的。他们知道，无论是否努力，自己都可以共享团队的成果(Sweeney，1973)。"傻瓜效应"(sucker effect)(Johnson & Johnson，1997)是造成社会惰化的另一个原因。有时优秀的成员会选择在团队中敷衍了事，因为他们不希望被其他成员占到便宜。这可能会导致所有团队成员都减少自己对任务的贡献。

有许多因素会导致社会惰化(Karau & Williams，1993)。如果团队执行的任务只是单个任务的集合，为什么需要团队以协调的方式执行任务呢？成员感受不到形成团队一起打拼的需求，动机就会降低。当个体在集体中的贡献是隐藏的，成员努力的动机便会下降，因为他们不再关心别人对其表现的看法。当团队成员不知道其他成员对团队投入了多少努力时，其结果是，他们会怀疑自己在团队中的付出与获得的回报是否相匹配。不幸的是，人们往往会高估自己对团队的贡献程度。

了解社会惰化的最好方法之一是，观察一个很少发生的情况，如篮球冠军赛。只有团队的分数才能决定赢家，但每个人的参与都是可观察和可衡量的。这个任务本身就是一种激励，使得团队成员更有积极表现的动力。这项任务需要合作和协调的表现以达到目标。单独一个球员无法自己赢得比赛，所以每个球员都要依靠团队的协同努力，才能赢得比赛。赢球是重要的，赢球后球员也会得到丰厚的回报。在篮球比赛，或者其他有类似特点的任务中，社会惰化通常不会出现。

对工作团队的研究表明，这些运动原则同样适用于工作团队。当工作团队被赋予具有挑战性的任务时，当团队成员有明确的个人绩效指标，而且必须通过团队整体成功才能获得奖励时，当团队成员愿意为团队做出承诺时，社会惰化才不会发生（Hackman，1986）。

### （二）提升团队动机

讨论社会惰化对一个团队的影响，有助于确定激励团队动机的因素。团队动机的增加，取决于多种因素：团队执行的任务，对表现的评估和奖励，团队效能感，以及团队成员的承诺与凝聚力。

#### 1. 团队执行的任务

当团队执行的任务是有趣的、有参与感的，并且具有挑战性的时候，团队就会更有动力。关于如何创建这类任务，最佳描述可能来自工作特征模型（job characteristic model）（Hackman & Oldham，1980）。一份令人满意的工作创造了三个关键的心理状态：对经历的意义感，对产出的责任感，以及对结果的预期。当一个任务能够提供运用各种技能的机会，个人能够从头到尾完成整项工作，并在完成的过程中能够影响他人，这个任务就是有意义的。当个体被赋予足够的自主性或自由度去设计、计划和执行任务时，个体就会展现出责任感。对结果的预期，来自对个人表现有效性的反馈。

然而，一项好的团队任务不仅仅是一个好的个人任务，好的团队任务需要任务之间相互依赖，团队成员必须共同努力才能完成。任务之间相互依赖是一个额外的因素，可以加入工作特征模型（Van der Vegt，Emans & Van de Vliert，1998）。个体从对个人负责，转变为对团队结果负责。团队要想获得成功，成员不但必须对自己的任务负责，还要愿意为其他团队成员的工作承担责任。只有当团队成员体验到自己的责任和其他成员的责任同样重要时，他们才会以合作的方式共同工作。

任务的相互依赖性可以来自团队成员之间的技能差异和团队工作历程。这也是为什么行动团队（如运动队）和跨职能团队（如成员拥有不同技能的设计团队）往往比学生项目团队更容易成功的原因之一。在一个运动队中，运动员需要彼此合作才能成功。在跨职能团队中，一起工作是完成项目的唯一方法。然而，在学生团队中，学生通常都有相同的技能和知识，所以不需要彼此依赖去完成任务。

成员之间的互赖性在很多方面可以激发团队成员的动机。当团队成员必须相互依赖才能完成任务时，成员之间就会共享权力（Franz，1998）。当某个团队成员受到的依赖程度越高时，其分享到的权力也就会越高。任务的相互依赖性也会影响到与团队有效性有关的其他因素，如冲突、凝聚力、工作规范、自治（Langfred，2000）。当团队高度相互依赖时，这些因素对团队表现会有更大的影响。相互依赖性也会激励团队成员相信他们对团队的贡献是不可或缺的、独特的、有价值的，从而使他们更愿意为团队付出努力（Kerr & Bruun，1983）。

### 2. 对表现的评估和奖励

相互依赖关系与团队工作的任务和结果都有关。任务可能需要成员之间的协调努力共同达成，但团队成员可能会认为，评估和奖励主要基于个人的表现，而不是团队努力所获得的成功。研究表明，结果的相互依赖性（outcome interdependence）是很重要的概念，因为它有助于激励成员一起共同完成工作（Van der Vegt et al.，1998）。

要想成功，团队成员必须对自己的工作和其他成员的工作有责任感。团队目标和团队奖励制度鼓励这种双重责任感。例如，管理团队经常表现不佳的原因是，经理更关心自己部门所发生的事情，而忽略了整个组织的情况。公司层面的利润分享方案的价值之一是，让每个员工都将组织成功作为一个重要目标。当组织获得成功时，管理团队的每位成员都会得到奖励。这种制度鼓励经理去思考，什么是对组织有利的，而不是只考虑什么对自己的部门有利。

平衡基于个人以及团队的表现进行奖励，对于鼓励成员对团队的承诺，同时又能鼓励成员个人表现是必要的（Thompson，2004）。对于一个组织来说，找到合适的平衡点是很困难的。此外，绩效评估系统必须公平地辨识团队是否成功，以及成员个人对团队成功的贡献度。当个人对团队的贡献是清晰可见的，并且与奖励系统挂钩时，团队成员的动机就会增加（Harkins & Jackson，1985）。（团队评估和奖励的主题，将在第十六章更详细地讨论。）

### 3. 团队效能感

团队通过评估成员的个人能力和一起合作的能力，来推断团队成功的能力（Hirschfeld & Bernerth，2008）。团队效能感（team efficacy）是成员对团队能够在给定的任务中表现出色的感知，而团队效力（team potency）则是成员对团队能够成功执行不同任务的感知。增强团队效能感有助于提升团队成员的动力。有较高团队效能感的团队在遇到困难和挫折时，会有更高的动力克服困难和阻力并改进表现（Bandura，2000）。团队效能感和团队效力都与团队绩效有关，特别是当任务相互依赖程度较高时（Mathieu，Maynard，Rapp & Gilson，2008）。

团队效能感与团队绩效是彼此互惠的关系。换句话说，成功的团队表现可能会进一步提升团队效能感，反之亦然，好的团队效能感也有助于团队表现的提升（Ilgen，Hollenbeck，Johnson & Jundt，2005）。团队效能感受到许多因素的影响（Burn，2004）。在过去曾经有成功表现的团队，具有更高的团队效能感水平。团队领导者相信自己的团队是有能力的，这会帮助团队创造出较高的集体效能感。具有更高集体效能感的团队更有可能设定更高的绩效目标，从而激励更好的团队表现（Goncalo，Polman & Maslach，2010）。认同感较强的团队，其成员会更看重自己的团队身份，团队效能感会更强（Lee，Farh & Chen，2011）。

### 4. 团队成员的承诺与凝聚力

团队中的成员越珍视团队身份，他们就会表现得越好。团队成员彼此之间的责任感和吸引力，被称为团队凝聚力（group cohesion）。有凝聚力的团队不太可能会出现社会惰化（Karau & Williams，1997）。团队凝聚力包括成员对正在执行的任务的承诺。在一个高凝聚力的团队中，成员喜欢团队正在执行的任务，乐于在任务中与其他成员一起努力，愿意参与和付出，并为团队的表现感到骄傲。高凝聚力的团队对团队任务有更多的承诺，并且表现得更好（Wech，Mossholder，Steel & Bennett，1998）。由于团队凝聚力除了激励之外还有一些其他重要的作用，接下来，将会对其进行更全面的讨论。

## 二、 团队凝聚力

团队凝聚力指的是将团队成员联结在一起的人际力量。凝聚力是一个多维概念

（Beal，Cohen，Burke & McLendon，2003）。对许多理论家来说，团队自豪感或社会认同是团队凝聚力的核心。有凝聚力的团队，其成员拥有共同的社会身份。团队身份，对于每一个成员来说，都是非常重要的，因为团队身份让成员将自己定义为团队中的一分子（Hogg，1992）。还有一些专家认为，凝聚力是一种社会吸引（Lott & Lott，1965）。一个有凝聚力的团队，由于这种关系，成员之间感到彼此联结。凝聚力也可以来自团队的任务。作为一个团队一起工作，也可以创造一种凝聚力的感觉（Guzzo & Dickson，1996）。

对于有凝聚力的团队来说，团队认同感具有重要的意义（Hayes，1997）。如果一个团队认为他们是一个独特的团体，那么团队就能更好地处理成员之间的压力和冲突。团队创造圈内人与局外人的感受，会使成员认为，自己团队中的成员是相似的，而且不同于其他团队的成员。在工作团队中，成员之间的技能、专业，甚至状态，可能会非常不同。然而，这种差异并不能阻止团队凝聚力的发展。

**（一）凝聚力是如何影响团队表现的**

团队凝聚力在很多方面影响着团队。相比没有凝聚力的团队，有凝聚力的团队成员对自己的工作更满意（Hackman，1992）。团队凝聚力也有助于减少压力，因为成员之间彼此更加支持。团队凝聚力，对人际效应通常是积极正向的，但对团队表现的影响却是混合的，可能既有正向又有负向影响。

通常来说，团队凝聚力对团队表现是有积极的影响的（Mullen & Copper，1994）。对于小团队来说尤其如此。这种关系是双向的：凝聚力有助于改善表现，而表现也会进一步提升凝聚力。当一个团队在任务中取得成功时，其凝聚力就会增加。然而，当团队没有成功时，成员经常会因为失败而互相指责，从而降低了团队凝聚力（Naquin & Tynan，2003）。基于对任务的承诺的凝聚力，比基于团队吸引力或社会认同的凝聚力，对团队绩效表现的影响更大。当团队的任务需要高水平的互动、协调，以及相互依赖时，凝聚力的影响会变得更重要（Beal et al.，2003）。

有凝聚力的团队成员更有可能接受团队的目标、决策和规范。团队成员之间的人际关系越紧密，遵从团队规范的压力就会越大。正如在团队规范的讨论中所看到的，团队规范可能会支持团队生产力，也可能会阻碍团队生产力（Sundstrom，McIntyre，Halfhill & Richards，2000）。有效的工作团队，其团队规范是支持高绩效表现的，并且成员彼此之间提供社会支持，获得一定水平的团队凝聚力。然而，有些团队虽然凝聚力很高，但是没有支持高绩效表现的团队规范，团队可能无法有效运作，并且对改变非常抗拒(Nemeth & Staw，1989)。

凝聚力会影响团队的社交互动，从而影响团队的表现和决策。团队凝聚力水平过低，可能会限制团队的合作能力。有凝聚力的团队，因为成员之间相互了解，因此能够更好地沟通和协调他们的行动(Beal et al.，2003)。然而，高凝聚力团队，也可能会因为凝聚力过高，而削弱了团队的决策能力。有时，团队成员会"同意"一个决定，不是因为他们真正同意，而是因为他们不想破坏团队的关系(Janis，1972)。

团队凝聚力的一个重要方面，与冲突解决和问题解决息息相关。如果团队成员间的社交关系不是特别紧密，成员就可能会倾向避开问题，直到问题大到干扰了团队执行任务的能力，或者威胁到团队的存在。一个有良好社交关系的团队，在出现问题时能更好地处理问题。这是因为成员之间可以开放地沟通，并且能够建设性地处理冲突。这就是为什么在团队早期，培养团队凝聚力和良好的社交关系是非常重要的。团队在早期形成良好的社交关系，意味着团队在工作过程中，拥有更好的解决问题和处理冲突的能力。

### (二)建立团队凝聚力

对组织方面的一些研究，已经确定了一些能够促进工作团队凝聚力的影响因素(McKenna，1994)。有凝聚力的团队，其成员往往有着相似的态度和个人目标。他们愿意花更多的时间在一起工作，这增加了他们发展共同兴趣和想法的机会。一个团队如果与其他团队隔离开来，可能有助于成员产生一种特殊且独一无二的感觉。一个较小的团队往往比一个更大的团队更容易发展出凝聚力。加入团队的历程如果有严格的条件要求，也可以增强凝聚力。最后，当激励是基于团队而非个人表现时，团队就会变得更合作，也会更有凝聚力。

一些方法可以用来提高工作团队的凝聚力(Wech et al.，1998)。培训成员的社会交往技能，如有效倾听和冲突管理，可以改善团队的沟通和凝聚力。培训团队执行任务的技能，如目标设定、工作技能，可以提升团队成功的能力。团队成功，并从团队成功中获得奖励，也可以提高团队凝聚力。团队领导者可以通过促进团队成员之间的互动，减少阶级差异，确保每个人都能看到彼此的贡献，并在团队中创造一种自豪感的氛围，从而增强团队凝聚力。处于不同地方的虚拟团队，主要通过技术进行互动，社交媒体可能是一种很有价值的技术，可以让团队保持社交互动，特别是对于年轻的团队成员(Thompson & Coovert，2006)。

还有各种各样的团队建设活动，可以用来增加团队凝聚力，如野外体验项目，这些方法将在第十七章讨论。但是，团队凝聚力最强的预测因素之一就是团队成功。为成功表现创造机会，并对团队成功进行奖励，会提高团队的效能感，增强团队的自豪感，提升团队成员之间的凝聚力。

## 三、 团队角色

角色是团队成功的基本要素之一。角色是指人们在特定的社会背景下的一组典型的行为表现。团队中的角色类似于游戏中的角色：角色描述了一个人假定应该做什么，以及这个角色所承担的部分与团队中其他成员之间的关系。团队成员可以协商他们想要扮演的角色，并且在角色表现上有一定的自由度。

团队可以精心设计一些角色让团队成员来扮演。这些角色与任务相关，能够让团队更有效地运作。团队角色会随着团队的互动历程而逐渐显现，即使不刻意创建一些正式角色，团队成员也会在团队中扮演一些非正式的角色。这些角色可以是与任务相关的(如专家、引导者)，也可以是与社交相关的(如支持者、搞笑者)。

角色的选择或分配可能以各种不种的方式发生。组织、团队或个人，都可以选择角色。例如，组织中的管理层可以指派团队负责人，团队也可以选举其领导，或者有些团队可能还没有正式的领导(然而，非正式的领导者最终会出现在团队中)。角色的类型也会影响选择的历程。团队通常会选择具备某些技能的成员来担当任务执行者的角色，而社会角色则通常是由个人自发选择而产生的。

对于角色的定义也有所不同。团队针对某些角色的行为会进行明确的定义，而担任这个角色的人，则会对这个角色进行其他一些行为的定义。例如，记录员在写会议纪要之前要先做会议记录，但这些记录是有趣的还是严肃的，是笼统的还是详尽的，取决于承担这个角色的具体的记录者的差异。

### (一)角色的问题

在团队中所扮演的角色，可能是给成员造成压力的原因，通常来说，其直接结果是角色模糊和角色冲突。由于团队角色经常在没有正式定义的情况下出现，因此角色的职责通常是不清晰的。一个人在扮演这个角色时，可能不理解其他团队成员对他的期望。因此，当角色没有按照期望来表现时，角色执行者就会产生不确定性，而团队中其他成员也可能会因此对其产生敌意。

团队成员可能会同时扮演多个角色，而这些不同角色之间的要求可能会有冲突。当一个人扮演了几个不相容的角色时，这就会发生角色间冲突(interrole conflict)。例如，当一个人被提升时，他经常经历成为一名经理和成为前同事的朋友之间的冲突。冲突也可能在一个角色中发生，即角色内冲突(intrarole conflict)。在一个任务团队中，团队成员来自组织的不同区域团队，他们可能会经历的角色冲突是，对团队有利还是对组织有利。

角色模糊和角色冲突对组织中的成员产生负面影响。这些角色问题可能会造成更大的压力，降低成员满意度和士气，加速成员换工作的流动率(Kemery，Bedeian，Mossholder & Touliatos，1985)。角色问题也会降低成员对组织的承诺，减少团队成员的参与和互动(Brown，1996)。

对于一个项目团队来说，角色问题在项目进入尾声时往往最容易恶化。当团队成员急于完成任务时，他们会更加了解每位成员对于谁执行什么角色的不同期望。当团队已经对项目的最后期限感到压力时，成员对这些角色的不同期望可能会产生落差，就会导致冲突的发生。

为了解决角色问题，团队可以明确出团队中的重要角色。团队执行任务时应该有优先次序。这样，当团队遇到冲突时，就能够决定应该如何处理。

### (二)团队会议角色类型

团队会议提供了关于角色是如何对团队有帮助的例子。当团队明确定义了主要的任务角色，并对团队成员进行任务指派时，会议的运作效率才会更高(Kayser，1990)。进行会议时，一个主要的角色是领导者或引导者。领导者负责构建团队的交互，以确保团队完成目标。领导者管理会议的结构，但不管理会议的内容。领导者的主要活动是：①制定议程，帮助会议结构化进行；②确保小组在支持和参与的环境中共享、理解和处理信息；③消除妨碍团队运作的内部问题。

会议记录员应该明确记录会议的关键决策和任务分配(如谁同意做什么)。会议记录应该关注要点，而不是记录整个讨论过程。一份好的团队行动文档是非常重要的。它为将来的使用提供了信息和参考，并记录了决策背后的原因。

有时，记录员在团队中还要担当书记员的作用。在讨论过程中，他会在黑板或白板上记录团队成员的意见。讨论结束后，记录员要记录下来团队得出的所有结论。有些团队将书记员的角色分配给团队中的某个成员或团队领导来担任。

还有一个角色是团队计时员。当会议开始时，团队要根据日程确定每一项议题被分配了多少时间。计时员需要提醒团队，根据分配的时间，讨论这项议题花费时间的情况。当分配给这项议题的时间已经使用完时，团队可能会选择继续这个话题，但是他们会认识到，会议的时间将会延长，需要比原计划更长的时间。

这些团队会议的角色，应该在团队形成初期就妥善安排。但是，并不一定一开始就确定每个团队成员所承担的某个角色。在确定团队成员要长期承担的某个角色之前，最好让每个团队成员轮流扮演这些角色，让每个人都有机会尝试一下（Kayser，1990）。轮流担任团队内特定角色的方式，是有好处的。每个团队成员都有机会练习各种角色。而且，这是一个很好的积累经验的学习过程，如果未来团队中有某个角色缺勤，可以让其他成员补充这个角色。此外，团队还可以看到每个人的表现。在几次会议中团队成员尝试了各种角色之后，团队可以更好地选择哪位成员更适合长期承担哪个角色。

## 四、 任务行为与社会行为

团队运行有两种基本类型的行为：任务行为和社会行为。任务行为集中于团队的目标和任务，而社会行为则关注团队成员的社会和情感需求，并帮助维持成员之间的社会关系。团队要想有效运作，既需要任务行为，也需要社会行为。

任务行为和社会行为为团队成员提供支持，也是团队成功的重要因素（Huffmeier & Hertel，2011）。与任务相关的支持包括信息共享和行为援助（behavioral assistance）。提供想法和建议，并举例解释如何执行任务是信息共享，在其他成员执行完成工作任务时给予帮助或提供后援支持，这些都是行为援助的类型。社会支持包括社会认同，如表达接受或鼓励归属感；鼓舞他人，如奖励他人或倾听他人的个人问题。

图 4-1 显示了任务支持和社会支持是如何与团队绩效相关的。任务支持增加团队的集体效能感，改善团队成员之间的协调。社会支持增加了团队凝聚力，并有助于激励团队成员。这两个因素相互作用，促进团队绩效表现的提高。

任务行为和社会行为之间的最佳平衡点，取决于任务特点和团队特质（Belbin，1981）。在以任务为导向的团队中，任务取向的行为是团队的主导互动内容。一项关于工程团队的研究发现，超过 90％的团队互动都是任务取向的（Levi & Cadiz，1998）。

当技术团队在时间压力下时，成员可能没有时间关注团队历程问题。在这种情

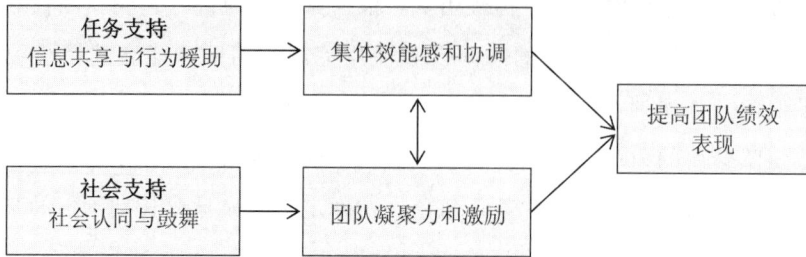

图 4-1　团队中的任务和社会支持

资料来源：改编自 Huffmeier，J.，& Hertel，G. (2011). Many cheers make light the work：How social support triggers process gains in teams. *Journal of Managerial Psychology*，26(3)，185-204。

况下，团队可能会依靠传统的管理方法，而不是通过团队合作的方式来完成工作 (Janz，Colquitt & Noe，1997)。一般来说，有效的工作团队花费在任务上的时间大约占 80%(Wheelan，2005)。

　　任务行为和社会行为的最佳组合也会根据团队的成熟程度而有所不同。当团队处于形成阶段时，它必须投入更多的社会导向的行为来发展群体的社会关系。在执行阶段的团队，将以任务导向的行为为主。当一个工作团队在项目初期能够发展出良好的社会关系时，团队将能够更好地处理时间压力，因为团队已经发展出完成项目所需要的工作关系。

　　通常，团队倾向于关注任务，而忽略了团队合作的社交或关系方面。有时，团队没有关注促进社会关系，甚至许多团队成员也认为发展社会关系没那么重要。认识到团队需要一定的平衡是很重要的。社会行为对于建立信任的沟通，团队的顺利运作，社会支持的提供，以及对成员参与的奖励，都非常重要。团队成员之间消极的社会关系会伤害团队凝聚力和团队绩效表现(Jong，Curseu & Leenders，2014)。当一个团队遇到问题时，人们经常会指责某些个别的团队成员，而并没有认识到团队中不良的社会关系可能是导致这些问题的原因。

　　虽然团队成员和管理人员通常认为，任务技能比社交技能或亲和力更重要，但他们在选择新的团队成员时，并没有遵照这一标准。团队更容易选择那些不是很难与之共事的人，即使他们的技能水平有限(Casciaro & Lobo，2005)。在工作团队中，社会关系是至关重要的。成员如果喜欢自己的团队伙伴，他们就倾向表现自己最好的一面。另外，对于不好相处的人，为了避免让他们参与进来，即使面对困难，成员也不愿意从他们那里获取信息和帮助。

任务行为和社会行为，两者之间的平衡点，是没有公式可循的。有些团队大部分的行为都是任务取向的，也能运作良好。但是当团队因为情绪或性格上的冲突，而影响到团队运作时，团队就失去了平衡。这种行为显示了成员之间社会关系正在崩溃。

对任务导向型团队的观察研究表明，团队沟通中最常出现的问题是，缺乏赞扬、支持和积极的反馈(Levi & Cadiz，1998)。所有团队成员都应该对这种缺乏积极沟通的问题负责。团队成员如果不喜欢另一个成员的观点，就会很快给予批评，但是当某个团队成员有好主意，甚至是好的表现时，却很少给予赞扬。增加团队成员之间积极正向的支持，有助于改善团队内的社会关系，提高团队效能。

## 五、 团队调适与学习

使用团队的一个主要好处是，团队能够适应变化的情况(Burke，Stagl，Salas，Pierce & Kendall，2006)。团队不仅执行任务，而且当环境发生变化时也会改变其应对方式。团队调适是问题解决的一种形式，团队对情境进行分析，规划并实施解决方案，然后从经验中学习。团队弹性(team resilience)是一个积极心理学的概念，指的是从失败或逆境中恢复过来的能力，通过反思活动从错误中吸取经验教训(Mills，Fleck & Kozikowski，2013)。团队学习是一个持续进行行动和反思的过程，通过这一过程，可以让团队更好地理解团队历程和任务表现(Mathieu et al.，2008)。

团队学习帮助团队发展出一套如何进行团队运作的共享心智模式(shared mental models)。团队心智模式与团队的任务特点和社会特质有关。团队心智模式是关于如何作为一个团队来完成任务的知识(Hirschfeld，Jordon，Field，Giles & Armenakis，2006)。团队心智模式与任务类型有关，而不是与团队的某个特定成员有关。团队的交互记忆系统(transactive memory system)是一种对团队成员所拥有的知识的意识，通过团队内部的互动而逐步发展，而且每个团队的交互记忆系统的发展历程都是特定的。

团队心智模式不同于交互记忆的一些方法(Mohammed，Ferzandi & Hamilton，2010)。团队心智模式集中于团队的共享或共同记忆；团队成员"在同一个页面上"，他们知道其他成员的角色，或者对团队的运作方式有共同的理解。相反，交互记忆是指团队中的个体成员所拥有的任务知识。这些知识是在团队成员之间分配的，而不是整个团队共享的。例如，在飞机机组人员中，其团队心智模式包括了解机组成员的不同角色，以及这些角色需要如何协调才能使飞机飞行以及处理紧急情况。工作人员的交互记忆是对团队成员的技能和知识的了解。比如，谁会说法语？谁最了解急救知识？

团队心智模式是团队成员对团队任务和团队运作的共同理解（common understanding）。关于团队心智模式，有两个主要考虑因素：模型的准确性，以及团队成员对于模型的认同度（Hirschfeld et al.，2006）。当团队伙伴有相似的心智模式时，他们能更好地协调活动，解决团队遇到的问题，并有效地执行团队任务。因为有很多方法可以让团队成功运作（等效性），也就可能产生许多准确的团队心智模式（Smith-Jentsch，Cannon-Bowers，Tannenbaum & Salas，2008）。研究表明，团队心智模式的准确性和认同度，对于团队成功非常重要（Mathieu et al.，2008）。

交互记忆系统包括特定的团队成员拥有的知识，以及对谁拥有这个知识的意识（Wegner，1986）。也就是说，团队成员知道谁拥有哪些专业知识，这些知识有多可信，以及如何让这些知识为团队所用（Lewis，2004）。当团队成员意识到其他成员的知识和专长时，他们能够更好地协调彼此之间的活动，将信息加以整合，来解决问题并做出决策（Moreland，Argote & Krishnan，1996）。这有助于团队处理问题，特别是团队在面对复杂而非常规的任务时，需要协调团队成员的技能和知识（Zhang，Hempel，Han & Tjosvold，2007）。

团队面临挑战时，团队成员会反思应该如何处理所面对的挑战，以及如何通过实施团队运作的替代方法来适应挑战，因此产生团队学习效应（Wiedow & Konradt，2011）。领导者可以通过培养合作目标，创造一种支持性的氛围，公开讨论团队历程和任务，来鼓励团队学习。团队需要留出一些时间来反思团队成员的行为，并从对他们表现的反馈中学习。团队还可以通过观察团队历程，从而更好地理解团队是如何运作的。

## （一）反思

反思是花时间思考团队表现，并制定改进策略的过程（West，2012）。对团队表现进行系统的反思是在经验中学习的有力工具（Ellis，Carette，Anseel & Lievens，2014）。系统性反思有三个功能：对行为发生的原因进行解释，验证团队成员对所发生事情的看法，并收集关于行动成功或失败的反馈。无论对成功还是失败的经历，反思都是有价值的。对于团队来说，对问题以及错误行动的理解是很重要的，但是，通过审视团队的正确行为，了解什么对团队是有帮助的，也同样是非常重要的。

在行动之后进行的回顾、汇报，以及其他形式的对团队表现进行的正式反思，最初是一种军事训练方法，但后来已经广泛应用在一些其他类型的行动团队中，如航空机组人员和外科手术团队（Villado & Winfred，2013）。这些反思性行为有助于激励团队学习，提高对团队表现的理解，并带来团队表现、团队效能感和凝聚力的提升。

团队反思对于没有固定成员的临时团队也是很有用的（Vashdi, Bamberger & Erez，2013）。某些类型的行动团队，比如在完成任务后就结束团队身份的手术团队，在行动之后进行回顾是很常见的。即使成员身份发生变化了，手术团队也能从团队总结汇报以及其他类型的反思性经验中受益。学习活动的重点不是团队成员，而是团队成员所扮演的角色。这些学习经验所带来的影响是，能够让手术时间更短，能够让更多团队成员获得帮助，以及能够让手术中的错误更少。

### （二）运用反馈

团队学习需要团队有效地运用反馈。针对团队表现所进行的最好的反馈，既包括正面信息，也包括负面信息（Smith-Jentsch et al.，2008）。有时，有凝聚力的团队只讨论正面反馈，以保持团队的和谐。而团队领导可能只给出负面反馈，因为他们认为，这样团队才能专注于改进。最常听到的团队成员的抱怨就是，他们的领导者给予的反馈大多是负面的（West，2004）。然而，只有当团队既提供正面反馈也给予负面反馈时，它才会发展出更好的团队心智模式，团队运作也才会更有效。

获得和给予反馈的关键，是创造一个安全的环境，在安全的环境下，人们才会愿意提出疑问和问题，而不用担心受到报复（Edmondson, Bohmer & Pisano，2001）。感到安全的团队成员，才会更愿意提供反馈，反思他们的表现，以学习如何改善团队的运作。例如，外科手术团队的团队安全水平较高，通常其团队领导者更具有包容性，帮助消除团队成员之间的地位差异，并鼓励成员参与讨论来改善团队运作。这样的团队，成员可以从彼此身上学到更多的东西，工作投入度会更高，而且，与那些心理安全感水平较低的团队相比，他们的团队表现也会更好。

团队可以通过各种方式给予反馈来促进学习。像军事团队这样的行动团队，经常使用结构化的团队汇报作为成员对其表现进行反馈的一种方式（Smith-Jentsch et al.，2008）。对于大多数团队来说，根据过去表现进行反思，是一个不太正式的历程，在项目或绩效周期的关键时刻进行，如中期回顾。

### (三)观察群体历程

对群体历程的观察和分析,可以用来改善团队的互动。群体历程的观察者通过观察和评论团队是如何运作的,来为成员提供宝贵的支持。许多团队建设项目使用团队历程的外部观察者,来评估团队的互动,并提供关于团队运作的改善建议。虽然观察团队历程对于团队发展很有价值,但如果团队成员能自己进行这些观察则会更好(Dyer,Dyer & Dyer,2007)。在成员之间开发团队历程的观察技能,可以让团队在发生问题的当下就解决问题,而无须等待外部顾问提供咨询服务。

当一个团队分析其团队历程时,团队就会出现一些常见的问题(Hayes,1997)。在大多数情况下,它通常只能观察有限的团队行为。例如,团队成员可能经常发表意见,但很少对其他人的想法提供支持。团队成员也可能会陷入某些行为模式,而不是根据团队需求而改变。例如,某个成员可能经常对团队进行批评,却很少提供信息来促进团队进行决策。当团队成员比较灵活的时候,其行为会更符合团队的需求,而不是固着于其个人的行为风格,团队表现也会随之而改善。对群体历程的观察,有助于团队成员了解哪些互动因素是团队缺乏的,鼓励团队成员调整其个人风格,从而使团队能够更有效地运作。

本书中有许多活动,这些活动提供了结构化方法来进行群体历程的观察。通过让成员观察团队的任务行为和社会行为,或者冲突解决的模式,团队可以获得关于其是如何运作的反馈。这些反馈可以用来分析团队的运作,并发展出更有效的团队内部的互动方式。

## 领导虚拟团队: 在虚拟会议中激励参与

**问题**:在虚拟会议中,人们经常会出现多任务(参加会议的同时还在做其他事情)或搭便车(电脑接入了但是人没有真正参与进来)状态。这些问题在虚拟会议中很常见,因为鼓励人们参与讨论的临场社交感弱(个人可见性)。

**解决方案**:这个问题没有百分之百的解决办法。如果没有摄像头显示参会人的情况,人们就会在虚拟会议上进行多重任务(出于多种原因,让所有人都出现在摄像头里,可能并不太有效)。采取以下方式可以减少多任务和搭便车的情况。

1. 在会议之前,领导与每个团队成员进行沟通(可能是通过电话),讨论会议的目标以及其所能提供的独特贡献。如果成员真正认同目标的重要性,以及他们的独特作用，就能够增加成员积极参与的动机。

2. 在会议过程中，领导者可以使用引导性流程，鼓励团队成员主动贡献，而不是被动地只是听会。当成员积极参与到结果中时，他们就不太可能进行多重任务。即使会议是由陈述报告组成，也有可能积极参与。领导者可以要求团队成员积极回应，包括记笔记，设定问题，或者对发表的内容进行总结，对所呈现的材料主动做出反应。

3. 虚拟会议的议程项目应该设计得简洁而聚焦。一项活动的时间越长，与会者的多重任务就会逐渐增加。将议程切分为时间较短的分段，可以保持虚拟团队成员的注意力，意识到手头的任务。

4. 虚拟会议的领导者应该通过不时地呼唤成员的名字，积极为成员分配活动，促进他们的参与。领导者可以列出所有团队成员的名字，并在提供指令，以及间断性地分配活动、鼓励参与，或者核查时，使用这份名单表。没有什么能比听到自己的名字更能让一心多用的人更快地恢复注意力的了。

## 小结

对于许多团队来说，动机是一个问题。团队工作可能无形中变相鼓励了社会惰化，减少个人为团队的付出。"搭便车"和"傻瓜效应"都与动机问题有关。这些动机问题形成的原因，可能是因为团队任务本身不需要协同努力，或者由于个人对团队工作的贡献无法确定，以及错误的信念让成员误以为他们已经做了自己应该做的那部分。

改善群体动机需要消除社会惰化的负面影响。团队任务应该是让成员参与，具有挑战性，并且需要协同努力才能完成的。团队评估和奖励系统必须能够识别出个人和团队的表现，并给予奖励。团队目标应该创造出一种信念，即积极的努力才会带来成功。此外，通过增加凝聚力，来强化对团队的承诺，有助于增强团队的动机。

团队凝聚力是团队内部形成的人际纽带。凝聚力可以从归属感、社会认同、人际吸引，以及对团队任务的承诺中产生。在大多数情况下，一个有凝聚力的团队会比没有凝聚力的团队表现得更好。这是因为有凝聚力的团队，成员之间彼此协调和相互支持得会更好。然而，高水平的群体凝聚力的团队，有时也会因为强调一致性，而在进行团队决策时产生负面影响。增强团队凝聚力的主要方法之一是，提高团队内部的沟通能力。

角色是人们在团队中的一系列行为。有些团队角色是经过精心设计的，而有些角色在团队运作中则是非正式的。角色定义不清（如角色模糊）和角色之间的冲突可能会给团队成员带来压力。正式的团队角色（如领导者、记录员或计时员），能够促进团队运作的效率。

团队成员的表现，可以分为任务行为和社会行为。任务行为帮助团队完成任务，而社会行为则维持团队的人际关系。工作团队往往忽视社会行为的重要性，导致人际支持不足，以及成员压力增加。较好地平衡两种类型的行为，有助于团队互动的改善。

团队必须有能力适应和改变他们的工作方式，以应对瞬息万变的环境。团队针对这些变化进行反思，并发展出新的行为模式，这就是团队学习。这些模式包括，对如何作为一个团队来运作的共识，以及对团队所需要的知识和技能的意识。正面和负面的反馈，对于团队学习都很重要。此外，团队成员还必须学会如何作为团队历程观察者，来改善团队互动。

## 团队领导者的挑战 4

假设你是高级工程实验室的学生团队领导者，这个团队由 7 个成员组成。团队正在开展一个项目，学期已经进行了一半，但目前进行得不太顺利。尽管一些学生的积极性很高，但有些学生受到"傻瓜效应"的影响，制造了一种令人泄气的团队氛围。最后一次团队会议原来是项目讨论，却越演越烈，变成了涉及个人行为的争论。从那时起，几个学生之间的关系就变得紧张了。

学生间的一个争论点是，到底谁应该负责什么任务。有些任务有很多团队成员都正在处理，而有些任务则完全被忽略。作为团队的领导者，你不确定应该由谁负责这些被忽略的任务。你需要进行干预，让团队回到正轨。

- 作为团队领导者，你首先应该关注什么问题？
- 领导者应该如何努力改善团队的绩效？
- 团队问题的主要原因是社会问题还是任务问题？解释为什么。

# 活动： 观察任务行为和社会行为

**目标：** 为了有效地运作，一个团队既需要任务行为，也需要社会行为。任务行为帮助团队完成目标。社会行为促进团队沟通，维护团队的社会关系。团队成员在团队参与以及行为表现方面，经常会有所不同。

**活动：** 在一个现有团队或者讨论小组中，观察团队领导者所面临的挑战。可以借助活动工作表 4-1，记录每一次沟通是任务导向型的还是社会导向型的。把每一次沟通都记录下来，注意每位团队成员的任务性沟通和社会性沟通的频率。

**分析：** 将任务性沟通与社会性沟通的频率进行比较，看看哪一类出现的比较多？两种行为之间平衡吗？如何在团队成员间有效运用任务性沟通和社会性沟通？哪些成员是任务导向型的沟通模式，哪些成员是社会导向型的沟通模式？团队领导者主要是任务导向型的还是社会导向型的沟通模式？

**讨论：** 在团队中，任务行为和社会行为之间的平衡点是什么？哪些因素会导致这种平衡发生改变？领导者需要表现出哪些行为？

活动工作表 4-1

观察任务行为和社会行为

| | 团队成员 | | | | | |
|---|---|---|---|---|---|---|
| | 1 | 2 | 3 | 4 | 5 | 6 |
| 任务行为：提供意见或信息，提出问题，组织讨论 | | | | | | |
| 社会行为：展现支持和接纳，鼓励成员间的沟通，设法减少压力 | | | | | | |

第五章

# 合作与竞争

团队要顺利有效运作，合作是必须的。合作的氛围为团队成员提供了许多好处。然而，许多团队成员发现，他们处于合作与竞争的混合性动机情境（mixed-motive situations）中。团队成员之间可能会在文化、个人和组织方面存在竞争。通过把焦点放在团队目标、沟通和人际互动的策略上，他们可以鼓励合作。然而，如果团队过于合作，这就会导致过度的一致性和糟糕的决策。即使团队已经获得成功，竞争也可能会给团队带来负面影响。

**学习目标**

1. 混合性动机情境的影响是什么？
2. 为什么人们在团队中会有竞争性行为？
3. 合作者、竞争者和个人主义者有何不同？
4. 竞争是如何伤害一个团队的？
5. 团队之间的竞争是如何影响一个团队的？
6. 合作的益处与问题是什么？
7. 团队如何应对竞争与合作的奖励？
8. 团队如何处理应对竞争带来的负面影响？

## 一、　团队工作是一种混合性动机的情境

团队工作的本质是团队成员之间的合作互动。合作因竞争而受到限制，尤其是在没有共享目标的时候。团队成员应该一起朝着一个共同的目标而努力，但当个人目标变得比团队目标更重要时，竞争会使得团队成员之间相互对抗。在竞争关系中，目标是超越他人，当这种竞争发生在团队成员之间时，团队就无法专注于共同的目标上。

团队应该鼓励人们合作，但是团队成员常常发现自己处于混合性动机的情境中。请思考以下几个案例：

• 你是预算委员会的成员，必须将资金分配给组织内的各个部门。作为委员会的一员，你想要以组织的利益来考量，但也要确保自己的部门能得到更多的经费份额。

• 作为团队项目中的一名学生，你想要好好做，这样就能得到一个好成绩。然而，你还有其他的课程和要求。你真正想要的是，付出最少的努力，但仍然得到好成绩。

• 作为一名篮球运动员，只有球队得分你才可能成为赢家。你应该专注于与其他团队成员的协调上。然而，在观众中有一位球探，只有当你成为球队中得分最高者，你才会被球探注意到。

上述这些，都是常见的团队成员身处混合性动机的情境。这些例子既不只是合作性的，也不只是竞争性的，而是合作和竞争二者同时发生的，这为参与者创造了一种"社会困境"（social dilemma）。每个成员都想最大化个人所获得的回报，并尽量最小化个人所付出的成本。对每个个体而言，也许自私的行为是最好的策略，但是如果人们合作，对于团队和团队中的每个人可能会更好。

不幸的是，在混合性动机的情境中，许多人选择竞争。一旦他们开始采取竞争性行为（或者减少对团队的付出），其他人也会以同样的方式回应。其结果是，团队表现不佳，这就是为什么学生会抱怨团体项目的理由之一。他们认为最严重的问题在于，不是每个成员都做了其该承担的部分（Wall & Nolan，1987）。

在混合性动机的情境中，合作受几个因素的促动。当团队成员相信自己对团队的贡献是有价值的并且重要的时，他就更愿意做出贡献（Kerr & Bruun，1983）。如果成员相信其他人也会同样以合作的方式行事时，他们就更愿意展现合作性

（Dawes，1988）。规模较小的团队往往比规模较大的团队合作性更好（Kerr & Bruun，1983）。另外，越多的成员彼此信任，就越相信其他人会为团队付出，就越愿意承诺（Parks，1994）。

## 二、 为什么团队中人们会竞争

尽管在团队中合作应该防止竞争，但竞争还是可能会发生的。团队成员可能误解了情境，导致把合作的情境变成了竞争的情境，或者即使此时采取合作行为是最有利的，但成员还是可能会选择竞争性行为的。为什么人们会误解情境，把合作情境变成竞争情境呢？对这种现象的解释，与文化、个人性格和组织奖励三个因素有关。

### （一）文化

看待文化差异的一种方式，是个人主义—集体主义维度（Hofstede，1980）。个人主义者往往比集体主义者更具竞争性。美国的个人主义文化促进了竞争。对个人主义、自由、资本主义和个人成功的强调，都支持竞争的价值。虽然我们不是"反对合作"，但在比赛中赞扬胜利者。一些美国人认为，说竞争是不好的，是非美国的言行。

显而易见，这种文化价值观影响了人们对情境的反应方式。有些美国人甚至对团队合作持消极态度，因为他们认为个人比团队更重要。对他们来说，专注于团队意味着个人自由和自主权的丧失。

从文化和商业的角度来看，日本人已经发展出一种将合作与资本主义融合在一起的健全的方法（Slem，Levi & Young，1995）。日本的集体主义文化鼓励合作。在日本，合作是被高度鼓励和奖励的，承诺和忠诚是日本企业成功的关键因素。与此同时，日本企业有着敏锐的竞争意识。他们相信，为了生存，必须与其他组织竞争和对抗。这场竞争的关键，是员工能够团结一致对抗外部压力。

日本和其他的集体主义文化已经形成了一种强大的内外（inside-outside）的视角，以便在团队中工作。对它们来说，团队内部成员合作是很重要的，但也要与团队之外的人进行竞争。

### （二）个人性格

有些人比其他人更具竞争性，无论处于何种情况，他们的表现都更有竞争性。

这些人误解了情境，把这些情境重新定义为竞争性机会。这种个体差异可以解释为个人性格特质的差异。研究人员已经确定了三种性格类型，可以用来解释为什么有些人更具竞争性(Knight & Dubro，1984)。这些性格类型影响人们如何诠释他们所处的情境，以及如何定义"成功"。图 5-1 显示了这些性格类型与个体关注的联系。

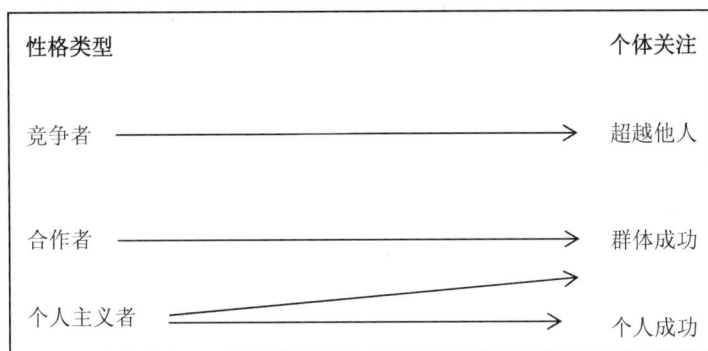

图 5-1　性格类型和竞争

合作者(cooperators)聚焦于团队。他们既关注自己也关注他人的产出。尝试确保团队是成功的，并且对团队成员公平分配奖励。

竞争者(competitors)将情境视为获胜的机会。他们不以个人目标或团队目标来定义成功，而是相对于其他人的表现。对于竞争者而言，成功意味着比其他人表现得更好。自身或团队是否成功并不重要，重要的是他们是否比其他团队成员更优秀。

个人主义者(individualists)从自己的目标来定义成功。与竞争者不同的是，他们不会根据他人的表现来评估自己。他们也许关心也许不关心团队的成功。只有当他们视团队目标为自己的目标时，才会认为团队成功是重要的。

合作性格类型与心理学中许多标准性格特质相关(Morgeson，Reider & Campion，2005)。有责任心的人专注于成功的表现，所以他们更愿意与团队中的其他人合作。外向的人愿意合作，因为他们喜欢和别人一起工作。随和的人更倾向合作，因为他们想要避免竞争带来的冲突。最后，情绪稳定程度较高的人往往更乐于合作，帮助他人。

### (三)组织奖励

在许多组织中，团队合作的转变与公司人力资源的执行方式会产生冲突。尽管很多经理说，他们希望所有的员工都能作为一个团队来工作，但组织的实际行为却往往并不鼓励或奖励团队合作。在大多数组织中，绩效评估是基于个人表现的，而且评估是相较于其他员工的表现而进行的。员工接收的信息是混合的：做经理所说的重要的事情(参与团队合作)，或者做你会得到奖励的事情(比你的同事更出色)。这并不需要以心理学家的立场来确定大多数员工会如何应对这种复杂的信息。

无法共享奖励，可能是导致组织内不健康竞争产生的最主要的原因(Hayes，1997)。这同时影响了员工个人和组织中的部门。例如，组织内的部门之间经常出现竞争，因为他们认为自己必须为属于他们那份的组织资源而斗争。相互依赖型的工作应该鼓励合作而不是竞争(Cheng，1983)。然而，许多员工担心的是，对组织整体有利的，可能对他们自身并不是最佳的。

文化、个人性格和组织奖励可能都在不适当的时候鼓励了竞争。然而，在这些因素之中，组织奖励才是对团队领导者最有用的因素，部分原因是组织奖励是最容易改变的。尽管美国文化很容易受到指责，但在美国，仍然有许多以团队为导向的成功的组织。个人性格很难改变，所以从个人性格的层面来解释竞争，意味着团队几乎没有能力改变其内在组成。然而，组织奖励是可以改变的，绩效评估以及某些取向的奖励方式促进了团队合作，并且降低了个体的竞争(第十六章将讨论评价和奖励方法)。想想职业足球运动员。一群竞争性很强的美国人，他们与队友紧密合作，跟其他球队竞争。他们不受个性或文化的驱使，在这种情境下，他们通过合作性行为赢得了回报。

如果团队成员之间已经建立了竞争关系，那么奖励团队合作可能并不能改变团队成员的行为(Beersma et al.，2009)。用"恶性竞争"(cutthroat competition)效应来解释，当改变奖励不是向反方向推进时，团队很难从竞争关系转变为合作关系。问题是，一旦竞争角色被牢固地确立了，团队成员就不会相互信任来改变他们的行为。想要改变成员间的关系，使其更多的合作，团队成员需要重新谈判角色，改善协作。这有助于建立信任，减少冲突，并鼓励合作行为。

## 三、 竞争的问题

竞争有哪些问题？为什么竞争无法激励团队？竞争问题在个人和团队层面上都存在。个人竞争，会打乱团队对共同目标的关注。无论团队是否成功，竞争都会带来问题。了解竞争的动力，可以帮助解释竞争在何时何地是合适的。

### (一)沟通和目标混乱

当组织中的个人或团队相互竞争时,阻碍团队获得成功的变化就会出现(Tjosvold,1995)。个人竞争造成了目标的混淆。最终,团队成员将会产生不信任,进而减少了团队内的沟通。

一个成功的团队,是团队成员共同努力完成一个共同的目标。这个共同的目标为团队提供了一个焦点。然而,当团队成员相互竞争时,个人目标可能与团队目标发生冲突。冲突存在于,做什么是对个人成功(比其他人好)最有利的,以及做什么是对团队最有利的,这进一步造成了团队目标的混乱。团队成员之间彼此不信任,因为他们无法确认他人的动机。

由于混合目标(mixed goals)产生了不信任,导致团队内部的沟通减少。沟通需要信任,团队成员之间缺乏信任,就失去了相互交流的理由。随着时间的推移,内部竞争降低了团队内部的沟通。

在组织层面,我们也可以看到由于竞争导致的沟通障碍和目标混乱。组织中的管理者必须聚在一起,决定预算分配。部门经理应该从什么角度来考量呢,尽力为自己部门争取最大利益,还是从整个组织的最佳利益出发?如果各部门为有限的资源展开争夺,管理者是应该只是争取自己部门所需的经费呢,还是应该假设其他所有部门都想要更多预算,而且尽其所能争取呢?是否应该相信其他部门的预算评估?这些问题导致了预算之争,在这些争斗中,伪造的数字成为竞争的最佳辩护理由。

### (二)群体间的竞争

如同个人之间的竞争一样,群体间的竞争同样会给团队带来问题。谢里夫(Sherif,1966)对夏令营男孩的研究,是关于群体间竞争的经典研究项目。研究人员将参加夏令营的男孩分成两个组。几个星期以来,两个小组的男孩们在各种活动中相互竞争。竞争对两个小组都带来了负面影响。那些被随机分派到两个小组中的男孩,开始从负向角度看待另一个小组的成员。他们形成了偏见——对另一个小组的能力,或其成员的人格特质,都有着负面的信念。冲突经常发生,需要夏令营辅导员的干预。

竞争导致冲突和敌意的例子,在群体间的情境中会更为明显。群体之间比个人之间更倾向于相互竞争(Insko et al.,1994)。对这一现象的一种解释,来自社会认同理论(social identity theory)(Tajfel & Turner,1986)。该理论认为,一个人的自我价值感与其所属的群体紧密相关。因此，个人就必须将自己的群体视为比较好的，这就转化为一种群体内偏见（in-group bias），即群体内的成员看待自己的群体过于正向，而看待外部群体（out-groups）过于负面。当群体优势受到挑战时，成员们就会团结起来支持群体，反击外部群体。冲突很容易升级，因为群体行为是更匿名化的，而且成员与外部群体间的人际联结也更少。

谢里夫（Sherif，1966）的经典研究表明了竞争效应的几个重要观点，主要的焦点在于证明竞争导致了偏见。然而，这项研究也揭示了外部竞争对一个团队的影响。当一个团队进入竞争时，团队的凝聚力和团队精神就会增加。团队成员变得更专注于任务，也能更容忍更专制的领导。随着竞争的持续进行，团队成员需要更多的忠诚和一致。从短期来看，这些变化可能会提升产能和效率。然而，从长远来看，无论成功与否，团队都会出现问题。

团队在竞争中专注于任务上，就会忽略社会和情感问题。随着时间的推移，忽视这些社会问题，可能会导致团队的瓦解。要求团队成员忠诚并一致，可能会伤害团队适应变化的能力。创造力和创新力也可能会被竞争扼杀。

无论胜利者还是失败者，都会受到竞争的负面影响。团队竞争时，胜者会将他们的成功归功于自己的优势（Forsyth & Kelley，1996）。这使得胜利的团队忽略了自己的问题，以致这些问题持续得不到解决。失败的团队则通常会进入指责和寻找替罪羊的时期（Worchel，Andreoli & Folger，1977）。一开始，团队成员会将他们的失败归咎于情境，然后才是彼此。最终，如果团队能够在内部情绪波动中幸存下来，团队就可以进入下一步，识别并解决他们的问题。

关于谢里夫（Sherif，1966）的研究，有个令人惊讶的发现，就是这有多么容易复制。在一个工作坊几小时的时间里，一群人可以被分成竞争的团队。所有竞争的负面情绪影响（如偏见、冲突和误解）很快就会出现。无论是在训练营中的男孩，还是在训练项目中的高管都会出现负面情绪的影响（Blake & Mouton，1969）。人们很容易陷入这些负面的行为模式，甚至接受竞争的负面影响——只要他们能赢。

### （三）什么时候竞争是合适的

竞争是资本主义的基础，因为竞争鼓励创新、降低价格，并具有激励性。如果竞争带来的是负面影响，又如何能让创新、低价、激励出现呢？认识到内部竞争与外部竞争的差异是很重要的。资本主义基于组织之间的竞争，而不是组织内部的竞争。福特与通用汽车的竞争是很有用的，因此它们生产出了高质量、低价格的汽车。但是，对于福特的会计与生产部门来说，在组织内部竞争是无益的。

　　若要了解竞争是如何影响团队合作的，重点是要区分竞争是在团队内部发生的还是在团队之外发生的。组织之间的竞争有助于提高生产力（Hayes，1997）。竞争对手提供了激励性的目标，以及关于表现的反馈。然而，组织内部的竞争可能是毁灭性的。通用汽车公司的营销部门不给福特提供准确的信息，这不会造成任何影响，而且福特也并不期待通用会提供信息给它。但是，一个组织内部的部门为了争第一而相互欺骗，这就会造成严重的负面影响。

　　当工作任务是独立的，而不是相互依赖的时候，组织内的竞争可能是正向的。例如，组织可以支持销售人员之间的竞争，并奖励表现最好的员工。当销售人员在销售时是独立的，不依赖于另一个人，这种方法就能发挥作用（并且当规则能够有效预防其他人破坏销售时）。然而，一个组织中的大多数工作都是相互依赖的。当组织运用团队时，这便更是如此。组织内部团队之间的竞争会导致破坏工作、不当的批评、隐瞒信息和资源（Tjosvold，1995）。

## 四、 合作的益处与问题

　　合作对团队和成员都有益处。然而，在某些情况下，过多的合作会破坏团队的绩效表现和决策能力。因此团队需要了解应该如何运用奖励来应对竞争与合作。

### （一）合作的益处

　　竞争对胜者是有好处的。换句话说，对于处于竞争情境中的大多数人来说，竞争并不是一件好事。当团队成员相互竞争时，获胜者会因为竞争而受到激励。一些认为自己有机会赢的成员，也会受到激励。然而，随着时间的推移，大多数成员（大约90%）不再相信自己会赢。因此，他们不再被竞争所激励。

　　合作对团队成员也有相对性的影响。在一个合作的团队中，所有的团队成员都受到团队目标的激励。这种激励使得成员的动机相互强化，并且彼此鼓励。团队成员互相帮助，互相学习。不仅团队表现得更好，而且大多数成员也是如此。

　　合作教育的研究显示，合作与竞争都是有好处的（Johnson，Maruyama，Johnson，Nelson & Skon，1981；Slavin，1985）。在合作教育的课堂中，最佳表现者依旧保持高水准的表现，而位于平均水平以及较差水平的学生，其表现则有所提升。高表现者花时间帮助他人，他们从这种经历中学习。总体来说，这种群体有更高的表现、更好的社会关系、更高的自尊，以及对学校有着更好的态度。

在合作情境中，个人获得的益处对团队工作有着积极的影响。合作鼓励支持，而非防御性沟通(Lumsden & Lumsden，1997)。团队成员更愿意互相交流，这也鼓励了更多的沟通。沟通的增加，提高了任务的协调性、一起工作的满意度，以及团队的整体表现(Cohen & Bailey，1997)。

工作中合作的好处，在一定程度上取决于任务。当任务不明确、复杂或有变动时，合作就变得更为重要了(Tjosvold，1995)。这样的任务需要大量的信息共享，以确定完成任务的最佳方式。当任务是互相影响的，团队成员需要彼此依赖时，由于团队成员需要协调，合作也就显得更重要了。

合作为团队成员的社会关系提供了基础。合作的团队紧张感较低，冲突较少，语言上的对抗也较少(Tjosvold，1995)。他们也有更强的团队精神和更佳的团队凝聚力。

团队合作的许多好处，都是由于冲突被善加管理了(DeDreu，2007)。为了做出更好的决策，团队需要积极地处理信息，以建设性的方式管理不同意见和分歧。合作、信任和安全，是能够建设性争辩的前提。当团队建设性地处理冲突时，他们会从彼此身上学到更多，并能展现出更有效的表现。

### (二)合作的问题

合作也有其本身的问题。一个团队过度合作，可能会导致团队过于专注于维持其内部的社会关系，以致于忽略了团队的目标。过度合作，会影响表现(从众)与决策(不良协议)。

#### 1. 从众(conformity)

高度合作的团队往往具有高度凝聚力。随着时间的推移，团队成员会在社交和情感上彼此联结，从而促进沟通和协调。然而，这也会造成问题，因为团队过于以自己为目的。

高凝聚力团队是自我奖励的(self-rewarding)。奖励贡献，阻止不被团队接受的行为，这意味着团队成员需要从众。从众有助于团队运作，但也会使团队抵制外部的影响，并且抵制其运作方式的改变(Nemeth & Staw，1989)。

当一个团队运行良好，并且有好的工作规范时，从众是有好处的。然而，从众心理会让外部很难影响团队，也很难改变团队的方向。一个高凝聚而合作的团队，甚至也可能会表现不佳。有时团队规范规定了不要做太多工作(例如，在第一章和

第三章中提到的，霍桑研究中的一些工作团队），这些规范被团队强化，并且可能
对组织的改变产生抗拒。

2. **不良协议**(unhealthy agreement)

合作的另一个负面影响，涉及团队的决策能力。团队做决策时，应该专注于如
何在情境的限制下，做出最好的决定。通过建立信任、鼓励开放交流，合作可以有
助于制定决策。然而，当一个团队高度合作、有很强的凝聚力的时候，现实情况
是，成员由于彼此喜欢，可能会干扰决策过程。

艾比林悖论(Abilene paradox)描述了一个由试图友好合作的成员造成的群体决
策问题(Harvey，1988)。当团队成员站在了相信这是其他成员想要的结果的立场的
时候，群体决策问题就会发生。团队成员无法互相挑战，因为他们想要避免冲突，
或者想要达成共识。另外，他们支持了一项没有人真正想要的提议，因为他们没有
管理协调的能力。例如，一个项目团队可能会继续开发没有人认为会奏效的设计方
案。然而，由于每个人都认为其他团队成员支持这个方案，因此没有人在团队会议
上提出反对意见。

艾比林悖论是团队中不良协议的一个例子。在艾比林悖论中，团队想要在一个
问题上达成一致，比找到一个好的解决方案更重要(Dyer et al.，2007)。团队成员
寻找的是第一个被接受的解决方案，或者只是跟随领导的解决方案，以避免分歧和
冲突。寻求快速解决方案，以及避免冲突，可能产生糟糕的决策，从而导致项目中
的问题和进度延迟。这个团队正在经历不良协议的苦果。

以下是一些不良协议的症状：

(1)团队成员对团队的决策感到愤怒；

(2)团队成员私下里一致认为，团队正在做出错误的决定；

(3)团队正在分裂成小组，并将团队的问题归咎于他人；

(4)人们无法在会议中畅所欲言，也不能沟通他们的真实想法。

### (三)竞争与合作的奖励

竞争与合作的奖励系统，有益处也有问题(Beersma et al.，2003)。奖励竞争能
有效地激励个人表现，而奖励合作则能促进信任、凝聚力和相互支持，从而促进团
队表现。当一个任务需要协同努力时，奖励合作比奖励竞争更有效。然而，这种对
合作与竞争奖励过于简单的观点，忽略了影响工作的一些重要因素。

什么是主要的绩效表现目标？绩效表现的准确性和速度是独立的，没有相关标

准。在组织中，大多数复杂的任务会既需要速度，也需要准确性，但这两个因素的相对重要性，可能会有所不同。生产团队可能被鼓励尽可能快地进行生产，但这可能会对质量产生负面影响。紧急医疗小组通常必须快速工作，但同时也必须关注表现的准确性。奖励竞争是强有力的激励因素，特别是对于速度的鼓励（Beersma et al.，2003）。奖励合作，则鼓励讨论、协作与信息共享，这可能会提高准确性，但会降低速度。

有时，合作与竞争相结合才是最佳的（Tauer & Harackiewicz，2004）。在投篮实验中，当单独投篮时，用合作还是竞争的方式，在动机与表现上并没有什么差异。然而，当人们齐心协力与另一个团队竞争时，成员的动机、满意度和表现都会更高。合作可以促进参与者在一起工作时更有激情，而竞争则让参与者集中在任务和挑战上。合作奖励与竞争奖励相结合，可以同时实现两个目标。

## 五、 应用： 促进合作

合作的核心问题是，团队成员对团队目标和其他成员动机的看法（Tjosvold，1995）。合作是建立在共同目标之上的，鼓励信任，有能力依赖他人。这鼓励团队成员联结并整合共同的努力，从而促进成功的团队合作。互不相容的目标，会引起对其他成员的疑惑和怀疑，从而导致沟通破裂。一旦团队成员开始互相竞争，其他成员也会以同样的方式回应（Youngs，1986）。

团队要鼓励合作，就需要抵消竞争带来的负面影响。竞争会导致团队成员的目标混乱和沟通障碍，因此团队成员应对这些影响的策略，应该集中在发展共同目标，重建信任与沟通（如图 5-2）。团队成员之间积极的社会关系，可以使得合作得以发展，并成为一种规范。此外，当团队处于竞争关系时，团队成员可以对未来的合作进行协商，并制定合作策略。

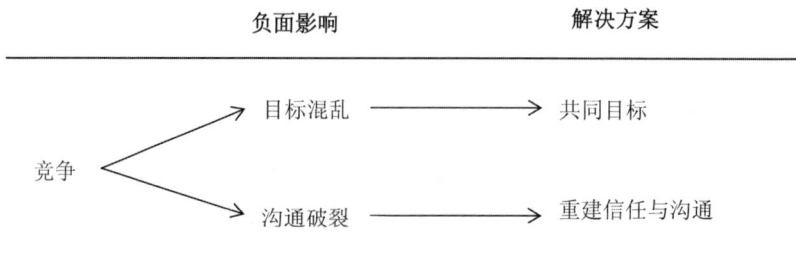

图 5-2　应对竞争的负面影响

## (一)共同目标

关于竞争关系的研究表明，平等地位的互动有助于减少群体之间的竞争意识，但这种接触本身并不足以完全消除降低竞争的驱动力(Triandis，1994)。为了打破不可避免的竞争局面，群体之间需要一些理由一起工作。一种方法是通过使用超常目标(superordinate goals)，形成群体之间的联结(Sherif，1966)。超常目标是所有群体都接受，也都认为重要的共同目标。通过在共同目标上的一起努力，群体之间的偏见和冲突会减少。在谢里夫的夏令营研究中，辅导员带着孩子们一起解决影响整个夏令营的常见问题。企业把重点聚焦于外部竞争的威胁上，这是一种可以用来鼓励各部门共同合作的策略。

一起工作促进了未来的合作。合作鼓励对群体进行重新定义。人们不再把情境视为竞争部分的组合，而是相信他们都是同一个群体或团队的一部分。然而，这只有当合作活动获得成功时，才会有效。失败则会导致指责和寻找替罪羊，从而进一步加剧群体成员之间的竞争关系(Worchel et al.，1977)。

## (二)重建信任与沟通

合作因信任而促进，竞争导致信任的崩溃(Smith，Carrol & Ashford，1995)。信任包含两部分，认知(某人说的是真话吗)与情感(我可以信任这个人吗)。合作则主要涉及信任的情感部分。诚实，成员之间的互动数量，以及团队成员之间的帮助的次数，都会影响团队成员间的信任度。(第六章将讲述建立信任的具体方法。)

合作鼓励建设性的争论，而竞争降低了沟通，强化了回避(Tjosvold，1995)。建设性的争论允许开放反馈，提出问题和增加交流。合作因为增加了与任务相关的冲突，而改善了决策的制定。成员可以公开表达冲突，而不会在团队内部产生社会问题。相反，在竞争环境中避免冲突，因为这对社会关系的破坏太大。表5-1提出了一套沟通规则，以促进团队内部的建设性争论。

表 5-1　建设性争论的规则

| | |
|---|---|
| 1. 建立开放的规范 | 鼓励所有成员表达自己的观点和感受<br>不要漏掉想法，因为有些想法在一开始时可能看起来还不太务实或尚未形成 |

| 2. 分派对立观点 | 指派一个人或一个分支小组承担这样的角色——批评性的评估团队当前的偏好 |
| 3. 依据辩论的黄金法则 | 讨论议题时，你希望别人用什么方式讨论，你自己就要用什么方式讨论。你希望别人倾听你，那么你也要倾听他人 |
| 4. 获取外部信息 | 从外部搜寻多元化的信息，以帮助团队进行决策 |
| 5. 个人展示 | 如果你希望，批判观点，但是不要攻击他人的动机或人格 |
| 6. 联结想法 | 避免非此即彼的想法，试着将彼此的想法联结，创造另一种新的解决方案 |

来源：改编自 Tjosvold，D. (1995). Cooperation theory, constructive controversy, and effectiveness: Learning from crisis. In R. Guzzo & E. Salas (Eds.), *Team effectiveness and decision making in organizations* (pp. 79-112). San Francisco，CA：Jossey-Bass。

### (三)鼓励利他主义的规范

通过积极的社会互动，可以在团队中发展合作。一旦合作建立起来，就将成为团队的常态。团队利他主义(team altruism)是指团队成员自愿帮助他人的行为(Li, Kirkman & Porter，2014)。这些行动是合作性的、帮助性的行为，对他人或整个团队有帮助，但并不是团队或领导者要求的。团队利他主义能够被两种不同的动机所驱动。首先，利他主义有点类似于自我服务，其动机是印象管理或社会认同；其次，团队利他行为也受到社会动机的驱动，如对他人或道德原则的关心和共情(做正确的事)。

从发展的角度来看，通过社会互动可以在一个团队中发展和传播利他主义。团队成员开启利他主义的原因，可能是源自个人动机，如社会认同或对他人的关心，但是这些利他行为会促进团队协调，并树立合作行为的价值。这些积极结果推动团队的利他行为成为一种团队规范，并鼓励所有成员对彼此表现出利他的行为。因此，利他主义的动机就从个人动机(关心他人)转变为对团队规范的遵循。

### (四)协商合作

有关竞争的负面影响的研究已经检视了可以用来促进与对手合作的各种策略。有一个完整的研究领域，使用模拟游戏，如囚徒困境(prisoner's dilemma)，探索各种选择。这项研究发现了一个相当简单的促进合作的策略(Axelrod，1984)。

在竞争形势下，人们面临的问题是如何从竞争向合作过渡。在一个团队中，竞争一旦开始，就会继续下去。如果有成员试图威胁竞争对手，他们就会变得防范，并且越来越充满敌意。如果有成员试图始终与竞争对手合作，通常随之而来的则可能就是被剥削。一个有效的策略必须能够解决这种两难的境地。

最有效的策略包含两条规则。第一，当机会出现时，团队成员通过表现合作行为，表示出他想要建立合作关系的愿望。团队成员应该始终以合作的方式开始，并在团队过渡阶段，创造重新再来的机会。第二，团队成员应该以同样的方式回应竞争对手的行动（如以牙还牙的规则）。如果竞争者采取了合作的方式，则应以合作回应。但是，如果竞争者采取了竞争性的行动，则应该有竞争性的回应。这是必要的，因为一个总是展现合作的人，通常容易被剥削。

## 领导虚拟团队：　建立信任与社会关系

**问题：** 虚拟团队的参与者在建立信任与社会关系方面，可能比在一起的团队更为困难。

**解决方案：** 通过聚焦于沟通过程，团队可以解决虚拟团队成员之间建立信任和社会关系的问题。在面对面的交流中，消息传递的反馈环通常是非语言的。例如，如果会议负责人说"我们将在五分钟内完成这部分议程"，领导者可以从眼神接触、面部表情和肢体语言来判断参与者是否可能收到并理解了这个简单的信息。在没有高质量视频会议系统的虚拟会议中，这种非语言反馈是不存在的。即使有高质量的视频会议系统，对于领导者来说，他也很难对这些非语言信息进行诠释。如果没有完成这个反馈循环，我们就不知道自己是否被理解了，可能仅仅只是听到了而已。

建立信任，需要知道我们的团队成员都能听到并理解信息的含义。在虚拟会议中，这种形式的信任构建，即使在视频会议上也不会自动发生。因此，在会议过程中，必须有意识地建立沟通反馈回路，并通过所使用的技术工具来支持。会议领导者可以在会议期间考虑以下活动：

1. 反馈回路，由被指派的团队成员口头说出关键语句，并从发言人那里得到口头确认，消息被正确地反馈回来。这确保了在领导者和最初的演讲者之间完成了反馈循环，并为其他与会者提供了对整个循环的观察，以支持他们对消息的理解。

2. 如果信息对会议目标来说是复杂的或关键的，领导者可以让另一个团队成员来反馈信息，可能是一个不同地方的代表，而不是最初的演讲者来反馈。

3. 让不同组的成员共同阐明和完善会议期间的主要想法和决定。

建立社会关系可以通过多种途径完成。其中一些方法，在第三章讨论过。如果可能的话，第一次会议最好能面对面地进行，并在团队的生活中定期会面。这为社会交流和非正式沟通提供了机会。每个虚拟团队会议的开始，先分享个人方面的，与工作无关的信息。这种团队暖场活动，可以帮助团队成员相互了解，可以创建一个可以分享照片和个人信息的社交网站。很重要的一点是，团队领导者应该要使用这个网站，但是，不要强制要求团队成员发布关于他们自己的个人信息。

## 小结

合作是团队工作的精髓。然而，团队成员经常发现，自己处于在合作与竞争相结合的混合动机的情境中，这是由个人目标与团队目标之间的冲突造成的。

团队中的人们之所以具有竞争性，有三个原因：第一，我们的文化强调竞争的价值；第二，由于个人性格，人们可能是竞争性的，而不是合作者或个人主义者；第三，组织可能奖励团队成员之间的竞争。尽管这些都会促进竞争，但组织的奖励制度是竞争因素中最常被使用的解释。

竞争通过目标混乱来伤害团队。有竞争性的团队成员关注的是个人目标而不是团队目标，并用其来指导自己的行为。这会导致不信任，最终会破坏团队内部的沟通。与其他团队之间的竞争，也会产生导致敌意和冲突的问题。虽然与外部组织之间的竞争可能是适当的，但内部竞争对团队和组织都具有破坏性。

合作对个人和团队都有好处。在合作的情况下，个人受到激励与支持。合作促进了团队中的沟通和人际支持。然而，合作也可能会带来问题。一个合作团队有高度一致性，可能会降低绩效与创造力，导致不良协议。团队成员为了维护团队和谐，而做出错误的决定。在促进质量的工作上，奖励合作会更有效，因为这会鼓励团队帮助表现不佳的员工。

以下一些团队策略，可以用来应对竞争的负面影响，建立合作的环境。对共同目标的承诺，有助于团队成员的团结。信任建立的活动，可以用来重建沟通失败的团队。此外，某些协商策略，可以用来应对团队中不适当的竞争行为。

## 团队领导者的挑战 5

去年，你将工厂重组为自我指导的工作团队。在组装区域的几个团队里，你是其中一个团队的领导者。团队转变的过渡期是很困难的，但最近团队运作得还不错。几个月前，高层管理人员宣布了一项新的团队激励计划，对超额完成目标的团队给予奖励。这一奖励计划对团队绩效产生了复杂的影响，并在工厂产生了一些问题。

你的团队现在非常有动力，将产能最大化。但这已经与其他团队产生了冲突。你发现，自己与其他制造团队为了获得公司技术人员的支持而相互竞争。为了增加生产时间，团队忽略了机器维护问题。与工厂中为你们组装区域提供零部件的一些其他团队也产生了一些争执，与这些团队的沟通也日益恶化。你认为，这些问题的原因可能是由于新的激励计划，但是上层管理非常支持这项激励计划。

- 你应该如何帮助团队处理这个内部问题？
- 你应该如何改善与工厂其他团队的关系？
- 你应该如何向上级主管解释你团队的问题？

## 问卷调查： 合作者、 竞争者、 个人主义者取向

**目的：** 帮助你觉察你在团队中对其他人的态度倾向。人们由于个性差异，以及以往不同的团队经验，而对团队中的其他成员有不同的态度倾向。你可以与其他团队成员建立合作或有竞争关系，或者在团队中更多聚焦在自我身上。

**说明：** 使用以下分数来评估这些陈述与你的相似程度。

1＝一点也不像　2＝有点像　3＝比较像　4＝非常像

_____ 1. 我喜欢团队中的所有人一起合作，这样我们都能成功

_____ 2. 对我来说，成为团队中表现最好的一个，是很重要的

_____ 3. 我不在乎别人做得如何，只要我在我负责的任务上成功就好

_____ 4. 我喜欢在团队项目中工作，因为大家彼此分享想法和资源

_____ 5. 即使在团队项目中，我也因为做得比别人好而受到激励

_____ 6. 不管其他学生的成绩如何，我都想要在这门课上取得好成绩

_____ 7. 通过与团队中的其他人一起工作，我可以学到很多东西

_____ 8. 我经常把自己和其他团队成员进行比较，看谁是最好的

_____ 9. 即使是在团队项目中，我也喜欢把大部分时间花在自己的工作上

_____ 10. 我喜欢的工作环境，是人们互相帮助来做好工作

_____ 11. 大多数团队成员通过与他人比较来评估自己的表现

_____ 12. 我不喜欢在项目中必须与其他人一起合作

_____ 13. 当我与别人一起工作时，更有生产力

_____ 14. 当人们被鼓励超越别人时，他们表现得最好

_____ 15. 我宁愿独自工作，也不愿与他人协调

**计分：**

统计问题 1、4、7、10 和 13 的得分总和，以获得你的合作倾向的分数。

统计问题 2、5、8、11 和 14 的得分总和，以获得你的竞争倾向的分数。

统计问题 3、6、9、12 和 15 的得分总和，以获得个人主义倾向的分数。

**讨论：** 你与团队中的其他成员相比如何呢？如果你是高度合作倾向或者高度竞争倾向，你能做些什么来让自己成为一个更好的团队成员呢？一个拥有高度合作或高度竞争倾向成员的团队，有哪些影响？团队应该如何处理那些高度竞争倾向的成员呢？

资料来源：改编自 Johnson，D.，& Johnson，F.（1997）. _Joining together：Group theory and group skills_（6th ed.）. Boston，MA：Allyn & Bacon.

## 活动： 理解竞争与合作目标

**目标：** 团队工作应该是合作的活动。团队成员是否展现合作或竞争的行为，取决于他们如何被评估与奖励。这个活动可以让团队体验在竞争与合作的情境下工作。

**活动：** 将全班分成两组，并告知要完成两个建设项目。第一个项目（建塔）有一个竞争目标，而第二个项目（建拱门）有一个个人主义或合作的目标。活动工作表 5-1 包含该活动的指导说明。指派观察员记录小组是如何执行这两项活动的。

**分析**：在这两个活动中，小组的行为方式有什么不同？在小组内或小组之间，有哪些合作和竞争行为的例子发生？团队成员对参与这两个项目感觉如何？

**讨论**：竞争性目标和合作性目标，如何影响群体内部和群体之间的行为？量（和/或生产）的目标或质的目标，对团队工作会产生什么影响？

**活动工作表 5-1**

**竞争与合作目标**

---

**建设项目**

1. 将全班分成几个小组，每个小组有 4 人或 4 人以上

2. 给每个小组提供一盒材料，包括彩色纸、一本或多本杂志、硬纸板、胶带、剪刀、马克笔和回形针

**项目 1：建最高的塔**

- 小组有 15 分钟的时间，来建造一座最高的独自站立（不依靠支撑物）的塔
- 建的塔最高的小组，可以赢得奖品（如糖果）

**项目 2：建美丽的拱门**

- 小组有 15 分钟的时间来建造一个有吸引力的、独自站立（不依靠支撑物）的拱门
- 小组之间可以互相分享想法和材料
- 评委会给所有漂亮的、独立的拱门颁发奖项（如糖果）

---

第六章

# 沟　通

　　沟通是任何团队行动的核心议题。人们对消息的响应，既包括消息内容本身，也包括消息的沟通方式。沟通气氛、心理安全感、社会历程，以及信任，都会影响团队沟通的流动，而这也影响着团队的生产力和凝聚力。此外，团队中个人与团队的情商，有助于使团队的沟通更加灵敏并有效。改善沟通需要在团队内部建立信任，引导团队会议，并发展良好的沟通技巧。

**学习目标**

1. 为什么沟通在团队中很重要？

2. 是什么导致了团队中的沟通不畅？

3. 当处理信息进行决策时，团队容易有哪些偏见？

4. 如何才能避免功能失调群体决策（dysfunctional group decision）？

5. 沟通与性别之间有哪些相互联系？

6. 如何在团队中建立信任？

7. 支持性（supportive）和防御性（defensive）的沟通氛围，分别有哪些特点？

8. 对心理安全的感知，是如何影响团队沟通的？

9. 什么是情商？情商是如何影响团队沟通的？

10. 有哪些重要活动可以促进团队会议的进行？

11. 有哪些基本的沟通技巧有助于促进团队会议的进行？

## 一、 沟通历程

团队中的沟通可以被视为一种交互（transaction）（Barnlund，1970）。这一观点强调，沟通不仅仅是将消息从发送方传递给接收方。相反，沟通的交互模式认为，人们同时既是信息发送者，也是信息接收者——接收者提供的语言与非语言的反馈，持续地影响着发送者发送的消息。想一下这样的情境，一个团队成员开始对于团队进展情况更新的会议，热情高涨，而团队中其他人却是一片茫然的目光。这种非语言的交流可能被解读为不感兴趣，导致热情的丧失和讨论方向的改变。交互模式的第二个组成部分是，所有参与沟通影响的各方，都受到彼此的影响。例如，我们经常改变我们的沟通方式，这取决于我们交流的接收者——你与周围同事之间的交流，你的经理在场或不在场，你的沟通方式可能会有所不同。

综上所述，消息的发送和接收，以及团队成员之间的相互影响，说明团队沟通是一个不断变化的动态过程。想一想，当教授突然出现在课堂，并检查小组的讨论情况，学生的讨论可能会从聊前一天晚上发生的事，迅速转变为对课程概念的慷慨陈述。然而，在团队中，成员并不只是会影响动态沟通，随着时间的推移，信任水平、权力、地位和动机，也都会发生改变，结果是它们对一个团队的凝聚力和生产力产生影响。这些动态变化强调，不仅是你所传达的信息，你的沟通方式也会影响团队的运作。因此，重要的是，你要意识到你的沟通是如何对团队产生积极或消极的影响的，同时也要注意到其他人是如何影响团队的。

### （一）语言交流

当我们口头交流时，会用语言来与他人分享意义。这可能包括，明确一个团队项目的目的，共享信息，或者确定解决方案。虽然这看起来可能很简单，但语言的本质经常使团队成员分享意义不那么容易。这是因为，词语的含义往往是高度主观的。语言是建立在词语基础上的（如狗），其本身就是指其他一些东西（一种四足的食肉哺乳动物，通常是宠物）。虽然有些词的引用是具体的，但许多——尤其是对那些参与问题解决和创新的人——仍然是模棱两可的。忽略这个沟通元素，会导致挫折、失败的项目，并浪费时间。思考一个想在大学校园里推广健康食品的团队。该团队对健康食品的理解有各种各样的争议，如低卡路里、未经加工、本地采购、有机、非转基因、素食、原料、无肉等。很可能每个团队成员对于什么是健康食品，以及什么不是健康食品，都有着不同的理解。为了有效地研究和实施在校园推广健康食品的目标，团队必须一起准确定义健康的含义。

　　然而，团队成员通常认为，对同一个词的意思，每个人都理解，这被称为分路（bypassing）。它可能是在活动中许多误解和冲突的来源，如分配任务和处理信息时。想一下在协调团队任务分配时的情境。领导可能会指示团队把各自的报告部分在周四之前发邮件给他，这样他就可以在周五把这些报告整合在一起去上课了。虽然领导可能在中午之前就期待着收到邮件，但一些团队成员可能会直到晚上 23：59 才发出来。这种延迟可能会使领导无法有效地整合各个部分，并导致团队生产力的降低，以及成员之间的冲突。同样，信息的发送者通常不能换位思考，并且高估了接收者对所讨论的信息的熟悉程度（Keysar & Henly，2002）。缺乏换位思考是技术专业人员（如工程师）难以在团队中分享专业知识的原因之一。他们认为接收者有足够的背景信息可以理解这些简短的信息。为了避免语言上的误解，团队成员需要用清晰的定义来消除歧义。

### （二）非语言交流

　　除了运用语言与他人交流之外，非语言暗示，如肢体语言、声调、手势、触觉、眼神交流、面部表情，以及时间和空间的使用，也能向他人传达意义。而且，非语言信息可以替代、强调语言信息，甚至可能与我们的语言沟通出现矛盾。例如，成员可以通过姿势和声音来展现其在团队中的地位，或者通过参会时迟到然后讽刺式的道歉来表达一种蔑视。就像口头交流一样，非语言沟通也很模糊，很容易被误解（例如，某个成员不参加，可能是因为他们累了，或者对这个项目不感兴趣，或者对另一个成员生气）。另外，非语言交流也是连续性的——我们总是在非语言交流，不管是有意的还是无意的。一个有效的团队成员需要意识到他们的非语言沟通是如何影响团队的，同时也会对团队中其他成员的非语言信息有一定的敏感性。稍后将会讨论，对他人的非语言信息的敏感性，以及对自己的非语言信息的注意，是团队情商的一个重要组成部分。

### （三）团队内的沟通

　　同时发送并接收语言与非语言的交流，以及所有成员之间的相互影响，对一个团队的发展和运作有着广泛的影响。沟通不畅会导致团队成员之间信息处理不当，以及不必要的冲突。然而，通过开发有效、合适的沟通知识与技能，团队可以培养信任，建立适当的团队规范，并发展协作性和创造性的氛围(Spitzberg，1983)。更重要的是，通过持续有效以及合适的沟通，这些好处都是可以得以实现的。例如，信任并不是简单就能获得、并且永恒不变的东西。相反，通过团队成员之间的持续互动，信任可以不断地得到确认与再确认：沟通是一个交互性的过程，我们不断地定义和再定义我们与团队成员之间的关系。关注团队中的沟通历程，可以让你做出明智的沟通选择，最大限度地提高生产力，增强成员之间的凝聚力。

## 二、 团队沟通的漂移

沟通在团队运作中起着至关重要的作用。成员需要意识到，如何以一种既有效又合适的方式进行沟通，以达到团队目标，并维持成员关系。无效的沟通会使信息处理功能失调，导致糟糕的决策。不同性别之间沟通方式的差异也会产生误解。同样，不恰当的交流也会破坏团队成员之间的凝聚力，阻碍信任的发展。建立并维持一个安全的沟通氛围，会促进团队成员在困难的情况下表达自己的知识、观点和感受。人际互动过程会影响团队成员在团队讨论中分享信息的意愿。信任为团队开放、诚实的沟通提供了基础。

### (一)团队内部信息处理功能失调

团队的使用创造了做出更好决策的潜能，因为可以汇总成员不同背景和经验的信息。而这种使用团队的优势，只有当成员与团队共享其独特的信息时才会显现。然而，团队也会出现信息功能失调(dysfunctional information)的共享和处理，这可能导致糟糕的决策。例如，团队花费了大部分时间来讨论所有成员已经共享的信息，而不是结合成员的独特知识和观点(Gigone & Hastie，1997)。这种关注于共同而非独特信息的情况，也解释了为什么团队经常忽略技术信息。因为这种类型的信息很可能只有少数团队成员了解，所以团队很少讨论。因此，在讨论之前大多数团队成员持有的信息，比在会议中获得的信息，对决策的影响会更大，无论这些信息是否准确。

团队处理信息的方式的偏误，可能会阻碍团队做出正确的决定，因为某个成员所持有的重要信息被团队忽略了(Stasser，1992)。例如，确认偏误是人们寻求信息的普遍趋势，这些信息证实了他们的信仰和态度，但是忽略了信仰与态度相矛盾的信息(Nickerson，1998)。换句话说，团队成员经常在处理信息时发现他们期望看到的东西。一项研究发现，医生对病人呼吸的听觉感知（区分两种有生命危险情况的关键症状）受到他们预期诊断的影响（Tschan et al.，2009）——医生听到的呼吸模式，与其假定的诊断一致，尽管这种呼吸模式可能并非客观存在的。这个病人被误诊了，因为医生忽略了那些与其信仰不一致的信息。同样，设计团队可能不会寻找那些否定团队假设和信念的信息。然而，能够积极处理反面信息（disconfirming information）的团队，可以产生更多的创造性设计，或者至少避免实施糟糕的解决方案。为了打败确认偏误，成员应该积极地发现并热情地向团队提供反面证据和信息。指派一名团队成员扮演"魔鬼代言人"（devil's advocate）的角色，有助于建立挑战团队假设的规范。

如果一个团队讨论的主题是错误的二分类（false dichotomies），信息就会被一个团队处理得很糟糕。当其他可能性存在的时候，一个错误的二分法是将选项看作两种相反的极端可能性的倾向（例如，要么……要么……，为了/反对等）（Rothwell，2015）。换句话说，用绝对的术语来感知世界（例如，你要么同意我，要么反对我）往往是错误的，因为大部分现实（和创造性的解决方案）处于极端之间的灰色地带。虽然这听起来非常明显，但由于我们的语言缺乏恰当的词语，所以很难快速和容易地沟通这些灰色地带。我们可以立即用对立的词汇来思考和说话（例如，高/矮，大声/安静等），用于描述这些概念之间的中间点的词汇，通常是模糊的、非配对的、非具体的单词（在高和矮之间是平均的，在大声和安静之间也是平均的等）。这说明，我们的语言通常是让我们在极端情况下思考的。

错误的二分类会影响团队设计的解决方案的本质。以一群学生为例，他们希望通过提倡废除禁令来解决校园滑板禁令问题——在制定解决方案时，有一个清晰的"允许/禁止"的二分类。考虑到对行人和滑板者安全的担忧，大学的管理者将整个提案都否决了，该组织未能实现他们的目标。然而，一个更富有成效的解决方案可能是主张在禁止和允许之间建立一个中间立场，如设立在校园里允许玩滑板的时间和地点（顺便说一下，校园里的自行车经常被管制）。这样的综合解决方案可以满足双方的需要。为了克服小组讨论中出现错误的二分法，在讨论信息时，对成员提出的绝对陈述提出质疑，以及使用可商讨性（provisionalism）的语言（如有时，通常等），是有用的。这为讨论提供了交流空间，来探索替代性解决方案。

### （二）性别与沟通

有研究调查了男女混合团队的人际互动，发现男性和女性倾向于不同的沟通方式(Tannen，1991)。男性的沟通方式强调获得地位，这意味着对话体现了独立、竞争、施加控制和报告知识，以提升他们在团队中的地位。因此，在男女混合的群体中，与女性相比，男性往往会更多发言，专注于以任务为导向的信息，打断，提供建议，经常讲笑话。与此相反，女性的沟通方式强调建立联系，这意味着谈话体现了相互依赖、合作和授权，以促进协作、提升他人的兴趣和参与。而且，女性倾向于分享感受，邀请他人发言，并倾听，以促进成员之间的联系。虽然这两种交流方式被称为男性化和女性化，但实际上男性和女性都会使用这两种交流方式，只是女性的沟通更倾向于体现联系，而男性的沟通更倾向于体现身份。

通过了解这些沟通方式，成员可以更好地调整他们与团队的沟通，减少误解。例如，男性倾向于关注以任务为导向的沟通，可能会导致成员认为分享感受是浪费时间，并阻止女性发言者分享她的情感。在这种情况下，女性发言者想要促进成员之间联系的愿望被边缘化，导致了较低的满足性和支持性环境。同样地，女性发言者分享她们在困难的一天中的情绪，希望得到团队伙伴的安慰和同情，但是男性成员可能只是针对如何解决问题提出建议。在这里，这两种沟通方式是不一致的，一方成员并没有满足另一方成员的沟通需求。这样的误解可能会降低团队成员的信任和凝聚力。团队成员应该寻求尊重两者共存的需要，而不是将女性或男性的沟通方式作为优势。的确，团队的工具和关系方面，需要得到适当的管理和理解。

### (三)建立信任

信任在不同的文化中有不同的发展。例如，在美国，信任的基础是与群体成员共享同类身份(例如，双方都上了同一所大学)，而在日本，信任受到与群体成员共享人际关系的影响。信任也是促进团队沟通的关键。对于团队成员来说，他们必须相信团队有能力完成任务(即团队效能感)，团队环境对所有成员来说都是安全的(Ilgen，Hollenbeck，Johnson & Jundt，2005)。信任是对团队关系的信心的表达，也就是说，相信团队中的其他成员会忠于承诺(Thompson，2004)。这种信心建立于过去的经验之上，理解他人的动机，并愿意相信他人。团队中的信任能够促进沟通与合作，使冲突更容易解决。

信任也建立在社会关系的基础上(Uzzi，1997)。人们在发展和维持人际关系上进行投入，人与人之间的关系鼓励合作与信任。在刚刚开始建立社交关系时，人们倾向于采取信任的态度，并同时观察对方的回应。未来是否还能够信任，取决于双方关系中会发生什么。信任是通过社会互动来建立和维持的，也会随着成员分享情感和思想而改变。

信任对人际沟通、合作和团队工作有许多影响（Jones & George，1998）。当团队有高度信任时，人们在各种情境下都更愿意帮助他人。鼓励自由交换信息，对团队活动的参与也会越来越多。当信任程度高的时候，人们更愿意致力于团队目标（而忽略个人目标），而且在团队中参与程度也会加深。

信任是一种个人行为，但可以在团队层面上显现（DeJong & Dirks，2012）。尽管人们可以谈论信任的总体水平，但团队成员之间信任的程度有很大的差异。团队中的少数成员缺乏信任，可以打破信任与团队绩效之间的正向关系。团队领导者需要在团队成员之间建立信任，并在信任度低的团队中，意识到这些特定关系。当特定成员之间缺乏信任时，在他们之间设定的规程可以监控彼此的表现，以确保责任，这样可以帮助团队重建特定关系中的信任。

在团队中建立信任，涉及两种行为：信赖（trusting）和信用（trustworthiness）（Johnson & Johnson，1997）。信赖意味着愿意通过提供帮助和资源来开放信息、与他人共享。信用意味着接受其他团队成员的贡献，支持他们的行动，并协助他们的合作。

尽管建立信任是一个缓慢的过程，但信任被摧毁却是快速而容易的，通常可能只是一个事件。在信任被破坏后，重建信任是相当困难的。以下是帮助建立（重建）信任的一些技巧：

(1)真诚地为破坏团队信任的行为道歉；

(2)力行信任，并展现你对团队中其他人的支持；

(3)促进团队合作；

(4)回顾团队目标，并致力于共同的行动；

(5)建立信誉，确保言行一致。

### (四)心理安全

信任与团队中的心理安全感密切相关。心理安全（psychological safety）是指成员不怕承担人际风险，可以表达自己的想法和感受而不必担心后果（Edmondson & Lei，2014）。这是一种相互信任、彼此尊重的氛围，团队成员能够提供想法，给予反馈，提出问题，承认错误并请求帮助而不必担心受到惩罚。在团队中共享不同的信息并整合视角，这对于团队来说尤为重要。事实上，研究一直表明，心理安全感与更高层次的在错误中学习（Hirak，Peng，Carmeli & Schaubroeck，2012）、多元化团队的成功(Caruso & Woolley，2008)、创造力(Baer & Frese，2003)，以及团队表现(Edmondson & Lei，2014)，都是相关联的。虚拟团队也可以从心理安全感中获益，因为这减轻了地理分散、电子依赖和国家文化对创新与表现的负面影响(Gibson & Gibbs，2006)。

在由不同技术背景的成员组成的跨职能团队的运作中，我们可以看到心理安全感的价值(Edmondson & Nembhard，2009)。团队中的多元化观点对于团队成功至关重要，但是只有当团队成员愿意分享他们的知识并相互学习的时候，这才会发生。团队可能会遇到一些沟通问题，如社会诱发型沉默(socially induced silence)、无价值的沟通(unproductive communication)，以及专业语言的差异。某些文化下的成员，可能因为文化规范的礼貌或者为了面子，拒绝提出质疑、给予反馈或者进行争论。

为了克服多样性带来的问题，团队需要建立一个有心理安全感的环境，以减轻人际交往的风险。团队领导可以通过邀请大家发表意见和反馈来建立团队成员的心理安全感，同时表现出接受关键信息的开放性。团队领导还可以通过促进交流和最大限度地减少地位差异，来鼓励成员发言。分配"魔鬼代言人"的角色，有助于使团队中的争论合法化。领导者还需要表明，失败是一次学习的机会，而不是用威胁惩罚的方式解决沟通问题。虽然心理安全感通常被视为一种认知现象，但它是通过沟通而表现出来的(Gibson & Gibbs，2006)。这表明，通过促进支持性的沟通气氛的建立，可以培养所有团队成员的心理安全感。

### (五)沟通氛围

与心理安全感密切相关的是群体的沟通氛围。吉布(Gibb，1961)确定了群体交流中增加或降低成员所表现出的防御性程度的六种模式。一个人如何沟通会影响团队成员是否关注内容(他们说了什么)或结构(他们是如何说的)。防御性氛围(defensive climate)发生于对感知的反应。当一个人的自尊心受到威胁时，他就会将心智注意力从信息内容和团队任务上转移到为自己辩护或者将信息曲解(distorting)。短期内，这会降低团队的生产力，并侵蚀团队凝聚力。从长期来看，防御性氛围会导致团队倦怠(burnout)和人员流失(Becker，Halbesleben & Dan O'hair，2005)。相比之下，支持性氛围(supportive climate)强调信息的内容，产生合作与信任，这对心理安全感的发展至关重要。团队成员通过沟通方式的选择来建立和维持支持性的沟通氛围。吉布提供了以下交流模式，可以分别为防御性和支持性氛围做出贡献。

### 1. 评价(evaluation)与描述(description)

带有评价的信息包含了判断、指责、对你的陈述轻视、错误的发现和批评(例如,你没有对这次报告做出足够的贡献),这往往会让你从责备中得到宽恕(例如,但是我参加了每一次会议!此外,你从来没有给我明确的指示)。相比之下,包含以某种方式构建评论的描述将不安感最小化,并考虑了发送者的感知和感受(例如,我担心我们的报告不会顺利进行,有一些请求希望你考虑)。采用更多描述性语言的策略,包括使用"我的陈述"(I-statements),而不是"对你的陈述"(You-statements),并且在提供负面反馈之前要先真诚地表扬(Hornsey,Robson,Smith,Esposo & Sutton,2008)。

### 2. 控制(control)与问题导向(problem orientation)

防御性氛围可以通过告诉他们该怎么做来控制其他人。的确,心理逆反(psychological reactance)的研究,揭示了控制一个人的行为的努力往往会遇到阻力,甚至会导致相反的行为(Brehm & Brehm,1981)。这可以通过想象一个孩子被告知打扫房间的典型反应来说明。类似地,在有人对团队成员做出要求时,他们经常会有负面反应。例如,为了完成一项任务,要求团队成员跳过一个原来计划好的社交活动,这可能会导致抗拒。其实,更有效的沟通方式是把注意力放在问题上,并提出解决问题的想法(例如,我们能做什么来完成今晚的项目),这样就可以进行富有成效的对话,目的是解决问题,而不是对特定的团队成员提出要求。

### 3. 策略性(strategy)与自发性(spontaneity)

人们对被用来操纵或欺骗他们的策略很敏感。例如,成员通过打电话说"生病"或者提前离开会议来为自己辩解,因为他们突然有了一个"约会"。但是,有时当这些原因在现实情况中,被察觉到是在逃避不舒适的问题、隐瞒信息或不参与的策略方式时,就会促成一种防御性氛围。相反,采用诚实、自信、包含真实自我表露的自发交流,可以提升团队的信任氛围(例如,我昨晚没睡好,对这次会议没有什么实质性的贡献,我能设法弥补吗)。

### 4. 中立(neutrality)与同理(empathy)

当人们在交流的时候,他们想要感觉到他们的观点被倾听。然而,在团队讨论中,成员可能会以漠不关心的态度回应,或者一点也不认可他人。一个中立的例子是一名成员回应对一个团体道德问题的担忧。他不屑一顾地说:"没关系,别担心。我们继续。"还有的时候,某个成员发给团队的邮件或消息可能完全被忽略了——甚至教授也会因为学生在课堂上打瞌睡或者被科技产品分心而感到不受重视。这样的行为令人沮丧，并且让人感到不受尊重，这可能会导致防御性氛围。通过同理沟通，考虑他人的观点和感受，可以培养支持性氛围。这可以通过积极的非语言行为（例如，倾听，在谈话中放下电话）或者是言语行为（例如，让我们花5分钟来讨论你对我们决策中道德问题的担忧）来实现。

**5. 优越（superiority）与平等（equality）**

团队通常由在权力、智力、知识、技能、财富等方面存在差异的成员组成。尽管团队成员之间存在这些差异，但如果他们以一种优越或轻视的方式传达信息（例如，你花太长时间了；我只是告诉你正确的方法来做这件事；或者，不，我是以前做过这个的人，我知道最好的方式是什么），就会让人产生抵触情绪，从而扼杀信任，甚至助长敌意。这种防御会阻碍团队的心理安全感，因为它限制了成员提供有意义的反馈，以及寻求帮助的能力或意愿。相反，团队成员之间以一种体现平等的语气来交流（例如，如果你愿意，我可以向你展示什么对我有帮助，或者，我想听听你对这个问题的所有想法），甚至自嘲式幽默（Greengross & Miller，2008），这样以促进团队的和谐与生产力。

**6. 确定性（certainty）与可商讨（provisionalism）**

生活中几乎没有什么是绝对可以肯定的。在标准化考试中，绝对陈述的答案（例如，总是，从未，不可能，不会，等等）往往是不正确的选择，学生挫败的原因可能是忘记了这个考试策略。同样，以绝对确定的方式与团队成员沟通，可能会显得思维狭窄，不愿意认可其他观点。在团队中，确定性的沟通方式，可能会使讨论停止（例如，这个想法永远不会有用），降低动力（例如，我们不可能在明天之前完成报告）。相反，通过使用诸如"可能""也许""有时"这样的词汇，通过可商讨的语言来描述信息，为那些可以开放讨论和探讨的问题提供了更好的支持性氛围（例如，这个想法可能行得通，但我有一点担忧）。

上述六种沟通模式为营造支持性的沟通氛围提供了指导。沟通氛围是循环发展的（Lumsden & Lumsden，1997）。当团队成员使用支持性的陈述进行交流时，其他人也会倾向于使用支持性的陈述来回应，这促进了信任与开放，并增强了成员之间再次交流的意愿。这个循环进一步促进了信任，并维护了支持性氛围。然而，防御性的沟通也会导致其他人同样采用防御性的沟通，并迅速陷入批评、冲突，并且降低彼此之间的信任。这强调了，当防御性沟通在团队中出现时，要快速识别，并且打破防御性沟通的功能障碍循环的重要性。采用支持性的沟通模式，有助于建立和维护心理安全感，促进团队信任。不过，这些方法并不是在所有情况下都适用的。

此外，有时还需要防御性策略。比如，在解雇团队中表现不佳的成员时使用控制。

### 三、情商

感受和情绪渗透在团队的质地中。情商（emotional intelligence，EI）是解决情感问题的能力（Mayer & Salovey，1997）。情商是团队讨论中沟通的一个重要方面，与团队表现的提升相关（Quoidbach & Hansenne，2009），并减少了团队冲突（Yang & Mossholder，2004）。此外，成员中的情商总是与团队中的领导力相关（Côté，Lopes，Salovey & Miners，2010）。它包括以下四个部分：

（1）自我意识——识别、理解和讨论情绪的能力；

（2）同理——感知、识别和体验他人情绪的能力；

（3）情绪调节——调节情绪，以及控制情绪表达的能力；

（4）关系管理——以尊重并关注关系的方式，回应他人情绪的能力（参见图6-1）。

|  | 关注 | |
|---|---|---|
|  | 自己 | 他人 |
| 意识 | 自我意识 | 同理 |
| 行为 | 情绪调节 | 关系管理 |

图 6-1　团队情商的组成部分

资料来源：改编自 Greenberg, J.（2011）。*Behavior in Organizations*（10*th ed.*）。Boston, MA：Prentice Hall。

虽然情商可以被视为单个团队成员的技能，但是情商也可以被看作团队沟通氛围的一部分。团队情商是在团队内部建立一些规范，来支持对情绪的意识与调节（Druskat & Wolff，2001）。团队成员之间的关系不是一次交互的产物，而是在不断的沟通交流中被定义和再定义的（Parks，1977）。在持续的互动中，识别并调节自己和他人情绪的能力，可以增强团队成员之间的关系。调节情绪的表达是很重要的，因为情绪在小群体中具有传染性（Ilies，Wagner & Morgeson，2007），经常在没有成员意识到的情况下发生（Hatfield，Cacioppo & Rapson，1993），尤其是团队领导者对团队情绪的影响最大（Visser，van Knippenberg，van Kleef & Wisse，2013）。

团队情感意识的发展受到规范的影响。的确，集体认可的团队规范（Diefendorff，Erickson，Grandey & Dahling，2011）可以塑造团队的情绪（Barsade & O'neill，2014）。因此，团队规范可以在以下方面发展，抑制情绪（Menges & Kilduff，

2015)，要求要表达具体的情绪(Van Maanen & Kunda，1989)，或者鼓励公开表达一些情绪(Martin，Knopoff & Beckman，1998)。培养团队情商的一种方法是培养情感意识规范。比如，团队成员花时间彼此了解，以增进人与人之间的理解，确保平等参与，这样才能考虑所有的观点。情绪调节规范包括，为会话礼貌设置基本规则，为团队成员提供情感支持，建立表达情感的渠道，以及建立积极的沟通环境。这些行为准则有助于建立团队成员之间的信任，树立强大的团队认同感，提升团队效能感。

情商高的团队能够意识到团队成员的情绪反应，并制定鼓励面对并关注的规范。例如，当一个团队要做出决定而一个成员不同意时，团队很容易就会采用投票的方式，然后继续下一个问题。然而，一个情商高的团队会停下来，试图更好地理解为什么这个成员会反对这个决定。这样的团队会进入他人的视角，从不同的角度来理解问题。这表明团队欣赏并尊重不同观点，并且可能达成所有团队成员都可以接受的共识的决定。

团队情商对团队历程和团队表现有许多积极的影响。情商高的团队能更好地解决情绪问题，激励团队成员，增加团队凝聚力(Ayoko，Callan & Hartel，2008)。情商高的团队具有较高的团队信任水平，这对开发协作环境和促进创造力非常重要(Barczak，Lassk & Mulki，2010)。在高要求和有压力的情况下，高情商会更有效，因为这样的团队有着更好的协调能力，更少的冲突，并且使用更具协作性的冲突解决方法(Farh Seo & Tesluk，2012)。

团队情商最重要的结果之一就是处理冲突的方式。在像医疗团队这样的跨学科团队中，低水平情商团队的社交技能较差，行为破坏性较大，使用更多胁迫性策略(McCallin & Bamford，2007)。这些团队的冲突威胁着成员的心理安全感。具有较高水平情商的团队冲突较少，而且冲突也不那么激烈(Ayoko et al.，2008)。这些团队更倾向于使用协作的方法来解决冲突，而那些低情商团队更有可能使用回避作为冲突解决的策略(Jordan & Troth，2004)。

团队可以通过多种方式改善团队情商。高情商团队的领导者可以树立适当行为的榜样，并促进敏感的团队沟通(Koman & Wolff，2008)。团队可以制定行为规范来指导成员如何管理情绪。团队建设是一种很好的方式来教会成员如何用情商来行事(Ferris，2009)。体验小组活动可以用来学习如何感知情绪，管理情绪反应，以及在情感挑战的社会情境中有效地行动。以团队为基础的学习方法也有助于在团队内部建立社会关系，为应用新习得的情感能力创造一个心理安全的环境(Clarke，

2010)。

想要了解自己的情商水平，并讨论情商规范是如何影响团队沟通的，你可以参加本章最后的团队情商测试。

## 四、　引导团队会议

"那么，我们做什么"，这可能是在团队会议开始时听到的最可怕的一句话。这表明，在接下来的 60 分钟内，你很可能会用来搞清楚你为什么要开这 60 分钟的会议。难怪团队会议经常会被消极地认为是浪费时间（Rogelberg，Shanock & Scott，2012）——许多你过去参加过的会议，如果会议结构不佳，开始迟了，缺乏目标，偏离主题，被少数人控制，或者/以及结束迟了，这都可能是在浪费时间（Rogelberg，Allen，Shanock，Scott & Shuffler，2010）。幸运的是，糟糕的会议并非不可避免。通过引入一个有助于控制和促进沟通的结构，会议可以更有效地利用每个人的时间。

会议是团队分享信息，做决定，解决问题，并理解目的的地方。虽然一个精心安排的会议实际上可以节省时间和提高团队的效率，但许多团队选择不花时间准备一个有效的议程，也不管理成员的参与。相反，结构不佳的会议往往由一些成员主导——在一个典型的 4 人小组中，其中两个人的发言占了 70％以上；在一个 6 人小组中，其中 3 个人的发言占了 85％以上（Shaw，1981）。平等参与是在各种团队任务中一个重要的成功预测因素（Woolley，Chabris，Pentland，Hashmi & Malone，2010），而不平等的参与则会导致不满与沮丧。此外，有效的会议实际上可以改善对会议和整个团队的态度。

一般来说，会议开始时要回顾一下议程，并进行一些促进人们社交对话的热身活动。会议的主体是管理沟通过程，进行团队决策。会议结束时总结决策和任务，并评估团队的运作情况（参见图 6-2）。一些研究为组织和开展有效会议，提供了额外指导方针。

（1）只有必要的时候才开会。考虑需要完成的任务，确定一个会议是否真的必要。在适当的时候使用其他方法（例如，通过电子邮件进行投票，通过电话会议进行快速讨论等）。你甚至可以设定会议的标准。比如，只有在议程能令人有兴趣，或者有未解决的问题时，它会影响相互依赖的任务（Rogelberg，Scott & Kello，2007）。

（2）提前几天分发会议议程。当事先做好计划时，会议会进行得更有效

(Rogelberg et al.，2007)。当会议参与者都清晰地了解目标时，大家的参与性会更好(Allen et al.，2012)。在会议召开的前几天，工作者提前给参会人员发送会议日程，其中包括会议的地点、时间、时长和会议目的。最重要的是，会议日程要包括一个简明的讨论主题列表，每个主题的预估时间和阅读材料，以便成员可以提前准备。会议协调员可以从成员中征求更多的议题，纳入议事日程。

（3）准时开会。人们通常不喜欢开会，因为开会有时会跑题或者拖延。指派一个团队成员做一个计时员，负责确保会议日程进度，以及准时结束会议。明确成员发言的时间限制，这样每个人都有机会参与讨论。

（4）管理破坏性行为。团队成员的破坏性行为可能包括主导讨论，过度发言，或是粗鲁的对待其他团队成员。维持会议流程不仅仅是领导的职责，所有团队成员都应该负起责任，一起处理这些难搞定的成员。领导者应该认可并口头奖励获得认同的行为。如果问题行为持续发生，领导者应该私下与总是违规的成员进行交谈。如果这些方法都不奏效，那就需要团队外部的帮助(例如，负责监督违规的管理者)。

（5）总结重要的讨论和决定。领导者必须让团队成员专注于日程上的议题。为了保持进程的流畅性，领导者应该在每一个主要议题讨论之后，对团队结论进行总结。这样可以核查是否所有团队成员都同意会议上发生的事情。

（6）每次会议结束时，对群体历程进行评估。团队应评估会议的有效性，以确定会议是如何进行的，是否有改进的地方，以及是否达到了会议目标。重要的是，要收集所有参会者的看法，因为领导者对会议的看法往往比那些没有权力的人更为积极(Cohen，Rogelberg，Allen & Luong，2011)。这些对群体历程的评估为团队提供了反馈，让他们知道自己的表现，并帮助他们在情绪失控之前处理问题。（请参阅附录，讨论对群体历程评估的使用。）

（7）分发会议记录。缺乏对所讨论内容的跟进，是另一个对团队会议不满的预测因素(Rogelberg et al.，2010)。事实上，当一个被指派完成某项任务的成员来参加会议，并宣布他们忘记了应该做的事情时，这是很令人沮丧的。通过指派一个人来总结讨论过什么内容、做出了哪些决定、还需要讨论些什么，以及在下次会议之前期待成员完成哪些行动，可以缓解这种情况。这不仅能让团队成员对所分配的任务负责，而且还能让缺席会议的成员了解最新情况。

启动　　　　　　会议引导　　　　　　收尾

| 回顾日程：目的、预期产出<br><br>热身活动 | 维持开放氛围<br>管理干扰行为<br>管理差异性<br>制定决策 | 总结重要决策<br>核查结果与预期产出是否一致<br>评估团队历程 |

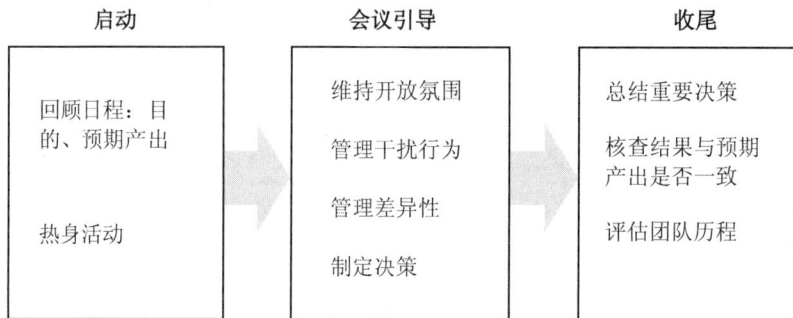

图 6-2　引导团队会议

资料来源：改编自 Kayser，T.（1990）. *Mining group gold*. El Segundo，CA：Sherif。

## 五、 团队会议的沟通技巧

对于团队成员来说，许多沟通技巧是很有用的。本节回顾四项技能。

### (一)提问

许多类型的问题对于促进团队讨论很有帮助（Hackett & Martin，1993）。一般而言，开放式问题鼓励讨论，而封闭式问题（如是/否的问题）则会限制讨论。最好的方法是让团队针对这个观点讨论其利弊，而不是询问团队成员是否同意或不同意。在某人回答了一个问题之后，通常应该紧接着提出后续问题，以便进一步澄清问题。当领导者被问到时，如果可能的话，应该将问题转回团队，以促进讨论。

当团队中的某个成员被领导者直接提问时，这可能会让成员感到威胁，进而抑制了这位成员参与讨论的意愿。领导者应该尽可能地向整个团队提出问题，而非针对某个人。在提出问题之后，领导者应该给团队成员足够的时间来回应。领导者也应该对参与讨论者给予积极的认可。如果成员没有任何回应，领导者应该尝试重述问题，或者在房间里四处走动，好让每个人都能对此提出意见。缺乏回应，可能意味着这个问题有偏差，或者是激起了团队成员的防御之心。

### (二)积极倾听

积极倾听的目的是向传讯者提供反馈，以澄清沟通并促进讨论（Johnson & Johnson，1997）。好的倾听者表达出一种渴望——想要了解信息，并加深对该信息的理解，而不是一个以自我为中心的谈话者（conversation narcissist）。在倾听时，

你可以用支持式响应(support response)或者转移式响应(shift response)来进行回应
(Vangelisti, Knapp & Daly, 1990)。转移式响应,可以通过改变讨论的话题,将
注意力从发言者身上转移到自己身上,降低对发言者的关注,从而削弱了支持性氛
围。相比而言,支持式响应可以通过让团队关注发言者和他们的话题,来展示你的
关注。例如,你的团队领导提到他们对开会经常迟到感到沮丧。转移式响应是,
"嗯,真郁闷,我们这里没有吃的。我们应该做点什么。"而支持式响应是,"这很
让人郁闷,你认为我们应该怎么做?"

积极倾听是另一种改善沟通的方法。在这种方法中,倾听者复述(paraphrases)
他所听到的内容,并询问传讯者是否正确。复述,应该要传达听者对信息的理解,
而不是简单得像鹦鹉一样重复信息;复述,表达了听者的关注以及对信息的理解,
并允许传讯者在需要时进一步澄清所传递的信息。虽然这是一种有用的技术,但不
能一直使用,以免让沟通历程变得过于乏味。

### (三)给予建设性反馈

每个人都需要反馈来改善表现。然而,接收反馈(尤其是负面反馈)可能是一种
不舒适的体验。提高给予建设性反馈的能力,是一项重要的团队合作技能
(Scholtes, 1994)。

学会给予有建设性的反馈的第一步,是认识到反馈的必要性。正面反馈和负面
反馈都很重要。在给出反馈之前,要先了解情境,以便更好地理解行为发生的原
因。如果当时的情境是情绪化的,最好等到事情平静下来再给出建设性的反馈。团
队成员或领导者给予反馈时,应该准确地描述情境,尽量不要做太多的判断,为自
己辩护。当收到反馈的时候,应该仔细倾听,提出问题以更好的理解,接受反馈,
并花些时间将这些反馈进行整理。

如果成员只给出负面反馈,这样的反馈就没有建设性。仅仅对其他团队成员的
表现或想法表现出负面的反馈,就会使接收者的防御心增加,阻碍交流。最好是对
好的想法和行为给予奖励,而不是对不良的想法和行为给予惩罚。当给团队成员负
面反馈时,应该也要提供改善的替代方案。此外,负面反馈应该在私下场合给予,
以免让反馈接收者感到尴尬。

以下有几种技巧,可以提升团队接受反馈的能力。

(1)关注未来。将关注点放在过去,会让人变得有防御心,应该将关注点放在
可以改善未来表现的方面。

（2）关注特定的行为。提供笼统的信息，并不能帮助团队识别需要改变的行为。

（3）关注学习与问题解决。提供的信息应该有助于团队的改进，而不仅仅是关注其缺陷。

### (四)处理情绪

当情绪对团队的运作产生干扰时，必须进行有效管理(Kayser，1990)。不可避免地，人们都会有情绪化的反应。当情绪问题与团队任务相关时，人们就应该在团队会议中妥善处理这些问题。而与个人相关的情感冲突，则可能需要在私下场合处理。所有的团队成员都应该学会如何处理团队中的情绪互动。以下是在团队会议中处理情绪议题的一些方法。

（1）保持中立。人们有权表达自己的感受。团队应该鼓励并认可感情的表达。

（2）理解感受而不是去评价感受。所有团队成员都应该保持对语言和非语言信息一定的敏感性。在处理情感议题时，最好是先提出问题，寻求信息，以便更好地理解感受。

（3）在团队中处理情绪。当团队运作受到情绪的干扰时，团队应该停下来，让全场维持短暂的沉默，以便让大家冷静下来。一旦这种情况发生，团队应该要一起讨论与任务相关的情绪问题。

当情绪议题与任务相关时，这种处理情绪的方法是很有用的。如果团队规范鼓励开放交流与任务相关的情绪冲突，它就会有助于团队表现的提升(Jehn，1995)。然而，如果团队规范鼓励的是开放交流以关系为导向的情感冲突，它则会对团队产生负面影响。当情绪是关于私人或关系问题时，人们在团队历程中处理这种情绪问题是没有帮助的。

## 领导虚拟团队： 举办虚拟会议， 确保每个人都遵守议程， 并达成一致的理解

**问题**：对于虚拟会议的领导者来说，安排管理议程和活动是比较困难的。对于虚拟会议的参与者来说，一直跟随日程，集中注意力参与活动，也是比较困难的。

**解决方案**：虚拟会议的领导者可以使用以下几种方案来解决这些问题。

1. 提前发布议程。在进入议程之前，要让与会者对会议材料和资源有充分的准备，以便有效参与会议。虚拟会议中，会议领导者更有可能没有意识到潜在的可

用资源和信息或者日程安排的冲突，这些冲突可能会影响会议的有效性。提前发布议程，可以减少这些问题。

2. 把会议分成几个小段。虽然任何组织良好的会议都会切分成不同的议程主题，但通过将会议分成更短的议程，虚拟会议的焦点和活动就会得到改善。这是因为，分布在不同地方的参与者很难在长时间内保持专注，在他们失去兴趣时，认知就会降低（然后再参与进来就变得困难了）；而且，在长段的时间内整合大量复杂材料的认知线索也会减少。切分成较短的时间段，缓解了这些问题，并提供了更多的机会让参与者重新参与进来。

3. 把虚拟会议安排得比面对面会议更紧凑。紧凑安排的优势在于，没有非语言的暗示，口头指示必须明确并清晰。对分散的参与者来说，将焦点放在议程上的讨论是不太可能的。而通过将活动与议程联系起来，才更有可能让分散的参与者重新集中注意力。

4. 在会议期间创建一个共同的视觉焦点。共享视觉焦点的存在，加强了与会者之间的共同理解。在面对面的会议中，共享焦点可能会出现在发言者身上、公开的展示上，或者共同探索的对象上（例如，一张照片，一个模型，一个设备）。在虚拟会议中，领导者必须谨慎选择沟通和协作工具，以确保共享焦点的存在。

5. 创建展示团队的会议历程。常用的隐喻（metaphors）是"仪表盘"或"记分牌"。可以包括以下任何信息：

- 与会者名单，或许可以访问每个人的简介；
- 访问团队数据库或支持信息；
- 会议议程，并显示出目前进展到哪里了；
- 描述会议或项目进展的相关统计数据。

6. 针对任务和过程问题，提供单独的沟通渠道。在面对面的会议中，那些对会议过程有疑问或需要个人支持的人，可以找机会与领导者单独对话（side conversation）。在虚拟会议中，领导者必须提供渠道来沟通过程问题和技术支持。如果没有提供辅助通道（secondary channel），参与者将使用主通道（primary channel），中断会议，以获得过程上的支持。通过选择工具，可以有两个通道，每一个通道都清晰地显示出特定的目的，这样，就可以把过程支持对会议活动的干扰降到最低。例如，大多数 web 会议产品（如 WebEx，GoToMeeting），不仅提供了可以进行音频会话以及可视数据呈现的主通道，而且还包含了一个文本聊天通道，领导者或者引导者可以使用这个通道进行过程支持。

## 小结

沟通是团队的核心活动之一，是一个持续不断的过程，通过团队成员之间不断地影响与被影响。通过了解语言和非语言沟通对团队的影响，你可以选择更有效、更适合团队运作的沟通方式。语言以及非语言姿态的意义，通常是模糊并主观的，特别是在由多元化成员组成的团队中。这要求成员澄清定义并确认解释，以避免误解。团队有效处理信息的能力，取决于团队成员是否能够积极质疑团队假设、寻求不确定信息，不使用错误的二分类。相互尊重男性与女性的沟通方式，可以洞察团队成员的需求，并培养一个更令人满意的环境。想要团队成员充分参与，需要信任，这就必须要发展团队的心理安全感和支持性的沟通环境。这强烈地影响了成员为了做出更好的决策而共享知识的意愿。

识别和管理情绪，是团队沟通的一个重要方面。情商既是一种个人技能，也是一套团队规范，鼓励用有效的方法来处理团队情绪。高情商的团队有着更多的支持性沟通，以及更高水平的信任，团队成员以协作的方式处理冲突。

如果在会前、会中和会后，引导者能够进行结构化的沟通，团队会议就可以更有效地运作。预先提供议程，能够让双方都有充分的准备，也能让他们为即将到来的会议负责。在会议期间，引导者应保持开放、协作的氛围，处理破坏性行为，管理差异，总结重要决策，并评估团队历程。在会议结束后，向团队提供会议纪要，总结决策，并提醒成员下次会议之前的预期行动。

有许多重要的沟通技巧，对于团队成员学习和表现很有帮助。以开放式问句、不让成员感到压力的方式进行提问，可以培养更好的团队互动。积极的倾听，有助于澄清传讯者的意义，并认可信息的重要性。给予建设性的反馈，是一种帮助团队成员学习并提升表现的技巧。团队可能被情感议题扰乱，学习如何在团队中处理情绪，是一项重要的技能。

### 团队领导者的挑战 6

你是一个客户服务改进团队的领导者，在每周最后一个工作日结束时，都会进行团队会议。团队成立初期，进行了一些沟通技巧的培训。你一直遵照公司客户服务改进手册上的分析和决策架构。随着时间的推移，团队在分析质量问题和创建解决方案方面变得更加自如，你在引导团队会议时，逐渐减少了使用这些架构。

然而，你开始注意到会议出现了一些问题——并不是每个人都有足够的参与度，而且团队讨论正逐渐被几个年长的男性成员主导。你还注意到，他们一些批评性的个人言论让一些女性团队成员沉默了。在前几次会议上发生的争执，导致其他团队成员在会议中不再参与讨论。此外，讨论往往会偏离主题，而且似乎在重复之前的对话。

- 团队领导者应该怎样做才能让团队的沟通回到正轨？
- 在会议中，处理有问题的团队成员的最好方法是什么？
- 团队是否需要更多的技能培训，更多的沟通结构，或者外部引导？针对你的答案，说明理由。

## 问卷调查： 团队情商

**目的：** 让你意识到你的情商水平。调查显示，如何看待情商，会影响团队中的沟通。你可能知道最具情商的反应是什么，但也要意识到，你并不总是以这种方式行事。

**说明：** 假设你是一个面临以下困境的团队成员。做出选择，在这种情况下，你认为最应该怎么做，以及你最可能会怎么做。

1. 你是项目组中相对较新的成员。团队领导给了你一个重要的任务，这是你向团队展示你的价值的机会，但前提是你必须要成功。如果你在这个任务上失败了，可能会毁了你的职业生涯。

a. 一想到任务，你就会感到焦虑，所以你暂时搁置了这事。

b. 你试着放松一下，想了想这个任务的几种方法，然后和其他团队成员讨论哪种选择最好。

c. 在告诉其他团队成员之前，你先对这项工作做几个星期。

d. 你向其他团队成员说明你有多担心，并让他们支持你的想法。

你认为最应该怎么做_____，你最可能会怎么做_____

2. 你是制造团队中的一员，你的一个朋友跟你借了一个工具。你让他把工具还给你，但到目前为止他还没有还。

a. 忽略这件事。维持友谊比拿回工具更重要。

b. 在他还回工具之前，对他冷淡一些。

c. 向你的朋友解释你需要这个工具，并礼貌地要求他归还。

d. 如果是朋友就不会这么做，所以你考虑要结束这段友谊。

你认为最应该怎么做_____，你最可能会怎么做_____

3. 在最后的几次团队会议中，你注意到有一个团队成员在跟你说话时显得有些焦虑。

a. 确定这个团队成员对与你一起工作不感兴趣，因此你要把你的沟通重点放在其他团队成员身上。

b. 尝试在非正式的情况下与这个团队成员进行互动，这样你就能更好地了解他。

c. 因为他不太融洽，所以跟这个团队成员沟通时要更正式一些。

d. 在这个团队成员旁边时要小心，因为你怀疑你做了一些冒犯他的事情。

你认为最应该怎么做_____，你最可能会怎么做_____

4. 在你身边工作的一名团队成员有一个让人讨厌的习惯，就是一边用电脑工作一边唱歌。这真的开始打扰到你了。

a. 告诉团队负责人，他有责任解决问题，让这个人停止唱歌，或者把他转移到另一个工作区域。

b. 拿这个习惯给这名团队成员开个玩笑，希望他能得到暗示。

c. 向这名团队成员解释这个习惯让你很烦恼，让他不要这样做。

d. 忽略这个问题，因为你不想破坏团队关系。

你认为最应该怎么做_____，你最可能会怎么做_____

5. 在休息室吃午饭的时候，你不小心碰倒了一杯咖啡，咖啡撒在了地板上。

a. 对自己生气，因为你是个笨拙的人。

b. 清理那些乱七八糟的东西，然后大笑着说，事故总是会发生在你身上。

c. 感到尴尬，在别人看到你之前赶紧离开休息室。

d. 对休息室里的其他人怒目而视，所以他们什么也不会说。

你认为最应该怎么做_____，你最可能会怎么做_____

6. 在过去的几个月中，你一直在研究团队项目的一个重要部分。当你在团队会议上展示你的工作时，团队领导者对你的工作提出了批评。

a. 不要理会那些批评，并说服自己，团队领导只是度过了一个糟糕的日子。

b. 基于你收到的批评，专注于努力改善你的工作。

c. 感觉如此的沮丧，以至于你回家待了一天。

d. 想想这些批评有多不公平，团队不认可你的辛苦工作。

你认为最应该怎么做_____，你最可能会怎么做_____

7. 在团队会议上，有一个关于如何处理问题的激烈争论。另一个队员强烈攻击你的立场。

a. 坚持你的立场，并提出新的论据来支持它。

b. 对这个提出批评的团队成员生气，也攻击他的立场。

c. 试着用冷静的方式来解决问题。

d. 把会议的讨论转移到一个新话题上

你认为最应该怎么做_____，你最可能会怎么做_____

8. 在团队的一次社交聚会上，一名男性团队成员批评了一位不在场的女性成员。你喜欢并且尊重女性成员。

a. 为了与团队相处，同意并加入一些对女性成员的负面评论。

b. 在活动中什么也不说，但之后私下告诉男性成员你对他的评论的真实感受。

c. 告诉这名男性成员，他的批评是不恰当的，然后转向另一个话题。

d. 什么也没说，但后来因为没有干预谈话而感受不好。

你认为最应该怎么做_____，你最可能会怎么做_____

**得分：**

得分是基于同理的表达和尊重的展示。最具情商的回答如下：第 1 题是 b，第 2 题是 c，第 3 题是 b，第 4 题是 c，第 5 题是 b，第 6 题是 b，第 7 题是 c，第 8 题是 c。

**讨论：**

1. 你的问卷调查做得怎么样？你的分数与别人相比如何？

2. 你的"应该"和"可能会"的答案有不同吗？如何解释这种差异呢？这是一个问题吗？

3. 关注一下第 8 题。为什么最佳答案是 c 而不是 b？什么时候你应该为他人挺身而出？

资料来源：改编自 Greenberg, J. (2011). *Behavior in Organizations* (10th ed.). Boston, MA：Prentice Hall。

# 活动： 观察团队的沟通模式

**目标：** 团队内的沟通，经常会发展成一种模式。团队成员可以与整个团队交流，也可以与个别成员沟通。有些团队成员发言较多，而另一些成员则相对沉默。观察团队的沟通模式，可以揭示团队是否合作、是否在发展子群体，或者是否被某些人主导。

**活动：** 在团队会议中，或在题为"团队领导者的挑战"的小组讨论中，记录团队成员何时会发言，以及与谁互动。团队成员既可以与某一个人交谈，也可以与整个团队交流。使用活动工作表 6-1，记录团队的沟通模式，利用箭头来记录成员之间的沟通。在箭头上使用斜线标记来加注额外的沟通信息。

**分析：** 大部分的交流都是在整个团队中进行的吗？你发现有什么沟通模式了吗？是否有某些团队成员在主导团队的讨论？通过观察这个沟通模式，你能确定谁是团队领导吗？团队中的沟通是否平等？

**讨论：** 在团队讨论中，团队领导者应该如何促进更平等参与？

### 活动工作表 6-1
### 团队中的沟通模式

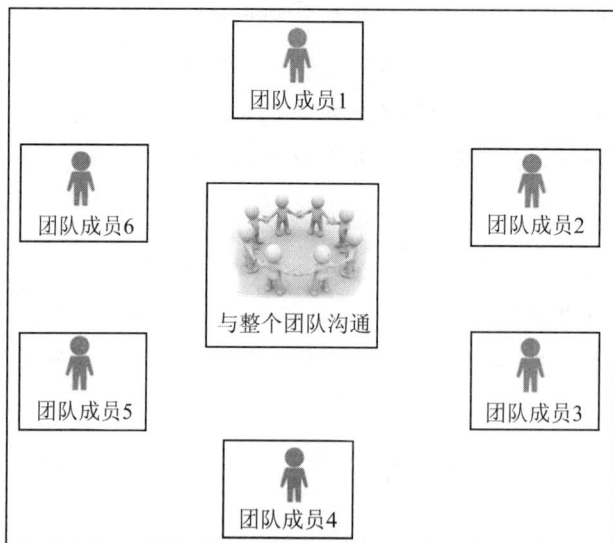

第三部分 团队面临的问题

| 模块内容 |

第七章

# 冲突管理

团队运行过程中自然会出现各种类型的冲突。尽管我们经常认为冲突是负面的，但是如果团队能够恰当地处理冲突，冲突同样也能带来正面的积极影响。团队成员在处理冲突时会采用不同的方式，这主要取决于他们维持良好社会关系、寻求高质量解决方案的愿望的强烈程度。

冲突管理可以通过多种途径实现。形成良好的冲突解决方案需要团队成员之间具有开放的沟通态度，彼此尊重，从而创造性地探索能够共同接受的解决方案。

**学习目标**

1. 为什么缺乏冲突是团队存在问题的一种信号？

2. 健康冲突与不健康冲突的根源分别是什么？

3. 冲突在什么时候对团队有益？ 什么时候对团队有害？

4. 不同类型的冲突会对团队产生何种不同影响？

5. 解决冲突有哪些不同的方式？

6. 哪种冲突解决方式最好？ 为什么？

7. 团队应该怎样为可能发生的冲突做好准备？

8. 调停者是如何促进团队冲突管理的？

9. 团队如何才能形成对冲突的整体性解决方案？

## 一、 冲突是正常的

冲突是指个人或团队对他方采取了伤害到己方利益的行为的觉察过程。团队活动中出现冲突是正常的。然而对冲突存在的一些误解常常会影响人们处理冲突的方式。这些误解包括：

(1)冲突是有害的，应该加以避免；

(2)团队成员之间的误解会引发冲突；

(3)冲突能够以每个人都满意的方式解决。

在动态团队中，冲突是团队活动的正常组成部分，同时也是健康团队的一种特征。如果团队中没有任何冲突，就有可能存在某种问题。没有冲突的团队可能是强势的领导者压制了所有的冲突，强行达成一致意见，或者是一直按照固有模式运行而不寻求任何改善与提高。

团队常常不能很好地应对冲突。有时团队会试图忽略或回避冲突，而不是管理冲突，这种行为被称为防御性逃避。在争议产生时，所有人都保持沉默以回避冲突。决策过程中产生的某些问题，如艾比林悖论，就是由于回避争议而造成的。团队成员为了回避冲突而完全接受领导者的意见，这往往会造成不良决策，并在团队中引发更多的后续问题。

引发团队冲突的原因会随着团队的发展而变化（Kivlighan & Jauquet，1990）。在初始阶段冲突较少，这是由于团队成员相互礼让并愿意尝试理解他人的立场。随着团队逐渐确立内部角色与规则，这种初始的和谐状态就会消失，关于操作规则和各种问题的团队冲突随之而来。当团队进入任务取向阶段，就会出现关于如何执行任务的各种冲突。团队项目的最后阶段冲突也往往很少，这是因为在这个阶段，团队成员的注意力都集中于如何执行已有决策上。

冲突对团队会造成何种影响取决于冲突发生于团队发展的哪个阶段中。很多团队发展理论认为应该在团队发展的初期阶段解决冲突，从而逐渐形成具有凝聚力、创造力的团队（Tekleab，Quigley & Tesluk，2009）。学习如何成功地进行冲突管理是团队发展的一个重要过程。此外，与项目执行阶段中产生的冲突相比，团队项目规划阶段出现的冲突更有价值（O'Neill，Allen & Hastings，2013）。执行阶段中产生的冲突可能会妨碍团队活动的合作性。

我们应该更多地探讨管理冲突，而不是解决冲突。冲突是团队运行过程中的一个正常组成部分，而且有些冲突是无法完全解决的。冲突的解决取决于冲突的类型。如果冲突是关于任务问题，应该通过协商来解决。通常一旦通过协商达成共识，这种共识就会持续下去。如果冲突是关于关系问题，则首先需要通过协商达成共识，同时需要定期查看协商产生的共识是否执行良好，并且在有需要时继续协商，形成更好的共识。这是因为随着关系的改变，共识也会随之改变。

## 二、冲突的来源

冲突具有多种来源，包括团队成员的模糊定位、性格差别、合理的观点差异、隐藏性规划、不完善的规范、竞争性酬劳体系，以及组织混乱的会议等。为了判断某个冲突是对团队有益，还是团队存在隐患的一个征兆，首先需要确定冲突的来源。如果冲突是关于团队任务的合理的观点差异，这种冲突就是有益的。团队需要承认这种差异并努力去解决差异。然而有时候冲突从表面看来是关于团队任务，实际上却是团队存在隐患的征兆，因此找出冲突的根源非常重要。团队不应该浪费时间来仅仅处理表面的冲突。表 7-1 列举了健康冲突的来源和不健康冲突的来源。

表 7-1　冲突的来源

| 健康冲突的来源 | 不健康冲突的来源 |
| --- | --- |
| 关注任务问题 | 对权力、奖励与资源的竞争 |
| 关于任务的合理分歧 | 个人目标和团队目标之间的冲突 |
| 价值判断与视角差异 | 糟糕的团队会议 |
| 对决策可能产生的影响的不同预期 | 过去的个人恩怨 |
|  | 错误沟通 |

合理或健康的冲突是由多种因素造成的。团队成员之间的价值观和目标的差异、对他人动机与行为的不同信念，以及对决策结果的不同期待，都会产生关于团队应该怎样运作的冲突。这些差异会引发冲突，但是这种冲突会对团队的问题解决和决策产生有益影响(Tjosvold，Wong & Chen，2014)。在冲突过程中，团队成员能够了解到彼此不同的观点，发现存在的挑战和问题，并共同找出创造性的解决方案。

与团队任务无关的隐藏性冲突可能来自组织、社会、个人等多方面因素。产生冲突的组织因素包括对稀缺资源的竞争、责任划分模糊、组织成员间的地位差异，以及竞争性酬劳体系。团队目标和成员个人目标之间的冲突是一种常见的组织性冲突。这种冲突在由不同部门代表组成的跨职能项目中尤为常见（Franz & Jin，1995）。隐藏性规划（如团队成员隐藏的个人目标）可能会导致难以确认和解决的团队冲突。对团队整体目标的认同以及对团队角色的重新协商，可能会有助于解决这种类型的冲突。

团队中的社会性因素也会引发冲突。如果团队领导者的引导能力欠佳，就可能会导致会议进行不顺，冲突不断。在管理混乱的会议中往往缺乏完善的组织规范，无法形成有效的产出，从而引发团队成员对团队运行的不满情绪并引发冲突。评估并开发恰当的组织规范有助于解决这种类型的冲突。

团队成员间的性格差异及不融洽的社会关系是冲突的一个来源。可能的原因包括过去的恩怨、对他人行为的误解，或者错误的沟通，如不当批评或不信任。这些因素被称为"性格差异"，反映了典型的人际问题。尽管冲突的表现是团队成员之间对某些问题具有不同意见，但冲突的根源在于对一致意见的抗拒情绪。然而，我们很难确定某人究竟是对某个问题持有合理的观点差异，还是出于个人原因而抗拒达成共同决议。在应对这种类型的冲突时，团队建设或其他有助于改善团队成员间社会关系的方式非常重要。

冲突的另一个来源是基于社会认同理论（Tajfel，1982b）和自我归类理论（Turner，Hogg，Oakes，Reicher & Wetherell，1987）的群体间动力（Tajfel & Turner，1979）。团队和组织成员往往会基于不同的社会分类（如性别、种族、族裔、大学专业等），组织部门（如销售、行政、会计等），以及/或者团队职能角色（如研究员、设计师、工程师、艺术家、作家等）来形成"我们"和"他们"的概念。我们会把和自己属于同一类别的人（我们）看作"群体内"成员，而把和自己不属于同一类别的人（他们）看作"群体外"成员，这种区分会造成群体间偏见的产生（Hewstone，Rubin & Willis，2002）。群体间偏见产生的后果之一是群体内偏好，即人们会自动下意识给予群体内成员更多的信任、合作、积极评价和理解共鸣。与此相对的是，群体外抑制则会导致歧视、负面评价和对待群体外成员的消极态度。团队中的这种倾向会导致一些成员具有特权，而另一些成员被边缘化，从而引发由于目标差异、资源竞争、文化冲突和权力矛盾所造成的团队冲突（Cox，1994）。

## 三、 冲突的影响

冲突对团队既可能产生积极影响，也可能产生消极影响。通过充分地探究问题，冲突可以帮助团队更好地运行。但另一方面，冲突也可能会引发情绪问题而破坏有效的团队沟通。对工作团队中的冲突研究表明，冲突的影响取决于冲突的类型、团队的特点，以及如何管理冲突(Jehn，1995)。

### (一)冲突的好处与问题

尽管人们通常认为冲突是负面事件，事实上团队中的冲突是不可避免的，同时也是健康团队的一个标志。健康的团队能够获益于团队成员所具有的不同视角。团队成员从不同角度看待问题，并在消除差异的过程中彼此学习。冲突是团队运行过程中的有机组成部分。当团队试图回避冲突，或者利用冲突来控制对手时，冲突会对团队产生不利影响。

冲突的好处在于它能促进团队探索新的方式，推动团队成员更好地理解问题，并促使新观念的产生(O'Neill et al.，2013)。争议能够凸显被忽视的问题，鼓励争论并推动新想法的涌现。在公开讨论不同意见的过程中，团队能够做出更好的决策并提高成员的组织承诺度(Cosier & Dalton，1990)。对冲突的建设性处理还能够激发更多的创造性。实现冲突的好处需要团队成员在冲突解决过程中的积极参与。

如果冲突引发强烈的负面情绪和压力，干扰沟通与合作，分散成员对任务与目标的关注，则会对团队产生负面影响。这类冲突会破坏团队凝聚力，影响成员间的社会关系，区分成功者与失败者，并成为未来冲突的源头。决定冲突是对团队产生积极影响还是消极影响的因素之一是冲突中的情绪强度(Todorova，Bear & Weingart，2014)。当团队成员进行合理争论，表达观点差异，并愿意接受彼此的不同时，会出现温和的任务冲突；而当团队成员激烈争辩不同的观点并彼此批判时，则会出现强烈的任务冲突。强烈的任务冲突有时会导致关系冲突的产生。即使强烈冲突一直针对团队任务，也会对团队造成负面影响，因为这种冲突会妨碍团队间的进一步沟通与交流。

冲突是否能带来有效结果取决于团队如何去尝试解决冲突(Witeman，1991)。有效冲突是关于问题、观点和任务的冲突。团队成员通常会以合作的方式、学习的态度尝试解决这种冲突。无效冲突是关于情绪和性格的冲突。团队成员在尝试解决这种冲突时，往往会试图压制对方。

### (二)工作团队中的冲突

冲突对团队会产生有益还是有害的影响取决于冲突及团队任务的类型(DeWit，

Greer & Jehn，2012）。关于冲突对团队影响的元分析研究发现，关系冲突和过程冲突会造成负面影响，而任务冲突通常带来正面影响。

关系冲突会对团队绩效和凝聚力造成有害影响，这是因为关系冲突会扰乱团队成员的情绪，使其无法专注于完成团队任务（Tekleab et al.，2009）。在根据常规做法完成任务的过程中，如果团队成员对团队管理任务进程或协调任务分配的方式产生分歧时，则会出现过程性冲突（Behfar，Mannix，Peterson & Trochim，2011）。过程性冲突经常涉及团队成员在资源分配、责任划分等方面的平等性感受，因此同样会损害团队绩效（O'Neill et al.，2013）。当团队成员在进行非常规性任务时，对完成任务最佳方式的不同判断则会引发任务性冲突。这种类型的冲突通常会对团队绩效产生积极影响。

专业性项目团队是非常规性项目团队的一个例子。在这种对于决策能力或者创造力要求较高的团队中，冲突的出现意味着团队成员提出了各种不同的观点。在这种情况下，观点的多样性是对团队有益的，因为冲突有助于提高决策的质量和创造性。然而，如果冲突不断升级，它则可能会产生有害影响，如影响共同决议的产生、成员间的社会关系，以及团队成员对决策的接受程度（Amason，1996）。

对于生产型或者服务型团队来说，任务型冲突会对团队产生何种影响取决于团队所执行的任务类型（Cohen & Bailey，1997）。任务冲突会降低常规性任务的绩效，但是对非常规性任务的绩效却具有提高效果。当团队在进行常规任务时，过程冲突的出现表明团队任务的界定不够清晰，或者团队成员之间缺乏共同工作、相互配合的主观意愿。这种情境中的冲突通常是无效冲突。然而，当团队在进行非常规任务时，如对改善质量的方式进行评估，冲突则是问题解决过程中的一个自然组成部分。

无论执行何种类型的任务，关系冲突都会对团队产生有害影响（Jehn，1995）。虽然关系冲突会引起成员对团队的不满情绪，但是通常并不会过多影响团队绩效，因为团队成员往往会极力避免与自己产生冲突的其他成员在个人层面上协同工作。因此，只有在团队任务需要成员间彼此依赖的协作时，关系冲突才会影响团队的绩效水平。

任务效果与关系冲突之间的区分并不是一成不变的（DeDreu & Weingart，2003）。冲突所带来的压力和负面情绪会分散团队成员完成任务的专注度，进而影响绩效水平并降低成员对团队的满意度。在决策型任务中，轻度冲突可能会提高决策的质量和创造性，但随着冲突的不断升级，这种积极影响则会逐渐消失。小的冲突能够刺激团队成员的积极思考，但激烈冲突引起的强烈情绪反应则会干扰完成任务的专注度。

事实上，任务冲突和关系冲突是彼此关联的（Choi & Cho，2011）。对任务问题的观点差异可能会发展为人身攻击。当我们说出"我不喜欢你的想法"这句话时，很难不被对方理解为"我觉得你太愚蠢了"。而关系冲突所引起的负面情绪也常常会导致不断升级的任务冲突。关系冲突与团队绩效之间关系的影响因素之一是信任。当团队成员之间彼此高度信任时，任务冲突很少会引发关系冲突，团队成员之间能够容忍彼此间的任务冲突并有效利用冲突。

### （三）冲突管理

团队采取的冲突管理方式决定了冲突会对团队产生建设性影响还是破坏性影响（DeChurch，Mesmer-Magus & Doty，2013）。团队的冲突管理方式可能是合作性的，也可能是竞争性的（Somech，Desivilya & Lidogoster，2009）。合作性冲突管理注重寻求既有利于个人，也有利于团队的协作式解决方案，而竞争性冲突管理则仅仅聚焦于个人利益。合作方式能够促进沟通，探索解决问题的不同途径，而竞争方式则会妨碍成员间的有效交流。

建设性冲突管理需要团队成员间能够坦诚表达个人意见，倾听并理解他人的观点和立场，并努力整合对立想法以达成共识（Tjosvold et al.，2014）。彼此坦诚、相互支持的沟通氛围可以使团队的冲突解决过程既不影响成员之间的关系，又能够有效地解决分歧（Tekleab et al.，2009）。甚至是关系冲突的成功化解也能够帮助团队成员彼此之间更好地理解并欣赏他人。团队成员之间的相互信任有助于防止任务型冲突发展为人际型冲突。

建设性争论的首要前提在于，团队成员要拥有共同的理念，即致力于通过合作关系互相帮助，实现共同目标。只有在高度信任及心理安全的条件下，团队才能获益于任务型冲突（DeDreu & Weingart，2003）。如果希望能够建设性地利用冲突，团队需要创建出开放的沟通氛围，能够容纳多样性观点的宽松环境。只有这样，团队成员才能够自由地表达各自的观点，而不会迫于压力顺从集体意志（Ilgen，Hollenbeck，Johnson & Jundt，2005）。只有建立起合作性工作关系，成员间彼此的观点差异才不会被错误解读为人身攻击。在"建设性争论"中，沟通的焦点不在于对人的批评指责，而在于具体问题和想法（Tjosvold，1995）。

## 四、 冲突的解决方式

根据团队成员对相互合作与个人独断两种方式的不同意愿程度，团队可以采用多种不同的冲突解决方式。由于团队成员之间的关系是长期性的，因此团队应该尽可能通过合作方式来解决冲突。

### (一)冲突的两个维度

成员和团队可以采用多种方式来解决冲突，这取决于团队成员的性格、社会关系及所处的场景。冲突解决方式的类型可以通过以下两个维度进行分析：分配(关注自己的结果)与整合(关注他人的结果)(Rahim，1983；Thomas，1976；Walton & McKersie，1965)。换言之，冲突的当事人可能会个人独断，争取最大的个人利益，也可能会与对方合作，关注所有人的得失。这两个维度彼此独立，由此界定出五种不同的冲突解决方式(图 7-1)。

图 7-1　解决冲突的方式

资料来源：Thomas，K. (1976). Conflict and conflict management. In M. Dunnette(Ed.), *Handbook of industrial and organizational psychology*. Chicago，IL：Rand McNally. Copyright © 1976 Marvin Dunnette.

(1)逃避：这种方式试图回避或否认问题的存在。团队成员拒绝面对冲突，希望冲突能够自行消失。

(2)顺应：一些团队成员可能会为了达成共识而放弃自己的意见。这些成员的做法是合作的，但同时也使团队失去了其想法可能会产生的价值。

(3)对抗：这是一种具有攻击性的冲突处理方式，目的在于赢得争论的胜利。对采用这种方式的成员来说，战胜他人比做出良好决策更为重要。

(4)妥协：平衡个人目标与团队关系的方式之一是每个人都要做出一定的让步。

（5）协作：当冲突双方都有各自重要的关注点时，团队需要寻求能够满足每个人的解决方案，这需要团队成员的彼此合作与尊重。

### (二)不同冲突解决方式的比较

虽然上述各种方式都可以用来解决冲突，但这些方式也都存在着各自的问题。逃避、顺应和对抗这三种方式都有可能解决冲突，但同时也会产生出冲突赢家和输家，采用这些方式的团队往往难以执行决策，并会在未来遭遇到同样的冲突。与前三种方式相比，对冲突进行妥协处理相对更好，这是因为通过妥协，所有成员都赢得一些也失去一些。妥协能够促进公平性，但通常不会带来最佳决策。

在有可能的情况下，团队应该尽量采取协作方式来解决冲突。在协作方式中，团队成员会去尽力寻求共赢的解决方案。尽管这种方式不易执行并比较耗时，但却具有多种好处。协作能够激发创造力，增强对决策的接受和执行程度，并有助于改善成员关系（Pruitt，1986）。

工作团队的成员会长期关注彼此间的关系，这种关注往往会超越具体的情境与冲突。在具有共同目标和坚定信念的团队中，冲突双方更容易去关注并试图理解对方。出于不同的视角和个人利益，团队成员间可能会产生冲突，但团队的共同目标能够促使冲突双方去关注对方的视角。因此在解决内部冲突时，工作团队往往会采用协作和顺应这两种方式（Farmer & Roth，1998）。

尽管从理论上来讲协作是解决冲突的最佳方式，但其效果在实际应用中却并非总是能够实现的。在不同的情境下，有时采取其他冲突解决方式会更好（Tjosvold et al.，2014）。例如，当团队成员在和一位情绪激动、怒气冲冲的领导者发生冲突时，顺应不失为一种良好的短期解决方式。在紧急情况下，团队成员则更可能采用对抗方式，因为在这种情况下更看重的是快速解决问题。有时还会采用逃避方式，因为激烈的冲突会损害团队关系，或者使得团队领导者出于政治性考虑而做出某种决策。当团队成员之间地位相对平等，并且有较为充分的时间来共同寻求解决方案时，协作是最好的冲突解决方式。而当团队成员之间存在巨大的权力差异，并需要快速找出解决方案时，其他方式可能会更好。

## 五、 管理团队冲突

团队需要创建一个不会引发团队成员情绪与关系问题的应对冲突的良好环境。

通过控制交流方式，帮助建立信任，调停人或者协调者可以帮助团队有效地管理冲突。虚拟团队通常需要通过调停人和面对面的会议来管理冲突。在冲突管理中还需要恰当使用谈判技巧来找出冲突各方都能接受的解决方案。

### (一)准备应对冲突

团队往往会试图忽视或逃避冲突而不是解决冲突。但这种应对方式往往会使得冲突不断发展升级，有时还会使任务冲突转化为关系冲突。如果冲突没有得到很好的解决，负面情绪就会不断累积，破坏团队成员之间的信任，妨碍有效交流，并增加冲突的解决难度。

团队应该采取更积极主动的方式为冲突管理做好准备。准备应对冲突意味着要在初始阶段就明确冲突的存在并创建支持性环境，从而使得团队成员能够表达不同意见，进行建设性争论。

由于人们会试图回避冲突，所以在团队中存在的问题往往没有被明确提出，因而无法解决。团队需要创建一个良好的沟通氛围，使团队成员能够安全地提出问题并表达不同意见(Kayser，1990)。领导者需要鼓励全体成员积极参与，推动会议中的有效沟通。此外，团队应该定期进行小组过程评估以帮助识别问题，并定期留出时间来反思任务执行以及成员间关系的状况，查看还有哪些未解决的问题(West，2004)。

在准备应对冲突时，最重要的一点是要创建出令团队成员感到心理安全的沟通环境，这样才能促进建设性争论的产生(Edmondson & Roloff，2009)。这样做的目的是使团队成员在解决任务冲突的过程中具备安全感，而不必担心引发不希望出现的情绪问题。这需要团队成员确信冲突并不会影响到彼此之间的人际关系。心理安全感能够促使成员以协作方式来解决冲突，而不是试图逃避冲突(Bradley，Postlethwaite，Klotz，Hamdani & Brown，2011)。只有这样，任务冲突才能够对团队绩效产生积极影响，而不会引发关系冲突进而损害团队绩效。

团队还可以采用一些有助于避免冲突的预见性冲突管理策略(Marks，Mathieu & Zaccaro，2001)。这些策略包括促进团队成员间的合作与信任，建立团队契约来明确遇到困难情况时如何处理，并制定团队内的沟通管理规范。这些策略能够帮助团队有效地处理冲突，在冲突发生时减少对团队的有害影响。

### (二)协调冲突

成功的冲突管理需要在成员间建立起信任感(Ross & Ward，1995)。如果冲突各方都相信对方也愿意寻求公平的解决方案，他们就能够更好地进行协商。很多冲突解决方式都是用来帮助冲突各方建立信任。例如，一项对邮件议价行为进行的研究发现，如果在邮件议价之前议价双方通过电话彼此熟悉一下，最终达成一致意见的可能性就会增加 50%（Nadler，Thompson & Morris，1999）。

当冲突各方过于情绪化时，外部调停人或协调者能够帮助管理团队冲突。调停人会使用多种技巧来获取各方的信任，控制彼此间的敌对情绪，提出对冲突的建议解决方案，并最终获得冲突各方对解决方案的认可与承诺（Carnevale，1986）。

在过于情绪化的情境中，冲突各方的直接沟通会造成彼此威胁与语言攻击。调停人能够协助控制冲突各方以确保沟通过程不失礼貌与彼此尊重。调停人还会控制冲突各方，使其既有机会表达己方观点，同时需要倾听并认可他人的观点。这种过程有助于减少由于错误沟通和对他方立场认识不清所带来的不利影响。调停人会致力于寻求冲突各方之间的共识，从而促进各方彼此信任并认识到彼此之间存在着解决冲突的共同基础。

### （三）虚拟团队中的冲突

在虚拟团队中，或者在主要通过通信技术进行沟通的团队中，往往会产生更多的冲突并在冲突解决过程中出现更多问题（Hertel，Geister & Konradt，2005）。虚拟团队中会出现更多冲突的原因是在这种团队中更容易产生误解。由于人们很难有效地通过文字准确传递感情，情绪问题在这种沟通中尤为突出。同时，信息技术不断增强的匿名性功能使得人们在沟通中更容易宣泄，而不是控制自己的情绪。虚拟团队中的冲突一旦产生，就容易不断升级（有时被称为"电子邮件战争"），这是因为每一次的信息沟通都会不断地累积并加深误解。

虚拟团队中不但更容易出现由于误解而造成的冲突，冲突在出现之后也更难以解决。在虚拟团队中，成员间的社会关系以及团队凝聚力都较为薄弱，因此在解决关系问题时更为困难。此外，虚拟团队成员并没有太大的愿望和压力必须达成共识，因此也就更不情愿顺从他人的观点。通过信息技术手段，团队成员能够轻松将信息传递给所有团队成员或其他相关人员，从而增加了卷入冲突的人数。

如果虚拟团队中冲突不断升级，管理冲突的第一步应该是停止向他人发送电子信息，不要继续试图表达并说服他人接受自己的观点。这些信息往往会被错误地理解，对解决冲突并无帮助。在很多情况下，团队领导者需要介入并协调解决冲突，避免其进一步发展。由于问题的核心往往在于不良沟通，因此面对面的会谈对消除误解往往是十分必要的。

### (四)冲突协商

协商或商讨是指冲突双方彼此交换己方意见和与此相对的他方意见,并努力寻求彼此都能接受的共识。理解冲突解决过程中协商运作机制的重要维度之一,是看协商参与双方的出发点是达成共赢还是我赢你输(Walton & McKersie,1965)。我赢你输的出发点是基于这样一种理念,即对一方有利的方案必定与对另一方有利的方案无法兼容(Thompson & Hastie,1990)。与此相对的是,基于共赢理念的谈判双方则会认为同时满足双方利益的方案是有可能存在的。

团队进行冲突管理的目的在于达成一致的、有利双方的整合性共赢方案。与乙方妥协达成的一致意见相比,这种整合了双方观点的共识对团队益处更大,也能够改善双方不断发展的关系(Pruitt,1986)。达成整合性共识的关键在于谈判过程中应该关注利益而不是立场,并努力建立冲突双方之间的信任和融洽关系。

当团队中出现冲突时,团队成员往往会根据立场不同而彼此结盟,更多地关注他人是赞同还是反对自己的观点,而很少关注具体利益问题。汤普森和赫瑞比克(Thompson & Hrebec,1996)发现在冲突发生时,50%的人并没有意识到彼此的利益是完全可以兼容的,20%的人在利益兼容的情况下也未能达成共识。出现这种情况的原因之一是冲突双方未能有效沟通,不了解对方的利益所在,同时也忽视了双方存在着共同的利益基础(Thompson & Hastie,1990)。

假设某个委员会的目的是减少当地高中的校园暴力现象。在寻求解决方案时,委员会成员之间就是否应该利用电子监控设备产生了冲突。在这个问题上,所有成员分成了两派,并基于这个基础去探讨其他所有可能产生的问题,导致双方的争论日益激化并彼此充满敌意。在这种情况下,每当有新的想法被提出时,这种想法是否能够被认可完全取决于提出者在电子监控设备问题上的立场,而不是基于新想法的效用与质量。

解决这个冲突的方法是寻求有助于达成委员会最终目的的整合性共识(如改善校园的安全状况),这种共识不应该取决于电子监控设备的使用与否。委员会成员需要从捍卫自己立场的情绪中抽离,并认识到哪些才是对达成目标真正重要的部分。除了电子监控设备之外,还有其他替代方式可以在不影响隐私权的前提下减少校园暴力。例如,对学生进行关于冲突管理的培训,利用学生来监控安全规则的遵守情况,或者给教师提供培训,帮助他们应对处理攻击性事件。

寻求整合性解决方案的过程可能会比较艰难。对于团队来说，在处理难以应对的冲突时，寻求外部协调者的帮助，或者接受关于如何协调冲突的培训常常是很有帮助的。以下冲突协商的框架改编自费希尔、尤里和巴顿（Fisher，Ury & Patton，1991）。

**1. 把问题与人区分开来**

(1)协商过程中必须同时解决具体问题和关系问题，但两者必须加以区分。

(2)确定冲突产生的原因。争论的目的何在？明确冲突双方的诉求；确保冲突双方能够清晰地理解所争论的问题。

(3)鼓励双方察觉并理解各自的情绪。要求双方从对方的角度审视问题并积极倾听。

**2. 着重关注各方的共同利益**

(1)关注问题，而不是立场。

(2)明确双方如何能获取所需。确定哪些问题是不可调和的。意识到双方都有合理的多重利益。

(3)让冲突双方确认各自希望达成的目标并对目标排序。通常的结果是双方会列出不同的重要目标，因此需要帮助双方如何在不重要的目标上做出让步，以此为代价获得真正所需。

**3. 列出可以解决问题的多种备选方案**

(1)尝试设计出不同的创造性替代方案，使得冲突双方均能获益。

(2)寻找共同利益所在。找出多种解决方案，或者能够解决部分问题的多种策略。

(3)从不同视角审视问题。

**4. 采用客观标准来评估不同的备选方案**

(1)制定客观的评价标准作为决策的依据。界定解决冲突的公平标准与公正过程。确保双方在形成决议前认可这些标准。

(2)充分讨论问题，去除不重要的部分。探讨双方之间存在的关键差异，寻求共同点。

(3)着重探讨双方都能够接受的方案。不要迫于压力而放弃。

**5. 不断尝试**

(1)设计富于创造性的解决方案是艰难的，不断尝试才能成功。

(2)团队并不是总能够解决冲突，但是在进行各种任务的过程中确实需要管理冲突。

(3)设立监控标准以确保所达成的共识不受破坏。

(4)探讨团队能够采用哪些策略来应对未来可能会出现的类似冲突。团队如何才能提高管理冲突的能力？

来源：改编自 Fisher，R.，Ury，W.，& Patton，B.（1991）．*Getting to yes：Negotiating agreement without giving in*（2nd ed.）．Boston：Houghton Mifflin．


### 领导虚拟团队：减少冲突与发展协作

**问题**：由于虚拟团队中存在着信任、社会关系及不良沟通等多方面问题，很难创建出能够让团队成员感到心理安全的环境。只有心理安全的环境才能够促进协作，而不是引发冲突。

**解决方案**：在第五章（合作）中谈到的很多方法有助于创建能够促进协作的团队环境。此外，在会谈时领导者可以采用结构化过程，来确定参与会谈或项目的不同小组提出的不同假设和目标。这种过程可以应用于面对面会谈中，但对于虚拟会议来说则更有价值。

很多结构化分析过程有助于促进对冲突的协作性探讨，一些虚拟协作工具本身就提供这种功能。这些过程通常会明确区分团队内的不同小组、各小组的目标，以及各小组的隐含假设和价值观念。清晰地确认并交流这些信息，有助于各小组成员在会谈中更好地理解其他小组成员行为与观点的基础与依据。这些信息为倾听与理解提供了背景，有助于建立彼此间的信任，类似"我可能无法赞同你的观点，但是我能够理解你为什么这样说"。


### 小结

冲突是团队存续期间的正常组成部分，是团队互动良好的一个信号。然而，团队往往不能很好地处理冲突。有时团队会做出糟糕的决定以逃避冲突，而不是学习如何有效地管理冲突。

冲突可以从根源与类型两个维度进行分析。对团队而言，健康冲突来自对如何应付任务问题的观点分歧；不健康冲突则来自组织、社会及个人因素。冲突的类型决定了应该采取何种冲突管理方式。当冲突是关于误解或任务问题时，团队可以通过协商的方式来管理冲突，寻求冲突双方都可接受的方式来达成一致。当冲突是来自社会或个人因素时，它们通常需要通过团队建设来提高成员的社交技巧，改善社会关系。

冲突既可以给团队带来好处，也可能会引发问题。通过促进对任务的探讨与争论，冲突有助于团队绩效的提高。但是如果引发了团队成员强烈的负面情绪，冲突就会对团队造成损害，破坏团队的凝聚力并扰乱团队的运行能力。

解决冲突可以采取不同的方式，这取决于冲突双方对各自方法的坚持和确信程度，以及愿意采用的合作方式。尽管团队成员会根据不同情境采用不同的冲突解决方式，最有效的一种通常是通过协作来实现。通过协作，冲突双方致力于寻求能够让彼此都满意的一种替代解决方案。尽管达成这个目标比较艰难并费时，但是协作解决方案有助于促进对结果的接受与支持度。

团队可以通过一些方式来提高管理冲突的能力。创建令成员感到心理安全的环境有助于团队通过协作来解决冲突，而不是逃避冲突。在冲突过程中，还可以寻求调停者的帮助来管理沟通，促进成员之间的信任。结构化协商可以用来达成注重各方利益的整合性解决方案。

## 团队领导者的挑战 7

你所居住城市的高中最近出现了问题。近来学校内的帮派数量增加，破坏行为和青少年犯罪现象也在增多。尽管没有爆发重大的暴力事件，媒体关于其他社区中暴力事件的报道助长了家长的担忧情绪。因此，学校董事会组建了由教师、行政人员、学生，以及关注这种情况的家长共同组成的委员会，致力于提出应对学校存在的这些问题的解决建议。你是这个委员会的领导者。

在会谈的初始阶段，委员会成员们礼貌地交换彼此的看法，但很快气氛就变得紧张。委员会的四个小组在问题的严重程度以及恰当的解决方式上存在着重大分歧。对不同意见的礼貌批评很快转变为冷嘲热讽，并最终演变为激烈的抨击。由于人们越来越情绪化，出现了越来越多针对个人的负面评论。这时你意识到，很多人已经针对学校过去的一些问题在争论。

- 在这种情境中，你（委员会的领导者）怎样才能减少人们的负面情绪？
- 你打算如何建立起小组之间的信任？
- 采取什么样的行动才能在四个小组间通过协商达成一致？

# 问卷调查： 冲突解决风格

**目的**：了解自己在处理冲突时的偏好与风格。处理冲突有五种基本方式：逃避、顺应、对抗、妥协与协作。偏好哪种处理方式取决于你对获取自己所需的强硬程度，以及对与其他成员关系的重视程度。

**说明**：使用下列量表，标明你在多大程度上同意下列关于冲突处理方式的陈述。

| 1 | 2 | 3 | 4 | 5 |
|---|---|---|---|---|
| 强烈反对 | | | | 强烈赞同 |

_____ 1. 为了避免产生分歧，我会尽量回避表达自己的意见。

_____ 2. 在出现分歧时，我会尽量满足其他人的要求。

_____ 3. 我会尽量去影响他人接受我的观点和立场。

_____ 4. 我会努力寻找折中方式来消除分歧。

_____ 5. 我会和他人讨论，寻求大家都能够接受的解决方式。

_____ 6. 如果我的意见与别人不同，我会把意见隐藏在自己心里。

_____ 7. 在发生冲突的情境中，我通常顺从他人的愿望。

_____ 8. 我通常会坚定地主张自己对所争论问题的观点。

_____ 9. 在协商时，我通常是赢一些，也输一些。

_____ 10. 我喜欢和别人一起共同努力，找出大家都满意的解决方案。

_____ 11. 我努力避免和他人产生分歧。

_____ 12. 在冲突中，我经常顺从他人提出的建议。

_____ 13. 冲突中我坚持自己的立场。

_____ 14. 我会和对方坦诚协商，达成妥协。

_____ 15. 为了解决冲突，我会努力融合冲突各方的观点。

**计分**：

将问题 1、6、11 的得分相加，以获得你在逃避方式上的分数。

将问题 2、7、12 的得分相加，以获得你在顺应方式上的分数。

将问题 3、8、13 的得分相加，以获得你在对抗方式上的分数。

将问题 4、9、14 的得分相加，以获得你在妥协方式上的分数。

将问题 5、10、15 的得分相加，以获得你在协作方式上的分数。

**讨论**：你在解决冲突时是否偏好采用某种方式？什么因素会促进你和他人的协作？你怎样应对那些采用不同冲突处理方式的人？

来源：改编自 Rahim, M. (1983). A measure of styles of handling interpersonal conflict. *Academy of Management Journal*，26，368-376。

## 活动： 观察不同的冲突解决风格

**目标**：团队成员会采用下列五种方式之一来处理冲突和分歧。
- 逃避：试图忽略问题或否认问题的存在。
- 顺应：为了达成共识而放弃自己的意见。
- 对抗：具有攻击性行为，只按照自己的想法做事。
- 妥协：寻求平衡，使得每个人都至少能够达成部分目标。
- 协作：寻求能够满足每个人的解决方案。

**活动**：观察团队或群体讨论，记录产生冲突或分歧时的情况。或者将团队成员分为不同的小组，就某个特定话题分配给每个小组一种立场。或者参考团队领导者的挑战部分的内容，在这部分中描述了一个有多种角色(教师、行政人员、学生和家长)参与的冲突。使用活动工作表 7-1 来记录冲突过程中的不同沟通方式。

**分析**：群体成员在应对冲突时的表现如何？团队成员采取了哪种冲突解决方式？这种方式在说服对方时有效性如何？团队是否采用了建设性方式应对冲突？

**讨论**：团队怎样才能更好地处理冲突？怎样才能促进团队更多地采用协作方式来解决冲突？外部协调者是否有所帮助？外部协调者会做些什么？

活动工作表 7-1
**观察解决冲突的风格**

| | 团队成员 | | | | | |
| --- | --- | --- | --- | --- | --- | --- |
| | 1 | 2 | 3 | 4 | 5 | 6 |
| 给出想法与建议 | | | | | | |
| 阐明想法或组织讨论 | | | | | | |
| 批评或攻击他人的想法 | | | | | | |
| 赞同或支持他人的想法 | | | | | | |

第八章

# 权力与社会影响力

提供信息来指导行为，施加压力以促进顺从，团队会使用其权力来影响成员的行为。团队成员因不同的个人特质以及在团队或组织中所处的不同位置而获得不同的权力，并且会运用不同的权力技巧来影响其他成员。团队中权力的动态变化会对团队领导者的行为、团队成员间的互动方式、少数派的影响力、团队成员之间的相互影响程度等多方面都产生重大影响。

赋权是团队工作的核心。通过赋权，团队成员获得在团队运作过程中的权力与权责。在团队内，成员需要学习如何使用自己的权力进行有效的协同工作。学习坚定地，而不是被动地或者攻击性地共同工作，能够促进坦诚的沟通和问题的有效解决。

**学习目标**

1. 从众与服从是如何影响人们的行为的？

2. 权力的不同基础是什么？

3. 人们是如何决定使用哪种策略来影响他人的？

4. 拥有权力会怎样改变权力的拥有者？

5. 不均衡的权力分布是如何影响团队互动的？

6. 群体中的少数派如何影响他人？

7. 什么是赋权？

8. 组织对团队赋权时会遇到什么问题？

9. 被动型、攻击型和坚定型权力风格会怎样影响团队及其成员？

## 一、 权力和社会影响力的定义

社会影响力是指试图影响或改变他人。权力是指改变他人信念、态度或行为的能力。我们通常会从个人之间相互影响的角度去考虑权力，而团队中也存在着集体权力。从众行为来自团队的影响，这种影响可以是团队对恰当行为的规范信息，也可以是实际存在或隐藏的群体压力。此外，团队领导者的影响力则可能产生服从行为。

顺从与接受之间存在着重要区别。顺从是由于社会压力而导致的行为变化，但并不造成信念或态度的变化。接受则是在社会压力下产生的行为与态度的共同变化。然而，如果人们反复受到影响而改变行为，他们就会内化新行为的合理性。因此，行为的改变常常也会导致态度的转变。

为什么人们会由于社会压力而改变？社会心理学家为社会影响的效应给出了两个主要原因：规范性影响和信息性影响(Deutsch & Gerard，1955)。规范性影响引起的变化是由于人们想要符合他人的期待，或是渴望被他人接受。信息性影响引起的变化则是基于人们就某个情境从他人那里获得的相关信息。

社会心理学家对权力进行的一些经典研究呈现了社会影响的基本特征。这些研究揭示了团队影响成员行为的方式，以及团队领导者的权力如何运用权力对成员施加影响。

### (一)从众行为

阿希(Asch，1955)对从众现象的研究表明，即使只存在隐含的团队压力，人们也情愿对此做出不佳判断。实验的参与者被要求选出与目标线段都相同的线条。实验结果发现，独自做出选择的参与者很少会判断错误。然而，当参与者和做出错误选择的人待在同一房间里时，37％的参与者选错了线条；只有20％的参与者无视群体压力，独立做出选择；其他人则受到了群体压力的影响，即使实验中并不存在明显的群体压力(实验中并没有奖励或惩罚措施)。

采用同样方式对从众行为进行的后续研究解释了，为什么人们会在直接压力并不存在的情况下的表现仍然是服从群体。对很多参与者来说，影响是信息性的。他们的思路是如果大多数人的选择是错误的，这说明参与者对指示的理解一定是错误的。因为担心会由于自己的不同答案而无法获得团体成员的认同，其他参与者则出于规范原因与多数人保持一致。之后的研究显示，没有从众的人被认为是不受欢迎的群体成员。

从众程度会受到群体大小及意见统一程度的影响。5人左右的团队呈现出最强的从众效应。在更大规模的群体中，不同规模的群体间从众效应的差别并不明显（Rosenberg，1961）。意见的统一程度是非常重要的影响因素。在很多情况下，即使对独立行为只提供有限的社会性支持，也会大大减少从众效应（Allen & Levine，1969）。

这些研究显示了团队对其成员的强大影响力。在这些实验中，心理实验室中建立的临时群体能够改变参与者的观念和行为方式。而在成员之间彼此存在持续关系的团队中，这种影响会强烈得多。当团队凝聚力很强时，这种状况尤其明显：高凝聚力团队对其成员的影响力更强（Sakuri，1975）。

### (二)服从行为

米尔格拉姆（Milgram，1974）对服从行为的多项研究表明，即使被要求的行为不具备合理性，人们也会服从权威人物。在这些研究中，参与者认为自己是在进行一项关于学习的实验。在学习者犯错时，参与者被要求对学习者进行一下电击。随着学习者犯错次数的增加，要求参与者不断增强电击的强度。几乎所有的参与者都能够接受对学习者进行轻微的电击惩罚。大多数（65%）的参与者会在学习者停止反应后仍然继续施加电击，并且认为电击强度已经达到了危险程度。

这些研究中的服从程度受到以下几个因素的影响。权威人物的合法性越高，参与者就越容易服从。当权威人物在实验房间中监控参与者的表现时，参与者也更容易服从。在可能的情况下，参与者不会对学习者进行电击，但随后会对权威人物撒谎说进行了电击。参与者和遭受电击的受害者距离越近（越清晰地看到或听到遭受电击者的痛苦），参与者的服从程度就越低。另外，如果由一组参与者来操作电击设备，只要有一个人拒绝执行电击命令，整组参与者的服从程度就会降低。

米尔格拉姆研究的重要发现是，即使权威人物并没有给予奖励或施加惩罚的权力，服从现象也可能发生。在大多数团队里，组织给予团队领导者的权力是有限的。例如，团队领导者通常并不对团队成员的表现进行评价。相反，对成员的评价通常是由外部管理者进行的。即使不具有评判权力，团队成员仍然对权威人物具有服从倾向，这使得团队领导人在团队运行过程中拥有了相当大的权力。

## 二、 权力的类型

团队成员运用不同类型的权力,既对团队施加影响,同时彼此之间也相互影响。团队成员拥有的权力类型可以从不同方面进行审视。对权力基础的研究关注权力的来源,而对发挥影响的策略研究关注的则是不同权力策略的运用方式。

### (一)权力的基础

团队或组织中的个人拥有的权力可以分为两种:个人权力或被称为软性权力,职位权力或被称为硬性权力(French & Raven,1959;Raven,Schwarzwald & Koslowsky,1998)。个人或软性权力来自个人的特点或者性格特质,包括专家权力、参照权力和信息权力。职位或硬性权力则是基于个人在组织中的正式职位,包括法定权力、奖赏权力和强制权力。这些权力基础的定义见表8-1。

**表 8-1  权力的类型**

| 个人或软性权力 | |
| --- | --- |
| 专家权力 | 基于某领域内的声誉或公认的专业知识技能而拥有的权力 |
| 参照权力 | 基于他人喜爱和欣赏而拥有的权力 |
| 信息权力 | 基于某一方面知识或信息而拥有的权力 |
| 职位或硬性权力 | |
| 法定权力 | 基于对某人权威的认可与接受而拥有的权力 |
| 奖赏权力 | 由于能够对希望发生的行为进行奖赏(强化)而拥有的权力 |
| 强制权力 | 由于能够对不希望发生的行为进行威胁或惩罚而具有的权力 |

来源:改编自 French,J.,& Raven,B.(1959). The bases of Power. In D. Cartwright (Ed.),*Studies in social power*(pp. 150-167). Ann Arbor:university of Midchigan Press。

使用个人权力往往比职位权力更加有效(Kipnis,Schmidt,Swaffin-Smith & Wilkinson,1984)。产生这种现象的原因之一是,受影响的人更容易抗拒对方使用职位权力并表示不满。因此,领导者通常使用最多的是专家权力,最少的则是强制权力。然而,专家权力是有限的。一个人在某个领域具有专家权力,并不意味着其在另一领域内也同样如此。

奖赏权力和强制权力可以用来影响他人去做希望他人完成的事情。然而在这种情境中,人们这样做的原因只是因为希望获得奖赏,或者害怕遭受惩罚。这导致的仅仅是顺从,而不是接受。这两种策略在改变显性行为上是有效的,但却无法改变态度和理念。施加影响者必须对受影响者的行为进行监控，才能保证获得希望的结果（Zander，1994）。

团队工作有赖于团队成员的个人权力。与权威人物主导决策相比，具有专家能力或拥有相关信息的人主导讨论做出的团队决策会更好。相较于使用惩罚威胁，团队领导者运用个人权力能够更好地促进团队合作。当团队领导者依赖职位权力要求团队成员服从要求时，团队成员会感觉受到了操纵，因而会产生抵制。

### （二）发挥影响的策略

团队成员会使用不同的策略彼此影响，对这些策略的具体描述见表 8-2。策略的应用取决于影响的对象（下属、同侪、上级）和影响要达成的目标（分配任务、获得支持、获取个人利益）（Yukl & Guinan，1995）。

**表 8-2　发挥影响力的策略**

| | |
|---|---|
| 理性争论 | 采用逻辑性辩论和事实性信息来说服他人 |
| 商讨 | 寻求他人参与决策 |
| 激励性要求 | 借助个人理想激发他人的热情 |
| 个人性要求 | 借助人们的忠诚和友谊 |
| 逢迎 | 使用奉承或友好举动来获取他人的赞同 |
| 交换 | 承诺提供未来的好处来交换他人当前的配合 |
| 施压 | 采用命令、威胁或持续性提醒的方式 |
| 合法性策略 | 声明具有做出要求的权力 |
| 结盟策略 | 寻求他人的协助和支持来增强要求的力度 |

来源：改编自 Yukl, G. (1989). Managerial leadership: A review of theory and research. *Journal of Management*, 15, 251-289。

这些运用权力的策略在直接性、合作性和合理性方面各有不同。直接性策略是采用清晰直接的方式施加影响（如个人性要求及施压），而间接性策略是指隐蔽的操纵性意图（如逢迎和结盟策略）。合作性策略通过理性辩论与商讨促使他人给予支持，而竞争性策略则试图通过施加压力或逢迎来应对阻力（Kipnis & Schmidt，1982）。最后，有些策略是基于理性辩论或相互支持，而激励性或个人性要求则是基于情感。

人们大多倾向于采用直接性合作性策略。最有效的策略包括理性辩论、商讨和激励性要求（Falbe & Yukl，1992）。这些策略社会接受程度最好，在大多数情境下应用时能够发挥效用。传统领导者经常使用施压与合法性策略来影响下属，而下属往往使用理性争论、个人性要求和逢迎策略来影响领导者。与经理相比，团队领导

者拥有的职位权力较小，因此更倾向于使用合作性策略来施加影响（Druskat &
Wheeler，2003）。

### 三、 权力的动态性

权力的运用会使团队在运行过程中不断发生动态变化。不均衡的权力分配使得
领导者会采取不同方式对待团队成员，同时团队成员之间沟通方式也互不相同。团
队中与大多数人意见不同的成员会对团队的运作方式有着重大影响。团队成员之间
不同的相互依赖程度决定着彼此之间的影响力。

#### (一)地位和权力的腐败效应

权力能够使人获得好处与回报，因此拥有权力的人常常希望获取更多的权力
（Kipnis，1976）。权力会产生腐败效应：拥有更多权力的人往往会给予自己更大份
额的奖赏。对于拥有权力的人来说，下命令比提出请求更为容易。由于有权力的人
从下属处获得的大多数反馈都是积极性的，他们会逐渐不再在意下属表达的内容，
并夸大地看待自己的价值。

在对商业组织中的团队进行的多项研究中，基普尼斯（Kipnis，1976）展示了团
队的腐败本质。在基普尼斯记录的权力循环中，人们拥有权力会导致渴望继续增加
权力。表 8-3 展示了权力的循环过程。

这种腐败效应的问题之一在于，它对人的影响往往是无意识的。有权力的领导
者会随着时间的增加逐渐坚信，下属是通过外因控制的，因此在完成任何任务时都
需要由领导者下达命令并进行监控。这是一个不断自我强化的循环。团队可以尝试
通过由成员轮流担任领导者的方式来解决这个问题。当领导者明白自己将最终成为
一个普通的团队成员时，就可能会较少地使用控制性权力策略。

**表 8-3  权力的循环过程**

- 拥有权力增加了权力被使用的可能性
- 随着权力的不断运用，权力拥有者越来越相信一切都在控制中
- 随着获得的赞赏不断增加，权力拥有者会不断低估权力施加对象所具有的价值
- 随着权力施加对象的价值被不断低估，社会距离不断增大
- 权力的运用增强了拥有权力者的自大心理

来源：改编自 Kipnis，D.（1976）. *The powerholders*. Chicago，IL：University of Chicago
Press。

### (二)团队中不均衡的权力

不同团队有着不同的权力分配方式。与成员地位更为平等的群体相比，团队成员之间的权力分配不均衡往往更容易造成不信任、错误沟通，以及更多的社交问题。在具有强势有力的领导者的团队中往往沟通较少，决策过程更为专制，因而会影响到团队决策的质量。

不均衡的权力分配常常是由于地位差异造成的，并会影响到团队的沟通（Tost，Gino & Larrick，2013）。地位较高的成员会更多地发言，并更有可能面对整个团队表述自己的看法。高地位的领导者不太看重其他团队成员之间的沟通，更不愿意从他人的视角看待问题，也更少地倾听他人。团队成员会和地位较高的人沟通更多，并更重视他们所说的内容。地位较低的成员往往发言较少，这是因为他们意识到自己做出的贡献的价值并不会得到认可。如果与地位较高的人意见不一致时，地位较低的成员就不愿意表露自己的真实观点。当地位较高的人发言时，人们不是表示赞同就是保持沉默。因此，地位较高的人在团队决策中会拥有更多的影响力。这种沟通方式无法产生出好的决策，并且也不能使得团队成员感到满意并受到激励。

女性在进行地位较高的活动（如长时间发言，担任负责人）时，往往会经历"反弹效应"，这是因为根据现有的性别等级，地位较高的活动应该是由男性进行的（Rudman，Moss-Racusin，Phelan & Nauts，2012）。由于反弹效应，当女性显示出高地位迹象时，反而会被其他男性也包括女性认为更不令人喜爱，能力更加不足，并且更不适合担任领导角色。并且，女性可能会有意比男性发言更少，以此来避免反弹效应，因为这种效应会妨碍女性在组织和团体中获得领导者的权力和地位。例如，权力较大的男性往往会发言更多，而权力较大的女性则和拥有较少权力的女性和男性发言一样多（Brescoll，2012）。

团队中的地位不均衡对团队管理冲突的能力既有正面影响也有负面影响（Greer & van Kleef，2010）。在有些情境中，如工厂中的团队中，地位的不均衡有助于解决冲突，因为强有力的领导者能够更好地管理生产过程，协调并做出决策，从而解决冲突。然而在专业性团队中，由于不平等的感受和不断增强的内部竞争，不均衡的地位则可能会导致更多的冲突。这些团队对于由团队领导者独断的解决方式更为抗拒。

理论上来说，团队中应该只进行地位平等的沟通，但事实上并非总是如此。团队领导者可能会具有比其他成员更高的地位。团队有时是由在组织中地位不同的成员构成的。团队成员应该把自己的外部地位抛开，这样才能使团队中的每个人具有平等的地位。然而，人们很难做到在一个情境中和其他人平等互动，而在其他情境中对同一个人保持尊敬与服从。举例来说，这也就是为什么教师有时很难在学生团队中进行互动。

当权力由于地位或者其他因素而不平衡时，为了改善这种状况，团队可以尝试使用规范来均衡权力并控制交流。规范能够促进团队中的公平竞争。通过对拥有较大权力的人的行为设置限制条件，规范能够对权力起到平衡作用。例如，一致决策的规范限制了领导者的权力。团队决策可能会鼓励坦诚共享式的沟通，阻止恐吓和威胁，并推崇独立思考。另一种替代方式是培训领导者的协调促进能力，这样能够使领导者更好地做好准备，推动团队中安全平等地交流(Tost et al.，2013)。

对于组织和团队中的权力不均衡，不同的文化有着不同的接受程度。权力距离反映了拥有较少权力者对团队、组织和机构中权力不均衡分配的接受和预期程度(Hofstede，2011)。来自权力距离较大的社会的人(如东欧、东亚和非洲)，往往会不加判断地接受权威，对权力人物的服从性更高，也更有可能期待获得指示。与此相对，来自权力距离较小的社会的人(如美国和西欧)，则往往希望得到平等的对待，可能不会服从管理者的指示，而是希望得到上级的指导和建议。团队成员对权力和地位不均衡的反应方式，会受到不同文化中对权力分配不同预期的重大影响。

### (三)少数成员的影响

大多数关于权力问题的探讨都集中在关于较大权力拥有者的影响，或者是来自团体大多数人的压力。然而，在团队中一些抗拒团体压力的个人或少数成员可能会存在。"少数成员"具有的是统计意义，指的是一个人或是较大团体中的一小部分成员。少数成员可能会抵制来自领导者和团体的压力，并最终在改变团体方面产生重大影响(Moscovici，1985)。少数成员影响群体大多数人的能力取决于其坚持度、自信心、自主理念，以及与整个团体的关系。

少数成员是通过坚持自己的立场来发挥影响力(Nemeth，1979)。少数成员的坚定决心能够引发与之相对的多数人对其立场进行思考。团队会施加相当大的压力来迫使少数成员改变观点；而少数成员顶住这种压力需要强大的自信。如果想要施加自己的影响力，少数成员必须表现出自主能力并做出自己的选择。如果被认为受到了外部团体的支持和影响，少数成员对团队的影响力就会下降。最后，少数成员必须体现出自己是团队的一部分。如果他们拒绝接受团队或者一直被认为是反对者，少数成员的影响力就更加难以生效(Levine，1989)。

反对大多数人的意见，成为团队中的少数成员是艰难的。出于想要被团队接受的愿望，团队成员常常并不愿意表示反对意见，或者提出替代性方案。当少数成员的意见在团队内获得一定的支持时，这种意见就更有可能被表达出来，也会有更大机会被团队所接受（Ilgen，Hollenbeck，Johnson & Jundt，2005）。具有彼此信任以及心理安全氛围的团队，能够更好地鼓励成员表达自己的独特观点。

少数成员的重要价值之一在于激励团队成员从多种视角来看待问题（Peterson & Nemeth，1996）。当少数成员不同意团队对某种情况的判断时，就能够鼓励团队重新思考之前的观点，并从多种角度进行思考（Park & DeShon，2010）。总的效果是鼓励团队进行更加灵活的思考，从而促进创造与创新。少数成员也许并不能实现自己的设想，但随着时间的增加，这种影响会不断增强，改变团队的思考和行为方式。

### (四)相互依赖的影响

任务相互依赖性是指在完成一项任务时，所需要的团队成员之间的互动程度。如果拥有自主性，或者控制团队运作的权力和权责，相互依赖程度较高的团队更有可能具有高效能（Langfred，2000）。在相互依赖程度很高的团队中，自主性使得团队成员能够更有效率地共同工作，控制彼此之间的互动，并增强内部协调性。在面对任务中的不确定问题时，这些行为有助于提高团队绩效（Cordery，Morrison，Wright & Wall，2010）。自主性团队具备更强的能力来应对不断变化的情况和难以预料的环境问题。

通过改变团队成员之间对彼此拥有的权力，相互依赖性可能会有助于更好地提高团队的绩效（Franz，1998）。关系中的依赖性是权力的基础之一。任务整体依赖性的增加与个人权力的增长相互关联。团队成员在完成任务时需要彼此的程度越高，每个成员在团队中所拥有的权力就越大。

## 四、赋权

工作场所中的赋权是指给予员工对其工作的更多权力和控制力的过程，是权力与权责从管理者向员工的转换。从某种意义上来讲，赋权是团队工作的核心概念。团队必须拥有权力来控制其运作过程；这个要素正是团队和工作小组的区别所在。如果仍然由组织管理者来控制团队的内部运行，团队任务就无法得以成功执行。

成功赋权取决于组织在多大程度上愿意与员工共享信息和权力（Hollander &

Offerman，1990）。理论上，领导者喜欢赋权的概念，但是因为对命令和控制两种行为感到更加适应，实际上领导者主要进行的是这两种做法（Argyris，1998）。由于组织通常会让管理者对团队的成果负责，管理者在向团队移交权力时是很有压力的。尽管管理者在向团队转移权力时感觉不佳，但是支持赋权能够带来更加有效的团队表现。

赋权可以发生在团队或者个人层面（Mathieu，Gilson & Ruddy，2006）。团队赋权指的是权力或责任向团队的转移，而个人赋权是指团队成员接受责任，并被给予决策和自行解决问题的权力。团队领导者在促进团队赋权和个人赋权中都具有重要作用（Chen，Kirkman，Kanfer，Allen & Rosen，2007）。

相互信任和尊重能够促进团队成员的个人赋权，而权力和责任向团队的移交，以及团队参与决策，则可以促进团队赋权。

赋权既有利于被赋权的个人和团队，也有利于把权力赋予个人和团队的组织（Seibert，Wang & Courtright，2011）。具备了对工作的掌控感，被赋权的员工会具有更强的工作动机。赋权还能够提升员工的工作责任感，并增强其对完成工作的信心。赋权还有助于提升员工对其工作的投入和专注度（Mills，Fleck & Kozikowski，2013）。在拥有改变团队工作方式的能力后，员工会不断改善并创新问题解决方案（Burpitt & Bigoness，1997）。由于更愿意承担起处理客户问题的责任，被授权的团队会提供更好的客户服务（Kirkman & Rosen，1999）。在拥有了具有更高效能、更强的组织承诺和更愿意接受变化的团队后，组织也就自然能够从中获益。

当前，组织赋予团队的权力具有不断增加的趋势，团队在运作中也会更多地运用这些权力（Tannenbaum，Mathieu，Salas & Cohen，2012）。这种趋势的产生原因在于，自我管理和赋权能够对团队起到很大的激励作用。然而，经济压力和组织规模缩减也是造成这种趋势的原因。由于中间管理阶层的人员裁减，团队成员需要承担更多的工作和责任。这些商业变化要求团队承担起更多团队发展、运行管理和团队提高的责任。

### (一)赋权的程度

团队被赋予的权力的多少取决于外部领导者的行为、团队需要承担的责任、组织的人力资源情况，以及团队的社会结构（Kirkman & Rosen，1999）。通过允许团队自行设定绩效目标和达成目标的方式，外部领导者的行为促进了对团队的赋权。随着承担更多生产、客户服务以及质量改善等多方面的责任，团队被赋予的权力逐渐增加。人力资源政策可能会使得团队在员工绩效评估及培训等方面拥有更强的控制力，从而促进赋权。对团队决策的更多参与也能够促进赋权。

组织会采取多种方案来促进赋权，从简单的改变措施（如员工建议箱），到工作团队，甚至是获得充分赋权的自我管理团队（Lawler，1986）。尽管这些方式有其共通之处，但在被赋予的权力内容和涉及的活动广度都有所不同。

信息共享是赋权的最低要求。然而要获得充分赋权，团队必须拥有自行决策和实施的权力。如果没有执行权力，员工就会缺乏不断改善团队工作方式的动机。

分析授权方案的另一个维度是被授权活动的广度。大多数授权方案会给予团队成员控制工作内容的权力（如需要完成的任务和工作流程），但不会给予其制定工作脉络的权力（如目标、奖励机制和人事问题）。例如，质量赋权给予员工在工作中进行适当的变化来提高工作质量，但不会让其影响人事决策。与此相对的是，最初土星汽车厂的工作团队被赋予了充分的权力，团队成员可以控制工作过程、应对外部客户、雇佣新的团队成员，并进行绩效评估。

### （二）成功的赋权方案

尽管研究表明赋权是有效的，但赋权方案仍然受到权力管理理念的限制。如果权力被视作一种有限的商品，团队权力的增加就意味着组织权力的减少。这种矛盾对立会造成管理者不情愿对团队授权（Herrenkohl，Judson & Heffner，1999）。然而如果团队工作方案成功的话，组织中的所有人都会获得权力。

授权方案的问题之一来自管理者和监管者的抗拒（Mathieu，Gilson & Ruddy，2006）。管理者经常被告知在对团队授权后需要对团队进行监控，但事实上管理者往往会干涉团队的具体运行。这就是为什么尽管调查问卷显示72%的监管者认为赋权对组织有益，但却只有31%的监管者认为赋权对自身有益（Klein，1984）。虽然有一些监管者支持赋权，但更多的监管者则担心赋权会令自己丧失地位，失去上级管理层的支持。

管理者和监管者的抗拒可以通过多种方式来解决（Klein，1984）。监管者可以参与授权方案的设计，同时要肯定监管者的工作价值，并明确界定其授权后新的责任和权力。监管者通常需要接受关于团队技能的额外培训，使得他们为承担团队领导者这样的新角色做好准备。

团队授权方案的成功与组织结构和文化相关（Hempel，Zhang & Han，2012）。组织去中心化将决策权力下放至团队层面，因而能够促进对团队的授权。如果能够减少组织内部不确定性，高水平的组织正式化也能够促进团队授权。管理者应该允许团队成员自行决策并掌控自己的工作，但组织需要为团队设定正式的目标和价值观。这可以为团队提供指导并减少不确定性，但同时也能允许团队灵活决定最合适的运行方式。

## 五、 应用： 肯定型行为

人们通过行为展现权力。行为表现可能是消极的、进击的或者是肯定的（Alberti & Emmons，1978）。人们不同的情绪基调和面对问题的不同方式，体现出不同的权力风格。肯定型行为既是一种技能，也是一种态度（Jentsch & Smith-Jentsch，2001）。在做出肯定型行为时，团队成员体现出了独立意愿和为行为负责的意愿。

### (一)权力风格

权力风格的运用对团队沟通有着重要影响。例如，团队协作问题是航空事故发生的主要原因之一。当机组成员不愿意和主管进行沟通时往往容易发生事故。无论是对于机组人员、医疗团队、警察团队、消防团队，或是其他团队来说，缺乏肯定性都是团队中的一个重大问题。正是由于这个原因，肯定性训练是行动团队培训中的一个标准要素（Cannon-Bowers & Salas，1998）。表8-4概述了权力的类型、不同权力类型对团队的影响，以及不同权力类型的应用场景。

表 8-4　权力风格

| 类型 | 风格 | 影响 | 应用 |
| --- | --- | --- | --- |
| 消极型 | • 礼貌而恭敬的<br>• 回避问题 | • 怨恨与困惑 | • 危险情境<br>• 不平等地位 |
| 进击型 | • 强势而批判的<br>• 着重于取胜 | • 满足与退让 | • 紧急情况<br>• 不平等地位 |
| 肯定型 | • 清晰而自信的<br>• 解决问题 | • 满足与信任 | • 大多数情境<br>• 平等地位 |

### (二)消极型风格

消极型风格是礼貌而恭敬的。在这种沟通中充满令人愉快、舒适和逢迎的情绪基调。消极型风格的人试图通过不选立场或是模糊立场来回避问题。通过模糊其词，使用这种方式的人想要避免因反对而引起他人心烦或生气。这种希望获得他人喜爱的渴求源于个人的不安全感，以及对所处情境的害怕情绪。

消极型风格的目标是获得赞同与接受。不幸的是，这种方式往往并不奏效。消极型的人常常会感受到压力并充满怨恨，部分原因在于问题从未消失。消极沟通的接收方对此的反应常常是混合而矛盾的。他们经常会按照自己的观点行事，同时由于无法从消极沟通中确认对方的真正观点，往往会对对方缺乏尊重。

消极型风格在某些情境下是恰当的。在冲突不断发展、各方非常情绪化的时候，消极型行为可以平息事态。在和地位较高的人互动时，下属通常的反应都是消极型的。在有些情况下，肯定型行为是有风险的。例如，面对上司时表现出的过多的进击行为可能是不恰当的，甚至是危险的。

### (三)进击型风格

进击型风格是强势的、批判性的和负向的。进击型风格的人会针对对方采用负面情绪基调，以此来增强表达的力度。具有进击型风格的人在处理问题与冲突时，总是试图战胜对方并拒绝妥协。隐藏在进击型风格之下的情绪往往是愤怒、不安全感和缺乏信任。在这个方面，进击型风格和被动性风格具有类似之处。这也就是人们有时候会在这两种风格之间不断变换，而无法做出肯定型行为。

具有进击型风格的人经常会有所斩获。在很多情况下，人们往往会向强势者退让，这种做法的部分原因在于对互惠原则的错误应用。如果认为所争论的问题对于对方十分重要，人们可能会顺从并同意接受对方的观点，希望能够以此交换，在对自己重要的问题上对方同样能够做出让步，顺从自己的想法。但是进击型风格的人往往会在所有的情境中都表现得很强势。进击型风格也同样会产生代价。积极型风格的承受者会因此产生怨恨，采取防御性行为，或者尝试退出争论。

当所出现的问题或紧急情况需要采取强有力的行动时，进击型风格是恰当的。在进程停滞受阻时采用这种风格是很有价值的解决方式。当团队目标必须改变但遭受阻力时，进击型风格同样是应该采取的恰当方式。

### (四)肯定型风格

肯定型风格的沟通是清晰而自信的。传递信息时并不会添加情绪反应。肯定型风格是一种坦诚沟通，既关注自己也关注他人。在沟通中，每个人都为自己的言行负责。肯定型风格的人对待冲突和问题采取直接的问题解决方式。在这种风格中，目的在于寻求最佳解决方案，因此每个人都愿意倾听他人并做出妥协。

尽管肯定型风格并不是普遍有效的，但肯定型沟通者通常会对自己的表现较为满意。肯定型风格体现了成员之间的彼此尊重和信任，能够促进团队内的坦诚沟通。肯定型风格之下体现出的是团队的高度自尊与相互信任。

当人们在地位平等的基础上互动时，肯定型风格在大多数情境下都是合适的，并且应该被视作团队沟通的典型方式。肯定型行为的缺失意味着内部地位的不均衡扰乱了团队的沟通，或者未解决的遗留冲突在团队内部形成了防御性的沟通氛围。

### (五)权力风格的应用

当沟通方式主要为肯定型时，团队的产出性会更强（Lumsden & Lumsden，1997）。消极型和进击型风格都会引发怨恨，因而会抑制团队中的坦诚沟通。出于某些原因，团队可能会采用不具备产出性的权力运用风格。进击型风格会导致消极反应，而肯定型风格则引发肯定型回应。在地位相对平等的团队中，人们往往会采用肯定型权力风格；而当人们拥有的权力大小存在差异时，则往往会采用消极型或进击型风格。

尽管采用哪种权力风格应该由具体的情境来决定，但无论情境怎样，不同的人对权力风格会有着不同的使用偏好（Ames，2008）。有些人会主要关注团队任务，而有些人则会主要关注团队运行中的社交关系问题。任务取向会导致更加强势的权力风格，而更多的关注社交关系则导致肯定型风格的运用会更少。

权力风格的不同往往源于性格、性别或种族差异。这种解释基本是错误的，并且会阻碍团队的有效沟通。例如，在商业团队中，女性的表现往往比男性更消极被动，这使得一些男性会认为女性就是消极被动的。基普尼斯（1976）指出不同的权力风格源自不同的组织权力，而不是性别差异。当某种情境中男性和女性拥有同等的权力时，女性的表现并不会比男性更加消极被动。

肯定型主要是对团队中权力分配状况的一种反映。团队只有缩小成员之间的权力差异，才能够促进团队中的肯定型沟通。在组织当中，人们工作所处的职位是具有层级性的，不同的层级赋予员工不同大小的权力。然而当员工组成团队完成任务时，团队成员之间应该按照权力对等的状况来对待彼此。

### (六)鼓励肯定型行为

肯定型风格是最适宜于团队合作的权力风格。促进肯定型风格的主要关键点在于团队成员间权力的均衡化。然而，仅仅均衡权力是不够的。人们在进行沟通时会形成习惯，因此有必要向团队成员提供培训，对肯定型沟通加以训练（Alberti & Emmons，1978）。肯定型沟通的训练方案会采用多种方式促使团队实现更加良好的沟通。

（1）积极倾听。在积极倾听的过程中，需要不断概述并重复对方所说的内容来保证达到充分理解。这种方式能够澄清信息，显示尊重和重视，并促进更多沟通。

（2）正向认可。学会如何给予他人正向认可能够减少使用操控型手段的需求。地位较高的人通常会过多地批评不喜欢的方面，而很少会对喜欢的方面表示认可。

（3）明确预期。学会清晰地表达自己所期待的结果是促进肯定型风格的另一种沟通技巧。人们常常会误认为某些行为是不恰当的或是抗拒性的，而事实上这些行为只是由于对方并不清楚自己的预期所在而造成的。明确预期可以帮助每个人了解到问题所在。

（4）确认退出。并非在所有情境下肯定型风格都是正确的反应，因此人们需要明白在什么时候应该不再参与。当情况变得过于情绪化或者具有威胁性时，人们需要学会如何传递出明确的信息，表明自己想要暂停或终止对话。

肯定型风格是基于具体情境的一种行为方式（Jentsch & Smith-Jentsch，2001）。肯定性意愿取决于具体的情境以及个人与其他相关人员之间的关系状况。有时人们可能会在个人和社交场合中表现出肯定型风格，但在工作场景中却并非如此。有时人们在与朋友相处时会表现出肯定型风格，然而在面对陌生人或商业伙伴时则并非如此。因此，在需要团队成员做出肯定型行为的环境中进行肯定性训练是非常重要的。

## 领导虚拟团队：确保具有不同观点的成员能够发声表达，并对团队赋权

**问题**：会议参与者之间地位和权力的不均衡会干扰彼此之间的沟通，影响会议的有效性。

**解决方案**：无论采用虚拟形式还是面对面形式，使用团队支持系统（GSS）工具的会议可以应用 GSS 工具认真设计会议流程，以应对权力不均衡可能会带来的问题。GSS 是一套促进协作的技术工具，能够对虚拟会议提供支持，如进行决策和问题解决。GSS 工具能够实现会议参与者的匿名发言，从而有助于缓和权力不均衡的

状况。与面对面会议相比，匿名发言在虚拟会议中更容易实现。

　　在使用大多数商业 GSS 产品（如 ThinkTank，MeetingSphere）时，会议领导者能够实现会议参与者不同程度的匿名发言，通过文字渠道，而不是语音渠道来引导讨论。这些产品能够通过去除发言中说话人的信息来实现匿名交流。

　　匿名讨论将发言人地位差异造成的影响降至最低，从而使得团队成员只能通过发言的信息内容与逻辑性对其做出评判。此外，匿名发言能够促使处于不平等权力地位的参与者更大胆地发表意见，这些意见在其他场景中通常不会被表达出来。

　　如果看重某些特定团队成员的专家权力，会议领导者可以请求这些成员在发言中表明自己的身份，或者给某些成员添加关于其领域和专业水平的标注信息（如专业领域，从事本领域的年数）。这些标注信息会自动附加在成员的发言上，既表明了发言人的相关专业信息，同时也维持了充分的匿名性。

## 小结

　　权力是指改变他人态度、理念和行为的能力。团队具有的权力在于能够通过提出关于行为方式的建议来影响其成员。团队还可以通过施加社会压力的方式，使其成员遵守团队规范。团队领导者拥有权力的方式之一就是通过成员对其权责的服从而实现的。

　　对权力的分析可以通过其来源或者运用权力的不同方式来进行。团队成员可以通过个人基础（如作为专家）或者职位基础（如拥有组织授予的权责）获得权力。运用权力施加影响的方式可以是鼓励他人或者控制他人。人们往往倾向于使用个人权力基础和合作性方式，因为这些方式不易引起对方的抗拒。

　　团队的权力运用具有几种重要的动态特性。权力往往会导致使用权力者的腐败行为。拥有权力后人们往往就会运用权力，并将团队的成功归功于自己，这又促使其继续以同样的方式运用权力。团队成员间地位差异造成的权力不均衡会影响到团队的沟通——地位较高的成员发言较多，也会更多地得到他人的赞同。因此，地位较低的成员就会不情愿表达出自己的真实想法。如果能够坚持立场，保持自信，独立自主，团队中的少数成员也能够产生相当的影响力。通过抵制大多数成员的影响，少数成员能够吸引团队的讨论焦点，关注其立场。团队成员之间存在的相互依赖能够增强对彼此的影响。

　　团队合作的核心概念之一是赋权。要达到有效运行的目的，团队需要拥有一定的权力和权责，并承担起控制自身行为的责任。不幸的是，组织在赋予团队管理权力的过程中经常会遇到各种问题。授权方案的形式多种多样，包括最简单的与团队成员进行信息共享，也包括自我管理团队的运行。赋权方案要取得成功，必须通过将监管者和管理者与团队活动相整合的方式，解决其对权力丧失的不良感受。

团队成员的行为方式可以是消极型、进击型或是肯定型的。不同人会呈现出不同的权力风格。尽管在某些情境中适合采用消极型风格或进击型风格，肯定型风格仍然是适合大多数团队情境的最佳方式。肯定型风格能够促进成员间的坦诚沟通，采用理性的问题解决方案，但是也会受到团队内地位不均衡的影响。可以采用多种方式来训练团队成员更多地采用肯定型行为方式。

## 团队领导者的挑战 8

你是一个为其他组织提供支持的技术服务团队的领导者。从去年开始，你尝试逐渐将团队转变为具有更高自我管理程度的团队。例如，你现在称自己为"领队"而不是经理。作为转变的一部分，目前团队能够对计划安排、合作选择，以及其他分配的任务做出决策。在进行团队会议时，也由过去员工被动聆听指示，转变为团队讨论和集体决策。你努力促使团队成员在会议上表达出自己的看法，目前员工比以往更愿意表达自己的观点，对团队做出贡献。

在今天的会议上，一个团队成员建议采用一种新的方式来组织团队工作。你向团队成员表示并不赞同这种想法，因为过去你曾经采用过类似的做法但并没有达到良好的效果。另一位团队成员忽视你的解释说明，抱怨你遏制创新，不情愿与其他团队成员分享权力。

你(作为团队领导者)应该怎样恰当回应糟糕的建议和想法，同时又能够不损伤成员的参与积极性？

- 当团队成员挑战领导者的权责时，怎样做才是最好的应对方式？
- 可以采用哪些规范帮助团队更加有效地进行沟通？
- 对于团队来说，何种程度的权力分享(赋权)是合适的？

## 活动： 运用权力的风格——消极型、 进击型与肯定型

**目标：** 团队成员可能会使用三种不同权力风格中的任何一种。消极型风格是礼貌而恭敬的。在这种沟通中充满令人愉快、舒适和逢迎的情绪基调。消极型风格的人试图通过不选立场或是模糊立场来回避问题。进击型风格是强势的、批判性的和负向的。具有进击型风格的人在处理问题与冲突时，总是试图战胜对方。肯定型风格的沟通是清晰而自信的。肯定型风格的人对待冲突和问题采取直接的问题解决方式。

**活动：** 观察团队领导者的挑战部分团队讨论时的互动方式。分别记录下你所观察到的消极型行为、进击型行为和肯定型行为。使用活动工作表 8-1 来标出团队成员做出消极型行为、进击型行为和肯定型行为的频次。另外一种替代活动是将团队分成不同的小组，并在讨论中让小组成员轮流采用不同的行为风格。参与者根据自己的感受和对不同风格的反应，来分析自己和他人的表现。

消极型：＿＿＿＿＿＿＿＿＿＿＿＿＿＿＿＿＿＿＿＿＿＿＿＿＿＿＿＿＿＿＿＿

进击型：＿＿＿＿＿＿＿＿＿＿＿＿＿＿＿＿＿＿＿＿＿＿＿＿＿＿＿＿＿＿＿＿

肯定型：＿＿＿＿＿＿＿＿＿＿＿＿＿＿＿＿＿＿＿＿＿＿＿＿＿＿＿＿＿＿＿＿

**团队工作表 8-1**

**观察运用权力的风格**

|  | 团队成员 | | | | | |
|---|---|---|---|---|---|---|
|  | 1 | 2 | 3 | 4 | 5 | 6 |
| 消极型 |  |  |  |  |  |  |
| 进击型 |  |  |  |  |  |  |
| 肯定型 |  |  |  |  |  |  |

**分析：** 团队成员使用最多的是哪种风格？某些成员是否会在大多数沟通中都采用类似的行事风格？团队的沟通是由消极型、进击型，还是肯定型风格主导？领导者是否主要使用肯定型方式？

**讨论：** 什么因素会触发某种权力风格的运用？是个人性格还是团队特点？你会怎样做来促进团队更多地进行地位平等的肯定型沟通？

第九章

# 决　策

　　决策是团队的核心活动。团队的优势之一就在于，能够通过整合团队成员拥有的不同技能和视角做出决策。团队会采用不同的方式做出决策，从咨询式决策到共识性决策。这些方式在决策质量、决策速度和被接受程度上都有所不同。

　　在寻求最佳决策时，团队会遇到一系列问题：群体极化与群体思维是这些问题中的两个例子。结构化决策方式有助于优化决策过程。尽管在最初运用时会比较困难，但学会如何进行共识性决策是团队需要具备的一项重要技能。

**学习目标**

1. 通过群体进行决策有哪些优势和劣势？

2. 哪些因素会使团队决策优于个人决策？

3. 咨询式决策、民主型决策和共识性决策有何不同？

4. 哪些因素有助于对决策方式进行评估？

5. 规范性决策理论是如何帮助团队进行决策的？

6. 哪些因素会妨碍团队做出好的决策？

7. 群体极化和群体思维是如何影响团队决策过程的？

8. 结构化决策方法，如名义群体法，具有哪些好处？可能会引发哪些问题？

9. 团队怎样才能提高达成共识性决策的能力？

## 一、 群体决策的价值

通过群体进行决策既有好处也有坏处。在不同情况下，群体决策可能会优于个人决策，也可能会不如个人决策。

### (一)团体决策的优势与劣势

需要解决问题时，与个人相比，团队拥有的资源会更多。通过讨论，团队可以汇集所有成员拥有的知识。成员之间的互动会激发新想法的产生，这是任何个人所无法比拟的(这种现象被称为"过程增益")。此外，与个人相比，团队更容易识别出并排除掉不正确的信息(Rajaram，2011)。团队能够更好地记录过去的事实，因而重复错误的可能性更小。总的来说，团队能够通过整合成员所拥有的不同知识与技能，从而做出更高质量的决策。

群体决策能够对团队成员产生激励效应(Zander，1994)。作为团队的一部分，团队成员会努力做出好的决策并认真执行。团队成员会对自己参与做出的决策投入度更高，更可能会支持决策的实施。

群体决策对成员个人和团队整体的技能都会产生影响。通过参与讨论，团队成员能够更好地理解所涉及的问题并从中获益。团队则获益于学习做出决策的过程。团队的决策效率会逐渐提高，从而减少很多群体决策过程中内在问题的产生。

群体决策的主要劣势在于，由于过程损耗，群体决策的效率可能会较低(Steiner，1972)。在讨论过程中，有些时间会被用来讨论协调和社会关系问题。这些被"浪费"的讨论时间(被称为"过程损耗")会妨碍团队专注讨论任务问题。

在决策过程中团队会遇到很多沟通方面的问题(DiSalvo，Nikkel & Monroe，1989)。为了提高决策效率，团队需要采用一些推进技巧。当讨论陷入情绪冲突中时，会浪费讨论时间，影响团队士气，导致决策过程无法推进。在这种情况下，强势的团队成员或者那些发言太多的人会对整个讨论形成控制，并对团队做出决策的能力产生不利影响。最后整个团队讨论可能会跑题并变得混乱无序。

群体讨论的好处之一则在于可以从不同的团队成员那里获得不同的信息。然而，群体讨论并不一定是收集个人特有信息的好方式。对团队互动的分析表明，与个人拥有的特定信息相比，大多数成员都拥有的信息被讨论的可能性要更大(Stasser & Titus，1985)。换言之，团队汇集到的并不是其成员所拥有的全部信息，而是所有成员的共有信息。

此外，有时团队会花费很大精力做出一个决策，但事实上这个决策并没有重要意义（Zander，1994）。团队可能会被要求做出某个决策，但事实上仅仅起到建议的作用，最终决策会由组织中更高层的人员做出。这会让团队觉得浪费了时间与精力，并影响团队成员未来参与决策过程的积极性。

### (二)何时群体决策会优于个人决策

当团队能够成功整合资源来解决问题或做出决策时，群体决策会优于个人决策。成功的资源整合受到多种因素的影响。第一个因素是团队构成。当团队由具有互补技能的差异化成员组成时，它就能够做出更为优质的决策。采用团队方式进行决策的优势之一就在于观点的多样性（Wanous & Youtz，1986）。如果团队由具有相似技能的同质成员组成，群体决策的益处就十分有限。

第二个因素是良好沟通。只有当讨论过程能够成功整合团队成员的知识和观点时，群体决策才会具有优势。然而，群体讨论的关注点往往是成员拥有的共同信息，而不是特定成员拥有的独特信息。如果缺乏沟通技巧，管理团队讨论的能力不足，则无法充分整合所拥有的资源（DiSalvo et al.，1989）。

第三个因素与团队对决策的需求程度有关。当任务过于复杂，个人无法独立完成，或者问题过于艰难个人无法独立解决时，则需要进行团队决策。对于简单的情况，问题则仅仅在于个人是否找出了正确方式以及团队是否能够接受这种方式。简单问题并不需要团队花费时间进行团体决策。

通过以上探讨，我们也能够大致设想出个人决策优于群体决策的情境。个人决策方式更为适合的情境包括，问题的解决不需要多数成员的行动参与时；个人拥有的信息足以做出简单决策时；或者必须做出迅速决策时。

## 二、 群体决策的方式

谈到决策方式时，团队中最容易应用的常常是通过投票进行表决。然而这种方式可能会导致多种问题。团队可以选择多种方式来进行决策，关键在于要根据不同问题选择与之相适应的决策方式。并不是所有的问题都需要全体成员的参与。投票表决有时候更容易引发问题，而不是解决问题。对于重要决策，则需要达成全员共识。

可供团队采用的决策方式在成员参与度上，可以被看作从领导独立决策到全员参与决策的逐渐渐变(Johnson & Johnson，1997)。具体的决策方式参见表 9-1。尽管有许多方式可供选择，团队通常采用的典型方式包括咨询式决策、民主型决策和共识性决策。

**表 9-1   群体决策的方式**

领导者导向
- 领导者最终确定决策
- 领导者指派专家来做出决策
- 咨询式：领导者咨询团队意见，然后自己做出决策

团体方法
- 团队采用数学方式做出决策(调和各方观点)
- 团队采用结构化决策方法(如名义群体法)
- 民主型：团队成员投票，多数人的意见胜出

全员参与
- 共识性：所有团队成员参与，同意并接受决议

在咨询式决策过程中，拥有权责的团队领导者负责做出决策，但在决策前会征求其他成员的建议和意见(Kerr & Tindale，2004)。尽管团队成员的意见会对决策发挥一些影响，但是领导者通常更看重自己的意见，以及和自己看法类似的成员的观点。

当团队领导者拥有管理权责并承担决策责任时，工作团队常常会进行咨询式决策。当项目被分成不同的模块，每个模块由一个成员负责时，团队也会进行咨询式决策。模块负责人会征求并协调他人的建议，但是如果他人的意见可能会影响到所负责部分的完成，负责人会做出最终决定。

咨询式决策只使用团队的部分资源。其缺点在于这种方式并不能唤起团队成员对最终决策的充分认可与支持，并未解决成员之间的冲突，可能会促使成员之间彼此竞争以试图用自己的观点来影响领导者。然而这是一种十分高效的决策方式，只需要花很少的时间就可以完成决策，并且领导者也能够获取关键信息来帮助决策。

在民主型决策过程中，团队成员采用投票方式做出决策。这种方式的重大优势之一在于能够很快地汇聚所有成员的观点。与更严格的标准相比，服从多数的原则更容易运作(如比较全体一致原则和三分之二多数通过原则)(Kerr & Tindale，2004)。简单的服从多数原则能够使团队在付出较少认知努力的情况下，做出高品

质决策。

　　尽管投票是一种非常普遍的决策方式，但对团队而言也可能会引起某些问题。投票可能会使关于某个问题的讨论过早结束，导致问题无法得到充分解决。持有与决策意见不同看法的少数成员可能会缺乏对最终决议的认可与支持。由于会产生输赢两方，投票决策可能会引发团队成员之间对彼此的不满。不赞同投票结果的成员可能会不愿意支持并执行决策(Castore & Murnighan，1978)。

　　在共识性决策过程中，团队成员会就某一问题进行讨论，直至所有成员最终都能够接受最后的决策。接受并不意味着最终决策是每个团队成员的最佳选择，接受只表明每个团队成员都愿意支持并执行决策。

　　虽然可能会花费较长时间，但共识性决策是充分利用团队资源的最佳方式。达成共识后有助于团队更好地运行。当重要决策需要团队的充分配合才能实施时，需要采用共识性决策方式。尽管达成共识需要花费较多的时间和精力，同时还要求团队具备相应的决策技能，但通过共识性决策形成的决议在团队内得到有效执行的可能性更大。

　　迪瓦恩、克莱顿、菲利普斯、邓福德和梅尔纳(Devine，Clayton，Philips，Dunford & Melner，1999)选取了100多家公司中的工作团队作为样本进行研究，结果发现大多数(62%)团队采用的都是共识性决策方式。在其他样本团队中，有些团队由团队领导者或公司经理做出决定(25%)，有些则采用投票的方式(13%)。共识性决策方式的应用在所有团队类型中都与团队有效性存在正相关关系。

## (一)评估群体决策方式

　　评估群体决策方式的主要标准包括决策质量、决策速度，以及接受或支持度(Johnson & Johnson，1997)。好的决策方式应该能够利用团队资源做出优质决策。决策过程要体现出高效的时间管理。一旦做出决策，团队成员应该愿意接受决策并支持决策的执行。在不同情境下，这三条标准的重要性会各不相同。例如，在紧急情况下，时间最为重要，接受度则在其次，因为人们往往会愿意支持已经确定的任何决议。

　　第一个评估标准是决策质量。总的来说，包含有团体讨论及参与的方法往往会形成较高质量的决策。特别是当问题十分复杂或者结构不清晰，或是领导者没有足够的信息无法独自做出良好决策时，团体讨论及参与尤为重要。然而对于某些问题来说，领导者就能够独自做出优质决策。在另外一些情境中，当需要决策的问题相对较小，质量作为决策方式评估标准的重要性就会有所不同。因此细微问题做出高品质决策并不是必需的，此时团队领导者的独立决策能够起到节省团队时间的作用。

第二个标准是决策速度。群体决策的速度通常要慢于个人决策，但速度作为评估标准的重要性在不同情境中也会有所不同。在很多情况下，问题并不在于速度，而是在于优先级。因此安排好团队需要做出的决策的先后顺序是十分重要的。有些决策不但重要而且需要迅速决定，而另一些决策则可以暂缓到团队收集到更多信息后再决定。团队常常会在不重要的决策上花费太多时间，而在真正重要的决策上则用时不足。

第三个标准是接受度。由于团队决策需要得到团队成员的接纳与支持才能够得以施行，以此在形成决策时需要广纳成员的意见（Murnighan，1981）。团队通常会采用一些决策方法（如投票）来加速决策过程，但是这些方法可能会影响成员对决议的接受程度。因而在接受度十分重要的情况下，团队应该采用共识性决策方式。

上述三个评估标准彼此关联。决策质量与决策速度之间的关系相当明显。如果有充裕的决策时间，也就有更多的时间可以收集并分析相关信息，从而提高决策质量。决策速度与接受度同样彼此相关。对日本组织与美国组织的决策过程进行比较，结果发现美国组织的决策速度更快。然而在执行层面上，美国组织对决策的执行速度更慢也更容易失败。在日本组织中，只有当所有参与执行的人员都接纳并承诺执行决策时，才会形成最终决议。一旦做出决定就会迅速加以执行。

### (二)规范性决策理论

团队领导者应该怎样选用合适的方式做出决策呢？咨询式、民主型和共识性决策方式都有着各自的优势所在和欠缺之处。团队很难厘清多种因素做出最佳选择。作为一种领导理论，规范性决策理论致力于解决这个问题，帮助团队选择最佳的决策方式（Vroom & Jago，1988；Vroom & Yetton，1973）。

规范性决策理论是建立在这样一个假设的基础上，即最佳决策方式取决于待决策问题的性质。待决策问题的性质决定了在做出决策时决策质量、决策速度和接受度所具有的不同的重要性。一旦充分理解了问题的性质，就能够选出适合的最佳决策方式。团队领导者通常会通过这种做法来分析问题，并选定最佳决策方式。

对问题的分析主要集中在两个方面：决策质量是否重要，以及下属对决策的接受程度是否重要。可以使用表9-2中的7个问题来分析待解决问题的本质。在对问题的本质进行分析之后，领导者就可以采用决策树状图来帮助自己选择合适的决策方式。总的来说，当团队需要高品质决策，或者决策的执行需要较高的团队接受度时，领导者应该更多地采用群体导向的决策方法（如民主型决策和共识性决策）。对这项理论的研究结果验证了这个结论，尽管有效决策同时还受到领导者决策技能的影响。（如果缺乏推动团队决策过程的技能，团队领导者采用共识性决策法就无法发挥其应有的作用。）

**表 9-2  分析待决策问题**

1. 该问题是否需要高品质的决策？
2. 我是否拥有足够的信息来做出这样的决策？
3. 待决策的问题是结构化问题吗？
4. 下属的接受程度是否是执行决策的关键因素？
5. 如果我独自做出决策，下属是否会接受我的决定？
6. 解决这个问题所达成的目标是否同样也是下属的目标？
7. 是否会由于下属不认同达成目标的方法而导致团队冲突？

来源：改编自 Vroom，V.，& Yetton，P.（1973）. *Leadership and decision making*. Pittsburgh，PA：University of Pittsburgh Press。

规范性决策理论就群体决策提出了很多重要的观点。当决策非常重要并需要成员的大力支持才能够实施时，决策过程应该采用群体导向的方法。然而当决策是关于不重要的琐碎问题，只需要一个简单决定时，再进行讨论就是在浪费团队的时间。在很多人的价值观里，民主型或共识性方法是最佳决策方式，但是如果运用在琐碎问题上则会浪费团队太多的时间。团队领导者的重要作用之一就是进行情境管理。领导者负责处理细微问题或者行政问题，从而保证团队能够把时间花在更为重要的问题上。

## 三、 群体决策中出现的问题

在决策过程中会出现各种类型的问题妨碍团队做出好的决议。异议、负面情绪、时间压力，以及外部压力都会造成决策过程中出现问题。由于人际过程，群体极化可能会造成团体决策走向极端。群体思维这一术语则描述了由于群体成员对保持良好人际关系的渴望超越了达成最佳决策的愿望，从而造成决策失误。

## (一)群体决策问题的产生原因

### 1. 分歧

群体决策中最常出现的问题可能就是过早终止——也就是说，为了避免分歧而采取投票方式迅速形成决议。这种方法确实能够迅速进行决策，但是常常会导致后续的执行过程中出现问题。团队政治、强势的领导者、隐藏的安排、糟糕的规范，以及其他因素都有可能引发分歧。由于担心引发分歧，会议中人们往往会迫于社会关系压力而彼此赞同，导致错误信息常常无法得到纠正甚至会被放大(Sunstein & Hastie，2014)。群体讨论会更多地集中在众所周知的常见信息上，这是因为团队成员往往不愿意去表达自己可能会引发冲突的独特观点。这些问题的产生更多的是与团队的决策过程，而不是待决策的内容有关。当这些问题妨碍到决策讨论时，群体就应该着重去改善其内部的沟通了。

分歧太少同样也是一种问题。分歧的存在有助于刺激思考从而形成更好的决策。与没有任何冲突的群体讨论相比，存在一定分歧的群体讨论能够产生更好的决策(Schwenk，1990)。然而这些建设性冲突起到的有益作用也是有代价的。存在重大分歧的群体讨论会导致团队成员的满意度较低，进而可能会减弱成员继续进行团队互动的兴趣。

### 2. 情绪影响

情绪对群体决策既会产生积极影响，也会产生消极影响。积极情绪有助于促进团队讨论，形成良好决策(Emich，2014)。团队成员处于积极的情绪中时更愿意在团队中表达自己的独特观点，更愿意发问并尝试理解他人的观点。积极的情绪还能够使成员在团队互动时更为自信。这样团队在做出决策时就能够参考更多的信息，从而提高决策的质量。

然而消极情绪却会在团体决策过程中引发问题。在面对众多压力时，团队倾向于回避风险，寻求曾在过去被证实有效的常规安全做法(Gardner，2012)。这驱使团队达成共识，以避免不同观点、想法和视角。团队成员倾向于服从团队领导者。团队沟通集中于对共同拥有的知识的讨论，而不是探讨独特的个人视角。这些因素会抑制团队的创造力，影响群体决策的质量。

团队承受的负面压力可能来自时间限制或外部影响。团队会通过快速决策来应对时间压力。因此团队经常会采用简单但不充分的决策方式(Zander，1994)。例如，团队可能会支持最先提出的可用建议，以此避免进一步讨论其他的替代方案。

团队也可能会采用曾在过去被证实有效的方案，而不去充分检查这种方案是否适用于当前的状况。最后，团队还可能会授权团队领导者或某一团队成员来负责决策，而放弃了团队讨论的好处。

外部力量带来的压力也可能会导致不良决策。在经受压力时，团队会更加迫切地希望达成团队内部的一致意见（Kerr & Tindale，2004）。这种对达成一致意见的强烈愿望意味着团队会对不同意见施加更大的压力。这可能会导致群体思维或最终由领导者单独做出决策。压力会妨碍决策过程，导致团队成员更少地发表个人看法，并减少团队对于待决策问题的分析。压力使得团队希望更快做出决策以减少不确定性，造成仓促决策。以上都可能造成不良决策。

### 3. 群体极化

尽管我们期待群体讨论的结果会产生一个符合团队最初倾向的决定，但事实却并非总是如此。群体讨论的结果可能会形成一个更为极端的最终决议。根据团队最初倾向的不同，这种极端可能是过于冒险，也可能是过于谨慎，这种现象被称为群体极化。

斯托纳（Stoner，1961）对群体极化的最初研究表明，群体决策会比个人决策更加冒险，这被称为"风险转移现象"。然而后续研究发现这其实是一种强化效应。群体往往会走向极端，过于冒险或过于保守（Myers & Lamm，1976）。只有在群体具有某种初始倾向时才会产生群体极化效应，在成员间存在重大意见分歧时则不会如此。有数种解释试图从规范性影响和信息性影响的角度来分析群体极化效应。

规范性影响描述了现有的团队规范怎样影响了团队决策的过程。团队成员希望在团队中留下良好印象，因此会将自己的解决方案与团队规范进行比较，并调整立场尽可能与规范保持一致（Myers & Lamm，1976）。随着成员立场的变化，团队也会修正规范来更好地代表更多团队成员的立场。成员立场变化和规范转变的混合效应导致了团队决议更趋于极端，当决策是关于价值观念或取向时尤为如此。

信息性影响是由于群体讨论中接触到的信息量而产生的。在讨论某个问题时，大多数团队讨论会来自主导性立场（Kerr & Tindale，2004）。人们往往倾向于听到和自己观点相同的信息，因此团队成员会不断补充强化已知的共有信息。由于在讨论中接触更多的是支持主导性立场的观点，团队成员会将个人观点向主导性立场的方向修正（Burnstein & Vinokur，1977）。

### 4. 群体思维

在群体决策可能出现的各种问题中，最广为人知的是群体思维，一个由贾尼斯

(Janis，1972)所命名的概念。贾尼斯通过分析历史性事件的决策展示了决策过程会怎样产生错误。由于人们认为伊拉克拥有 WMDs(大规模杀伤性武器)，2002 年美国入侵了伊拉克。这个事件是群体思维的一个典型事例。当群体成员对保持良好人际关系的渴望超越了达成最佳决策的愿望时，就会出现群体思维现象。此时群体成员寻求的是能够保持群体和谐的方式，而不是更好的解决方案。这会导致群体做出不良决策，并伴随产生其他阻隔群体获得纠正性反馈的行为。自从群体思维的概念被明确之后，研究者不断探索这种现象的产生原因(见表 9-3)。

**表 9-3 群体思维**

**先决条件**

- 结构：团队领导者具有很强的控制力，团队获得的外部信息输入非常有限
- 凝聚力：保持良好关系的愿望占据主导地位
- 压力：由外界力量向团队施加压力，要求团队做出决策

**决策表现**

- 无懈可击错觉：团队认为所做出的决定能够发挥作用，达成目标
- 对反对者直接施压：在讨论中压制负面评论
- 自我审查：团队成员主动隐藏个人的不同意见
- 共识错觉：团队成员相信每个人都赞同最后的决议
- 心理防范：团队成员阻止领导者和整个团队接收关于最终决议的负面信息

**决策缺陷**

- 在做出决策时只考虑了少数的几种选择
- 未能考虑决议可能造成的负面后果，或者决策方案行不通时的应对方式
- 没有寻求外部专家的建议

来源：改编自 Janis，I. (1972). *Victims of groupthink*. Boston，MA：Houghton Mifflin。

有三种主要因素会导致群体思维：结构性决策缺陷、群体凝聚力和外部压力(Parks & Sanna，1999)。结构性决策缺陷会影响决策过程并造成不良决策。这些缺陷包括忽视外部信息的输入、群体内观点缺乏多样性、未经批判性分析地接受决议，以及接受领导者决定的传统。较强的团体凝聚力会创建出限制内部纷争和批判的团体环境，从而导致群体思维的产生。这与第五章讲述的合作部分中提到的"艾比林悖论"有着相似之处。决策的外部压力会限制讨论时间，促使群体支持最先出现的可行方案。

群体经受的外部压力也会引发群体思维的一些表现。这些思维一致的表象会使群体认为做出了大家一致认同的良好决策。因此在这种情况下，内部压力使得成员无法表达自己的担心和反对意见。群体思维症状的集合性效应导致了不良决策的形

成，而没有考虑可能存在的替代性方案或是决定的长期影响。

团队可以采用多种方式来帮助解决群体思维效应和其他的决策问题(Sunstein & Hastie，2014)。由于比其他团队成员具有更大的影响力，团队领导者应该在群体讨论的开始阶段避免表达自己的观点。群体应该建立规范来促进决策过程中的批判性思维。团队成员应该彼此认可对方在某领域的专业技能和角色，同时领导者应该要求成员提出基于个人角色的独特观点。另外，在做出决定后，群体应该安排另外一次会议来明确这个决定的好处和问题，然后再最终确定决策。

## 四、 群体决策的具体方法

团队可以采用不同的决策方法来管理群体决策中出现的问题。这些方法提供了结构化的决策过程和决策规则。从技巧上来讲，这些都是很好的决策方法，但有时对于使用者来说就像在使用魔法：突然出现了一种能够体现群体观点的解决方案，而群体甚至还没有开始探讨这些问题。

### (一)名义群体法

名义群体法是一种决策方法，允许一些成员专注于需要做出决定的任务，而不必应对任何社交关系问题。它之所以被称为"名义的"，是因为运用这种技巧不需要建立真正的群体。当一群人需要共同做出决策时就可以采用这种方法。

使用这种方法时，领导者首先向成员描述问题，然后每个人都私下写出自己对问题的解决方式。接着每个人公开陈述自己的观点，并把所有人的意见记录下来供大家参阅。团体成员可以提出问题，通过对方的答复来明确对他人立场的清晰认识。但不能批判他人的观点。然后参与者评判不同方案的价值并对其排序。通过所有人的排序来确定最佳的方案选择。

名义群体法的优势在于能够相对迅速地形成决策，避免产生从众压力，并且在决策过程开始之前不需要成员之间彼此相互熟悉(Delbecq，Van de Ven & Gustafson，1975)。然而在使用这种方法时，需要一个经过培训的推动者来主导整个过程。并且这种方法在同一时间只能解决一个清晰界定的问题。

### (二)德尔菲法

德尔菲法通过一系列书面调查来做出决策(Dalkey，1969)。首先，发给一群专家每人一份调查表，其中包含关于待解决问题的一些开放式提问；其次，对调查结果进行概括，组织成数个建议的解决方案；最后，把这些解决方案提供给决策参与者，要求他们对这些方案做出评论。重复这个过程直到决策参与者就某一解决方案开始达成一致意见。

当决策过程需要的参与者分布在不同地点，无法面对面沟通时，团队就可以运用德尔菲法来帮助决策(Delbeq et al.，1975)。运用德尔菲法时参与人数并不是关键问题，因此一大群人可以同时参与决策。当就某一问题出现严重分歧，团队需要主观判断来解决问题时，这种方法也非常有用。然而，这种方法非常耗时(一个典型决策通常要花一个多月的时间)，并且需要具备开发与分析问卷的能力。

### (三)林吉法

林吉法是一种日本式决策方法，用来解决争议性问题(Rohlen，1975)。使用这种方法可以让团队成员既能够处理冲突，又能够避免面对面的对抗(在日本文化中，面对面的对抗行为是非常不恰当的)。在应用这种方法时，管理者会向参与者提供一份写有待决策问题和匿名建议的书面文档。这份文档在团队成员中传阅，每个人都写下评论，编辑文档，然后将编辑后的文档再发送给其他成员。完成一个循环后，文件内容会根据参与者的评论进行修改，然后进入第二轮循环。这个过程一直持续到参与者对文档内容不再有任何评论和意见时为止。

林吉法是一个漫长的过程，并且无法保证参与者最终一定能够达成一致意见。然而匿名评论使得每个人都能够表达出自己的真正观点，同时也能够回避面对面对抗中可能会出现的尴尬情境。

### (四)评估决策的方法

这些具体的决策方法将决策过程结构化，几乎只保留了群体成员之间关于任务内容的沟通，去除了其他的环节。德尔菲法和林吉法只通过书面形式进行沟通。名义群体法要求每个成员独立提出观点，然后只就可选方案进行互动。这种决策过程的结构化可以使众多成员无须会面就能够做出决议。这些方法能够与形成面对面群体讨论同样，甚至更好的决策，并且效率更高。此外，在使用这些方法时，人们往往会对自己的参与度表示满意(Van de Ven & Delbecq，1974)。

然而上述方法都隐含着一个假设，即成员间的社交状况、不平等的参与，以及团体讨论的其他方面都是会对决策产生不良影响的问题。但并非所有的研究者都认同这种观点(McGrath，1984)。团队决策过程中社会因素也可能会产生有益影响。这些决策方法营造出的是一种疏离并缺乏人际情感的氛围，这种氛围可能会降低成员对决议的接受度和执行投入度。此外，由于团体讨论通常是由地位较高的参与者所主导的，因此与团体讨论所产生的解决方案相比，对运用这些方法所产生的解决方案的政治性接受程度可能并不会那么高。

## 五、 应用： 共识性决策

共识性决策能够充分利用团队资源，提高成员对决策实施的支持度，也有助于建立团队技能。由于人们通常并不擅长运用这种方法，共时性决策的推进过程常常会比较缓慢。团队应该经常练习共识性决策方法以提高决策技能，这样当重要问题出现时，团队就有能力有效地应对问题。

达成共识并不意味着每个团队成员都认为该解决方案是最佳选择(Hackett & Martin，1993)。当所有团队成员都对下列问题的回答都是"是的"时，他们就视为达成了共识。

(1)你是否赞同这就是团队接下来应该做的事情？

(2)你愿意一起执行吗？

(3)你支持这个替代性方案吗？

换句话说，即使并没有获得每个成员的完全赞同，团队也可以100％地支持执行某个决定。共识意味着自愿赞同。

共识决策的目标是寻求能够实现所有参与者共赢的协作式解决方案。与投票方式必然会导致有输有赢的结果不同，共识性决策致力于找出共赢的解决方案。采用共识性方法的团队不但能够做出更好的决策，决策过程本身还有助于提高团队决策技能，并改善成员之间的社会关系。

团队领导者或促进者可以通过不同的方法促进达成共识。团队需要充分的时间来处理问题。冲突应该被视作促使问题解决的宝贵机会，因此团队领导者应该鼓励团队成员面对而不是逃避冲突。出现分歧时通过抛硬币或者投票的方式解决问题并不是好的选择。团队成员需要认识到在某一点上对他人做出让步并不意味着失败，同样他人赞同自己的意见也并不意味着成功。最终的目标应该是通过协商找出协作式解决方案，而不是在争论中击败他人。表9-4提供了帮助团队达成共识的一些指导原则。

表 9-4　达成共识的指导原则

---

1. 在尚未听清他人立场的情况下，不要坚持自己的立场与他人发生冲突
2. 不要为了逃避冲突而改变自己的立场
3. 不要为了回避冲突而采用一些方式快速形成决议，如投票或抛硬币
4. 鼓励他人解释其立场，从而更好地了解分歧所在
5. 出现分歧时，不要假定哪些人是赢家，哪些人是输家
6. 讨论隐藏的假设，认真倾听彼此的观点，鼓励所有成员积极参与
7. 努力寻求能够达成共赢的创造性、协作性解决方案，而不是要求各方相互妥协

---

来源：Johnson，D. W.，& Johnson，F. P. (1997). *Joining Together：Group Theory and Group Skills*(6th ed.). Boston，MA：Allyn & Bacon.

　　这些指导原则可以用来帮助团队达成共识，但在真正的应用当中会存在一些困难。当团队成员的意见出现分歧时，由分歧而引发的情绪反应可能会妨碍这些原则的应用。冲突会令人感到不愉快，因而人们往往希望尽快地结束冲突。从心理上来讲，相对于耐心倾听他人并寻求协作式解决方案，采用快速解决方案对人们而言更为容易。

　　如果团队在寻求达成共识的过程中遭遇困境而难以继续，可以采用以下几种方法来打破僵局。团队可以先搁置争议，继续进行下一个相关问题。暂时改变话题稍后再继续现有讨论能够减少冲突所引发的情绪张力。如果必须迅速做出一个决定，团队可以选择使用一种替代性方式，如投票表决，或者说服各方都在己方立场的基础上做出一定让步，努力达成妥协性解决方案。时间允许的情况下，团队还可以寻求外部帮助，或者引入训练有素的协调促进者来管理决策过程。

## 领导虚拟团队：　促进达成决议共识

　　**问题**：与面对面会谈相比，虚拟会议更难就某一决议达成共识。

　　**解决方案**：在虚拟会议中，达成决议共识的困难之处也许在于很难完成沟通的反馈回路。这部分内容可以参见第五章合作部分的讨论，其中探讨的一些方法也同样适用于此处。此外，虚拟团队的领导人可能需要考虑一些其他的决策方式。

　　1. 选入而不是选出。团队成员不希望自己的想法被否决并排除在考虑之外，而想要至少能够被其他所有参与者倾听并理解。这就要求当一个想法被提出时，每个参与者都要完成反馈回路，这在虚拟会议中是非常耗时并很难做到。

　　然而，如果在做决议时把各种想法考虑进去而不是否定并排除在外，这种关于信任的要求就最小化了。考虑使用头脑风暴法或者列表生成工具来产生一系列想法。放弃传统过程中要求参与者被要求投票选出一部分想法，对其进行进一步的考

虑的做法，领导者可以将一些产生的想法展示给整个团队。然后领导者提出要求，"请查看观点列表，从中选出一个之前没有被选过的观点，这个观点在你看来应该被列入共享列表进一步加以考虑。"当成员选出一个想法后，领导者清除关于这个想法的文字描述，在重新将想法列入列表之前，要求团队进行口头讨论，以促进对这个观点的共同理解。领导者会要求每个成员给出列表中没有的新想法；如果某个成员没有新想法，就继续询问下一个成员。

这个过程很快就能产生一个列表，这个列表包含了团队成员提出的独特的、表述清晰的想法，并能够确保任何一个团队成员最赞同的想法不会被排除在考虑之外。

2. 采用匿名的方式进行决策。与匿名的方式能够支持讨论过程相类似，在虚拟评估或投票过程中也可以采取匿名的方式。要求团队成员匿名对列表中的想法进行评判，并对每个评判点给出依据。群体支持系统（GSS 软件）可以用来支持评判过程，并且能够根据不同话题报告所有评判者的累积依据。

然后会议领导者可以使用获得的匿名数据来找出后续讨论的重点。团队可以采用匿名评判的依据来讨论不同的评价内容，而不需要对某个观点冒险做出公开支持，也不会由于捍卫自己的观点而引发情绪化争论。

在实践中，这种评判活动经常会出现用语差异，这种差别往往是由于错误理解、对事实的不同解读、不同的价值观或假设所造成的。所有这些都对成功的决策有所助益。如果领导者在讨论中采用允许匿名投票的会议技巧，团队成员就能够直观地看到对某一想法的支持是怎样随着大家的思考决定而变化。使用群体支持系统进行投票并对投票做出解释是一个很好的例子，说明了虚拟会议通过何种方式能够比无法运用这项技术的面对面会谈更为有效。

## 小结

群体决策的最大优势在于能够整合更多资源来解决问题。群体决策还能够激发成员的积极性，推动成员的技能发展。然而群体决策往往会占用更长时间，并且不是总能够成功地达成目标。当团队中的观点多样化，能够进行坦诚沟通，并且待处理问题适合讨论解决时，群体决策会优于个人决策。

群体决策的主要方式包括咨询式决策、民主型决策和共识性决策。这些方式在时间要求、决策质量、对决策执行的支持度上都各有不同。采用哪种决策方式取决于问题的性质。规范性决策理论提供了分析问题的途径，有助于选出最佳的决策方式。

冲突过多或冲突过少、决策时间的限制，以及外部压力都会影响到团队的决策能力。优于群体极化效应，群体决策往往会比个人决策更为极端。想要维持团队内良好关系的强烈愿望也可能会影响决策过程，并引发群体思维现象。群体思维会导致由于成员强烈的防范意识而造成的不充分决议。

一些结构化决策方法可以用来管理某些问题情境。在社会性互动很少的大型群体中可以采用名义群体法。德尔菲法通过使用一系列问卷来做出决策，可以用于成员之间从未见过面的大型群体中。林吉法是一种日本式的决策方法，有助于避免决策过程中的当面对抗。这些方法将决策过程结构化，有助于提高决策效率。但由于成员的参与感降低，这些方法也可能会削弱成员对最终决议的支持程度。

共识性决策是利用团队资源最为充分的决策方式。团队可以学习运用几种方法来帮助提高进行共识性决策的能力。

## 团队领导者的挑战 9

假设你是大学某系的系主任，系里一共有 10 位教师。尽管你努力按照预先安排的日程召开会议，但是事情总是很难按照预期进行。教师总是花费太多时间讨论细枝末节而无法触及重要问题。大多数时候，你努力使得整个团队就议题达成一致意见。由于投票常常无法解决冲突，你不得不在未来重新讨论并对问题做出新的决议。

院长向你施加压力，要求你就新生的录取政策做出决定。在系会上，你已经数次提起了这个问题，但是教师一直无法在政策细节上达成一致。院长希望很快能获得讨论结果，否则他将会直接给出一种政策。

- 你（系主任）怎样才能在系会上改善决策？
- 关于录取政策，你应该采用哪种决策方式？
- 如果系里不能够或者不愿意做出决议，你应该怎样处理这种情况？

### 活动 1：做出共识性决策

**目标**：做出决议型决策要求讨论一致持续到所有人都接受决议为止。接受并不意味着这个决议是团队成员最愿意的选择，而是意味着愿意接纳并支持这个决议。

对于团队来讲，学习怎样做出共识性决策是一项重要的技能。

**活动**：组建一个团队，并要求团队就下列问题达成共识性解决方案。

- 团队成员需要拥有的最重要的技能是什么？
- 好的团队领导最重要的特点是什么？
- 团队协作最大的好处是什么？
- 团队协作最大的问题是什么？

在团队努力达成共识性决议的过程中，要求观察者使用活动工作表 9-1 来记录团队是否遵循促进达成共识性决议的原则。

活动工作表 9-1

**遵循促进达成共识性决议的原则**

| 团队是否遵循了下列原则？ | 是 | 否 |
| --- | --- | --- |
| 1. 在没有倾听他人立场前，不要坚持自己的看法而与他人争执 | | |
| 2. 不要仅仅为了避免冲突而改变立场 | | |
| 3. 不能因为想要避免发生冲突而采用快速的方式做出决策，如投票或抛硬币 | | |

**分析**：团队是否成功地达成了共同决议？团队是否遵循了促进达成共识性决议的原则？

**讨论**：你会给出怎样的建议，帮助团队提升做出共识性决策的能力？

## 活动 2：团体决策与个人决策

**目标**：群体决策既有好处也存在问题。尽管由于能够整合多个成员的信息，群体决策应该优于个人决策，但是群体决策的某些方面可能会妨碍群体充分利用其资源。

**活动**：创建一个列表，包含 15 项能够被评判并与正确答案相比较的内容。这些内容可以包括商业上可行的"逃生"任务、某些州的人口数量，或者历史学家对总统的评价排序。要求参与者首先个人单独进行排序，然后作为团体通过讨论来做出集体排序。你可以找一个观察者记录在讨论中每个成员的沟通次数。

**分析**：给出正确的排序，并计算个人答案，团体答案在与正确答案比较后的得分差异。群体得分是否优于个人的平均分？群体得分是否优于个人的最佳得分？如果有观察者，关于这个问题的知识与沟通次数之间的关系是什么？

**讨论**：群体决策的优势与缺陷分别是什么？什么因素会妨碍团队充分利用成员的知识？

第十章

# 领　导

　　团队可以通过多种方式选择领导者并分派领导角色。团队领导者可以由组织指派，团队还可以自我管理，或者由团队成员分别承担不同的领导角色。什么样的领导方式最好？这个问题并没有明确的答案，但是存在几种建议采用的领导方式。情境领导理论能够帮助领导者根据团队成员的特点选择最佳行为方式。

　　当前的组织会尝试采用不同形式的团队领导方式。在自我管理的团队中，很多管理功能被移交给了团队。团队进行自我管理能够带来多种好处，但是需要团队具备一定的团体过程技巧，以保证团队的有效运行。很明显，在需要具备的技能以及需要承担的责任方面，团队领导方式与传统领导方式是不同的。团队领导者不需要管理团队，而是要帮助团队解决问题并促进团队更加有效地运行。

**学习目标**

1. 领导角色和权力大小的不同会怎样影响领导特点？

2. 成为领导者的影响因素是什么？

3. 研究领导风格的方式有哪些？ 这些方式有什么含义？

4. 哪些因素会降低领导的重要性？

5. 情境领导理论的要点是什么？ 领导者的行为与团队准备度有何关联？

6. 团队自我管理的好处与问题分别是什么？

7. 团队领导者的功能角色和责任是什么？

8. 教练式辅导如何改善团队的运作？

## 一、　团队领导的不同方式

团队领导是指通过个人对团队成员产生影响，使其不断前进逐渐达到团队目标的过程。根据选取方式的不同，以及被期待承担的角色差异，领导者的类型也有所不同。经常发生的情况是，真正担任团队领导者的人也许并不是最适合这个角色的人。

### (一)团队领导的特点

尽管我们通常认为会由某一个人担任团队领导者，但事实却并非总是如此。我们需要认识到领导是一个过程，或者是可能由许多团队成员共同实现的一组职能，而不是只将其视作和特定的某人相关(Day，Gronn & Salas，2004)。在不同的团队中领导者的类型、领导角色的分配，以及领导者具有的权力都有所不同。

有的团队没有领导者，有的团队中领导者是由团队所属的组织委派而来，有的团队中领导者是从团队中选出的，还有的团队采取自我管理的方式。在大多数团队中是由某一个人担任领导角色的。领导者可能是由组织挑选出来指派给团队，也可能是由团队选举产生，或者是由团队成员轮流担任。团队也可能在最初由团队成员共同或轮流承担领导职能，直至团队互动过程中产生出领导者。

不同的领导者在拥有的权力和权责方面是有差异的。由组织委派的领导者会拥有做出团队决议的权力，并且采用哪种方式做出团队决策也是由领导者决定的。选举产生或轮流承担职责的领导者往往权力有限，通常在团队中主要作为团队运行的协调者和推动者。在以下情境中，组织委派的领导者能够发挥重大作用：任务非常复杂并需要进行结构化处理；团队成员之间出现重大冲突；需要有人来管理团队与组织中其他部门的关系(Lumsden & Lumsden，1997)。

团队领导者与管理者并不一样。管理者拥有组织给予的管理其下属的权力与权责，而团队领导者通常并不具有这种权力。管理者需要为其下属的行为负责，而团队成员的行为是由整个团队(而不是领导者)来承担责任的。此外，管理者需要负责处理人事问题(员工聘任、评估与奖励)，而团队领导者通常没有权力承担这些人事职责。

### (二)共享领导

根据团队执行的任务不同，团队领导的角色可能会由某些成员分担，而不是集中在某个人身上(Wellins，Byham & Wilson，1991)。共享领导的概念是领导职能可以由不同的团队成员分担实现(Drescher，Korsgaard，Welpe，Picot & Wigand，2014)。领导者在团队中需要承担多种职能，这些职能并不一定需要由同一个人全部承担。团队任务可以被分解为多个具体职能，每个职能需要承担的责任也可以分配给团队的某个人来承担。团队成员可以轮流承担不同的领导角色，以此在团队内部发展自己的技能。

共享领导的要点在于参与式决策、发展社会关系、促进相互支持，以及赋权(Day，2013)。对团队的领导是通过团队成员之间的关联与联系实现的，而不是仅仅取决于特定个人的行为。因此团队领导形成了一个动态的、持续进行的、相互影响的过程，这个过程团队的任何成员都可以参与进行。当团队面对没有任何个人具备所需的管理能力的状况时，更多的人参与共享领导对于团队来说就是一个宝贵的资源。

研究表明共享领导对团队的影响总体来说是积极的(Wang，Waldman & Zhang，2014)。它既有助于提高团队完成任务的绩效，也有助于改善团队成员间的社会关系。团队任务越复杂，知识要求越高，以及相互依赖的协同活动越多，共享领导对团队绩效和成员之间社会关系的影响就越强。共享领导注重团队成员之间的社会关系和领导职能的共同执行。由于能够促进团队成员之间的交流，增强彼此之间的相互支持，共享领导还能够加强互信，提高团队凝聚力，增强成员满意度。

### (三)领导者的产生

如果团队中没有组织委派的领导者，通常领导者会从协调团队中产生，以协调团队行动(Hemphill，1961)。成为领导者的成员也许并不能实施有效领导。领导者往往会比追随者高大并年长，但是这些特点与有效领导并没有直接关系(Stogdill，1974)。男性成为团队领导者的可能性要比女性大5倍(Walker，Ilardi，McMahon & Fennell，1996)，但是性别同样与有效领导没有直接关系(Eagly，Karau & Makhijani，1995)。对军事团队进行的研究表明，领导者的体能更强，任务执行技能更好(Rice，Instone & Adams，1984)。尽管任务执行技能与有效领导存在一定联系，但体能则与之几乎没有关系。

性格变量。例如，是否外向经研究证实能够影响一个人是否会成为领导者（Bendersky & Shah，2013）。性格外向的人往往显得更为自信，流露出更强的支配愿望，表现得更有热情，因此常常在最初被选为领导者。然而随着时间的变化，与完成任务和团队协作方面的技能相比，性格特点的重要性会逐渐下降。团队共同工作时，能够推动团队合作完成任务的能力要比具备某种性格特质更为重要。

团队选择领导者时最重要的一个指标是参与率（有时被称为"说话效应"）。团队成员选择沟通最频繁的人作为领导者的可能性更大（Mullen，Salas & Driskell，1989）。不幸的是，在领导者的选择过程中，沟通量的多少比沟通质量的好坏起到的作用更大。似乎是越频繁参与沟通的人对团队活动的兴趣越大，参与团队活动也更积极，也更愿意与团队成员共同工作。

领导原型理论采用了另外一种方式，解释了领导者的产生为什么会受到那些与有效领导无关的特征的影响（Lord，1985）。这个理论研究了领导者与团队成员的观念之间的关系。对于好的领导者应该具备哪些特质，团队成员会具有某些隐藏的概念。领导者与这些被期待具有的特质吻合度越高，其影响力就会越大。尽管在不同的追随者心中，好的领导应该具备的具体特质有所不同，但是人们通常认为有效的领导者应该聪明、愿意奉献，并且具有良好的沟通技能。

领导原型理论解释了在团队成员选择领导者的过程中出现的一些问题。团队成员会根据自己心目中的领导者原型，决定哪个人应该成团队领导者。但是这些关于好的领导者的原型并不一定准确。例如，领导选择中呈现出的性别差异，可能是由于人们对女性的固有印象与领导者原型的相关联方式导致的。固有印象下的女性会看重表达性特质，如情感与语气，而固有印象下的男性则会重视工具性特质，如产出性和影响力（Williams & Best，1990）。尽管表达性特质与工具性特质对于领导者来说都是需要的，团队成员往往更看重工具性特质（Nye & Forsyth，1991），这就使得团队成员更有可能把男性看作领导者的候选人，并认为男性做出的行为对领导者而言更为重要。

## 二、 领导的研究模式

领导在大多数人看来都非常重要，同时也是大量研究所关注的对象，然而我们并没能很好地理解领导的内涵。关于领导的研究中存在的内在问题是造成这个困境的主要原因。人们认为领导者很重要，但事实上却并非如此（Meindl & Ehrlich，

1987)。并不存在所谓的最好的领导风格，事实上不同类型的领导者会在不同的情境下发挥其作用，同时在不同情境中领导者的重要性也有所不同。

关于领导，历史上的四种不同研究模式对于组织和团队有着不同的意义(表 10-1)。特征或性格模式的基本理念是，好的领导者应该具备某些个性特征。如果事实确实如此的话，就可以通过心理测试来确认并选择领导者。另外一种研究方式是行为模式，通过行为界定领导力。这种研究取向致力于确定好的领导者会做些什么，然后据此对领导者进行培训。情景模式则对领导存在的必要性提出了质疑，致力于研究在什么样的场景中需要领导者，以及什么因素能够代替领导的作用。最后一种是权变模式，将领导者的性格行为特点与具体情境联系起来。例如，我们不可能列举出好的领导者的具体做法，但是能够界定出在紧急情况下好的领导方式是什么。

表 10-1  领导的研究模式

| 模式 | 意义 |
| --- | --- |
| 特征或性格 | 通过测试选出好的领导者 |
| 行为 | 通过培训培养好的领导者 |
| 情境 | 理解不同的领导方式 |
| 权变 | 将个性或行为与情境相关联 |

### (一)特征或性格理论

领导研究的最初模型是性格特质理论，基于这种理论，20 世纪 30 年代至 40 年代，研究者对领导力进行了数百项研究(Yukl，1989)。性格特征理论的假设是好的领导者具备某些特定的性格特点。如果能够确认并测量这些特点，就可以据此来挑选出适合担任领导者的人。

人们对很多性格特征进行了研究，但没有明确证据能够证明性格特征与领导力之间存在很强的关联性(Kirkpatrick & Locke，1991)。近期许多研究指出，多种性格特点的同时存在与好的领导有关。例如，有效的领导者会更有驱动力，更加诚实，具有更强的领导积极性，更为自信，更加聪明，更了解商务运行规律，更富于创造性和灵活性。没有任何一种特质能够作为判断好的领导者的标准，但是有效的领导者在这些性格特质的整体水平上确实优于追随者。性格特质理论的基本问题在于，在某种情境下成功的领导者(如商业情境)并不一定在其他情境下(如政治或宗教情境)也能够同样成功。

智力的价值是一个很好的例子，能够说明性格特质理论中存在的问题。"好的领导者必须是聪明的。"这似乎是不言而喻的，但是果真如此吗？最聪明的人就是最好的领导者吗？美国总统中最聪明的那个就是最有效的总统吗？大多数大学教授都能够成为伟大的商业领袖吗？好的领导者确实会比一般人更加聪明，但是并不一定必须是组织中最聪明的人。此外，智力的重要性也是会发生变化的。在独断型领导模式下（如军事情境），高智力是好的领导者的重要特征。在民主型领导模式下（如地区政治情境），好的领导者则需要能够轻松自如地与他人打交道，并具备良好的沟通技能。这些沟通技能要比智力更为重要。

动机则是另外一个例子。成功的领导者都是有动机的，但是哪种类型的动机是重要的呢？成功的小型企业的创业者和大型企业的管理者之间的差别并不是动机的强烈程度不同，而是动机的类型不同。大型组织中成功的管理者有着强烈的权力需求和中等强度的成就需求（McClelland & Boyatzis，1982）。这些管理者的动机主要集中于组织建设和对下属的赋权，而不是获取个人权力和控制感。相反，创业者会有着强烈的成就和独立需求，而对权力的需求则并不突出。

灵活性，或者说适应不同情境的能力，被认为是好的领导者的一个重要特征。原因很显然，并不是所有的情境都需要同样的应对方式。然而人们也喜欢能够保持立场、坚持一致的领导者。我们不喜欢太容易被民意影响的从政者，尽管这只是一种灵活的领导方式。显然，我们并不希望领导者的灵活性太强。

### (二)行为理论

行为理论把领导力定义为一组恰当的行为。这种理论的目的是通过定义哪些是好的领导行为，采取培训的方式培养好的领导者。大多数关于领导行为的研究并不关注智力、创造性等方面的问题，而是集中于两个方面：领导者的决策风格，以及领导者的关注焦点（关注任务还是关注社会关系）。

行为理论中关注决策方式主要是为了比较独断型决策的好处和民主型决策的不同。正如第九章中所指出的那样，不存在所谓的最好的决策方式。判断哪种决策方式最好时，需要考虑不同的问题类型和情境状况（Vroom & Jago，1988）。

这方面的相关研究显示，不同的决策方式都有着各自的好处与问题。民主型领导者往往更能够鼓舞追随者的士气，提高其工作满意度和投入度。然而民主型决策速度较慢，采用这种方式的领导者也有可能会被认为相对软弱。独断型领导者的决策效率往往更高，但是这种风格则可能会引发追随者的不满，并会导致执行阶段出现问题。

　　行为理论也会对领导者的关注焦点进行研究：领导者应该关注任务问题还是追随者之间的关系问题（Likert，1961）？领导者的主要职责应该是组织并管理团队任务的执行，还是保证团队成员之间关系良好，促进成员的满意度和积极性，从而实现团队的自动运行？这方面的研究结果除了显示出团队成员更喜欢能够考虑到社会关系的领导者之外，其他方面的结论都相互矛盾，并没有形成定论（Yukl，1989）。

　　正如我们无法绝对地判断哪种决策风格最好一样，哪种领导行为最为有效也取决于具体情境。如果团队正在执行常规任务，领导者的关注点应该放在社会关系上，这是因为在这种情境中，团队并不需要领导者的帮助来执行任务。如果项目团队正在努力攻克难题，好的领导者能够帮助团队更好地理解并完成任务。如果团队能够自我管理，领导者则不需考虑任务问题和关系问题，而应该集中注意力解决外部干扰因素。

　　领导行为理论的一个新的例子是领导—成员交换模式，这种方法关注团队内部领导者和下属之间的互动（Graen & Uhl-Bien，1995）。领导者与下属之间建立起不同类型的关系，形成了内圈和外圈。内圈的成员能够获得领导者更多的关注，并且能够获取更多的资源以完成工作。因此与外圈成员相比，内圈成员的产出性更好，满意度也更高。内圈和外圈的区分是在关系形成的初期，领导者对下属的了解还非常有限的情况下就确定下来了。有时这种划分会受到一些无关因素的影响，如相似的性格特征、吸引力等，而不是取决于真正的工作表现。这一观点的重要性在于指出了团队是由具有多元化差异的个体组成的。领导者并不是对待所有成员都一视同仁的，领导者可能会在和某些成员配合时有效工作，而和另外一些成员则很难配合。

### (三)情境理论

　　领导者真的对团队成功具有重要意义吗？在什么时候领导者是重要的？这些问题是领导力情境理论的基础。情境理论的价值在于理解影响领导力的情境因素，并探究领导的替代性方案。

　　在研究伟大的领导者的过程中，历史学家注意到了领导者与情境之间的关系。当人们有重大的需求，希望寻求他人来解决这个需求的情境下，魅力型领导者才会出现（Bass，1985）。历史上知名的重要领导者正是如此：他们都在剧烈的历史动荡阶段承担了领导者的角色。

　　人们往往会高估领导者的重要性（Meindl & Ehrlich，1987）。尽管领导者会对组织的成功产生重要影响，但是在大多数日常工作中，领导者的作用是相当有限的。然而从认知角度而言，领导者对于追随者来说非常重要。由于很难说清一个组织成功或失败的真正原因，因此领导力就成了事件发生原因的简化解释。

情境理论的重要价值之一在于探讨了领导的替代方案，或者是可以取代领导的因素。这些因素与员工、工作及组织的特点相关（Yukl，1994）。能力较强，训练有素并具备责任感的员工对领导者的需求程度最低。高度结构化的常规性工作也并不需要领导者的监管。组建团队完成工作并形成凝聚力强的团队精神也会降低对领导者的需求程度。

### (四)权变理论

权变理论是研究者对领导力研究中出现的问题的解决方案。如果在脱离具体情境的条件下，无法界定好的领导者应该具备哪些个性，会做出哪些行为，那么领导力理论就应该将这些因素结合起来加以统筹考虑。然而，好的研究理论可能在实践中难以应用。与其他理论相比，权变理论更为复杂，也更加难以理解和应用。

权变理论首先会关注的是情境中的某些特征，包括任务类型、结构化水平，或者对领导者的友好程度。然后权变理论会分析领导者个性或行为的某些方面，如人际技能或任务取向。这两组因素结合起来能够表明，领导应该根据情境做出哪些行动，或者在给定的情境下，哪种类型的领导者能够发挥出最大的作用。例如，由于个人倾向或者是所接受的培训的影响，有些人往往会成为独断型领导者。当拥有足够的权力，并且追随者服从意愿较高时，独断型领导者往往能起到较好的作用。这也就是为什么在军队中会训练领导者通过强有力的方式解决紧急情况，并会挑选能够按照这种方式解决问题的人担任领导者。

尤克尔（Yukl，1989）的多元连接理论是有关团队领导的一种权变理论。多元连接理论认为，团队的成功取决于以下六个中介变量：成员的努力程度、成员的能力大小、任务的组织情况、团队协作状况、可获取的资源、外部协调。情境因素会直接影响到这些变量，并决定着哪些变量最为重要。领导者的职能在于管理并改善这些中介变量。从短期来看，领导者所做的大多数行为都是为了解决这六个变量中出现的问题。从长远来看，领导者通过实施改善方案，发展新的目标和方向，改进与组织的关系，以及改善团队氛围，从而使得情境变得对团队更加有利。

## 三、 情境领导理论

从团队工作的角度来说，最重要的领导力理论是情境领导理论（Hersey &
Blanchard，1993）。这个理论将领导行为与团队关联起来。其价值不仅仅在于告诉
领导者应该怎样做。团队领导理论是一个发展性的理论，认为领导的目标之一是推
动团队的发展。因此，情境领导理论是最具有团队取向的领导力理论。

情境领导理论认为根据不同的任务和关系组合，存在四种基本的领导风格：指
导（高任务低关系），教练（高任务高关系），支持（低任务高关系），授权（低任务低
关系）。适合哪种领导风格取决于团队的成熟度或准备度。团队准备度的基础是团
队成员的技能，成员关于所做任务的经验，设定目标以及承担责任的能力。随着团
队准备度的提高，领导者的行为逐渐转变，从指导、教练、支持，最后到授权。

为了了解情境领导理论的应用方式，设想你是一个暑期项目中的青少年团队领
导者。在你作为领导者的第一天，对于要完成的任务以及协同工作，你的团队几乎
都没有任何经验。作为领导者，你需要掌控局面，让团队开始合作起来。这时需要
的是任务取向（指导）的领导方式。随着时间的增加，团队逐渐获取了一定的经验，
你的领导风格也应该逐渐软化（教练）。一旦团队学会了如何执行任务并能够为自己
的行为负责时，你就需要让团队参与到决策过程中来（支持）。这既有助于增强成员
对团队的投入度，也有助于提高其领导能力。当团队能够完全承担起完成任务的责
任时，就不再需要你的指导，你的工作此时应该转向解决团队外部问题。此时作为
领导者，你把大部分团队内部的领导职能授予了团队，使其自行管理。

从这个例子中可以看出，情境领导理论有两个要点：第一，领导者需要根据团
队的准备度调整自己的行为方式；第二，领导是一个发展性过程，并且能够促进团
队成熟度或准备度的发展。

情境领导理论提倡领导方式要和团队成熟度或准备度相匹配（Lorinkova，
Pearsall & Sims，2013）。这种做法从短期来看是恰当的；然而，完全由领导者做
出决策的指导型领导方式无法促进团队的发展。授权或支持型领导方式（提倡运用
在成熟度或准备度更高的团队中）可能在最初会影响团队的运行效率。但从长远来
看，这种支持型领导方式会提高团队的绩效水平。

没有准备好进行协同工作的团队可能需要指导型的领导者，从而保证团队的有
效运行，但是指导型领导者并不能促进团队发展，使其在未来能够自行运作

(Lorinkova et al.，2013)。指导型领导者的存在会助长团队对领导者的依赖性，无法促进团队的学习与发展。领导者应该更注重对团队的授权，这需要采用非指导型领导方式。授权方式可以通过鼓励参与和协作，要求团队承担责任等方式，促进团队绩效的提高。这种方式的关注点在于团队学习和成员间的积极互动，从而促进团队能力的发展，以期在未来可以不需要领导者而自我管理。

授权型领导方式着重关注通过积极参与决策，协作开发工作职能与过程，以及学习改善绩效等方式，来推动团队的发展(Lorinkova et al.，2013)。这种教育阶段会占用团队完成任务的时间，因此短期内会降低团队的绩效。然而这种方式则能够提高团队的长期绩效，这是因为在过程中团队能够发展集体能力，提高团队自信，以及对团队的投入度。长远来看，这种方式能够促进团队学习，提高团队绩效，增强团队弹性。

## 四、 自我管理团队

随着组织运行越来越以团队为导向，有时会采用自我管理团队的形式(Wellins & George，1991)。与标准的工作团队相比，自我管理团队具有很多好处。然而自我管理团队的组建是一个艰难的过程，并且这种形式并不一定适用于所有情境。

自我管理团队将团队绩效的责任转移到团队成员身上(Hackman，1986)。这种做法减少了对管理人员的需求，并且能够使管理人员能够更加专注地处理团队外部问题。如果运作成功，自我管理团队能够促进对员工的赋权和团队成员的技能发展。自我管理团队转变并不是一个完全是或完全不是的过程，而是有着不同的实现程度的。自我管理团队的不同实现程度取决于组织在多大程度上愿意让团队承担新的责任。

尽管自我管理团队的想法在 20 世纪 60 年代就已经出现了（作为社会技术系统理论，或是 STS 的一部分），自我管理团队的应用直到 20 世纪 80 年代才较为普遍，当时主要运用于工厂和服务团队中(Manz，1992)。直到 20 世纪 90 年代，美国超过 40％的大型公司都采用了自我管理团队的形式，至少对其部分员工采取了这种做法(Cohen，Ledford & Spreitzer，1996)。这些公司在生产制造中引入自我管理团队这一形式，最重要的原因是促进提高绩效和质量(de Leede & Stoker，1999)。

### (一)领导自我管理团队

领导自我管理团队需要采用新的领导方式(Druskat & Wheeler，2003)。尽管自我管理团队能够负责其内部运行，外部领导者确实仍然有重要作用：为团队提供宝贵的训练、支持与动力。然而，很多自我管理的生产或服务团队进行的是相对常规的工作。在正常状况下，这些团队并不需要外部领导者的协助。只有当团队遇到困难时才会需要领导者。

对于自我管理团队来说，外部领导者可能会提供支持，也可能会直接介入团队运行(Morgeson，2005)。当介入是为了帮助团队做好应变准备，或者提供支持性的教练式帮助时，团队领导者会被视作有效的领导者并能够提高团队的满意度。如果直接介入团队运作，则会降低成员的满意度。

领导者的积极参与会被团队视作负面因素，因为这降低了团队的自治程度。只有当团队无法进行自我管理时，积极的介入才会影响团队的有效性和满意度。

### (二)激发自我管理团队的动机

自我管理团队的动机是由团队成员的行为，而不是外部领导者决定的(Stewart，Courtright & Barrick，2012)。团队成员自行负责监督、协调和激发动机以提高团队绩效。有两种方式会影响团队动机：规范和理性。在规范影响中，团队归属感和团队依恋会对成员的表现产生社会压力。团队凝聚力是团队的发展动机。在理性影响中，团队成员之间的相互评估和奖励体系是促使成员更加努力的动机。由于团队成员知道自己的表现会由同伴进行评估，因此理性方式能够解决由社会惰性引发的问题。

尽管两种方式的共同运用能够更好地激发个人动机，但是在激发团队动机时，规范策略和理性策略的运用是部分重叠或彼此替代(Stewart et al.，2012)。在高凝聚力团队中存在的社会压力促使所有成员彼此配合，规范影响对于个人和团队动机都能够起到良好的作用。然而在低凝聚力团队中，个人动机更多地取决于同伴评价和奖励体系。理性策略也能够促进团队赋权，因为允许团队成员负责评估和奖励系统正是对团队赋权的方式之一。因此理性策略对于自我管理团队来说还具有其他好处，如增强团队成员对自己能够影响团队策略性活动及运作活动的信念。

### (三)自我管理团队的成功

自我管理给生产型及服务型团队带来的好处并不一定适用于专业型团队。科恩和贝利(Cohen & Bailey，1997)对于不同类型团队中影响团队成功因素的研究进行了综述，结果发现自我管理并没有提高项目团队的绩效。

在绩效水平最高的团队中，领导者高度参与了任务的管理过程。由于项目管理团队的成员已经拥有了较大的自主权，因此并不认为自我管理对于个人来讲是一种额外的好处。此外，由于从事的是困难的非常规性工作，因此项目团队成员会认为，由领导者帮助将任务结构化对团队而言是一种好处。

与专业团队相比，为什么生产型和服务型团队更适合自我管理模式，很多原因都能对此做出解释。在生产型团队中，团队成员可以进行交叉培训，从而能够理解彼此工作中出现的问题。在专业型团队中，团队成员拥有不同类型的专业知识及技能，因此使得成员之间很难从对方的视角看待问题(Uhl-Bien & Graen，1992)。生产型团队有着清晰的绩效衡量指标，并能够通过量化反馈来评估并改善绩效，而在大多数情况下，很难对专业型团队的绩效进行分析与测量(Orsburn，Moran，Musselwhite，Zenger & Perrin，1990)。最后，与专业人士和管理者相比，生产工人更加注重社会关系，彼此之间的竞争较少(Lea & Brostrom，1988)。

在对专业型团队的研究中，利瓦伊和斯莱姆(Levi & Slem，1996)发现，几乎没有证据表明自我管理团队的表现会更好，或者员工更加愿意在自我管理团队中工作。从理论上来说，自我管理的概念似乎对很多员工有吸引力，但是拥有一个好的领导者来管理团队，传授经验并对所付出的努力给予奖励，对于员工来说同样是很有吸引力的事情。因此没有任何一种领导方式是所谓的最佳方式。当任务十分复杂或者团队目标不清晰时，需要强有力的领导者来提供明确的努力方向。当任务相对常规时，对领导者的需求就会大幅度降低。人们执行任务及团队协同工作的经验越多，就越能够进行自我管理。

## 五、 应用： 功能性团队领导方式

尽管关于领导力和团队发展都分别进行了大量研究，但是很少有研究关注哪些领导方式对团队最为有效(Zaccaro & Klimoski，2002)。传统的领导理论并不能充分地解释涉及团队领导的相关问题。团队领导者能够承担多种不同的职责和角色，从团队的积极参与者，到作为外部领导者为团队设立总体方向并允许团队自行管理其内部运行过程。

从功能性领导的角度而言，团队领导的目标应该是帮助团队更加有效地运行(Zaccaro & Marks，1999)。团队管理是一种社会问题解决形式，其中领导者帮助团队明确需要改善哪些团队功能，并采取行动来转变这种状况(Day，2013)。这些形式包括帮助团队解释并诊断问题，找出并评估解决方案，执行解决方案。功能性领导并不是由领导者需要做出的一套具体行为来界定，因为哪些是恰当的领导行为取决于团队本身、需要完成的任务、具体情境，以及所面对的问题等多种因素。功能性领导并不是领导方面的某种具体风格，而是应对团队问题的一种问题解决方式。

　　存在三种核心的领导功能：设立团队方向，管理团队运行，以及发展团队的领导能力（Zaccaro，Heinen & Shuffler，2009）。团队领导者的重点取决于团队面临的问题以及团队的成熟度。领导者帮助团队解决问题以达到团队目标，与此同时，发展团队成员的技能与能力促进其集体领导能力。领导者就团队绩效做出反馈，促进团队学习，帮助团队发展更有效的绩效策略。

　　功能性团队领导者并不在微观层面对团队进行管理，而是对团队赋权并提供支持（Garvin，2013）。对谷歌公司的项目团队领导者进行的研究表明，有效的领导者一方面会给予团队工作上的自由度，同时在有需要时又能够提供建议和支持。正如好的教练一样，领导者会向团队表明自己对团队的信任，同时在更大的组织范围内会成为团队强有力的支持者。

　　团队领导者可以采取一些方式来支持团队（Hackman，2012）。领导者可以集中关注团队的结构和运行背景，以确保团队有能力取得成功。或者，团队领导者可以积极参与团队的内部运行来促进团队绩效。最后，领导者还可以承担起教练的职责，在团队遭遇问题时提供指导意见。从领导力角度来看，建立恰当的运行背景对于团队来说最为重要。

### （一）为团队提供运行背景

　　团队领导者可以通过关注团队的发展方向，内部结构和外部关系来为团队提供支持性背景（Hackman & Walton，1986；Wageman，Hackman & Lehman，2005）。团队领导者的主要作用之一就是为团队设定发展方向。确立清晰并吸引人的发展方向是激发团队动机、促进团队绩效的一个重要组成部分。

　　领导者必须创建出促使团队成功的背景，包括促进性的团队结构和支持性的组织背景。促进性的团队结构包括能够吸引成员的任务，具备完成任务的能力的团队成员，以及能够促进有效运行的团队规范。支持性的背景能够为团队提供必要的信息和资源，并会对团队的优秀表现做出奖励。

　　领导者的第三个职能面向的是团队的外部关系。领导者在团队与组织之间起到联系作用，并且能够对组织对团队的干涉起到缓冲作用。领导者需要完成公关任务，确保团队能够从组织获得所需的资源与支持。

### (二)促进团队的内部运行

积极参与的领导者对团队的认知、动机、情感和协作等过程都会产生影响(Zaccaro，Rittman ＆ Marks，2001)。从认知角度而言，团队领导者能够帮助团队明确需要管理的问题，推动团队解决问题，并协助建立团队的运行策略。领导者并不直接解决问题，而是推动团队发展自身能力，进而有效解决问题。

领导者的另一个重要作用是通过促进团队凝聚力和集体效能，激励团队成员努力工作。领导者可以开发需要相互合作的具有挑战性的任务，以此来促进成员对团队的承诺。领导者对团队的良好表现表示感谢，庆祝团队取得的成功并给予奖励。

从情感角度来说，领导者能够帮助管理团队压力并促进团队成员间的积极情绪。领导者可以示范积极状态，向团队成员提供咨询与帮助，以及通过建设性方式管理团队冲突，从而影响团队的情绪。这意味着要创建安全的环境使得团队成员能够自由地参与，而不会担心受到惩罚。

另外，通过明确团队成员的个人角色，分配给每个团队成员与其能力匹配的职责，发展绩效策略，监督任务执行并提供反馈信息，领导者还能够促进团队协作的发展。领导者还负责为团队创造机会进行反思，并对团队目标和运行过程进行再评估。

### (三)团队教练

团队教练是团队领导的一种干预方式。通过向团队提供指导的方式提高团队协作和团队绩效(Hackman ＆ Wageman，2005)。团队教练包括三种类型：动机型、咨询型和教育型。动机型教练目的在于减少团队中的社会惰化，增加团队承诺。咨询型教练着重关注改善团队绩效的策略，提高团队协作能力。教育型教练协助建立团队成员和团队整体的知识、技能与能力。

领导者采用哪种教练方式取决于团队所处的发展阶段。不同的发展阶段会影响到团队接受并运用不同教练方式的能力。在项目刚开始的阶段，团队成员需要熟悉彼此，做好共同工作的准备。在这个阶段，适合采用能够增强团队承诺，提高团队动机的教练干预方式。在中间的过渡阶段，面向策略的教练方式是有价值的，能够帮助分析并改善团队运行。当大多数团队工作完成后，教育型教练能够帮助团队从经验中学习，使得团队成员在未来的团队活动中能够应用所学。

团队教练的要点在于建设团队，而不是指导团队如何工作。不幸的是，团队领导者往往会过于关注管理团队活动，而不是建立团队的能力。研究表明，主动倾听并在决策中整合成员意见的领导者，既能够提高成员对团队的评价水平，也能够提高团队的决策质量(Cohen & Bailey，1997)。有问题的领导者往往会在微观层面上管理团队，进行独断式决策，并且对自己的个人技能过于自信(McIntyre & Salas，1995)。这种领导方式会减少成员对领导者的尊重，妨碍领导者获取建设性反馈，因而难以改善其领导行为。

## 领导虚拟团队： 虚拟团队中的新型领导方式

问题：由于无法监督团队成员的活动，以及通过技术手段进行交流造成的困难，领导虚拟团队需要新的方式。

解决方案：尽管影响到虚拟团队领导者风格的因素很多，在领导虚拟团队时以下方式应该加以考虑。

1. 根据成果，而不是过程进行管理。在大多数虚拟情境下，领导者应该提供清晰可衡量的目标和环境，但是要把内部运行和工作过程的管理权授予团队。领导者应该意识到，对团队的工作时间、工作过程和规范进行远程监管往往是困难的，还有可能起到相反的效果。

2. 支持分布式环境的发展与维护。虚拟团队成员依赖技术完成工作，彼此沟通。虚拟团队的领导应该着重关注如何保证团队成员拥有充足合适的技术工具以完成任务。领导者职责的一部分就是确保团队成员拥有达到成功所需的技术工具及使用工具的技能。

3. 通过解决问题的方式进行管理。虚拟团队的领导人应该采用教练型领导风格，提供团队成员所需的工具和支持，并消除妨碍团队运行的障碍。能够在教练式风格领导者的指导下独立工作，会是挑选虚拟团队成员时的考虑因素之一。

4. 保持对时差的敏感性。跨国虚拟团队的领导者必须对白天的时差具有敏感性。团队召开定期会议的时间如果总是对某部分成员很不方便，就会在团队成员之间造成权力和工作表现上的差异。同步会议的时间安排应该考虑到所有成员，身处不同场所的成员应该轮流承担这种不便。

5. 在沟通中更加清晰明确地表达自己的看法。与面对面场景相比，虚拟团队的领导者必须在沟通中表达得更为清晰明确。在虚拟情境下，由于非言语暗示的缺失，语气和意义上（如紧急性）的细微差别就必须通过言语本身传递出去。

## 小结

领导职责可以集中在一个人身上，也可以分配到各种角色上。在不同团队中，领导类型、选拔领导者的方式，以及领导权力的分派都各有不同。由于领导者是在团队互动中产生的，因此很少存在没有领导者的团队。领导者可以由组织选派，也可以由团队选择自己的领导者并进行自我管理。

对于领导的研究主要有四种模式：

(1)特征或性格模式界定成功领导者具备的性格特点；

(2)行为模式检验不同行为风格的价值，如任务取向或关系取向；

(3)情境模式关注令领导者对团队具有重要价值（变化），或使得领导对团队而言不重要（成熟团队）的影响因素；

(4)权变模式将特征与行为和其最佳应用情境结合起来综合考虑。

每种研究模式对于领导者的选拔与培训都具有不同的意义。

对团队最重要的领导理论之一是情境领导理论，其中界定了四种领导风格：指导、教练、支持和授权。领导者应该基于团队的准备程度来选择领导风格。此外，领导者还应该通过恰当的领导风格来促进团队的发展。

自我管理团队将团队责任从管理部门转移到团队成员身上。自我管理团队的主要例子是生产和服务型团队。这种团队中的员工接受横向培训，并学习团队合作技巧。由于任务的性质以及团队成员之间的关系，在专业人士当中创建自我管理团队是困难的。在自我管理模式的团队中，领导者需要开发新的职责与角色。

功能性团队领导方式指出了领导者应该关注哪些因素来改善团队功能。团队领导被认为是一种帮助团队取得成功的问题解决方式。领导者应该着重关注提供支持性背景、促进内部运作，或者以教练的方式提供指导。这些行为能够帮助团队更加有效地运行，并且促进团队领导能力的发展。

## 团队领导者的挑战 10

你是一家律师事务所的律师，与其他几位律师、律师助理、行政人员，以及一位办公室技术人员一起工作。几位律师共同承担领导职责，你负责的部分是员工会议及办公室管理问题。在全体员工的每周例会上会做出关于办公室日常运行的相关决策。办公室技术人员告诉你，办公电脑系统出现的问题越来越多，是该对其进行重大更新了。这项技术决定会对办公室所有人的工作都产生影响。

办公室各项工作运行良好，人们之间的工作关系融洽。尽管并不想学习使用新的电脑系统，办公室的许多人也意识到了技术上做出改变是必要的。对于大多数的办公室决议，员工会首先针对问题进行讨论，然后做出群体决策。然而这件事涉及许多计算机技术方面的细节，你并不确定是否应该让每个人都参与这个问题的决策过程。

- 你（办公室运行问题的领导者）应该怎样做出关于新电脑系统的决策？
- 团队成员是否有能力做出决策？还是在这种时候需要更为权威的领导决策？
- 这种情境中哪种类型的领导风格最好？为什么？

## 问卷调查：　领导风格

**目的：** 帮助你了解自己所倾向的领导方式。根据情境领导理论，哪种领导风格最好取决于具体的情境特征。然而，人们往往会有自己所倾向的，并且经常应用的领导风格，并不会根据情境不同而随时变化。

**说明：** 假设你是一个正面临着以下八种情境的团队的领导者。作为团队领导者，你应该怎样做出决策来解决这些问题？查看下列四种决策方式，选出应对每种情境的最佳方式。

选择 A：自己做出决策并告知团队需要去做的事情。

选择 B：征求团队成员的意见，但是自己做出决策。

选择 C：推动群体决策过程。

选择 D：让团队成员自行决定如何去做。

_____ 1. 团队绩效不断下滑，成员之间的冲突日益增加。你尝试表现出友好的态度，体会他人的感受，但是这种方式似乎并不奏效。你应该怎样做来改善团队绩效？

_____ 2. 由于组织的财务问题，你被要求缩减团队预算。可以通过多种方式来缩减预算，包括减少团队人数或工作时间。你应该怎样缩减预算？

_____ 3. 你正在考虑一个重大变化——更换办公室的电脑系统。整个团队工作状况良好，一直都很成功。团队成员认可改变的需求，但是都不是计算机专家。你应该怎样做出决策并管理这个变化方案？

_____ 4. 现在是运动季的开始，你的团队需要将在册运动员数量从27人减少到25人。你应该怎样决定要求哪些人离开呢？

_____ 5. 你获得的信息表明，最近团队工作中出现了一些质量问题。团队之前完成任务的记录良好。你无法确定是什么原因导致了这些问题。你应该怎样做来改善这种状况？

_____ 6. 团队刚刚完成一个重要的项目，庆祝的时候到了。你认为团队聚会或者社交活动是一个很好的奖赏。你应该怎样来进行庆祝？

_____ 7. 团队的表现相当好。之前的团队领导者控制力很强。你希望团队能够继续保持成功，但是同时也想要改善团队成员之间的社会关系。你应该怎样改善这种状况？

_____ 8. 团队的办公室正在重新装修，有许多决策要做，包括家具、地毯、壁纸的颜色等。装修预算已经确定了。你应该怎样来做出相关决策？

**计分：**

选择为 A 的情境的个数是你的指导型领导风格的得分

选择为 B 的情境的个数是你的教练型领导风格的得分

选择为 C 的情境的个数是你的支持型领导风格的得分

选择为 D 的情境的个数是你的授权型领导风格的得分

**讨论：** 你是否有自己倾向的领导风格？这种领导风格最适合哪些情境？你在领导风格上灵活性如何？

来源：改编自 Greenberg, J., & Baron, R. (1997). *Behavior in organizations：Understanding the human side of work*(6th ed.). Upper Saddle River, NJ：Prentice Hall。

# 活动： 观察领导者行为

**目标**：情境领导理论定义了四种类型的领导行为：指导、教练、支持和授权。哪种行为最有效取决于团队的准备度水平。准备度与团队的技能、经验和承担的责任有关。

**活动**：选择一些观察情境，并分析其中领导者的行为。观察情境可以来自你所处的团队或组织，领导者与团队互动的视频、商务案例研究，或者本书中团队领导者的挑战的内容。使用活动工作表 10-1，根据情境领导理论中的类型对领导行为进行分类，评定团队准备度的水平，并分析各因素之间的匹配状况。

**分析**：根据情境领导理论，观察到的领导者的行为是否与团队的准备度水平相匹配？所应用的领导风格是否有效？领导者应该怎样做才能提高效能呢？

**讨论**：控制力太强或者任务取向的领导风格的意义是什么？给予下属过多自由和责任的领导风格的意义是什么？团队成员会对这些领导风格做出怎样的反应？

**活动工作表 10-1**

**评定领导者行为**

| 下列哪种风格最恰当地描述了领导者的行为？ |
| --- |
| _____指导（高任务低关系） |
| _____教练（高任务高关系） |
| _____支持（低任务高关系） |
| _____授权（低任务低关系） |
| 总体来看，你会如何评定团队的准备度水平？<br>_____低　　_____中　　_____高 |
| 领导者的行为与团队准备度水平的匹配度如何？ |
| 领导风格 |

| 指导 | 教练 | 支持 | 授权 |
| --- | --- | --- | --- |
| 低 | 中 | | 高 |
| 团队准备度 | | | |

第十一章

# 问题解决

团队中的问题解决可以从三个方面进行研究：团队用以解决问题的方式，能够有效解决问题的行为类型，以及有助于团队解决问题的策略。团队的问题解决基于包含六个步骤的理性模式：界定问题、评估问题、产生备选方案、选择解决方案、执行方案和评估结果。然而在实践中，很少遵循这个理性模式解决问题，团队常常会在还没有理解问题之前就提出了解决方案。

在问题解决的每个阶段，团队都可以采用一些策略来提高问题解决的能力。使用这些策略能够帮助团队更加有效地解决问题。

**学习目标**

1. 团队通常怎样解决问题？

2. 哪些因素有助于改善团队解决问题的能力？

3. 哪些因素会影响团队解决问题的能力？

4. 问题解决的理性模式中包含哪些主要步骤？

5. 问题、团队以及环境等方面的特点怎样影响团队分析问题的方式？

6. 使用结构化方式来生成并评估备选方案的价值是什么？

7. 哪些因素会影响解决方案的执行？

8. 团队解决问题时为什么要使用结构化方式来分析并解决问题？

9. 团队可以采用哪些策略来帮助解决问题？

## 一、 问题解决的方式

问题是没有明显解决方式的困境，没有出路的糟糕状况，当前无法解答的问题，现状与目标的差异，或者是团队必须加以有效管理的情境(Pokras，1995)。问题可能来自环境，或者从团队内部产生。问题的初次浮现通常会有征兆，即引起了不希望的结果。

在工作环境中，许多团队面临的问题仅仅是如何完成工作或任务。团队任务主要包括两个主要问题：①确定任务的性质以及如何完成任务；②处理完成任务时遇到的问题和障碍。这些障碍可能是技术问题、冲突的观点或者人际冲突。

解决问题的最好方式是首先界定问题，然后确定解决方案。这看起来是显而易见的道理，但是团队存在的最大问题在于，往往会在还没有充分理解问题之前就提出解决方案。界定并评估问题对于团队来说是最为困难的步骤。

解决问题的第一步是讨论并记录每个人的观点，直到所有人在问题的性质上达成共识(Pokras，1995)。团队所面临的通常是没有清晰界定的问题，以及不完善的问题评估标准。因此团队需要挑战之前对问题的界定，找出其产生的根源。团队还需要界定什么才是成功的解决方案，并据此对备选方案进行评估。这个步骤的结果应该是在需要解决哪些问题上达成一致，并对问题做出清晰的陈述。

团队可能会匆忙地完成界定问题的步骤，结果却发现在提出方案或执行方案的阶段不得不重新界定问题。这种方式对于问题解决来说十分耗时。团队应该在初始阶段尽可能多地去了解问题，这样能够减少花在问题解决上的整体时间。

另外一个常见的通病是忽视最后一个阶段：评估解决方案。通常团队的创建是为了解决问题，但是团队并不负责执行或者评估工作。忽视评估的原因在于没有人愿意向上级呈现负面信息。这样团队和组织中的错误就被隐藏了起来，而无法从错误中进行学习。因此由于缺乏反馈，错误就会反复发生。

对团队问题解决进行研究的方式有三种：描述方式，查看团队解决问题的方式；功能方式，明确能够有效解决问题的行为；处方方式，给出建议的方法与策略，帮助团队改善对问题的解决(Beebe & Masterson，1994)。

## 二、 描述方式： 团队如何解决问题

描述方式研究团队通常是如何解决问题的。研究者会关注群体系统中的不同方

面以了解问题解决的过程。这些不同的视角提供了理解问题解决方法的不同途径。

　　描述方式的视角之一是确定团队在问题解决过程中经历的各个阶段（Beebe & Masterson，1994）。这种方式类似于第三章中讨论的团队发展阶段。团队解决问题的四个阶段分别是形成、震荡、规范与执行。

　　在问题形成阶段，团队会审视问题，并努力了解更多的相关问题。震荡阶段是冲突发生的时期，在这个阶段团队会讨论对问题的不同界定和一些初步的解决方案。团队往往会在还没有就问题界定达成一致的情况下，就陷入对解决方案的争论中，因此不得不再次重新进行问题界定以解决冲突。在规范阶段，团队会发展出分析问题、提出备选方案，以及做出选择的各种方法。这些方法和关于团队运行规范的确立，能够帮助团队成员更加有效地共同工作。在执行阶段，则是运用这些方法来解决问题并提出执行方案。

　　很多团队并不会完全遵循问题解决的各个阶段，而是经常直接进入提出解决方案的阶段。团队会以不同的方式提出备选方案并做出选择，包括随机选择、投票表决、每个成员轮流提出自己最赞同的方案、努力证明某个方案的正确性，或者其他的创新方式（Laughlin & Hollingshead，1995）。一旦某个解决方案成为焦点，团队会进行分析并确定其是否为最佳方案，或者至少是与其他备选相比更好的解决方案。如果得到大多数成员的肯定，这个方案就会被接受作为最终方案。如果这个方案没有得到大多数成员的认可，团队就会使用之前的方法再提出一个新的方案。

## 三、 功能方式： 改善团队问题解决的建议

　　功能方式致力于通过了解促进或干扰问题有效解决的影响因素，提高团队解决问题的能力。

### (一)改善团队问题解决的因素

　　有效的团队应该拥有聪明的问题解决者和机警的批判性思考者。团队应该分析问题，提出备选方案，并做出最佳选择。问题解决过程应该相对避免社会、情感及政治因素对理性分析的干扰。有效的团队问题解决通常具备以下特点（Beebe & Masterson，1994；Janis & Mann，1977）：

　　(1)有能力的问题解决者会通过不同观点来看待问题，更好地理解问题。

　　(2)在做出决定前，有效的团队通常会收集信息并对问题进行研究，而不是仅

仅依赖团队自身的观点和看法。

（3）在选定某种解决方案之前，成功的团队会考虑不同的意见和备选方案。

（4）有效的团队在问题解决过程中会对任务和关系问题都进行管理，不会让任何问题影响团队在其他方面的有效运行。

（5）成功的团队讨论会聚集在问题上。如果在讨论时，尤其是在有冲突发生的情况下，难以专注于对问题的讨论，团队通常很难取得成功。

（6）有效的团队会倾听少数人的意见。问题的解决方案可能会来自某个团队成员，但却可能会被忽视，这是因为团队的注意力通常会集中在多数人的意见上。

（7）有能力的问题解决者会对比已有标准验证不同的备选答案。团队会对好的解决方案需要满足哪些标准做出规定，并在挑选备选答案的过程中应用这些标准。

### （二）妨碍团队问题解决的因素

项目团队经常会在没有充分界定问题时就迅速进入问题解决阶段（Hackman & Morris，1975）。团队没有对问题解决策略进行讨论，也没有探索研究其他可能性的计划。通常来说，团队会尝试采用过去运用的有效的解决方案。当团队仓促地解决问题时，决策过程常常是基于直觉的、下意识的、情绪化的想法，而不是理性的、有意识的逻辑性思考（Milkman，Chugh & Bazerman，2009）。在许多情况下，团队放慢决策过程以促进理性思考并避免直觉性想法，才能够改善问题解决。遵循结构化问题解决方式的团队能够做出更好的决策，团队成员对问题解决过程的满意度也更高。

由于决策过程中的某些限制，如有限的时间、资金和信息，团队可能无法按照结构化方式来解决问题。这些限制往往会使得团队去寻求"令人满意的"解决方案，而不是"最优的"解决方案（Simon，1979）。追求完美代价昂贵且十分费时。收集所有需要的相关信息来解决问题需要花费更长的时间和更多的资源，往往对团队来说是无法做到的。在大多数情况下，团队会在有限的条件下努力找出可以接受的（能够满足基本需求的）解决方案。

确定哪种方案最好往往是十分困难的。在成本和解决方案的有效性之间往往是需要权衡的。备选方案的成功率，执行所需的资源多少，以及执行策略都各有不同。对这些因素的权衡并没有正确答案，而是取决于团队的不同判断。确定最佳方案的难度限制了团队客观选择最佳方案的能力。

正如第六章和第九章中所讨论的那样，沟通问题可能会妨碍团队分析并解决问题的能力。在团队讨论中，更多的时间往往会花在讨论所有成员都了解的信息上，而不是可能会与问题解决相关的特殊信息（Stasser，1992）。尽管应该集中注意力放在要解决的问题上，很多情况都可能会打扰或带偏团队讨论的方向（DiSalvo，Nikkel & Monroe，1989）。在理想的情况下，团队应该把更多时间花在信息分享、方案规划和对不同观点的评判性评价上，而不是讨论与任务无关的问题。遵循这种问题解决的步骤能够提高团队的问题解决能力，但是往往团队做不到这一点（Jehn & Shaw，1997）。

团队的问题解决过程可能会被很多与任务无关的因素干扰。团队成员可能会出于减少不确定性或者避免社会关系冲突等原因而支持某一立场。政治性因素可能会促使团队成员出于对某个方案提出者的忠诚，或者对过去政治性支持的回报而支持这个方案。团队中的竞争可能会助长维护某一立场的政治性辩论，而不是寻求最佳解决方案（Johnson & Johnson，1997）。当团队成员之间权力全队均衡时，团队解决问题的能力会更强，这是因为相对均衡的权力分布能够促进更加坦诚的沟通和对不同方案的批判性评估。

## 四、处方方式：理性问题解决模式

功能模式阐明了在团队问题解决过程中的正确（与错误）做法。处方方式所提出的策略则有助于团队更加有效地解决问题。这种方式基于如下假设：①团队成员应该采用理性问题解决策略；②运用结构化方式能够找出更好的解决方案。根据问题类型的不同，结构化方式在问题解决中的价值也有所不同。问题越复杂，结构越不清晰，结构化方式在团队解决问题过程中就越有帮助（Van Gundy，1981）。图11-1是处方方式的简略图，呈现了理性问题解决模式的主要步骤。

### (一)问题的发现、界定与分析

问题的发现、界定与分析是有效的问题解决过程中关键的部分。然而在问题解决过程中，团队往往会仓促地完成这些步骤。由于希望迅速找出解决方案，团队往往会把注意力集中在问题的表现上，而没有努力去了解造成问题的真正原因。

不幸的是，即使团队花费时间去发现并分析问题，问题及其产生原因也有可能被错误地理解。在问题发生阶段可能就会弄错很多事情。成功辨识并分析问题的能力取决于问题、团队以及环境的特点（Moreland & Levine，1992）。

问题的发现与界定 → 分析问题 → 产生备选方案 → 选择解决方案 → 执行解决方案

结果评估

如果不成功，给出反馈

如果成功，继续下一步

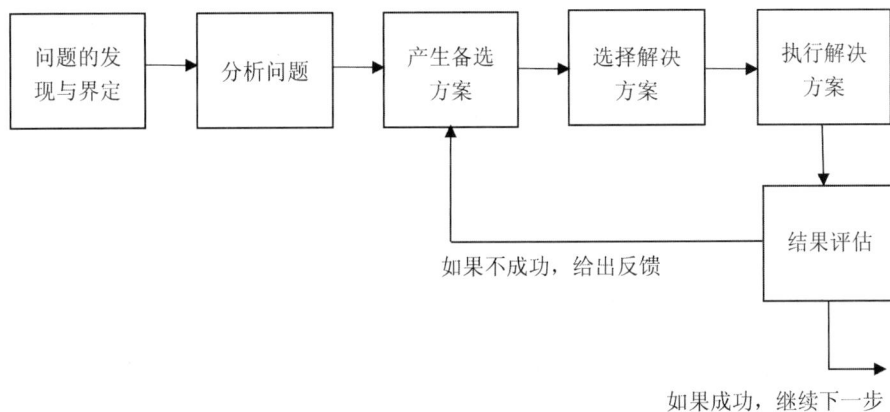

图 11-1　理性问题解决模式

来源：改编自 Dewey，J.（1910），*How we think*．New York，NY：Heath and Van Gundy，A.（1981）．*Techniques of structured problem solving*．New York：Van Nostrand Reinhold。

　　问题的严重性、熟悉度和复杂性各不相同。问题越严重，就越有可能被确认为障碍。突然发作并产生了影响的问题常常能够被发现，而不明显的长期性问题往往容易被忽略。熟悉的问题更容易被发现。新奇的问题更加难以解释，因此团队可能会将其当作会自行消失的独特的一次性事件。复杂的问题会很难进行分析与解释。团队常常会选择复杂问题的一部分，对其进行分析解决从而简化问题（尽管这可能并不是解决整个问题的有效方式）。

　　团队在发现问题的愿望和能力水平上各不相同。团队规范对于问题的发现有着重要影响。如果团队规范能够支持沟通，积极面对冲突，这样的团队更可能会去发现并讨论问题。团队对外界环境的开放程度也各不相同。专注于内部的封闭性团队很难会意识到周围环境中存在的问题。开放型团队则会关注周围环境中发生的事情。由于能够提前发现问题，开放型团队也能够更好地为未来可能发生的问题做好准备。

　　团队的运行情况也会影响问题的发现过程。成功的团队有时会忽视问题。从成功团队的角度而言，会由于当前的成功而认为问题并不重要。不成功的团队往往也会有忽视问题的倾向。这些团队必须集中关注其主要的运行问题，因而不太可能去发现其他问题。持续性改善是团队工作中应对这个问题的一个概念。在持续性改善概念下，团队功能的一部分就是要不断地改进运行状况。从本质上来说，所有团队，无论成功与否，都应该持续不断地发现问题并努力解决问题。

　　环境特征也会影响团队发现与分析问题的能力。现代社会中的很多环境（如政治、商业和科技环境），都充满了变化并存在着很大的不确定性。迅速的变化要求人们时刻保持警觉，并且要为未来可能出现的问题做好准备，而同时不确定性又增加了这样做的难度。团队在与外界环境的关系上各有不同。例如，有些工作团队必须接受所属组织所定义的问题，而其他团队则对来自外部（如客户、供应商和公众）的关于潜在问题的信息持开放性态度。

团队在发现问题后，也可能会决定不去解决问题（Moreland & Levine，1992），或者采用其他应对方式。团队还可能会否认或曲解问题，从而为选择忽视它寻找理由。由于有时候问题会自行消失，团队也可能会选择躲避问题。如果难以理解问题（由于其新奇性或者复杂性），团队可能会决定目前对问题暂时只进行监控。共同努力去解决问题，首先需要发现问题，还要相信问题是可以解决的，并具有解决问题的动机和意愿。这些都是完成理性问题解决过程前两个阶段的必要条件。

### （二）产生备选方案并选择解决方案

要找到有效的解决方案，首先要提出高质量的备选方案（Zander，1994）。团队做到这一点的能力与团队成员的知识与技能有关。然而，团队氛围和内部结构也同样十分重要。有效团队的氛围能够促进对各种观点的坦诚讨论，少数人的观点也能够得到倾听，并被大多数人认真考虑。

团队有时会采用创造力或其他结构化方式来生成解决问题的备选方案。头脑风暴和名义群体法（见第十二章）都可以用来产生备选方案。这些方法的重要价值在于能够鼓励所有成员的参与。然而，只有当团队愿意对发散性想法做出公平评价时，这些鼓励参与的方法才能够发挥其作用。但是经常发生的状况是，从众压力会导致团队采用过去使用过的方法。

提出备选方案后，团队必须考虑通过怎样的方式来选择最佳方案。团队应该考虑到每个方案的积极和消极影响。方案的执行能力也必须加以考虑。这涉及团队实施方案的能力和是否了解外部组织会对方案做出何种反应。

好的解决方案应该满足以下三个标准：①是一个平衡了不同团队成员需求的慎重的共识决议；②是一种不会耗费过多时间和资源的有效率的问题解决方式；③是一个促进团队和谐的过程（Fisher，Ury & Patton，1991）。一旦备选方案提出后，团队就不应该再争论每个方案的优点，否则将会助长由于立场不同而产生的冲突。相反，团队应该选择恰当的方式来评价每个方案的好处与成本。重点应该在于分析备选方案以帮助选择解决方案，而不是通过各种政治手段让自己的立场得以采纳。

通过这种方式，最终的解决方案会包含多个备选方案的元素。

有时备选方案可能没有一个是令人满意的，此时团队会选择反对最少的方案。这样能够促进团队成员的理性思考，并增强成员对方案的接受程度。团队可能会过度强调所选方案的积极属性，否认其负面影响以证明其选择的合理性（Janis & Mann，1977）。

团队在做出决定后，可能会希望通过"二次复审"会议来对决定进行核查。即使团队是通过共识做出的决定，二次复审也有助于让团队成员充分表达对于决议方案的顾虑与担心。这种会议能够防止某些因素，如群体性思维或者从众压力对最终决议可能会产生的不利影响。

### （三）执行与评估

只有得以贯彻执行后，一个方案才能够被称为好的方案。这需要团队成员承诺支持并执行解决方案。正如第八章和第九章提到的那样，团队决策的好处之一在于，参与决策过程能够促进成员对决策的承诺。

问题解决团队在决策时必须对执行问题加以考虑（Zander，1994）。对一个无法执行的方案达成一致意见是没有任何用处的。这意味着团队应该对如何执行方案做出规划，包括对执行方案所需的人员、时间和资源的考虑。将解决方案可能会影响到的人员也纳入决策过程中来，可能会有助于促进其对解决方案的接受程度。

评估是问题解决过程中最容易被忽略的步骤之一。即使团队在分析问题和提出备选方案时完成得很好，也可能会出现难以预计的因素而导致方案失败。莱文的行动研究模型（Lewin，1951）是一种基于研究的问题解决方式，强调了评估阶段的重要意义。在这种方式中，解决方案被看作有待验证的假设。在解决方案的实施过程中，会对其影响进行评估以确定其有效性，以及需要采取的进一步行动（和进一步评估）。

评估中要检验解决方案的执行方式和效果（这两种评估有时被称为"过程评估"与"结果评估"）。这些评估要求团队提供对成功结果的定义，这项工作应该在发现问题的阶段完成。

有时候，即使方案解决了问题，但是不希望发生的状况却没有得到显著改变。当团队只解决了一个大型问题的一部分，问题的剩余部分浮现出来，就会出现上述状况。从更大的视角去审视问题，团队就能够找出需要解决的问题的更为关键的部分。评估阶段可以为未来的问题识别与解决提供信息。

## 五、 问题解决团队

问题解决团队通常是在短时期内创建，用以解决具体的组织问题或促进组织改善(Fiore & Schooler，2004)。这些团队从事的工作各有不同，如产品质量、过程改善、再造工程，以及组织发展。问题解决团队可以由来自不同组织层级的人员组成，从生产服务人员到专业人士和管理人员，也可以来自组织的不同部门。因此，团队成员往往并不了解彼此的专业知识和技能，并且有可能由于专业语言和背景的差异而产生沟通问题。由于具有这些特点，问题解决团队的运行常常有赖于协调推动者，以及结构化问题解决方法的作用。

团队必须对问题有共同的概念性理解才能够共同去解决问题。在没有共同的思维模式的情况下，团队就无法协调成员共同努力去解决问题。在问题解决中，思维模式包括问题的性质、成员的技能和作用，以及成员彼此间的熟悉度。对问题的共同理解才能确保所有团队成员努力解决的是同一个问题。

问题解决团队可以采用"流程图"——一种工程上的问题解决方式(Fiore & Schooler，2004)。流程图能够为团队构建共同的思维模式，因而能够被用作问题解决工具。首先团队绘制出当前运行状况的流程图("现状")，界定过程的各个部分及其联结关系；其次团队绘制出"应该"的流程图，描绘出过程应该怎样执行。这些流程图被用来分析组织的运行状况并发展出改善建议。

流程图的价值在于能够促进团队关于问题界定的沟通，从而改善后续的问题解决。在共同开发流程图的过程中，团队能够达成对问题的共识性理解，从而克服了团队直接跳到问题的解决方案阶段的倾向。流程图还创建了不同团队成员分享自己与问题相关的知识的环境。

当团队成员共同参与创建流程图时，每个成员独特的知识就会清晰地显露出来。团队既能了解到不同成员的独特知识，也能了解到成员之间的共有知识。这也迫使团队成员彼此协商关于问题的理解。流程图创建了一个外部呈现方式，将团队成员共同面对的问题显现了出来，从而促进了团队共同工作，解决问题的能力。同时还迫使团队在开发解决方案之前首先必须认可所存在的不足之处("现状"图中呈现出来的问题)。

流程图是团队所使用的众多问题解决方法之一(Katzenbach & Smith，2001)。这种方法的价值在于提供了一个沟通的结构，并且能够使得团队在开发解决方案之前着重于清晰地界定问题。由于生产和服务人员有时候英语能力有限，以及不同专业人士之间的术语沟通障碍，这种结构类型对于短时存在的问题解决团队尤为重要。

研究表明结构化方式能够帮助团队做出更好的决策，提高成员对解决方案的满意度，并增强其对方案执行的承诺(Pavit，1993)。这些问题解决方式的有效性在于，能够推动成员更平等地参与决策，减少不平等地位的负面影响，并且增加了地位较低员工的想法得到考虑的可能性。

## 六、 应用： 团队解决问题的方法

在问题解决过程的每个阶段，团队都可以选择不同的几种方法来提供帮助。这些方法能够将问题解决过程结构化，使团队能够更好地专注于问题。以下讨论了四种问题解决方法，并会在本章最后的活动中加以应用。问题分析法是在问题分析阶段能够有所助益的一种方法。标准矩阵法应用于挑选决策方案。行动计划法有助于改善决策方案的执行。力场分析法可以应用于问题解决的多个阶段。以下更加详细地探讨了这四种方法。

### (一)问题分析法

问题解决开始于发现所存在的问题，同时要认识到大多数真正的问题都是隐藏的。通常首先遇到的只是问题的征兆。团队必须发现真正的问题所在，并就其来源达成一致认识。一定要把问题的征兆(是一种结果)和引发问题的原因区分开来。在使用这种方法的工具之前，团队成员需要收集更多相关信息来检视问题。通过新的信息，团队能够分析引发问题的原因所在。

在这个阶段，有几种工具可能会有所帮助(Pokras，1995)。应用征兆识别法，团队将问题所有方面的征兆表现制成表格。在力场分析法中，团队分析影响问题的推动和限制因素。在用表格列举未知内容时，团队成员讨论不了解问题的哪些方面，从而找出隐蔽的事实、问题，以及寻找信息的新方向。在不断重复的"为什么"分析中，团队领导者会呈现问题，然后不断发问，"……什么是由什么引起的"这个问题会重复数次，以找出问题的潜在原因。

### (二)标准矩阵法

找出备选方案的方法将在第十二章中进行讨论。一旦团队产生了备选的解决方案，就需要一个选择流程来对其进行审视与评估。如果团队在产生备选方案阶段完成得很好，就会有许多备选方案可供选择。如果团队采用创造性方法，如头脑风暴法，就会出现很多不可行的想法。由于一些想法很显然无法奏效，就应该直接排除在进一步的分析之外。然后团队应该审视备选方案，并寻求能够将其整合起来的方式。之后，团队可以开发出一个标准矩阵来对备选方案进行客观评估。

标准矩阵是一个用来评定备选方案的系统(Pokras，1995)。第一步需要决定采用什么标准来评定备选方案。可以通过很多标准来评估备选方案，包括成本、有效性、可接受度，以及执行的方便程度。团队可能会希望使用评价量表进行分析(例如，0 = 不接受，1 = 部分接受，2 = 接受)。由于所有的评估标准重要性不等，因此不仅仅要选择得分最高的方案，牢记这一点是非常重要的。例如，某个备选方案可能执行成本较低，但是效果相对较弱。如果团队对成本高度敏感，这个方案也许就是较好的选择。标准矩阵法可以让团队以结构化方式分析并讨论备选方案的相对优势。

### (三)行动计划法

执行阶段的关注点在于产生行动方案，考虑权变计划，以及在这些计划的基础上对项目进行管理。行动计划是将解决方案转化为现实的实践指导——如果可能的话，是一个详细的逐步路线图(Pokras，1995)。行动计划强调了不同部分的时间安排，以及不同行动所分担的职责。行动计划还应该包括评定成功表现的标准。

事情很少会完全按照计划进行。团队应该建立监控与反馈系统，以确保团队成员能够了解到事情的进展状况。大的行动项目应该分解为不同的阶段并对其进行监控。进展反馈应该成为团队会议的标准部分。

### (四)力场分析法

力场分析法是了解任何改变方案的影响因素的一种方法(Lewin，1951)。这种方法审视了影响改变的推动力量和限制力量。推动力量是团队想要达成的目标，以及能够将问题最小化的因素。限制力量是阻止成功的障碍，以及能够促进问题发展的因素。这种方法能够被运用于问题解决过程中的多个阶段，但是在审视执行问题时特别有价值。

在执行问题解决方案时，团队希望增强推动力量以促进变化，同时减弱限制力量，使其无法阻止变化的发生。团队的重点常常会放在能够促进变化的推动力量上。然而，大多数不成功的变化是由限制力量造成的(Levi & Lawn，1993)。减少限制力量的强度是促进变化的一个必要条件。

力场分析法给团队提供了一个研究其问题解决活动的手段。使用莱文的行动研究模型(Levin，1951)，团队可以通过讨论来确认影响任何备选方案的推动和限制力量。团队利用这些信息对执行策略做出决议。在执行过程中，结果的产生、分析和应用会不断循环。

莱文和劳伦(Levin & Lawn，1993)使用这种方法来分析影响到项目团队开发新产品的推动力量和限制力量，项目团队的主要推动力量在于对新技术的兴趣，以及能够促进创新的组织文化。然而，生产并推广新产品的成功受到生产中的技术问题以及财务问题的限制。了解这些力量能够促进项目团队吸收生产部门和市场部门的成员加入设计小组，以推动问题的解决。

## 小结

问题解决要求团队首先分析问题的性质，然后提出并执行解决方案。不幸的是，很多事情在这两个步骤当中都会出现错误。对团队问题解决进行研究可以采用描述、功能、处方三种方式来了解并改善问题解决过程。

描述方式关注团队如何解决问题。问题解决过程所经历的发展性阶段与团队发展阶段相类似。解决方案通常是以相当偶然的方式产生的，这种方式看起来更富于政治性而不是逻辑性。

功能方式就如何改善团队问题解决过程给出建议。有效团队会从多个视角看待问题，使用已确立的标准来分析多个备选方案，并管理团队历程以确保所有成员都可以参与进来。仓促地直接进入解决方案阶段，限制分析数量的阻碍因素，评价标准的不清晰，以及干扰团队历程的社会成见，这些都会损害团队解决问题的能力。

处方性的问题解决方式包括了一系列的结构化阶段。问题的发现与分析阶段会受到问题的严重性与复杂性、团队讨论问题的规范，以及环境中的不确定程度等因素的影响。通过创造性方法开发备选方案，以及通过分析性方法以系统方式审视备选方案，这些方法都能够改善团队开发及挑选备选方案的过程。执行方案需要计划和评估系统，并对过程给出反馈。

组织会组建暂时性的问题解决团队来应对多种问题并促进改善。如果采用结构化方法，如流程图，这些团队的功能发挥就会更加有效。

团队可以采用多种不同的方法来改善其问题解决能力。问题分析法有助于澄清问题的已知部分。标准矩阵法被用来评估不同的备选方案。行动计划法可以创建图示以指导实施。力场分析法可以运用在不同阶段以评估备选方案和执行方案。

## 团队领导者的挑战 11

在出现重大问题时，你所在的组织会从整个组织内挑选专业人士和管理人员，共同组建改进团队来解决问题。团队会受到高层领导的关注，能够成为该团队的成员对员工来说是一个宝贵的机会。因此团队成员的工作积极性很高。你被挑选作为下一次组建的改进团队的领导者。为了做好准备承担这个职责，你和之前担任过这个职位的员工讨论相关问题。

上一次的改进团队起步很迅速。在第一次会议上，团队就对问题做出了诊断，并且开始提出备选解决方案。团队成员很快就聚焦于其中一个备选方案，并开始设计执行方案。经过几个月的工作，团队向最高管理层提交了解决方案。然而在解决方案开始执行后出现了严重问题，最终整个项目方案被废弃了。

- 新的团队领导者应该怎样避免之前项目团队出现的问题？
- 你应该采用怎样的问题解决方式？
- 你应该怎样做来防止团队在不能真正解决问题的方案上浪费时间？

## 活动：　应用问题解决策略

**目标**：采用结构化方式能够帮助团队改善其问题解决。在产生备选方案之前，团队应该彻底地对问题进行分析。团队应该开发出一套备选方案，然后按照评估标准选出解决方案。力场分析法可以用来了解与执行解决方案相关的问题。

**活动**：要求团队采用结构化方式解决问题。可以给团队设置一个待解决的组织问题或者社会关系问题。例如，可以要求团队产出方案来提高某所大学的毕业率，或者鼓励对避孕套的使用。选定问题后，团队应该反复使用"为什么"来分析理解问题产生的原因，开发备选方案，使用标准矩阵法分析备选方案，选择最终解决方案，并使用力场分析法来了解可能会影响到解决方案执行的问题。

步骤 1：不断重复"为什么"，对问题进行分析（活动工作表 11-1）。对问题做出清晰定义。然后通过不断询问完成下列对问题原因的分析。不断重复以找出隐藏的原因。这种分析能够帮助团队了解引发问题的不同原因。

活动工作表 11-1
"为什么"分析

| 问题的定义： | | |
|---|---|---|
| 为什么？问题的原因 | 为什么？隐藏的原因 | 为什么？隐藏的原因 |
| | | |
| | | |
| | | |
| | | |

来源：Pokras，S.(1995). *Team problem solving*. Menlo Park，CA：CRISP。

步骤 2：形成解决问题的备选方案。确保每个备选方案都与步骤 1 中找出的至少一个原因相关。

步骤 3：使用标准矩阵法分析备选方案（活动工作表 11-2）。在这个活动中采用成本、效能和可接受性作为评估解决方案的标准。每个解决方案都在这三个维度上分别评定其等级高、中或低。然后将这些结果整合为一个总体评价。通过这种分析从备选方案中选出最终倾向的解决方案。

活动工作表 11-2
标准矩阵

| 备选方案 | 评价标准 | | | |
|---|---|---|---|---|
| | 成本 | 效能 | 可接受性 | 整体 |
| | | | | |
| | | | | |
| | | | | |
| | | | | |

来源：Pokras，S.(1995). *Team problem solving*. Menlo Park，CA：CRISP。

步骤 4：好的想法常常无法被采用实施，这是因为建议方案的好处通常会被强调凸显，而问题则会被忽略。使用力场分析法分析所选解决方案的好处和问题（活动工作表 11-3）。

**活动工作表 11-3**

**力场分析**

| 推动力量：这个方案能够带来哪些益处？谁会支持这个方案？为什么？ | 限制力量：这个方案存在哪些问题？谁会反对这个方案？为什么？ |
|---|---|
| | |

来源：Pokras，S.(1995). *Team problem solving*. Menlo Park，CA：CRISP。

步骤 5：根据力场分析的结果开发建议解决方案的执行计划。

**分析**：团队成员是否觉得结构化方式有助于问题解决？团队成员喜欢结构化方式的哪些方面？不喜欢哪些方面？这种方式是否提高了解决方案的质量？

**讨论**：采用结构化方式解决问题有哪些优势与缺陷？

第十二章

# 创造力

发展问题的创造性解决方案是团队的一个重要关注点，团队可以采用多种方法来激发成员的创造力。然而一些团体动力因素，如认知、社交以及组织等问题却有可能限制团队的创造力。促进团队的创造力需要将个人创造力和团队创造力的好处相结合。通过提供支持性的组织氛围，团队就能够帮助促进创造力的发展。

**学习目标**

1. 定义创造力的不同方式是什么？

2. 促进及损害个人创造力的心理因素分别有哪些？

3. 为什么团队在发展创造力想法时会出现问题？

4. 什么因素能够改善团队创造力？

5. 团队怎样才能持续性地促进创造力发展？

6. 影响创造力的一些组织因素有哪些？

7. 如何运用头脑风暴法、名义群体法和书面头脑风暴法来提高团队创造力？

8. 通过多次团队会议促进创造力的优势在哪里？

## 一、创造力及其特点

创造力可以从个人、产品或过程等不同角度来定义（Amabile，1996）：创造性可以用来描述具有创造力的人；也可以用来描述一些具有创新特性的产品、事件或想法；还可以用来描述产生创造性事物或者想法的过程。

大多数研究都是从个人的角度来探讨创造性的，尝试通过性格测试或者心理量表找出具有创造力的人。然而这种面向个人的方式存在一些问题。创造力的程度不同，不能将其简单界定为有些人具有而有些人不具有的性格特质。个人和团队创造能力都是可以通过培训加以提高的。创造力和个人与应用之间的匹配度有关。换言之，人们不会在所有领域都具备创造力。天赋、习得的技能，以及情境因素都会对创造力产生影响。仅仅拥有创造力天赋对于有效解决问题是不够的。

对于团队而言，从产品和过程的角度来定义创造力，要比从个人性格角度来定义创造力更加有用，这是因为这种视角变化将重点从个人转移到了团体。哪些才是具有创造性的产品或想法呢？团队应该怎样做才是具有创造性的？对这两个问题的答案体现了创造力的双重性质（表 12-1）。创造力指的是追寻新奇有用的想法，同时寻求发散思维和收敛思维之间的平衡。在产生阶段，个人或团队通过发散思维来发展新奇的想法。在应用阶段，则通过收敛思维使其发挥效用。

表 12-1　创造力的双重性

| | 产生 | 应用 |
|---|---|---|
| 过程 | 发散性 | 收敛性 |
| 成果 | 新奇性 | 有用性 |

具有创造性的事物不仅要新颖和独特，还要恰当，可以被人接受，并且能够发挥其作用。仅仅新颖是不够的，创造性方案还必须能够有效地解决问题。因此创造力需要将发散思维和收敛思维过程结合起来（Van Gundy，1987）。发散思维能够产生潜在想法，而收敛思维进行分析并专注于解决方案。这两种思维方式分别与创造性的新颖和有用两个特点相关联。

为了促进发散性思维，人们必须暂停对各种想法做出判断。创造性活动的参与者应该尽可能多地产出不同的想法，并对新想法保持接纳性态度。创造力需要时间的酝酿，创造性解决方案常常会出现在人们没有考虑问题的时候。需要不断考虑不同的想法，对其进行整合修改，才能促进创造性方案的产生。

通过系统化方式选择创造性解决方案则需要收敛思维。建立并应用评估规则来评定生成的多个观点。分析所有的备选方案以避免做出过早的不成熟决议。人们需要采取务实的态度，并避免对想法进行过度批判。总的目标是分析并选出最佳的可行性方案。

　　创造性思维对于团队来说是一项重要并且严肃的工作，但同时也应该是获得乐趣的机会。IDEO 是一家著名的工业设计公司，以其对问题解决方式的创造性设计而知名，如对苹果公司的第一个电脑鼠标的设计。IDEO 认为最好的创造性设计来自不同团队之间的创造性摩擦(Druskat & Wolff，2001)。然而，他们还会采用各种方式来帮助管理团队发挥创造力过程中出现的情绪变动。公司会找出员工在会议中情绪低落或保持安静的原因，在头脑风暴中不容许对新想法进行批判，并会玩笑式地使用泡沫玩具来攻击违反这个规则的人。公司通过这种方式创造了获得乐趣的机会，并通过游戏方式帮助员工应对必须在规定期限前提出创造性想法的压力。

　　团队的创造力与个人、群体和组织因素都有关系。管理这些因素之间的关系是促进团队创造性的关键。团队需要具有创造力的成员在支持性的组织背景下进行有效的协同工作。

## 二、 个人创造力

　　个人创造力的发展是在个人与情境因素的互动中实现的(Amabile，1996)。在具备领域相关技能、创造力相关技能，以及恰当的任务动机时，人们往往能够发挥出创造性。

　　领域相关技能是指人们在某个特定的应用领域所具有的技能、知识与天赋。人们不会在所有领域都具有创造力，而是在其技能最强的领域会发挥创造性。例如，艺术家不太可能成为富于创造性的桥梁设计师，而富于创造性的桥梁设计师也不太会富于艺术气息。

　　创造力相关技能是指能够增进创造力以及关于创造力的知识技能的恰当的认知风格。认知风格包括打破心理定式的能力、恰当的认知复杂度、延迟判断，以及看待问题的宽广视野。创造力方法是指人们从不同视角看待问题、发展想法的方式。

　　任务动机包括内在动机和对待任务的态度。内在动机是指由个人兴趣，而不是外部奖励所触发的动机。这种动机与任务本身的特点相关。具有内在动机时，人们会为了自己，而不是为了奖励而专注于某个活动并完成任务。团队在鼓励人们发挥创造力时，促进其动机是非常必要的。

　　一些心理因素会影响个人的创造力，这些因素会使人们的注意力从任务转向外部问题。个人创造力可能会受到外在奖励、沟通问题、评价焦虑、思维范式的限制等因素的影响。

外在奖励可能会通过几种方式损害创造力。由于会获得奖励而从事一项任务有时可能会降低对该任务的内在动机（Deci，1975）。有人可能会享受于绘画中的创造性，但是每天为了获得报酬而作画则会降低其绘画热情。奖励的使用会使得创造者将注意力集中在去满足提供奖励的个人或组织的要求上，而不是专注于发挥其创造力，这可能会导致其改变原有创意并在创作中更加保守。

当某人在团队中发言时，聆听者经常会去想发言内容中有哪些错误，而没有真正地聆听他人的思想和观点（Amabile，1996）。如果团队成员担心发言会让自己显得愚蠢，想法不正常或者不合适，这种焦虑就会限制其创造力。

评价焦虑会损害创造力——尤其是产生新奇观点的能力。这种焦虑对那些技能水平和自信程度较低的人来说造成的有害影响更大。这种负面影响也有其例外。当评估的焦点是对不同的想法提供反馈，并且组织氛围是对新想法加以认可并进行奖励时，评估就会对创造力产生积极影响。

我们的内部心理定式和思维范式也会限制创造力。从新的视角看待问题是一件困难的事情。许多著名的创造性想法的产生就是源于从不同的角度来看待寻常的事物。例如，在偶然发现了低黏性胶水的存在之后，科学家在思考怎样应用这种胶水的过程中发明了便利贴。科学中的很多创造性想法都来自年轻的科学家，因为他们还没有完全被已有的思维定式影响，或者来自不断改变学科分布的交叉学科的科学家。由于常常会受到固有的思维方式或是常规的工作模式的限制，我们很难会发现对现有状况的创造性替代方案。

## 三、 群体创造力

对于个人和群体来讲，创造力都是需要培养的一种重要技能。在一些情境下，群体的创造力会比个人要低。头脑风暴法，这种最著名的促进群体创造力的方法被认为是无效的。然而创造性团队有时能够克服这些问题。团队可以把发展鼓励创造性的实践作为一个持续性的过程。

### (一)群体创造力存在的问题

关于创造性，群体和个人一样面临着许多问题。与个人单独工作产生的想法总和相比，作为团体努力尝试创造性地解决问题时，人们提出的想法往往要更少

（Amabile，1996）。甚至在独立工作时，如果旁边有他人的存在，也可能会减少个人的创造力。当在场的他人是在进行观察和评估时尤为如此。

一些团队动力因素会限制创造力（Van Gundy，1987）。群体中可能会存在妨碍创造力发展的负面性或者批判性沟通氛围。群体中的人际冲突也可能会影响创造力。与个人独立工作相比，群体往往会耗费更多的时间，导致群体发挥创造力的过程更为缓慢，效率也更低。此外，从众压力和控制欲强的团队成员也会在群体运行过程中损害创造力。

认知干扰和社会抑制是团体互动与个人独立工作相比创造力更低的主要原因（Paulus，2000）。认知干扰是在群体中等待发言的过程中发生的思维中断（也被称为"产出受阻"）。在等待的过程中，创造性的想法可能会被遗忘，想要发表的观点还没得到机会说出，讨论时间就已经结束，或者讨论已经转向不相干的话题。社会抑制与担心他人对自己观点的评价而产生的焦虑感，以及社会惰性有关。社会惰性是一种由于成员的个人绩效掩盖在团体的产出中而造成的动机下降。

### (二)头脑风暴

最广为人知，同时应用也最为广泛的群体创造力方法就是头脑风暴法（Osborn，1957）。头脑风暴法的设计目的是应对通过讨论产出创造性想法的过程中出现的问题。在群体讨论中，人们会花费大量的时间评估并批评各种观点，而没有充分的时间产出观点。头脑风暴的四个基本原则是：①严格禁止批判；②鼓励自由无拘束地思考；③寻求尽可能多的想法；④鼓励在他人想法的基础上，或者整合他人想法而提出观点。（在下文"应用：促进团队创造力的方法"中会给出组织头脑风暴的方法。）

与非结构化群体讨论相比，头脑风暴法能够改善创造力（Stein，1975）。要求参与者在头脑风暴之前独自思考可能的想法，协调群体讨论使得参与者之间更加平等，或者确保在讨论中不对提出的观点进行批判，这些做法都能够更好地改进头脑风暴法。

关于头脑风暴法有效性的研究通常表明，这种方法并不比个人独立思考效果更好（Mullen，Johnson & Salas，1991）。与个人独立工作的总和相比，头脑风暴法并没有引起创造性观点的数量增加或质量提高。头脑风暴法的主要问题在于群体讨论使得人们必须轮流发言（Diehl & Stroebe，1987）。头脑风暴活动中成员必须轮流发言，而不能在想法最初闪现的时候就立刻表达出来。在等待时间中，人们并不能有效地利用时间来思考其他创造性想法。

尽管有一些负面的研究结果，头脑风暴法仍然是一种被广泛应用的方法，尤其是在商业领域中。这主要是由于以下几种原因。首先，在商业领域中，人们认为群体互动能够起到相互激励的作用。这种观点非常有说服力，以至于人们不愿意因为研究结果而拒绝这一点。其次，参与头脑风暴活动的人认为头脑风暴法是有作用的；他们的个人体验支持了这种方法的好处。最后，参与头脑风暴活动可能会促进成员对执行最终解决方案的承诺。

对于虚拟或电子头脑风暴活动的研究表明，在提高群体创造力方面，基于计算机的头脑风暴形式要比传统形式更为有效（Dennis & Valacich，1993）。协作技术的应用能够将产出受阻和评估焦虑问题最小化。在虚拟头脑风暴中，人们能够检视他人的观点，并能够在闲暇时发展并修正自己的想法。

关于虚拟头脑风暴的研究显示出一些有趣的结果。在虚拟团队中，群体规模的增加会促进而不是降低群体创造力。当群体成员得到反馈时，产生的观点数量会增加，而评估往往会减少产出的观点数量。通信媒介的匿名性似乎促进了人们对观点进行更多的评论。（组织虚拟头脑风暴的方法在本章结尾处给出。）

### (三)团队创造力的优势

采用团队形式开发解决问题的创造性方案有其好处：与个人相比，团队能够产出更多的观点。团队工作中的社会性互动是有其益处的。团队能够创建支持性的环境促进创造力的发展。与同质性团队相比，成员构成更为多样化的团队更有可能产出创造性的解决方案。团队还能够为创造性观点的实施提供支持。

采用头脑风暴法促进创造力的问题之一在于，这种方法不鼓励对想法提出批评（Lehrer，2012）。批评、对观点的反馈意见，以及争论都是促进团队创造力的活动。从事创造性工作的团队中是需要存在一些由于观点和想法差异而造成的冲突的（Yong，Sauer & Mannix，2014）。团队需要分享、选择并整合来自不同视角的观点。然而，批评必须以建设性的方式提出，这意味着团队需要创建一个环境，使得成员之间在彼此批评时能够体会到心理安全感。

存在创造性冲突的团队能够产出更具创造性的想法（Nemeth，1979）。当团队中某些成员的观点发生冲突时，这些观点能够触发大多数人的思考，从而促进更具有创造性的想法的产生。异议能够激发发散性思维，并能够鼓励团队从多重视角看待问题。它推动了更多原创性、非常规性想法的产生。

一项关于中国 IT 团队的研究显示了冲突与团队创造性相关（Farh，Lee &

Farh，2010）。太少或太多的任务冲突都会抑制团队创造力。最富于创造力的团队中存在着中等程度的任务冲突，这些冲突通常发生在团队项目的初期阶段。由初期团队讨论中任务冲突而触发的新奇观点更有可能受到重视，并用来产出创造性解决方案。为了促进创造力，团队领导者需要意识到有些冲突是有积极意义的，并要在项目的初期阶段给团队成员表达观点的时间。此外，团队领导者需要创建出令成员感到心理安全的环境氛围，促使其提出新的观点与想法。

团队构成也是团队创造力的一个重要影响因素（Lehrer，2012）。在具有高度创造性的团队中，成员之间往往彼此有一定的熟悉度。在团队成员之间彼此过于熟悉的长期团队，或者完全由陌生人组成的团队中都可能会产生创造性问题。消除这个问题的一种方式是，在进行创造性活动时在已有团队中引入几个新成员。

如果团队在某个领域是通过实践不断学习，或是拥有直接经验，与几乎没有经验或者只有间接经验的团队相比，就会更有创造力（Gino，Argote，Miron-Spektore & Todorova，2010）。创造性需要团队成员彼此交换看法，并在这个基础上进一步发展。先前经验对于理解当前状况以及发现创造力的应用机会是必要的。然而，经验对于创造力的影响是复杂的。有经验的团队在头脑风暴时通常能够提出更多的创造性想法，但是这些想法往往是渐进的改进方案，而不是根本性革新。

多样性是与创造力相关的另一个团队构成因素。多样化的团队更富于创造性，因为这种团队能够产出更多的观点，尝试更多新奇的想法，并且从多个角度看待问题（Jackson，1992）。然而多样性并不总是能够促进创造力（Hoever，Knippenberg，Ginkel & Barkema，2012）。创造性团队会积极讨论彼此的看法，并对不同成员表达的观点加以整合。这需要换位思考，即尝试去理解他人看待问题的不同视角。在团队讨论中如果要求成员更多地换位思考，团队就会更有创造力。

团队的运作方式也会对团队创造力产生积极影响。与非结构化群体讨论相比，头脑风暴法能够更好地促进创造力。在由训练有素的协调促进者组织头脑风暴活动时，团队能够产出更多的创造性想法（Offner，Kramer & Winter，1996）。在协调者离开团队后，这种创造性的提升仍然会继续影响团队，这是因为团队已经学会了如何更加有效地进行头脑风暴。

可以应用一些方法来改善头脑风暴过程，进而促进创造力的发展（Paulus，2000）。首先，协调者应该对团队互动进行结构化，以避免交流受到干扰或是不成熟的评判。其次，团队环节之后应该进行个人环节。在观点产出阶段之后，团队应该使用组织化方法来减少需要进行评估的备选方案。最后，团队应该具有多元化特征。这种多元化必须加以管理，以减少潜在的冲突，使团队成员意识到他人的专业技能，并将讨论集中在不同成员的独特贡献上。

团队头脑风暴的价值之一在于能够刺激观点的产生（Paulus，2000）。接触了解他人的观点能够带来认知收益，因为创造性观点常常会通过与其他观点的独特关联产生。接触其他观点有助于突破限制性的认知范畴。如果团队具有知识、经验和视角方面的多样性，则这种效果会更强。

尽管团队头脑风暴可能会激发创造性观点，但是这种方法很难展示出团队互动的好处（Paulus，2002）。团队互动会限制个人表达观点的能力。充分地处理并发展新观点是需要时间的。团队互动的激发作用可能会延后发生，因为团队成员需要时间来思考理解已经发生的事情。酝酿期对于个人和团队创造力都十分重要，这显示了创造性过程中暂停休息的重要性，以及将创造性过程分成几次来进行的原因。团队在进行了头脑风暴之后应该让个人独立思考以产生新的想法，这样可以将个人创造力和团队创造力的好处结合起来（Paulus，1998）。

团队创造力与个人、团队和组织都有关系。与个人相比，团队的创造力更多还是更少？这取决于对过程的管理方式。在很多机构情境中，这个问题的答案并不重要。重要问题的解决往往既需要个人创造力，也需要团队创造力，这是因为问题过于复杂，无法仅仅依靠个人创造力来解决。

### (四)创造力作为持续性团队历程

团队创造力特点通常是多样化的团队成员通过彼此之间的互动而产出众多观点（Harvey，2014）。然而这种团队创造力模式并不能解释有些团队是如何保持持续性的创造力，如皮克斯动画工作室。高创造力团队将创造力看作一个持续性过程，而不仅仅是产出观点的活动。

创造力不仅仅是产出观点，还包括分析观点，以及将观点转化为创造性过程和产品的建设性发展过程（Fairchild & Hunter，2013）。创造性过程需要时间，以及鼓励性的培育环境。团队需要花费时间建立起公开坦诚，具有支持性的沟通氛围，从而促进建设性争议并产生持续性创造力。

持续性团队创造力是专注于由不同视角引发的冲突的互动过程（Harvey，2014）。这个过程开始于最初的观点产生阶段，但是会一直持续到观点的执行。皮克斯动画工作室是持续性团队创造力过程的一个很好的例子。当动画制作者和技术人员开始一部新电影的制作过程时，并不会在刚开始时做出整部电影的计划。通过团队讨论确认创造性想法后，团队会根据这些想法开发原型。这些创造性想法的诞生来自艺术与技术的整合。团队定期召开会议来分析原型并对其进行创造性改进。通过反馈互动，电影制作的整个过程都强调了创造性的作用。

为了进行创造性协作，团队需要进行建设性的争论，也需要创建安全的心理环境（Fairchild & Hunter，2013；Somech & Drach-Zahavy，2013）。建设性争论能够促使团队成员分享各种观点，进行更深入的分析，并且能够促进原创解决方案的产生，从而提高团队创造力。然而，只有当团队拥有足够的心理安全，创建出有利于团队讨论和创新型思维的开放坦诚的学习氛围，建设性争论的作用才能够得以发挥。当团队成员能够自如地表达观点，给出并接受他人的反馈时，创造力才能蓬勃发展。

## 四、 组织环境与创造力

创造力对组织很有帮助。企业希望通过创新开发出新的产品与服务，从而扩展其业务。受困于旧的行为模式而无法前进的公司，会希望寻求新的方向帮助其打破常规。世界是动态发展的，充满着快速的变化，组织也必须随之做出创造性变化才能继续生存。为了增强创造力，组织需要聘请富于创造力的员工，有效利用团队创造性，并创建促进创造性的组织氛围。

当面临的问题过于复杂无法由个人解决时，组织必须依靠团队创造力才能达到目的。通常，对问题的创造性解决方案需要通过多学科视角来检视问题。第一代苹果电脑的开发是一个很好的例子。考虑到所有的电子、制造、艺术、心理以及人的因素，怎样才能对个人电脑进行创造性的重新设计？这不是一项个人任务，而是一项团队任务。为了结合来自不同领域的人的才能，团队创造力是一个必要条件。

组织还必须对一些跨越了组织边界的问题产出创造性解决方案。这需要团队充分理解并整合相关问题。团队产出对跨部门问题的创造性解决方案，有助于增强对方案执行的支持力度。

只有当组织环境支持创造力时，个人与组织创造力才能得以发展。尽管组织都声称支持创造力的态度，但在行动上却可能并非如此。组织既希望稳定也期待变化，这种矛盾就会引发问题。团队创造性需要合作，但是很多组织却鼓励竞争。组织可以从很多方面来促进创造性，但是组织中也存在着同样多的障碍阻止创造力的产生。

组织会声称发展创造力是一个有价值的目标，但是却常常拒绝接纳创造性思想（Mueller，Melwani & Goncalo，2012）。这种对于创造性的负面偏见源于不确定性。当无法确定某件事时，人们往往会倾向于已知的实用观点，而不是创造性的想法。不确定性也会妨碍人们识别创造性观点的能力。

创造性意味着风险。组织往往会注重保持连贯性，尽可能减少错误并降低风险。这种做法与组织创造性形成了内在冲突。问题不在于组织中不存在具有创造性的个人与团队，而在于其创造性得不到认可与回报。

为了促进创造性的发展，组织必须创建出支持创造性个人与团队的工作氛围。组织氛围应该既能够促进任务方面的创造性，也能够促进社会关系方面的创造性（Van Gundy，1987）。支持任务方面创造性的氛围要能够提供以不同方式完成任务的自由度，授权给员工按照自己的想法来工作，鼓励积极参与，并对从事创造性任务的员工提供支持。支持社会关系方面创造性的氛围要能够允许不同观点的公开表达，鼓励承担风险，推动对创新观点的接受度，并对员工保持信心。

在开发问题的创造性解决方案时，团队需要与周围的组织进行互动（Lehrer，2012）。这种互动可以是团队会议之外的非正式沟通，也可以将团队外的组织成员引入团队的创新活动之中。在进行创造性项目时，团队应该向组织中的其他成员宣传自己的工作理念，以获得其相关想法、评论与反馈。获得外部人员的看法对于促进创造力是很有帮助的。

获取组织反馈需要有支持创造力的组织氛围。IDEO，一家以开发创造性解决方案作为经营业务的公司，为这种类型的组织氛围提供了一个好的例子（Amabile，Fisher & Pillemer，2014）。这家公司的组织文化提倡"协作性慷慨"——整个公司的员工都会提供帮助、新的视角、个人经验和观点以促进创造性想法的发展。促进协作有利于团队更加具有创造性。协作需要创建安全的心理环境，从而使得团队成员能够感到安全地讨论问题。不幸的是，很多组织并不鼓励互相帮助，而鼓励员工之间的相互竞争。

绩效团队，如运动员团队或者音乐团体，体现出了提供恰当的背景对促进创造力的作用（Sawyer，2012）。高创造性团队会从事对其技能造成一定程度挑战的任务，拥有清晰的目标，能够受到对其工作的及时反馈，并且拥有专注于任务的自由度。这些团队能够成功地管理创造性过程中的内在矛盾。这些矛盾包括传统与创新、结构化与随意性、批判性分析与自由思考、倾听他人与表达自我。团队创造力的关键问题在于建立恰当程度的结构化以支持自由发挥，而不能过度结构化导致创造力受到抑制。

工作环境既可能促进创造力的发展，也可能对创造力构成障碍。表 12-2 列举了经研究表明在工作场合影响创造力的环境因素。

**表 12-2    影响创造力的环境因素**

| 因素 | 促进创造力 | 妨碍创造力 |
|---|---|---|
| 自由 | 员工需要能够自由决定从事哪种工作以及怎样完成工作，并且需要对工作过程具有掌控力 | 缺乏选择项目和完成任务的自由会妨碍创造力的发挥 |
| 管理 | 管理人员需要做出好的榜样，具有良好的技术与沟通技能，能够给出明确的指示，但是不会过多地控制员工，并且保护员工不受负面组织因素的影响 | 会抑制创造力的管理风格包括不清晰的指示，缺乏技术与沟通技能，以及对员工的控制过多 |
| 鼓励 | 鼓励员工提出新的想法，并且保证其不受到评估的威胁 | 对新想法缺乏支持或认同会妨碍创造力的发挥 |
| 认可 | 员工应该相信创造力会获得组织恰当的反馈、认可和奖励 | 不恰当、不公平和评判性的评价，以及不现实的目标都会妨碍创造力的发挥 |
| 合作 | 组织氛围应该是支持合作，接受新观点，奖励创新，以及容许冒险 | 团队中的人际竞争或者组织中的团队竞争都会妨碍创新过程 |
| 时间 | 创造力的发挥需要时间来探索新的观点，并且需要灵活的时间安排 | 过重的工作负担，或者经常发生危机而无法专注于长期的项目，会降低创造力 |
| 挑战 | 能够激发员工兴趣，重要的、并且非常规性任务能够促进创造力 | 过于强调一致性，不支持冒险行为的组织会妨碍创造力 |
| 动机 | 来自组织外的竞争压力应该使员工具有完成重要任务的迫切愿望或紧迫感 | 一些组织因素，如糟糕的奖励机制、冗余的组织机构，以及缺乏对创新的重视都会妨碍创造力 |

来源：Copyright © 1996 Teresa M Amabile. Reprinted by permission of Westview Press，a member of the Perseus Books Group。

## 五、 应用： 提升团队创造力的方法

产出创造性观点是团队工作的一个重要部分，团队可以通过不同的方式来运用能够促进团队创造力的工具。例如，创造力方法能够运用在问题解决的各个阶段并发挥作用(Van Gundy，1987)。这些方法有助于澄清目标，界定并分析问题，产出备选方案，并为方案执行做好准备。

过早评估是限制团队创造力的最大问题。团队成员可能会想要尝试新的想法，但是来自其他成员的批判性评论会使其因而却步。团队成员往往并不善于支持他人的想法，因此指定某段时间允许成员自由表达而不受任何批评，这种做法对于发展创造力来说非常重要。团队应该制定规则保证成员能够开放安全地表达自己的观点；团队成员应该在他人观点的基础上进一步讨论，而不是直接批评。如果确实不喜欢某个观点，团队成员也应该顺着思路提出其他相关想法。学习这种合作技能是非常有帮助的。

团队通常不需要在解决方案被提出的时候就做出决定。先采用头脑风暴方式进行讨论，然后等待下一次会议再对备选方案做出选择。这种等待给团队成员留出了独立思考、想出新观点的时间。这种团队创造力方式既利用了个人创造力（通常独立产生），同时也利用了协同创造力（来自群体互动）。

产出创造性观点需要的不仅仅是团队历程（图 12-1）。首先要创建出鼓励参与的开放性氛围。如果有时间为讨论话题进行准备并进行研究，团队成员就更有可能产出创造性观点。创造性观点产出后，团队会挑选出最好的观点并对其加以改善。对此讨论对于充分产出创造性想法是必要的。

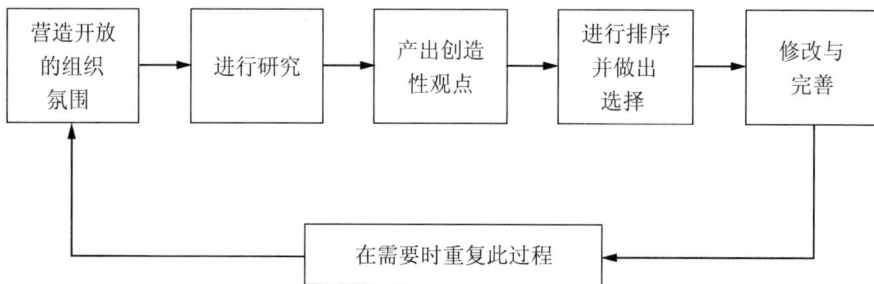

图 12-1　创造力流程图

### (一)头脑风暴法

头脑风暴法指的是结构化团队创造性讨论的多种方法的总称。除了经典的头脑风暴，还有一些其他的进行方案，包括要求成员整合他人想法的流程，采用图片来评论观点，以及通过角色扮演体验不同的视角，如从历史或虚构人物的角度来检视问题。（爱因斯坦会怎样解决这个问题?）经常使用头脑风暴法的团队协调者会采取方法来平衡团队成员的参与度。

在头脑风暴开始时，团队领导者首先会清晰地描述目标或有待讨论的问题，并回顾头脑风暴的指导原则（表 12-3）；其次会留出明确的一段时间（20～30 分钟）进行头脑风暴。在这段时间内，领导者主要承担协调者和记录者的职责。在观点产出后，领导者帮助团队将其按照优先次序加以排列，组织成方便管理的大小以供进一步考虑。

**表 12-3　头脑风暴的指导原则**

| |
| --- |
| 问题：公布需要应对的问题 |
| 思考：安静思考并写出想法 |
| 舍弃：所有团队成员尽可能多地舍弃写出的想法 |
| 接受：无论是否可行，接受所有的想法 |
| 记录：将所有的想法汇集记录，供团队成员查看 |
| 提示：协调者再次提出主要问题，避免团队成员跑题 |
| 维持：协调者提醒团队在整个流程完成之前，不允许对任何想法做出批判或进行评估 |
| 延伸：团队成员在他人想法的基础上进一步延伸，将这些想法作为促进新思路产生的跳板 |

来源：Pokras，S.(1995). *Team problem solving*. Menlo Park，CA：CRISP。

在头脑风暴的开始阶段，团队成员安静思考与主题相关的创造性观点，并将其记录下来，这种做法是很有帮助的。团队讨论之前的这个个人思考过程有助于产出更多的想法，并能够使讨论的开始阶段较为活跃。

在进行头脑风暴的过程中，所有成员都应该提出尽可能多的想法。每个想法都会被团队接受，并由记录者记录下来。此时领导者的工作是保持团队成员的讨论不偏离主题。在头脑风暴过程中不允许团队成员对产出的观点进行批评。相反，鼓励成员在他人观点的基础上进一步补充。确保在进行头脑风暴过程中不出现批评指责是团队领导者的责任。

在进行头脑风暴过程中的关键问题之一是，人们常常花时间寻找新观点中的错误之处（West，2012）。这种做法会减少成员参与创造性活动的热情。鼓励团队成员多说"是的，并且"，而不是"不"或者"使得，但是"。在做出判断认为某种想法不可行之前，尝试说出"是的"，然后在这个想法的基础上进一步考虑扩展。这种简单的方法能够改变团队会议的氛围，并能够鼓励每个人尝试说出自己的新看法。

### （二）名义群体法和书面头脑风暴法

名义群体法和书面头脑风暴法是两种类似的方法，都是将个人创造力和群体创造力的好处结合起来。与头脑风暴法相同，这两种方法也将观点的产生阶段与评估阶段分离开来。然而在这两种方法中，个人是通过书面形式，而不是团队讨论来阐述自己的观点。

这两种方法在开始时都采用了与头脑风暴法类似的方式。团队被召集起来，而后协调者宣布问题。在名义群体法中，每个参与者会用 20～30 分钟时间写下自己的观点。这个阶段完成后，会将所有观点列出来展示给所有参与者，然后团队可以就观点提出问题，以获得进一步解释和澄清。

书面头脑风暴法有几种不同的操作方式。第一种方式是要求成员在一张纸上写下一个观点，然后传给右手边的下一个人。下一个人需要继续写下一个新的观点，并且要对之前的观点做出补充扩展。不断循环这个过程直至时间结束，或者团队能想出的所有观点都已被列出。第二种方式是由每个团队成员在一张纸上写下几个观点，把这张纸扔到中间的观点池，然后从观点池中抽取一张其他成员扔入的纸。同样，团队成员需要就所选纸张上记录的观点进行扩展补充。观点产生阶段完成后，会将所有的内容整合后供整个团队查看。第三种方式是使用便利贴来生成观点。团队成员将自己的观点写在便利贴上，然后将其贴在墙上，每位成员都可以查看贴在墙上的便利贴，并对观点进行扩展补充或整合。书面头脑风暴法还可以通过虚拟团队的方式进行(参见本章末尾的领导*虚拟团队*部分)。

### (三)选择解决方案

创造力活动，如头脑风暴法，问题之一是这些方法能够产出很多可能的解决方式，但是却没有提供从中选出最佳方案的简单方式。然而人们在头脑风暴活动之后，通常很容易能将产出的众多观点按照优先顺序加以排列，并聚焦于其中有限的一部分方案上进一步考虑。

缩小范围的一种方式是通过多轮投票(Scholtes，1994)。团队查看通过头脑风暴活动产出的多个方案，将类似的观点进行整合，然后每个团队成员选出 2～5 个愿意支持的方案。所有成员完成选择后，对投票进行统计，去除得票为 0 或 1 的方案。对其他方案进行讨论，然后对其再次整合。这些步骤不断重复直到只有少数几个选择被保留下来。在这个阶段，团队可以采用共同决议法来选出最终的解决方案。

### (四)多阶段创造性活动方法

为了同时获得个人创造力和团队创造力带来的益处，团队可以采用一种多阶段过程的方法(Paulus，1998)。这种方法使用时间作为团队创造性活动的缓冲手段。人们常常会在没有考虑问题的时候，在一些奇怪的时刻浮现出创造性想法，如在散步时或洗澡的过程中。人们很难在命令要求之下产出创造性想法，尤其是在有其他人在场的情况下。创造性想法是很难仓促形成的，时间紧张和压力往往会使得个人和团队更趋于保守并缺乏创造力。

然而关于团队创造力的研究往往会做出假设，即团队必须按照要求产出创造性方案。在大多数组织环境中，团队会花费相当长的时间来解决某个问题。团队遇到并讨论问题，然后努力创造性地去解决问题。后期有时候团队还会重新召集成员进行方案选择过程。通过将活动分散到不同的时间，并允许团队成员添加新的想法，从而实现了个人创造力和团队创造力带来的双重好处。

## 领导虚拟团队：　虚拟创造力

**问题**：由于认知干扰和社会性抑制因素较少，与面对面实体团队或者独立工作的个人相比，虚拟团队的创造潜力更大。当团队领导者能够恰当地利用虚拟团队的优势时尤为如此。

**解决方案**：虚拟团队领导者可以遵循以下原则和方法来发挥虚拟创造力的优势。

1. 引入具有不同领域知识和文化背景的参与者。虚拟团队地理分布上的灵活性可以允许具有不同经历和背景的人员加入。在分享产出观点的过程中，能够参与的成员的分布越广，就越能够提供不同的想法并做出不同的贡献。

2. 同时采用多种方式应对同一个问题。一个观点产生后，团队中了解到这个观点的其他成员的想法都可能会受到这个观点的影响。这可能会导致整个团队的思路都趋于一致，而完全放弃了其他创造性观点可能出现的方向。解决这个问题的方法是同时产出多个初始观点以避免交叉影响，然后在每个初始观点的基础上进一步扩展。书面头脑风暴法是实现这个目的的最有效的方式。尽管也可以用于面对面会议，书面头脑风暴法在虚拟情境下最为适用。大多数的商业性群体支持系统（GSS）产品都支持书面头脑风暴的功能（常常被称为电子头脑风暴）；书面头脑风暴法可以通过维基技术，甚至在谷歌共享文档中进行。采用书面头脑风暴法时，领导者可以将团队分为小组，要求各小组独立产出自己的观点。通过这种方式，一个小组中产出的观点就不会影响到其他小组的讨论了。

3. 在虚拟环境中更容易采用匿名方式。匿名方式能够去除社会抑制因素，从而对创造性过程产生积极影响。社会抑制因素的减少会促进更具有冒险性和创新型的想法的产生。匿名方式还使领导者能够通过提供冒险性、引导性的想法，促进其他成员更多的创造性思维。

4. 观点产出过程中的角色扮演法可能会促进更广泛的思路和更新奇的想法的产生。由于社会抑制因素的减少，在虚拟环境中也更容易对角色扮演过程进行管理。一种简单的角色扮演法是给每个参与者分配一个著名人物的身份（历史上或流行文化中），并要求成员设想并提出该知名人物在面对这个问题可能会产生的想法。如果参与者被要求设想自己是亚伯拉罕·林肯（Abraham Lincoln）、马丁·路德·金（Martin Luther King），或者蝙蝠侠（Batman），想象一下会产生多么广泛的思路。一些群体决策支持系统和支持创造性的产品允许用户以著名人物的身份提交想法。

## 小结

从团队动力角度，创造力通常被定义为一个产品或过程。创造力会触发新奇的想法，也会促进有用方案的实施。创造性过程会通过发散思维和收敛思维来发展创造性想法。

个人和群体都很难按照要求来展现出创造性。创造力需要领域相关技能、创造力相关技能，以及恰当的动机。外部奖励、沟通问题、评估焦虑，以及僵化的思维范式都会减弱创造力。

团体往往并不比个人独自工作时创造力更强。与群体过程相关的认知和社会因素会限制创造力的发展。

头脑风暴法要优于非结构性讨论，但在提高团队创造力上影响有限。然而团队可以有效管理群体过程，认可建设性冲突的价值，创建令人感到心理安全的环境，吸收多样化的成员，并采用多阶段策略，从而促进创造力的发展。

尽管组织领导者宣称希望能够促进创造力的发展，但是他们的行动却往往与话语不符。组织需要创造力来适应不断变化的环境，但是组织往往倾向于鼓励连贯与稳定，而不是创新。通过管理定向、资源可用性、对待冒险的态度，以及合作性氛围等因素，组织对创造力既可能有促进作用，也可能有阻碍作用。

可以采用一些方法来改善群体创造力。头脑风暴法可以将团队讨论结构化，减少评估带来的负面影响。名义群体法和书面头脑风暴法将实现个人和群体创造力的方法相结合。还可以运用不同的选择方法来减少备选方案的数量。对于团队来说，使用这些创造力相关的方法是重要的，然而采用多阶段活动法以保证充分的酝酿时间也同样重要。恰当使用这些方法，团队创造力就会得以改善。

---

## 团队领导者的挑战 12

你是一家动画工作室中由编剧和艺术家组成的一个团队的领导者。这个团队的成员天赋都很高并且具有很强的创造力，但却是一个不容易领导的团队。团队成员具有注重个人独立，具有独特个性，并且较为情绪化等性格特质。通过你努力的组织管理，并协调人际关系问题，项目团队成功地制作了一部电影短片。

团队在上一个项目中取得的成功令你感到非常幸运。现在要做的是重新组建一个新的团队。无论是组织新团队还是使用原有的团队，促使团队创造性地协同工作都是一件非常困难的事情。你真正想要做的是建立起能够推动创造力持续发展的机制。这不仅意味着聘用拥有创造力的人员——你希望能够通过团队协作工作的方式，将进行创造性项目作为组织的常态。

- 采用团队方式进行创造性工作会有哪些好处，又会有哪些问题？
- 怎样运用团队协作才能对创造力工作起到推动作用？
- 你(团队领导者)怎样做才能确保组织中不断出现创造性项目？

---

## 活动： 对不同的团队创造力方法进行比较

**目标：**可以采用本章中讨论的创造力促进方法来改善创造力。团队可以尝试使用不同的方式，查看其应用效果。

**活动：**将成员分为三个团队，每个团队采用不同的创造力促进方法——群体讨论法、头脑风暴法或书面头脑风暴法。每种方法都有助于产出解决问题的备选方案。在应用创造力促进方法 20 分钟后，通过多轮投票选出最倾向于采用的解决方案。尝试为你所在的组织设计出一个新的广告宣传语，或者为《纽约客》杂志写一个创造性的标题。

1. 群体讨论。要求团队就所设定的问题进行讨论，产出创造性解决方案。

2. 头脑风暴。开始头脑风暴之前，团队领导者必须清晰地描述待讨论的问题，并且回顾头脑风暴的指导原则。在头脑风暴过程中，所有成员应该尝试提出尽可能多的想法。每个想法都会被团队接受并记录在一张纸上。领导者的任务是保持团队成员始终将关注点集中在所讨论的问题上。不允许任何成员对所产出的想法进行批判。相反，鼓励成员在他人想法的基础上进一步思考扩展。在头脑风暴过程中，领导者需要负责保证在整个过程中不出现对想法进行批评的现象。

3. 书面头脑风暴。书面头脑风暴法在开始时采用与头脑风暴法类似的方式。在召集团队成员后，领导者宣布待解决的问题，并要求团队成员充分表达自己的想法，并在他人想法的基础上进行扩展补充。区别在于团队互动是通过书面形式进行的。要求每个成员写下几种备选方案，将写有自己想法的纸张扔入中心的观点池，然后从观点池中抽取一张其他成员扔入的纸并据此进行补充扩展。当所有成员完成时，将所有想法汇总供整个团队查看。

4. 通过多轮投票选择解决方案。所有团队成员查看通过创造力促进活动产出的备选方案，并将类似的想法进行整合。每个团队成员挑选出2～5种自己愿意支持的备选方案。所有团队成员完成选择后，统计投票结果并舍弃得票数为0或1的方案。讨论剩余方案并通过一定方式进行整合。重复这些步骤直到只剩下少数几个方案。在这几个方案的基础上，团队进一步讨论最终选出一种方案达成共识。

**分析**：哪种创造力促进方法产出的解决方案最具有创造性？对于所采用的创造力促进方法，团队成员喜欢过程中的哪些部分，不喜欢过程中的哪些部分？团队成员是否还希望在未来再次使用这种方法？

**讨论**：这三种方法分别具有什么样的优势和问题？你怎样才能进一步促进团队的创造力？

第十三章

# 多元化

团队中的多元化来自人口特征、心理特质和组织特点方面的差异。研究表明多元化对团队产生的不同影响取决于所采用的研究方式、所研究的差异类型，以及团队所执行的不同任务。在大多数情况中，只要团队学会创建出支持多元化的环境，多元化对于团队来说是有益的。成员多元化的团队在做出决策、问题解决以及创造性活动方面都会表现得更好。

这些问题往往是由于对他人的误解以及小团体之间的竞争引发的，团队的多元化也可能会引发一些问题。这些问题会干扰团队沟通，并影响团队充分利用自身资源的能力。多元化问题通常不会自行消失，但是可以采取行动帮助团队改善成员之间的关系，从而受益于团队的多元化。

**学习目标**

1. 为什么处理多元化问题对于团队来说日益重要？

2. 多元化有哪些不同类型？

3. 用以解释多元化的特质法和期待法分别是什么？

4. 认知过程、领导者行为、社会过程是如何解释多元化问题产生的原因的？

5. 多元化可能会给团队带来的问题有哪些？

6. 同质化团队和多元化团队在表现上有哪些不同？

7. 跨职能团队的应用会存在哪些挑战？

8. 组织可以通过哪些方式创建出支持团队多元化的环境？

## 一、 多元化的本质

多元化是团队工作的核心所在。如果人们的知识、技能和观点都完全相同，那么他们就没有必要组成团队了，否则只是增加了一个告知大家去做什么的监督者而已。正是差异的整合形成了团队的核心价值。但是多元化同时也是团队工作的中心挑战。怎样才能使不同的人作为团队平滑有效地共同工作？从社会与组织角度来说，团队多元化问题的重要性日益增长。多元化有着许多含义，会对团队运行产生不同的影响。

### (一)为什么现在多元化非常重要

由于越来越多的女性和少数族裔进入劳动力市场，理解团队工作中的多样性就成了一个重要问题(Jackson & Ruderman，1995)。女性和少数族裔目前分布在组织阶层的各个层级，而不再主要从事特定类型的工作(Jackson，1992)。在当前的组织环境中，多元化存在于各个领域的工作中。

组织中的年龄或代际差异也在不断加大。这是由于人们的寿命增长和退休年龄的后延(Carnevale & Stone，1995)。组织层级的更加扁平化使得年轻人和年长者更有可能共同工作，因此他们之间的关系也在发生变化。新技术逆转了年轻人和年长者之间的一些差异。例如，年轻人可能有更多的技术技能，并在这个方面能够给予年长者相关的指导。

组织也在有意增强团队的多元化程度。组织会招聘更加多元化的员工以改善同客户之间的关系。设计团队在设计汽车时并不是只面向男性购买者；产品必须对所有潜在的客户具有敏感度。不断增强的人力多元化使得组织能够对社会上的多元市场更加敏感。此外，全球化也日益多元化。随着组织日益全球化，组织员工也必须能够在具有多元文化的团队中进行互动。

因此，在工作中对团队的运用越显著，多元化问题的重要性就越大。因为人们在团队中必须通过互动来完成工作。团队必须应对由于职业、部门、组织地位差异而形成的多元化现状。由于工作的彼此依赖性增强，不同类型的员工就必须采用新的方式相互沟通。

### (二)多元化的种类

尽管我们常常会从性别和种族的角度考虑多元化问题，但在组织中对团队产生影响的多元化因素主要有以下三类：人口特征（如性别、种族、年龄），心理特质（如价值观念、性格特点、知识水平）和组织特点（如任职时间、职业类别、组织地位）。表 13-1 是多元化的种类概览。人口特征与人们用以对他人进行分类的社会范畴相关（McGrath，Berdahl & Arrow，1995）。在我们当前的社会中，性别、种族、国籍、年龄、宗教以及性取向的区分在很多情况下是非常重要的，但是并非在所有的社会或年代中都是如此。例如，与在美国相比，宗教在中东地区是一个更为重要的人口变量。在 20 世纪早期的美国，欧洲移民的不同来源被认为非常重要，但是现在这种不同来源并不会被看作文化上的重大差异。

表 13-1　多元化的种类

| 人口特征 | 心理特质 | 组织特点 |
|---|---|---|
| • 性别<br>• 种族<br>• 国籍<br>• 年龄<br>• 宗教<br>• 性取向 | • 价值观、信念和态度<br>• 性格特点、行为与认知风格<br>• 知识、技能与能力 | • 组织地位<br>• 职业类别<br>• 部门归属<br>• 任职时间 |

来源：改编自 McGrath，J.，Berdahl，J.，& Arrow，H.（1995）. Traits, expectations, culture, and clout: The dynamics of diversity in work groups. In S. Jackson & M. Ruderman (Eds.)，*Diversity in work teams：Research paradigms for a changing workplace*（pp. 17-45）. Washington，DC：American Psychological Association。

心理特质的多元化与人们在认知和行为方面的差异相关。人们在价值观、信念和态度上各有不同。不同的人可能是保守的或者开放的，具有宗教信仰或者没有宗教信仰，勇于冒险或是回避冒险。人们在性格特点和行为风格上也体现出不同。正如前文中讨论的那样，人们可能是竞争性或者合作性、肯定型或者进击型的。最后，人们在任务相关的知识、技能和能力方面也各有不同。团队成员可能是技术专家，拥有艺术技能，或者拥有良好的沟通能力。

组织多元化是人们与组织的不同关系造成的。组织变量包括组织层级、职业专长、部门归属和任职时间等因素。这些变量主要会影响到个人在组织中的地位，而地位是团队中人际互动的一个重要影响因素。职业差异与人们所使用的可能会引发误解的语言和术语相关，而权力差异则会影响团队的沟通过程。

多元化的不同种类是彼此相关、不易严格区分的。团队往往会同时存在三个种类的多元化现象，但是在研究中往往并不清楚怎样区分多元化的不同种类（Cox，1995）。一方面，将人口因素（如性别）与组织因素（如地位）分别对待是有其意义的。另一方面，人口特征差异的重要影响之一就是，我们会给予某些团队成员与他人相比更大的权力和更高的地位。

不同种类的多元化在观察的难易程度上有所不同。基于年龄、性别、种族等方面的差异被视作表层因素，与此相对的则是心理变量等深层因素（Harrison，Price，Gavin ＆ Florey，2002）。表层因素会对人产生即时性影响。在表层因素上具有相似性的人更容易一开始就相互吸引，并建立起较强的社会纽带。深层因素引起的差异则需要经过一定时间才能够发现。因此团队中深层差异带来的影响也需要一定时间才能呈现出来。尽管在谈到多元化时，人们往往会只考虑表层因素，但是正是深层因素引起的差异会对团队绩效产生强大的积极影响（Harrison ＆ Humphrey，2010）。

### （三）多元化如何影响团队

可以通过两种方式检视多元化是如何影响团队的（McGrath et al.，1995）。特质法假设是多元化差异影响人们的行为方式。换言之，不同背景的人有着不同的价值观、技能和性格特点，这些差异会影响其在团队中的互动方式。期待法的关注点则在于人们对于他人应该持有怎样的信念。这种期待会使人们在与不同背景的人互动时采取不同的方式。

在团队中共同工作的过程中，人们会逐渐形成对团队的认同感，这种认同感会随着团队凝聚力的增强而不断增长。经过一定时间，成员之间会形成情感联结，产生共有的沟通语言，并拥有共同的经历。这会造成其态度、信念和价值观的逐渐趋同，从而降低了团队成员间背景差异的重要性（Harrison et al.，2002）。

尽管持续的互动会对某些种类的多元化产生一定影响，这种影响并不会涉及所有多元化因素。互动并不会改变人们的性格特征、专业技能、种族归属和年龄大小。然而，并不需要改变这些特征以减少多元化所产生的影响。人们对团队的认同感程度取决于团队成员这一身份在情感上对其重要程度以及人们对团队集体目标的重视程度（Brewer，1995）。组建团队的影响之一就在于团队成员的社会归类发生了变化，创建了新的社会身份。在团队中共同工作的成员发展出团队伙伴关系。与成员之前的社会身份范畴相比，这种身份范畴会使得团队成员之间在情感上认为彼此更加重要。

## 二、 多元化的问题

在多元化团队中，成员看待问题的方式不同，也拥有不同的信息资源，这应该有助于改善团队绩效，但前提是团队会有效利用这些与任务相关的差异。不幸的是，多元化可能会导致误解，进而减少了少数派成员的沟通，并导致团队内的情绪张力和冲突增强。这会阻碍团队充分利用所拥有的资源。

### (一)误解

团队成员具有的错误的固有印象和偏见会导致多元化问题。来自不同背景的人会持有不同的价值观念，并会对某个情境做出不同的反应。在判断何种做法是恰当的时候，这些价值观和行为的差异会对成员的观念产生重大影响。在应对这种心理焦虑时，人们可能会忽略或是错误解读少数派成员的贡献（这里少数派是指与大多数成员背景不同的那部分成员）。经过一定时间，少数派成员就会逐渐减少参与团队交流。这些成员的发言权不足就导致其很难影响到团队的决策(Tolbert，Albert & Simons，1995)。

团队成员常常会根据性别来推断一个人的专业程度(Cohen & Zhou，1991)。被公认具有专业能力的人通常在决策过程中具有更大的影响力，并在团队中承担领导角色。然而无论实际的专业能力如何，与女性相比团队成员通常更看重男性的专业能力(Ridgeway，1997)。在历史上由男性所主导的领域内尤为如此，如在科学与工程团队中。最近的一项研究显示，男性倾向使得人们对受教育程度较低的女性评价高于受教育程度较高的女性(Joshi，2014)。此外，团队的性别构成也会影响受教育程度很高的女性能在何种程度上运用其专业能力——与女性比例较高的团队相比，男性占主导地位的团队会较少使用女性的专业能力。这些结果显示在当今的团队中，性别不平等依然存在。解决这个问题的方法之一是使少数派成员以及/或者女性比例至少占到整个团队的20%。研究表明，所占比例超过这个数值后，对这些成员的不平等对待往往就会开始下降(Pettigrew & Martin，1987)。

多元化的好处之一在于，能够为团队分析和解决问题提供更多类型的信息和看待问题的不同视角(Van der Vegt & Bunderson，2005)。如果团队忽视了少数派成员的贡献，或者少数派成员没有做出贡献，则会丧失这种好处。当团队认为某个正确观点是由"错误的"人所提出的而忽视这个观点时，团队中就会出现由多元化而引发的问题。

### (二)情感猜疑

将团队分为内圈与外圈会造成团队中的社会性摩擦。权力冲突会形成团队内的猜疑氛围和防御性沟通。团队可能会分裂为不同派系，而不是形成一个统一的社会单位(Mannix & Neale，2005)。

这些情感问题会引发一些群体过程问题。由于人们之间的猜疑增强，多元化可能会导致团队中出现更多的冲突。不仅冲突的数量增加，这些冲突也更难解决。情感猜疑使得团队成员之间无法建立形成团队凝聚力所必需的社会性联结。多元化可能会使得团队凝聚力的好处难以实现。

### (三)未能利用团队资源

团队对待少数派成员的方式不仅会减少其对团队的输入，还可能会减少其对团队做出的贡献。经过一段时间，少数派成员对团队目标的承诺度减弱，为团队工作的动机也会下降(Ancona & Caldwell，1992)。这反过来又支持了团队做法的合理性：忽视少数派成员的贡献，不给他们提供进一步发展所需的机会与支持。

此外，多样化会影响工作团队的人员流动和社会交往(McGrath et al.，1995)。团队中少数派成员更有可能出现较高的流动率。如果新成员的特点与大多数成员相类似，他们就能够更容易融入团队。然而，在刚组建时多元化程度较高的团队中，少数派成员的流动率可能会较低，融入多元化新成员的难度也会较低。

## 三、 多元化问题产生的原因

检视多元化问题产生原因时可以采取以下几种方式。第一种观点认为多元化差异来自我们的认知过程，是社会化分类需求的人为产物。这种认知误解会导致团队中的人际关系问题。认知误解的一个特殊例子就是领导者的认知误解。第二种观点将多元化差异归因于团队内小团体之间竞争中的权力冲突。第三种观点则认为多元化问题反映了群体之间的权力竞争，而不是由心理问题所引发的。

### (一)认知过程的多元化

多元化是基于认知过程的一种社会建构。人们利用范畴将社会分割为不同的群体，并区别对待不同范畴的成员（Wilder，1986）。这些范畴的确定是相对随意的。例如，我们更有可能通过容易观察到的方式对人进行划分（如种族而不是宗教）。这些范畴一旦形成，就会对人们彼此认知和互动的方式产生重大影响。

社会认知是对他人信息进行收集和解读的过程。对他人进行分类的主要原因是为了简化对世界的认识（Srull & Wyer，1988）。将人们按照不同范畴进行归类后就可以预测其他人的大致归属。这种并不准确的简化是人类认知过程中不可避免的一部分。社会认知的问题在于可能会导致对于他人真实状况不成熟的过早判断。

固有印象是用预想团体特征描述某人的认知分类。固有印象可能是正面的，也可能是负面的，还可能兼而有之。例如，人们可能会认为工程师分析能力强，而这种特质是好是坏取决于不同的场景。固有印象使得属于统一范畴的人看起来更为相似，而与范畴外的人彼此不同（Wilder，1986）。

这种社会认知和分类过程本身并没有坏处，并且有助于人们之间的互动。问题在于这个过程所产生的不准确性和偏见可能会引起误解。表 13-2 列出了常见的一些认知偏见，这些偏见会对我们对他人的认知产生负面影响。从这些偏见可以很容易看出，我们的社会认知可能会产生怎样的错误。

多元化差异引起的问题不仅仅是分类与认知偏见。在对他人进行分类时，人们会将自己的社交世界分为内圈和外圈。这种认知区分也包含有情感成分（Tajfel，1982a）。我们通常会更加正面地看待自己所属的群体（内圈），也往往会喜爱、信任、并对内圈成员更加友好。在范畴分类上附加的情感因素显示出固有印象是如何转变为偏见与歧视行为的。偏见是对某个群体及其成员的没有合理原因的负面态度。偏见通常是基于固有观念而产生的。当对外圈成员的负向行为得到社会性支持时，就会产生歧视行为。

从这种认知视角来看，多元化差异的问题在于对他人的错误认知。人们基于对他人的分类，而不是实际行为对其做出预判。这会导致不恰当地对待他人，沟通不良，并且会在没有任何了解的情况下对他人产生厌恶和不信任感（Mannix & Neale，2005）。

## 代际差异：特征还是固有印象

对当今的工作者进行的研究发现了许多代际差异。新一代的工作者表现得更为焦虑、外向、认真，并具有更强的自尊（Lyons & Kuron，2014）。从工作态度来看，新一代的工作者对工作的整体投入和满意度都较低。关于团队合作的研究结果则是不一致的。有些研究在团队合作方面并没有发现代际差异，而另外一些研究则发现，老一代的工作者对于团队工作更为适应。总体来说，劳动者身上的个人性增强，而团队合作意愿下降。

这些代际差异在统计意义上是具有显著性的，但是对于团队领导者或团队成员来说应该怎样利用这些差异呢？统计意义上的显著性并不意味着与每一个 50 岁的人相比，每一个 20 岁的年轻人都更缺少团队意识或者更加认真。无论每代人具有什么样的总体倾向，每个团队成员都是一个独立的个体，而不是一个分类。要警惕不能把群体特征信息转变成固有印象而影响到对待人的方式。

### (二)团队领导者

多元化差异还会通过团队成员和领导者的关系对团队产生影响（Tsui，Xin & Egan，1995）。正如在第十章中指出的那样，领导—成员互换理论描述了这种关系的动态变化。根据这个理论模型，团队领导者会在关系形成的初期决定某个成员属于内圈还是外圈。内圈成员会得到更多的资源、指导与协助，得到更好的表现评价；与外圈成员相比作为团队成员的满意度更高。

领导—成员互换理论给我们提供了两点启示。第一，在领导者真正对团队成员的表现有所了解之前，在关系形成的非常早的阶段，内圈/外圈的划分就已经形成了。第二，这种早期印象的影响对成员之间、成员与领导者之间，以及成员与团队之间的关系会产生长期的持续性效果。

领导者快速决定成员属于内圈或是外圈常常是出于表 13-2 中列出的认知偏见。在与领导者的最初互动中，团队成员被归入某一类别（第一印象错误）。领导者会假设团队成员的行为是由于其性格特点，而不是由与新领导互动这个具体情境决定的（基本归因错误）。领导者更可能会对与自己有相似之处的成员做出更为有利的评价（似我效应）。如果对某一成员的整体固有印象是正面的，领导者就更可能会对其在很多问题上做出有利评价(月晕效应)。后续的互动很少能够改变第一印象,这是因为支持第一印象的信息被牢记,而相反的信息则被忽略(选择性感知)。

表 13-2　认知偏见

| | |
|---|---|
| 第一印象错误 | 根据第一印象对他人做出判断,并忽略后续出现的、与最初判断相抵触的信息。一旦形成了正面的第一印象,我们就会创建场景来支持这一判断 |
| 基本归因错误 | 使用个人因素而不是情境因素来解释人们特定的行事方式。我们倾向于用性格特点和人口变量来解释他人的行为,而不是分析情境原因 |
| 似我效应 | 从正面角度看待与自己相似的人 |
| 月晕效应 | 一旦对他人产生整体性正面或负面印象,我们就会觉得这个人在所有事情上都是好的或坏的。例如,如果我们喜欢某个人,会认为这个人是有能力的、可靠的 |
| 选择性感知 | 只专注于或者记住与我们信念相符的信息,忽视与我们信念相抵触的信息 |

来源:改编自 Greenberg, J., & Baron, R. (1997). *Behavior in organizations*: *Understanding the human side of work*(6th ed.). Upper Saddle River,NJ:Prentice Hall。

### (三)社会过程的多元化

另一种观点认为多元化差异引发的问题来自社会性竞争与冲突。为什么性别与种族是对人进行分类的重要方式?对于社会学家来说,这是因为女性和少数族裔在组织和我们的社会中会挑战白人男性的权力地位。女性和少数族裔正在努力通过竞争获取那些多数群体希望加以控制的稀缺资源(如工作、办公空间、项目资源)。

当全体之间相互竞争时,其成员也会对彼此形成偏见。正如第五章中指出的那样,当相互竞争的群体通过共同目标结合起来时,这些偏见就会得以削减。人们可以通过多种方式对自己所处的社会环境进行分类,但是当外圈成员被认为威胁到了个人资源或权力时,偏见就会由此产生。

多元化差异会在团队内部形成权利级差,从而影响成员间的互动(McGrath et al.,1995)。多元化引发的负面影响很多都是团队内部权利不均衡而造成的直接结果。正如第八章中所讨论的那样,团队内的权利不均衡会破坏团队的沟通过程。在成员间权利不均衡的团队中,团队沟通会受到影响,强势成员会控制整个沟通过程。权利差异还会影响到团队的凝聚力,这是因为地位相似的人更有可能会彼此互动并建立友谊(Tolbert et al.,1995)。由于相互冲突的目标和不断增多的不良沟通,权利差异还可能会使多元化团队中产生更多的内部冲突。

多元化团队中的冲突还会导致"断层线"的形成(Mannix & Neale，2005)。在团队成员根据对某个问题的对立性观点分裂为不同派别时，如果这种区分是出于小团体的归属，而不是反映成员的真正观点时，就会出现断层线。例如，团队可能会根据性别不同而分为两派，团队成员都根据性别支持和自己同性别的一派的观点，而不是根据自己的真实观点。断层线会加剧冲突，而不是融合多种观点以解决问题。

## 四、 多元化差异的影响

关于多元化差异对团队的影响的研究，其结果取决于进行研究的方式、被研究的多元化差异的类型，以及团队所执行的任务。功能型差异对团队绩效有着积极影响，而个人差异则可能会降低团队凝聚力并增加团队冲突。有时组织会有意制造团队内的多元化差异以达成某个特定目的。跨功能团队是多元化团队的一种，用以处理需要多种不同技能的复杂问题。

### (一)多元化差异对团队的影响的研究

大量关于多元化差异对团队的影响的研究得出的结论并不一致。部分问题在于对团队进行的短期实验室研究与真实的工作团队研究是有所不同的。然而，许多多元化差异引发的问题与错误的沟通有关，而这种错误沟通或随着时间而减弱或消失(Northcraft，Polzer，Neale & Kramer，1995)。另一个问题与团队所进行的任务有关。团队多元化对于某些任务类型是有益的，但却可能成为另一些任务的问题所在。被研究的多元化差异类别也会引起困惑。人口变量的差异(如性别、种族)是否与个人变量的差异(如价值观、性格、技能)相同？将对所有种类的多元化差异进行的研究整合起来是否有意义？

最后必须问的是，研究问题是否正确？将多元化差异产生的影响与组织背景分离开来是否有意义？多元化差异对工作团队的影响取决于组织氛围以及团队如何应对差异(Adler，1986)。对于大多数组织来说，多元化是一个存在的事实。重要的问题并不是多元化团队与同质化团队相比更好还是更糟，而是怎样才能让多元化团队更加有效地运行。

为了更清晰地理解关于团队多元化影响的研究，研究者对 100 多项具体研究进行了数次元分析研究(Bell，Villado，Lukasik，Belau & Briggs，2010；Jackson，1992；Mannix & Neale，2005；Van Knippenberg & Schippers，2007)，主要采用

了两种理论视角以帮助解释多元化对团队影响的不一致性。信息/决策视角认为知识、技能与视角的差异可能会产出更高质量、更有创造力的决策方案，并且能够提高团队绩效。社会分类视角认为团队成员之间的差异可能会导致团队内部内圈与外圈的区分，从而影响团队成员之间的友谊、信任与合作，并对团队历程造成损害。

采用不同的理论视角，关于团队多元化影响的研究会关注不同的多元化差异类别对团队的影响，或是检视在从事不同任务的团队中多元化差异的影响有何不同。多元化差异的一个最基本的区分是根据个人特点（表层差异）或是根据功能特点（深层差异）。个人特点包括性格、价值观，以及各种人口变量（如年龄、性别和种族）的差异。功能特点则关注与工作环境相关的知识、能力与技能，以及关于任务问题的视角差异。表层差异可能会导致沟通和团体凝聚力问题，并会增加冲突，但是通常对团队的整体绩效产生复杂的或有限的影响。深层差异则会对决策、创造性及团队绩效产生积极影响。多元化差异的积极影响在某些任务类型中发生的可能性更大：多元化差异能够改善问题解决与决策，对于需要创造力的任务、复杂任务，以及非常规性任务有着积极影响。

一些缓冲变量会影响到多元化差异对团队所产生的效应。相互配合以完成互相依赖程度较高的任务的团队通常会获益于成员的多元化差异。经常进行反思活动的学习型团队也更有可能从多元化差异中获益。共同工作时间的增长能够减少表层差异带来的负面的社会性影响，同时也增加了深层差异的价值。正如预期的那样，在重视并支持差异的多元化组织中，团队能够更加有效地从多元化差异中获益。

多元化差异的挑战在于，团队必须尽量利用功能差异与视角不同带来的好处，同时管理好多元化成员共同工作而产生的沟通与冲突问题。当团队学会如何克服多元化带来的挑战时，其积极影响就会不断累积（Mannix & Neale，2005）。通过增加不同的视角，成员多元化能够改善问题结局。多元化团队更有可能拥有多种人际关系，从而提供更多的信息获取途径，并能够获得更多的协助与支持。高层管理团队的多元化则会影响到团队是否愿意进行创新，对组织运行方式进行策略性变革。

哈里森和克莱恩（Harrison & Klein，2007）提出了另一种方法来理解多元化差异对团队的影响。这种方法将差异类型分为区别、多样化与不等三种。区别是指某种特性的横向差异，如信念、态度与价值观；多样化是指类别差异，如不同的专业背景与专业能力；不等则是指纵向差异，如地位与权利。区别会降低团队凝聚力，增加团队冲突，从而给团队带来负面影响，但是却能够改善决策质量。多样化能够提高创造力，促进创新并改善决策，从而给团队带来正面影响，然而却有可能增加团队冲突。不等会引起更激烈的竞争，减少沟通并造成社交退缩，因而对团队的负面影响最大。

　　不同类型的差异也可能会同时存在。例如，种族差异可以是多样化（不同的种族背景）、区别（与不同的价值观相关），以及不等（不同种族群体的地位差异）。多元化差异产生的影响与所处的环境背景有关——取决于团队目的、成员理念，以及对多元化的管理方式。例如，种族差异可能会在某些问题上造成意见分歧，但对其他与此无关的活动则没有影响。

### (二)跨功能团队

　　在大多数情况中，团队中的多元化差异并不是有意制造的结果。聚集在一起共同完成某项任务的团队成员可能是、也可能不是具有差异的多元化个体。然而在有些情况下，多元化是有意为之的结果。跨功能团队就是有意设计的多元化团队的一个很好的例子。

　　组织与任务的复杂性常常需要组建跨功能团队（Northcraft et al.，1995）。例如，在设计新产品时，由于产品的复杂性，设计团队常常会引入具有不同技术技能的成员（如电子技术、材料技术与编程技术）。设计团队中可能会有来自不同部门的成员的参与（如市场部门、工程部门与制造部门），以确保产品创新能够得到整个组织的支持。跨功能团队中的多元化既与功能差异相关，也与组织差异相关。

　　由于能够整合整个组织中存在的知识与专业技能，跨功能团队是非常有价值的。这种团队中的信息整合能够推动新产品的开发，并促进组织性学习。然而跨功能团队的运行往往很有难度，这是因为发挥创造力所需的彼此竞争的观点可能会引发冲突，因而损害团队关系。观点差异对于这种团队的成功是非常重要的，但是只有当团队成员都愿意分享知识、相互学习时，团队才有可能取得成功（Edmondson & Nembhard，2009）。

　　成功的跨功能团队就像成功的协商谈判：参与者保留自己的个人价值观与观点差异，同时利用差异通过协作方式达成一致（Uhl-Bien & Graen，1992）。跨功能团队面对的挑战在于学习建设性地管理冲突。有些冲突来自合理的组织或专业差异（Pelled，Eisenhardt & Xin，1999）。对这种冲突的解决正是跨功能团队的部分价值所在。然而，还有一些冲突是关于限制团队成员交流的固有印象、缺乏信任以及个人偏见。即使在形成共同决议会有利于所有人的利益时，这种偏见也会妨碍团队通过协商达成一致。

## 五、 应用：  创建环境支持团队多元化

对于团队来说，多元化既是能够提供助力的长处，也是会引发问题的阻力（Dyer，Dyer & Dyer，2007）。如果不能加以有效应对，多元化可能会增加冲突，造成情绪问题，并降低团队有效性。要实现多元化对团队的价值，关键在于创建出能够支持建设性争议的环境，使得团队成员能够以安全有效的方式表达不同的观点。对多元化差异的管理主要致力于增强意识消除误解，改善团队历程技能，创建安全的沟通环境，以及应对团队与组织问题。

### (一)增强意识

组织会通过组织培训增强成员的多元文化意识，以应对多元化差异带来的问题。这种培训可以帮助人们更加清晰地意识到自己对其他群体所做的假设和持有的偏见。目的在于增长有关多元化问题的知识，提高多元文化意识，挑战对少数群体的现存假设，并去除固有印象（Battaglia，1992）。

与忽视文化差异、回避不恰当行为(文化色盲)的团队相比，在认可文化间差异(多元文化)的团队中，多元化差异能够对社会互动产生更为积极的影响。多元文化法能够促进对外关注，并鼓励团队成员之间的互动。与此相对，文化色盲则聚焦于防范，因而团队成员会更多地关注如何不冒犯他人。对于可能会说错的焦虑会减少沟通，导致团队成员之间的更多误解。

尽管强调团队成员之间的相似性有助于促进团队和谐，但同时也会抑制团队从多个视角来看待问题（Galinsky & Mussweiler，2011）。承认团队成员之间存在的差异，有助于团队从多个视角检视问题，进而提高决策质量。当团队成员意识到，并尊重彼此之间存在的差异时，多元文化团队更有可能发挥其创造力（Galinsky & Mussweiler，2011）。这也能使团队成员在以自己的独特视角来发表看法时，感到更为放松。团队成员认可彼此间的文化差异，并以独特的方式整合不同视角，从而能够支持创造性观点的发展。

意识培训不能仅局限于教授关于文化的差异（Triandis，1994）。不断加深的理解会推动跨越人口特征的社交接触与友谊的发展。正是这些非正式社交接触会发展为进一步的关系，从而减少误解，增进对差异的理解，并推动信任的发展。要在成员之间建立起沟通的桥梁，团队必须发展出跨越差异的团队文化（Mannix & Neale，

2005)。一些简单的行动，如讨论成员之间的共同点以及独特贡献，是启动搭桥过程的良好方式。

### (二)改善群体过程技能

多元化团队中的许多冲突都是由于固有印象和缺乏信任造成的错误沟通而引起的。要应对这些冲突，团队领导者可以对团队成员加以培训，使其能够更好地彼此沟通，并欣赏其他成员的独特贡献(Northcraft et al.，1995)。以技能为基础的多元化方案可以增强人际技能，从而更好地管理由差异化而引起的问题(Battaglia，1992)。

对多元化差异进行管理的一种方式是打破人们之间的社会边界。成员仅仅在团队内进行互动并不能达到这个目的。他们必须通过一些方法将团队内部权利均衡化，从而促进沟通打破社会边界(Nkomo，1995)。如果个人感受到与文化认同有关的负面固有观念的威胁时，他就会限制其对团队的参与度(Curseu，Schruijer & Boros，2007)。如果团队领导者不积极努力去缩小团队中的权力差异，种族差异就可能会使拥有较少权力的成员减少其协作与沟通。团队应该将沟通过程结构化，促进成员的沟通和对团队活动的平等参与。

团队领导者可以采用不同的群体过程促进方法来改善团队中的多元化关系，促进成员对团队目标、规范及职责的认同能够改善团队沟通(Armstrong & Cole，1995)。团队领导者可以鼓励所有成员积极参与团队活动，并欣赏其观点，从而将成员间地位不同带来的影响尽可能最小化。如果团队中难以进行开放式讨论，将沟通过程结构化能够改善这种状况。

如果某人在团队中落单了，对其而言在团队中发出自己的声音就会尤为困难(Mannix & Neale，2005)。即使他仅仅获得有限的支持，也能够增强对少数派成员观点的影响力。这能够防止团队由于提出人的原因而忽视某个观点。领导者应该创建恰当的沟通规范与氛围，以确保团队能够接收到少数派成员的观点。

### (三)创建安全的环境

尽管多元化可能会有益于团队绩效，但同时也给跨越差异进行合作造成了挑战(Edmondson & Roloff，2009)。人们往往更喜欢在同质化团队中工作，但是多元化团队成员之间的分歧引起的积极性冲突能够刺激团队进行学习，促进问题解决并激发创造力。只有当团队成员能够在安全的环境中表达异议时，多元化差异才能对团队产生积极影响。

关于团队决策的一个令人失望的发现是，在讨论中团队往往更关注共有信息，而不是某个成员提出的独特信息(Mannix & Neale，2005)。尽管多元化团队有着比同质化团队更大的潜力，但是只有在团队成员能够做出自己的贡献时才会如此。团队在创建开放的支持性沟通氛围，促进成员互信方面做得越成功，团队成员就越愿意去冒险表述自己拥有的独特信息。

关键是要创建一个心理上令人安全的团队环境，促进所有成员的沟通与协作(Edmondson & Roloff，2009)。通过分享个人观点，发展重视文化差异的氛围，能够促进这种协作环境的形成。安全的团队氛围能够允许出现差异并讨论差异，而不用担心受到惩罚。当团队氛围令人感到安全时，多元化团队中存在的差异就可以促进团队运行的有效性。如果没有安全的团队氛围，多元化差异则可能会导致沟通障碍和协作困难。

### (四)改善团队问题

发展超常目标或强烈的集体团队认同感有助于多元化团队更加有效地协同工作(Van der Vegt & Bunderson，2005)。在具有强烈的团队认同感时，团队成员更愿意分享观点并关注他人的想法。团队认同有助于成员超越个人差异而关注团队的需求。在团队发展的后期阶段，多元文化团队的表现会超过单一文化的团队(Gibson，Huang，Kirkman & Shapiro，2014)。团队需要经过一段时间才能逐渐发展出共有的价值观和团队认同感，从而帮助团队克服文化差异带来的挑战。

团队能够从多元化差异中获益的原因在于，多元化团队的成员能够共享信息、知识与观点，从而汇聚众多信息以帮助问题解决(Pieterse，Knippenberg & Dierendonck，2013)。但是如果团队成员不愿意讨论并了解团队中的不同观点，这种好处也就无法显现。团队成员之间的差异可能会妨碍开放性沟通，彼此的偏见则可能会限制成员间的互相学习。团队需要发展出面向学习的氛围以发挥多元化差异可能带来的好处。

多元化差异不应该与任务的分配相关联(Rico，Sanchez-Manzararares，Antino & Lau，2012)。例如，团队不应该分配亚裔成员解决技术问题，女性成员负责沟通，年轻成员完成计算机操作任务。如果工作任务与固有印象相关联，固有印象和偏见就会成为解释一切的合理原因。

在有些情况下，多元化差异带来的问题与绩效评估和奖励体制有关。如果团队成员不能进行良好合作，评估与奖励体制问题应该是需要首先考虑的原因（Northcraft et al.，1995）。领导者的内圈成员更有可能会得到较好的绩效评价和奖励，而是否能够成为内圈成员则主要来自领导者对成员的固有印象。在跨职能团队中，成员往往是由其所归属的部门，而不是团队来进行评估并给予奖励的。在这种情况下，团队成员对团队目标的投入度就会比较有限。这种问题主要是由于组织的奖励机制，而不是由于多元化差异而造成的。

## 小结

由于越来越多的女性和少数族裔进入职场，职场需要反映出社会的多元化现状，以及人们共同工作方式的改变，多元化问题在组织中日益凸显。尽管我们经常是从人口变量的角度（如性别、种族、年龄）去考虑多元化问题，多元化还包括人们之间的心理差异（价值观、性格、知识）和组织差异（工作时长、职能类别、组织地位）。不同类型的人，或者对差异的不同期望都会使得人们采用不同的方式对待彼此，从而对团队产生不同的影响。

多元化差异会引发问题的原因有以下几种。将周围的人归类，并用固有印象来解释不同群体之间的差异。这种归类过程会导致错误感知和认知偏见。团队领导者也会受到偏见的影响，并会根据不同的背景差别化地对待团队成员。差异也可能是由团队间的冲突和竞争造成的。

由多元化差异而形成的偏见可能会造成团队成员的错误知觉，贬低少数派成员做出的贡献。这会使得少数派成员减少对团队的贡献。情绪上缺乏信任会导致防御性沟通和权力冲突。这些因素会影响到团队的运作，并且降低少数派成员参与团队活动的意愿。

多元化差异对团队产生的影响是复杂的。同构团队和异构团队之间存在着绩效差异，这种差异主要取决于多元化差异以及团队任务的类型。个体或表层差异可能会使团队中的冲突增多，而功能型或深层差异则可能会在进行一些任务时改善团队绩效。跨职能团队是由组织专门组建的多元化团队的一个典型例子。

组织可以通过一些方式帮助团队更好地管理多元化差异引发的问题。通过多元化管理方案，可以提高成员的多元化意识，改善团队的沟通能力，创建心理安全的工作环境，并设立目标和奖励机制促进成员间的协同工作。

## 团队领导者的挑战 13

　　你是一位负责本科生工程设计课的教授。这门持续一年的课程需要学生组建团队来完成一个复杂的设计项目。你的目标是在课堂上激发学生体验到真实的职业经历，但同时也要保证学生获得安全，具有产出性的学习经历。

　　与许多工程课堂一样，这门课的学生中很少有女生。过去你在给学生划分项目团队时，并没有特别关注性别问题。然后去年你收到了一些女生的抱怨，表示她们在团队中受到了欺负并且得不到支持。这些学生都是所在团队中唯一的女生。

- 你（教授）应该怎样将这些少数的女生分配到不同的项目团队中？
- 你能够采取哪些行动为课堂中的女生提供支持？
- 你怎样应对这些女生关于团队关系的抱怨？

## 问卷调查：对待多元化的态度

　　**目的：**了解自己在多元化团队中工作的感受。对多元化差异的态度包括行为、认知和情感三个组成部分。交际多元化是指在行为上参与多元化活动的兴趣。相对理解性是指对他人与自己的相似点与不同之处的认知理解。关联感则是指在与他人互动时情感上的舒适度。

　　**说明：**使用下列量表，表明你对下列陈述的认同程度。

| 1 | 2 | 3 | 4 | 5 |
|---|---|---|---|---|
| 强烈反对 | | | | 强烈赞同 |

_____ 1. 我喜欢去会播放其他文化中的音乐的地方跳舞。

_____ 2. 与残疾人士沟通互动会使我能够以一个不同的视角看待世界。

_____ 3. 我很难与其他种族的人产生亲近感。

_____ 4. 我喜欢参与那些能够遇到不同种族背景的人的活动。

_____ 5. 了解他人与我的不同之处，能够增进我们之间的友谊。

_____ 6. 我感觉与来自其他文化的人互动很困难。

_____ 7. 我对于学习不同文化很有兴趣。

_____ 8. 了解来自不同种族群体的人有助于我更好地了解自己。

_____ 9. 周围的人都是来自另一个文化会让我感到很不自在。

_____ 10. 我希望能加入一个社会性组织，帮助我更好地了解不同类型的人。

_____ 11. 通过了解和我自己的相同与不同之处，我可以更好地了解一个人。

_____ 12. 认识来自不同种族的人对我来说是一种不自在的经历。

**计分：**

将问题1、4、7、10的得分相加，以获得你在交际多元化上的得分。

将问题2、5、8、11的得分相加，以获得你在相对理解性上的得分。

将问题3、6、9、12的得分相加，以获得你在关联感上的得分。

**讨论：**你对多元化差异的态度与其他团队成员相比有何差异？你会怎样做以改善自己对在多元化团队中工作的态度？多元化差异在行为、认知和情感上是如何相互关联的？

来源：改编自 Miville, M., Gelso, C., Pannu, R., Liu, W., Touradji, P., Holloway, P., & Fuertes, J. (1999). Appreciating similarities and valuing differences：The Miville-Guzman Universality-Diversity Scale. *Journal of Counseling Psychology*，46(3)，291-307。

## 活动：了解团队中的性别与地位差异

**目标：**多元化差异产生的原因是人口（如性别）、心理（如性格）和组织（如地位）这三方面的差异。权力越大的人就越敢于沟通，表达就更加有力，也更有可能与他人发生冲突。有时人们会假设在沟通中女性比男性更加礼貌与顺从，但是这种情况的产生可能更多与地位差异有关，而不是与性别或性格差异有关。

**活动：**使用观察表（活动工作表13-1）记录男性成员和女性成员都参加的团队会议中的沟通情况。或者根据"团队领导者的挑战"中的内容组织一个小的团队讨论。你还可以组织全部由男性或者全部由女性组成的团队来作为对比。

**分析：**女性和地位较低的团队成员会更多地采用前两种沟通方式，而男性和地位较高的团队成员则更多地采用后两种沟通方式。比较团队中女性和男性采用的不同沟通方式，并比较团队中地位较高的成员与地位较低的成员的沟通水平和方式，同时注意观察团队沟通中使用最多的是哪种沟通方式。

**讨论：**你怎样解释团队成员间沟通方式的差异？这些差异是由于地位、性格还是性别方面的不同造成的？团队应该怎样做才能确保多元化差异不会妨碍团队成员的充分参与与接受？

**活动工作表 13-1**

**观察解决冲突的风格**

| | 团队成员 | | | | | |
|---|---|---|---|---|---|---|
| | 1 | 2 | 3 | 4 | 5 | 6 |
| 试探性礼貌地表达想法 | | | | | | |
| 对他人表示赞同与支持 | | | | | | |
| 使用直接而有力的语言回应问题 | | | | | | |
| 反驳他人，表示不同意见 | | | | | | |
| 沟通总计： | | | | | | |

第四部分　团队所处的组织情境

| 模块内容 |

第十四章

# 团队、 组织和国际文化

团队、组织或民族共同的价值观、信仰和准则的体现即被视为文化。团队文化影响团队成员沟通和协作的方式。组织和国际文化会影响人们的个性表现、社会地位以及对待风险的态度。这些组织文化的差异影响了组织内的团队运作。

工作团队的成功取决于组织对他们支持的程度，也就是取决于组织文化。同时，采用团队工作也会影响和改变组织文化。

跨国文化差异会影响团队运作。跨国团队是由不同文化背景的人员组成的，而这些成员是通过通信科技相互连接的。因此跨国团队必须要加强文化差异的管理才能运作得更加有效。

**学习目标**

1. 什么是团队文化？ 它是如何形成的？

2. 团队文化如何影响团队的工作表现？

3. 什么是组织文化？ 它对组织内人员的影响是什么？

4. 影响团队运作的两种主要组织文化类型是什么？

5. 国际文化的不同维度如何影响了团队合作？

6. 美国和日本团队的差异是什么？

7. 国际文化的差异是如何影响团队合作的？

8. 跨国团队可以用什么策略来管理跨文化差异？

## 一、 团队文化

　　团队文化是关于团队应该如何运作以达到目标而在团队内共享的理念。团队文化包括团队规范、成员角色及互动模式。团队文化并不会随意产生，而是从他们所在社会和组织中吸取文化规范和价值观而发展形成的（Wheelan，2005）。对团队的文化规范、价值观和成员角色的认同，不仅减少了团队成员的焦虑，同时也促进了团队内的沟通。

　　团队文化和规范通常都会遵循先例而发展（Thompson，2004）。团队生命周期早期的行为模式定义了团队未来如何运作。领导者在团队文化的发展中同样也扮演了重要角色（Schein，1992）。领导者应该尝试在团队发展的早期建立合适的文化，因为建立一种文化远比改变现有的文化更容易。

　　团队合作的好处是通过团队成员间的信息分享来协调工作任务。知识分享需要合作的团队文化（Zarraga & Bonache，2005）。团队成员也许不愿意分享信息，但这信息也正是个人在组织中有价值的部分。合作的团队文化包含了互相信任、宽容地评价他人、鼓励意见表达、乐于提供帮助等。当有了合作的文化，团队就能更好地发挥每个人的优势。

　　团队文化与团队支持或团队内帮助文化的可感知性相关（Darach-Zahavy，2004）。支持包括情感的支持和完成工作任务时的协助和支持。团队支持的程度与领导者的行为和团队文化相关。领导者和其团队成员树立的角色榜样会促进团队成员的互助。团体取向的（而不是个人主义）团队，并且不太重视地位取向的团队会更容易形成相互支持的团队文化。对于处在高压下的行动团队，如护士团队的研究显示，互相支持的团队文化会减少工作压力带来的负面影响（Darach-Zahavy，2004）。

　　团队文化会影响团队是否要开展培训的决策（Smith-Jentsch，Salas & Brannick，2001）。团队文化与团队期待、支持尝试新技能的程度有关。文化无法影响应该在培训中学到什么，而是影响是否能应用新学习到的技能。坚定而自信的行为表现在很大程度上依赖于团队领导者所创造的文化。如果领导者鼓励这种行为，那么团队成员在受过训练后也会表现出这种坚定和自信。

　　对于许多工作团队来说，团队文化是组织文化的映射（Thompson，2004）。成功使用团队的公司通常有鼓励参与和创新的相关规范。然而，文化对于团队来说比对于整个组织更重要。团队的文化和规范可能会与其所在组织的文化和规范有所不同。例如，霍桑的研究（Mayo，1933）表明，在工厂同一区域的工作团队可能因为不同的团队文化继而导致不同的工作结果（Sundstrom，McIntyre，Halfhill & Richards，2000）。打造一支优秀的团队并塑造良好的文化对于跨组织、跨国界的团队来说更为重要。团队文化可以很好地将对于团队合作的想法和实践有不同观点的成员凝聚在一起。

## 二、 组织文化的定义

组织文化的概念在 20 世纪 80 年代兴起，这也是一些组织可以持续取得成功的原因之一。皮特和沃特曼（Peter & Waterman，1982）使用组织文化的概念来阐述优秀美国公司的最佳实践。沙因（Schein，1992）在论证研究国家文化的原则可以用来描述组织文化这个论题上很有影响力。

组织文化是指组织共享的价值观、信念和规范。研究员在研究组织文化时会强调多元的角度，这是理解组织如何运作的关键。迪尔和肯尼迪（Deal & Kennedy，1982）认为，组织的习俗、惯例和传统有助于发现影响组织决策的潜在的价值观。戴维斯（Davis，1984）聚焦在共享意义和信念上，因为他们影响组织的战略和运作流程。基尔曼和萨克斯顿（Kilmann & Saxton，1983）认为文化决定了团队规范和成员的行为模式。

无论组织文化带有哪种特征，有些文化特征在所有层面都是普遍的（Schein，1992）。组织成员共享其组织文化。文化的影响无处不在并且变化缓慢，所以它给组织带来了结构上的稳定。各种不同的文化层面整合后形成了组织内一个一致性的模式。文化反映了组织成员在认知、行为和情绪上的共享学习状态。最终，组织文化影响了组织内的运作以及它与外部环境的关系。

团队和组织文化互相影响。团队合作在某些文化下更容易发生。例如，关于权力和掌控的文化规范影响了组织内的沟通流（communication flows）（Zuboff，1988）。新的以团队为基础的工作方式，如全面品质管理，可能不会成功，因为它与沟通及权力的文化规范相冲突（Bushe，1988）。团队改变了人们与其他人一起工作或关系联结的方式，而这改变了组织文化。随着时间的推移，组织的工作系统会倾向与其文化一致。

组织不是始终如一，也不需要一成不变的文化。与其视组织为单一的文化，不如视组织为团队关系网络的载体，承载了不同运作方式与互动风格的团队，这些是组织的次文化。这些次文化来源于组织的合并重组、地理位置差异以及职业领域的不同。

组织的特征可以通过如何整合次文化来体现(Van Maanen & Barley，1985)。当团队共有的信念在组织内都相似时，组织则拥有强有力的文化。例如，20世纪80年代至90年代，惠普定义了经理如何对待自己的员工，形成了强有力的文化：鼓励开放的政策、倡导并推进独立和平等的关系。这些政策在公司各部门都有执行。

次文化之所以重要，与员工所在的职业社群也有关系。职业社群是指由特定专业领域工作的人们共享知识、语言(Schein，1992)而形成的互相有认同感的群体。例如，工程师和销售代表着不同的职业社群，因此在组织内各部门有各自不同的次文化，甚至在强而有力的组织内文化也是如此。像惠普，来自工程和销售的员工使用不同的专业语言并且有不同的人际互动的风格，这让跨部门团队一起合作就有了难度(Adler，1991)。

## 三、 组织文化和团队工作

鼓励员工投入和参与的组织文化是对团队工作的必要支持。在支持性的组织文化里，管理者一般不会拒绝采用团队工作的方式，而且团队与组织内其他的单位也有很好的关系。自我管理的团队在支持赋权与团队工作的组织内似乎更成功。整体来说，组织文化是公司是否能采用团队工作的方式取得成功的重要预测指标之一。

组织文化定义了组织内可接受行为的规范。当这些文化规范与团队使用产生冲突时，组织在团队使用上就会遇到困难。例如，关于沟通的规范是组织文化的一部分，但它也可能限制组织使用团队的能力。许多组织从员工到经理之间、跨部门间或是从高层管理者到组织的其他部分，都没有开放的沟通。这限制了团队内的沟通量，以及团队与组织内其他部门的联系能力。

沃尔顿和哈克曼(Walton & Hackman，1986)定义了两种明显影响团队使用的组织文化：控制型文化(control culture)和承诺型文化(commitment culture)。地位和权力驱使着控制策略，这是层级分明和紧密的控制。人们之间形成的是对抗的和不信任的关系，因此很难在这样的情境下让团队有效运作。承诺型文化策略降低了组织层级的影响力，聚焦在质量，鼓励参与和开放的沟通。在这种策略下运用团队并给予团队可以成功运作的权利。这种类型的文化赋予了个人和团队权力，并且提高了他们对实现组织目标的承诺度。

　　显然，大部分组织是在两种类型之间。如果组织内文化现在是控制型导向，但管理者想将其调整为承诺型导向，这种改变较为困难。当团队运作方式与现有文化习俗不同时，团队的搭建和发展也会有难度。团队在承诺导向的文化中会运作得更好，因为团队被赋予了成功所需要的资源、培训和权力。

　　组织文化是支持团队协同工作，并让团队取得成功的关键（Dyer，Dyer &Dyer，2007）。传统控制型导向的文化很难发生足够的改变来推动团队合作。组织想要促进团队合作，并创造承诺导向型的文化，但是他们又拒绝改变现有的权力、奖励体系。当现有文化并不能支持团队的运作，员工会对管理层发布的创建团队的公告心存疑虑，因为他们仅仅是简单地创建了些团队而已。

　　组织文化是团队协作的重要支持，它的重要性有利也有弊（Levi & Slem，1995）。团队要改变组织文化并不容易，发展支持团队协作的组织文化是长期的过程。这不是由上层管理者下令或者宣布一个新的组织方案就可以达成的。改变组织文化需要管理层持续不断地向员工展现投入和参与团队协作是有价值并被认可和奖励的。这必须通过沟通和行动来实践，如果组织言行不一，将造成信任差距，员工和组织间的信任也会下降。

　　在没有统一文化的组织里，文化的改变可能发生在次文化里（Dyer et al.，2007）。然而，成功的次文化并不一定需要扩大到组织的其他部门。例如，通用汽车（General Motors）在钍星公司（Saturn）打造了一个新的组织文化来支持团队工作。虽然这以团队为基础的导向在制造生产上很成功，但这个文化并没有被通用汽车其他工作环境所采用。尽管有很多生产制造团队甚至是自我管理的团队取得成功的例子，但这些导向对于制造业公司的影响也比较有限（Vallas，2003）。生产制造团队通常是被传统工作体系环绕的创新之岛，因为管理层并不允许团队工作的文化扩展遍布到整个组织。

　　组织文化可以对团队工作有利。一旦组织开始创造支持团队工作的组织文化，文化将会支持更多元的团队。组织文化提供了基础，并且从这个基础出发，探索打造不同类型的团队来成功实现组织的使命。

## 四、 国际文化的维度

　　明确的维度可以用来建立比较文化差异的框架。有一些方法可以用来定义国际文化的维度。特里安迪斯（Triandis，1994）回顾了人类学家采用的方法，霍夫斯泰德（Hofstede，1980）通过研究跨国公司的员工来比较国家间的差异。这些方法都明确定义了一系列相似的关键维度。

组织文化可以从三个维度上比较：个人主义与集体主义、权力和地位以及不确定性与风险规避（表 14-1）。以下部分会用美国和日本团队的例子分别从这三个维度去比较两种文化的差异。

表 14-1　组织文化的维度

个人主义◄——►集体主义
低权力距离◄——►高权力距离
风险承担◄——►风险规避

### （一）个人主义与集体主义

个人—集体主义维度在国家文化的构成要素中占支配地位，对团队合作有很强的影响力。在个人主义文化里，人们的互动方式更倾向于体现自治、尊重隐私、寻求个体赏识、重视家庭直系成员、自我导向、开放率真、完成任务导向的集体活动、说"我"的语言（Hofstede，2011）。高个人主义的人群会更喜欢竞争，不倾向团队合作（Kirkman & Shapiro，1997）。如果在一个只被告知要尽全力工作的团队中，而不是一个职责明确或有清晰个人目标的团队，高个人主义人群的工作表现会稍逊一筹（Erez & Somech，1996）。有研究表明，崇尚个人主义的团队比集体主义团队更具创造力（Goncalo & Staw，2006）。美国、澳大利亚、英国、加拿大、荷兰和新西兰的人们尤其推崇个人主义（Hofstede，Hofstede & Minkov，2010）。

相反，集体主义与忠诚于团队、有归属感、合作、说"我们"的语言、关系导向的团队活动，和谐、不太喜欢自我推荐，遵循集体意见等有关。人们重视人与人之间的联系并且期望照顾他人。自我利益次要于社会团体利益或团队利益，集体主义会创造人们期待的和谐一致而且不鼓励公开的冲突。事实上，日本流行的一句谚语"凸起的钉子会被敲打下去"就强调了集体主义文化中对于一致性的追求。集体主义者不太可能排斥团队成员，他们更倾向于接受自我管理，从而提高团队效率（Kirkman & Shapiro，1997）。世界上大部分地区的人们都生活在集体主义文化中，如危地马拉、厄瓜多尔和巴拿马（Hofstede et al.，2010）。同时，东南亚的许多国家，像印度、韩国、泰国和日本相对美国而言也更推崇集体主义。

## (二)权力和地位

权力维度是指在文化中不对等的权力被人们接受的程度。高权力文化是地位导向的，而低权力文化是较为平等的。在权力和地位的巨大差异可以被人们接受的文化里，人们对高地位者会表现出极大的尊重和顺从，因此在团队当中，挑战权威会让人感觉不舒服，团队成员会更愿意接受领导者的决定。

在低权力文化里，人们并不愿意接受在组织内以地位为基础而产生的权威，他们的观念较平等，团队成员主动担当但并不是自动接受管理者的领导。

高权力文化对团队来说也会是一个问题。它让团队成员更愿意接受领导者的观点，但团队成员缺乏独立性，也因此会降低团队的创造力。对于高权力文化的人群来说，参与也并不容易，因为他们知道领导者的想法比自己的更重要。在地位不平等的情况下，较高地位者做大量的沟通，而且大多数沟通是由最高地位者引导的。

低权力文化的团队也可能较难管理。成员开放的沟通风格导致了更多的冲突。他们对组织权威不在意，这种独立自主也可能导致团队在决策时忽视了组织政治。在做决策时，平等沟通可能提高了决策的质量，但由于缺少对周围组织意见的尊重，从而削弱了团队的执行力。

## (三)不确定性与风险规避

人们接受不确定性的意愿和对规避风险的渴望是有文化差异的。不确定性是人们在模糊的情境或变化下感受到威胁的程度。在风险规避的文化中，社会的和谐和稳定最受重视。人们希望有规则和规范来定义合适的行为，并且希望事情不会发生变化，这样他们就可以知道自己该做些什么。

相对于变化，风险规避的文化更重视社会的和谐。公开的冲突被认为是不恰当的行为。在冲突中，人们回避争辩或在争辩中变得顺从。人们在规避风险的文化中试图维持安全的现状，部分原因是他们惧怕变化带来的潜在的失败的风险。

风险导向的文化重视变化。他们是行动导向并且不会提前计划变化。在这种文化下，人们更开放并且愿意尝试新的想法。冲突也更容易被看作正向的，因为它鼓励新的想法和变化。

## (四)比较美国文化和日本文化

美国文化和日本文化在对团队的影响上有非常显著的差异。针对之前提到的三个维度，美国的组织呈现出个人主义、低权力和承担风险的特点，而日本的组织更偏向于集体主义、高权力和风险规避。这些显著的差异影响了组织中团队的使用和团队的运作方式。

美国的管理实践聚焦在控制、激励和奖赏个体表现上。个人独立于组织，并且只有当组织符合自己的最佳利益时才会对组织有承诺度。相较于其他工业化国家，美国较少使用团队合作的工作方式(Cole，1989)。美国文化聚焦竞争和个人主义，这种文化限制了团队合作，尤其在专业人士和管理人士之中。

在日本式的管理中，个人并不是独立地工作的，而是作为组织的一部分(Ouchi，1981)。日本的组织强调员工间的互相依赖。他们参与组织的风格是互相尊重和重视共同利益(Pascale & Athos，1981)。一致性的决策会在组织的各层级实施。

诸如品质圈和生产团队这类团队合作项目在日本公司更为常见。管理层设立这些团队来作为鼓励员工参与的机制。团队合作聚焦于提高工作系统的生产力。员工在参与过程中可以提出建议，但是管理层保留对于所有决定的掌控权(Cole，1989)。与美国的团队合作不同，在日本层级制的组织中，参与并不意味着权力分享。

日本对于变化更为谨慎，因为他们的文化更重视社会和谐。日本公司出于对社会关系和工作稳定性的考量，更倾向于实施渐进式的改革(Prochaska，1980)。在团队里，冲突较少，一致较多。因此，相较于美国，日本被视为更缺少创造性也更不愿意承担风险。

日本团队使用共识的决策方式。共识在日本团队中较容易达成，因为人们并不那么独立而且希望尽量避免冲突。他们对于找到折中妥协的方式很有信心，所以他们并不急于做决策，这就导致日本人的决策过程很慢，但是决策之后执行力很强。一旦日本团队做了共识的决策，团队每个人都会支持这项决策的执行。

美国与日本文化的比较证实了关于组织文化的如下观点。首先，文化影响团队运作方式。其次，国家文化影响组织文化。最后，文化并不阻碍团队的使用，但是影响团队的运作方式。

## 五、 团队合作的全球化差异

全球文化的差异对于团队意义和团队合作方式有非常多的影响。随着全球化的发展，虚拟的团队合作越来越多，也让更多来自不同文化背景的成员融合到一起。认识到跨国文化的差异和各自文化的偏见对于有效的团队合作非常重要。

不同的文化对于工作中团队的意义有不同的观点（Gibson & McDaniel，2010）。个人—集体主义维度影响了人们对团队合作的期待和理解，也导致人们用各种比喻来描述对团队角色、价值、范畴、人员和目标的理解（Gibson & Zellmer-Bruhn，2001）。在个人主义文化中，人们倾向于用运动相关的（如明确的目标、教练、玩家、竞赛等），合作相关的（派系、部落、全体组员等），或者军事相关的（战役、战场、幸存等）比喻来评价团队和团队合作。而在集体主义文化中，人们更愿意用家庭（如父母亲角色、兄弟角色等）、社区（如团队成员是伙伴式的、朋友式的、邻居式的等）来比喻团队和团队合作。心理安全感会受到团队使用比喻的影响。比如，家庭比军队更能让人感受到一种安全的氛围。这也说明了不同国家的团队成员可能会在团队管理方式上有不同的期待。例如，如果成员期望家庭式的团队氛围，那同僚合作式的氛围就不可能满足他们对于指导和支持的期待。

不同文化对于团队成功的解读也不一样（Gibson & McDaniel，2010）。墨西哥人强调社会情感关系并作为成功的重要衡量标准，但是英国人首先强调的是工作业绩。例如，在墨西哥建立商业关系可能会更多地从晚餐时的非正式互动开始，而且为了更好地促进人际交流，人们会避免谈论商业话题。信任在不同的文化中有不同的表现。在日本，团队内的信任是基于个人和团队成员间的个人关系，但在美国，更多的是基于共同的团队身份和绩效表现。这些团队合作内涵的差异意味着团队规范的差异，以及在团队内建立人际网络的重要性的差异。

文化的差异还可能导致沟通的问题（Vignovic & Thompson，2010）。人们用第二语言沟通时很容易产生拼写和语法上的错误。另外，不同文化有不同的沟通惯例也会导致误解。比如，美国人写电子邮件时会经常用对话式的风格。然而中国的商务人士更愿意写简洁、直接的邮件，更加任务导向，这让美国人觉得中国人缺少社交技能，不太友好或者不值得信赖。

情绪的表达也可能会造成沟通的问题（Adam，Shirako & Maddux，2010）。谈判的时候，表达愤怒可能会导致美国人做更大的让步，但是亚洲人或者亚裔美国人却不是这样。这种差异是因为在亚洲文化中，表达负面的情绪很难被人接受。在鼓励表达情绪的文化影响下，西方个人主义文化会更容易去放大情绪的表达，而东方集体主义文化倾向于限制或压抑情绪表达，尤其是负面的情绪。但是在以色列，表达负面的情绪是一种有效的冲突技巧可以帮助各方更好地了解冲突的本质并形成高效的解决方案。

文化影响了团队决策机制（Gibson & McDaniel，2010）。在集体主义文化、高权力的文化下，如日本，团队成员会更加配合，更支持领导的观点并且更会用均分的方法来解决两难的局面。然而，在个人主义文化的影响下，如美国，团队会做出更高质量的决策，因为他们在集体讨论时更愿意包容并且只会受到少数意见的影响。

在尝试解决冲突的时候，不同文化会有不同的方法（Gibson & McDaniel，2010）。美国团队会更愿意选择综合的解决方案，最大化共同利益，而德国人偏好用现有的规则和方法，日本人更愿意听从高层的意见。在冲突中，美国人更聚焦在综合考虑各方的利益冲突，而中国人则更愿意避免冲突，聚焦在集体利益，然后交给上级决策。中国人喜欢用合作的方式处理冲突，因为他们更关注对人际关系的维护，对权威的服从。

对团队授权的态度影响了不同文化下团队的运作（Hempel，Zhang & Han，2012）。在高权力文化下，如中国，授权和自我管理的团队很少见。在中国公司，经理常常管控所有团队成员的行为。然而在研究中国高科技团队的时候，当团队被授予了更多的权力，团队的绩效表现也会提升。尽管在文化的影响下，人们对团队管理的方式也各异，但团队成员还是可以很好地适应团队的不同管理方式。

## 六、 跨国团队

跨国团队是由来自不同文化、不同国籍的个体组成的（Snell，Snow，Davison & Hambrick，1998），并存在于跨国公司或者不同地区的公司联盟中。跨国团队会由两个或更多国家的代表成员组成，确保在团队中呈现当地的组织、文化及市场动态。如何整合这些多元文化是跨国团队面临的主要挑战。跨国团队解决了全球化公司面临的 3 个重要问题：市场当地的反应情况、全球化效能的提升和学习型组织的建立（Snow，Snell，Davison & Hambrick，1996）。跨国团队的工作是给不同国家地区提供定制化产品和服务，并且协调利用当地的市场和活动等资源为公司服务，同时，帮助整合组织的各区域协作来提高效率。跨国团队将组织内各区域的想法汇集在一起来促进创新。

### (一)跨国团队的特征

跨国团队所呈现的观点多元化特征有益于组织，但同时多元化也会在团队内造成沟通、信任和冲突等问题从而影响团队有效性(Burke，Priest，Wooten，Diaz Granados & Salas，2009)。多元文化团队的成员对于其他成员行为背后的意义了解程度与文化距离(cultural distance)有关。高文化距离会产生一些问题，因为团队成员很难理解其他成员行为背后的意义，因此团队在沟通及互动上就变得困难。

即使在同一团队内，人们文化认同的重点可能也有所差异(Burke et al.，2009)。人们有多元的认同，但哪个最突出则取决于情境。在团队内互动时，人们可能认同自己的国家、组织或者团队文化。团队领导者可以在团队内促成相似的氛围来创建共同的社会认同感，这有助于改善成员间的关系。另一种方式是团队领导者鼓励成员视彼此为独特的个体，来培养个人认同感。这将能在团队决策时鼓励成员表达他们独特的观点。

为了取得成功，跨国团队需要处理对团队工作和沟通有影响的文化差异(Earley & Gibson，2002)。对团队造成最主要影响的两个维度是个人主义和集体主义，以及地位和权力距离。来自亚洲国家的团队，在集体主义文化影响下，团队凝聚力和业绩表现比多元化和个人主义文化影响下的团队要弱一些(Takeuchi，Kass，Schneider & Van Wormer，2013)。但由于这些跨国团队主要依赖技术沟通，因此这些文化差异很难消除。

很多跨国团队遇到的困难都来源于沟通上的问题(Earley & Gibson，2002)。在沟通信息的方式上，不同文化各有差异。例如，在集体主义文化里，一些亚洲国家，沟通是以正向、委婉的语气进行的。沟通通常使用修饰或模糊的字词来避免对抗，保持团队和谐的氛围。而在个人主义文化里，即使传递负面信息，沟通也会更加直接。他们的沟通是关于事实的，与倾听者没有太大关系。

文化会影响酬劳给予的方式，因此酬赏跨国团队成员也会产生一些问题(Snell et al.，1998)。对于集体文化中的团队合作，仅聚焦个人酬劳可能并不合适。团队酬赏固然重要，但是来自团队成员所在原始组织的酬赏会有更大影响力。

地位权力距离在不同文化下也有不同的表现(Earley & Gibson，2002)。在高权力距离文化里，与高地位成员的沟通更正式，而低地位成员在与他们沟通时更加礼貌和恭敬。而在低权力文化里，沟通会更加信息导向并且大家在沟通时比较平等。

在跨国团队里因沟通产生的误解会因为依赖科技手段而进一步恶化。虚拟团队在跨文化沟通时就会出现一些问题，因为通过虚拟方式很难看到对方沟通的姿态、很难发现非言语线索、象征性的内容和上下文信息(Gibson & McDaniel，2010)。

此外，相较于集体主义者，个人主义者更倾向于通过虚拟团队的方式来沟通，这就导致跨国团队在沟通时更难互相理解和建立信任（Earley & Gibson，2002）。虚拟团队也更难处理由文化差异导致的沟通问题。

虚拟团队具备的一些科技特征有助于提高多元化团队的业绩表现（Gibson，Huang，Kirkman & Shapiro，2014）。高科技的沟通工具，如电子邮件、社交媒体、网络会议等帮团队解决了因所在地域不同导致的沟通难题。辅助决策技术，如知识数据管理库和决策支持软件帮助团队克服了文化差异的问题。现在高科技的沟通工具让沟通文本化变成了可能。团队成员可以回顾之前的沟通历史记录，也强化了个人责任感。依赖电子邮件这类科技工具沟通减少了人们由于不同的口音而产生的偏见，也减少了小团体对团队业绩带来的影响。

### （二）创造高效的跨国团队

跨国团队的主要挑战在于了解团队成员行为背后的意义和构建团队运作方式的心智模式（Burke et al.，2009）。成员需要学会换位思考（perspective taking），也就是从他人的角度看世界的能力。这能在团队内降低与他人互动的焦虑、促进协作、在团队内建立社会联系。此外，为了达成共识，跨国团队需要研讨解决团队运作方式上的文化差异问题。擅长整合不同观点和价值观的团队更会管理文化的差异。在团队初期花更多的时间来经营团队、训练团队、发挥卓越的领导力都是打造高绩效跨国团队的策略。所有的这些行为都是为了营造融合、多元的团队氛围，让团队凝心聚力。

跨国团队在团队形成初期需要召开面对面的会议，以建立成员间的社交关系，让大家能更好地互相理解（Earley & Gibson，2002）。对于绩效标准，他们需要建立清晰、共享的目标、规范、角色并形成共同约定（Snow et al.，1996）。这些是团队契约的一部分，需要在团队初期就要建立，以减少之后可能发生的误会。跨国团队应该花更多的精力做项目规划以及其他形式的项目管理框架。项目规划中的任何关键节点都应该安排面对面的会议，来澄清在团队进展中出现的任何可能的误解。

解读组织战略和文化的培训项目会促进大家达成共识（Snell et al.，1998）。这种培训在团队形成初期最为有效。跨文化团队的建立增进了大家在工作中对于文化差异的认知，沟通也让团队协作更顺畅。与团队合作相关的技能应聚焦在冲突解决、谈判技巧、项目管理及人际沟通等方面。另外，对团队进行通信科技工具使用的培训能降低因使用这些工具的程度差异化而造成的误解。

强势的领导者有助于在团队内协调或管理冲突(Katzenbach & Smith，2001)。在某些文化中，如日本，更能接受强势的领导者，因此强势的领导者是不可避免的。虚拟团队通常需要更强势的领导者来沟通和协调工作。多元文化团队在一位强势领导者的带领下表现也会更好(Earley & Gibson，2002)。领导者提供方向，激励团队，确保团队成员在正常运行的轨道上。领导者需要协助建立能统一多元团队的混合文化氛围。

多元文化的团队如果发生了内部问题，管理者需要尽量去思考其根本问题是否在于文化误解(Dibble & Gibson，2013)。我们不太可能消除文化差异，但是可以通过建立规范、明确期望和态度等增进团队成员的了解。进一步认知和理解文化差异可以促进协作，因为团队成员可以更好地沟通并调整他们的行为来促进合作。如果没有这种认知，在遇到文化冲突时，团队成员经常会"回避"并且不愿沟通。

高效的跨国团队通常会打造强有力的混合文化，这种文化给团队成员提供了一种共同的认同感并促进了他们之间的互动。混合的文化包含了行为的准则以及对于团队运作方式的期待(Earley & Mosakowski，2000)。在混合文化下，团队成员能更好地互相理解，也就能更好地沟通。当领导者认可文化的差异而不是忽略或者压制这些不同，便更容易塑造这种强有力的混合文化的氛围(Gibson & McDonald，2010)。多元文化有利于团队发展，因为团队成员可以贡献多样化的观点。但这需要团队打造自己的混合文化来鼓励集体的贡献。打造多元文化需要时间，所以跨国团队的工作表现通常随着时间变化而慢慢改善。

## 领导虚拟团队：  管理文化问题

**问题：**虚拟团队更可能具有多元文化的特征，这更加凸显了沟通的重要性。

**解决方法：**促进虚拟团队在多元文化下沟通的方法在第五章(合作)和第十章(领导力)已经讨论过，下列是除此之外的其他一些可以考虑的方法。

1. 了解双方行为规范和语言上的文化差异对于建立信任非常重要。理解国际文化的各维度内涵会让管理者更高效地处理因虚拟团队而产生的沟通和行为上的差异。

2. 保持对当地文化的敏感度。虚拟团队的领导者需要对不同团队成员间的国家和民族的文化保持敏感。文化受时间因素的影响而有所差异，如每天的作息安排(有些文化中一天开始得很早，有些开始得晚，有些会有午休的习惯；有些文化需要在午间做祷告），不同的宗教和民族节日，下班之后的工作意愿度，准时的重要性等。高权力文化距离影响下的团队成员在团队内有层级差异时更不愿意公开表达想法，而风险规避导向的文化影响下的成员则更不愿意参与，在有冲突时表现更为明显。集体主义影响下的成员更容易被集体荣誉激励，而个人主义信奉者更认同对个人的认可与奖赏。

3. 留意你的沟通方式。识别并且和团队内用非母语参与的成员沟通。虚拟团队领导者要尽量避免使用术语、比喻、具有文化特征的词语和俗语，因为这些语言不一定被其他国家了解，而且可能造成以本语言为第二语言的团队成员的困惑。还有务必要注意的是一些词汇在不同文化中的含义有细微差别。比如，如果团队领导者问印度的成员他的工作是否能在周五时完成，印度人回答"是"（这是他最有可能的回答），但这并不是说他的工作周五前会完成，而是说他听到了并且理解了你的问题。有经验的领导者不会问是和否的问题，而会问"你的工作什么时候可以完成？"。

## 小结

团队文化是由其规范、角色和价值观定义的。团队文化依时间而不断发展，但是深受组织环境影响。文化对于团队运作方式有很大影响，因为它影响团队的投入度、沟通和协作的方式以及成员间互相的支持。

组织文化与其共享的价值观、信念和规范有关。它给成员提供了一种认同感并定义了可被接受的行为。组织由一致的文化或者由基于职业或背景的次文化网络组成。

组织对于团队的使用会受组织文化的影响。文化规范既可以支持团队工作，也可能会限制团队有效运作的能力。有两种显著差异的组织文化，一种是基于权力和控制的，另一种是基于参与和承诺的。这两种类型为团队合作提供了不同的环境。对于团队合作来说，组织文化有利也有弊。一旦组织文化能够支持团队工作，那就通常能够支持很多广泛类型的团队。但是，如果组织文化不支持团队工作，要改变也是非常困难的。

组织文化在下面三个维度上不尽相同：个人主义、权力以及不确定性。个人—集体主义维度定义了团队导向和成员间的合作的形式。权力维度探究了人们是否接受权力距离的差异或对平等关系的争取。不确定性的维度关注人们是否重视规则和稳定性，或是否愿意冒风险去改变合作方式。在这三个维度上，美国和日本公司是有差异的。

文化的差异影响了团队的意义和团队工作的方式。多元文化的团队因语言和沟通习惯上的差异更容易产生沟通的问题。决策的机制、冲突解决的方法以及对授权的支持均受文化差异的影响。

跨国团队由具有不同国家文化背景的成员组成，成员需要处理跨国公司在全球的事务及公司在当地的问题。这些团队需要处理影响沟通和权力动力的文化差异，而这些需要依赖于通信科技。成功的跨国团队倾向于在一开始花更多时间建立社交关系以及团队运作的方式，进而创造统一的、融合的团队文化。

## 团队领导者的挑战 14

你是一家全国连锁消费品店的销售部门经理。公司层级分明、管理严格且官僚，是典型的"命令和控制型"的组织文化。

你担心过于严格地重视规则和程序会损害客户服务、影响客户关系。员工更关注对规则的遵守而非让客户满意。你相信转换到团队合作的模式，由你担任团队领导者会更利于在团队成员间建立客户服务导向的意识。但是你不确定团队合作是否被组织文化允许。

- 你（经理）如何在一个非团队导向的文化里创造团队合作的模式？
- 在这样的组织环境里，使用团队合作的方式会遇到什么问题？
- 你如何处理团队与更大的组织间的关系？

## 问卷调查： 个人主义—集体主义

**目的：**在重要的文化维度上了解你的位置。个人主义—集体主义被许多人认为是解释文化差异最重要的维度。它与团队合作也有直接的关系，因为这涉及人们的观点，以及如何与他人产生联系。个人主义—集体主义被认为是一种自我觉知，或者是如何与他人联结的准则。

**说明：**下列是一系列相对的信条描述。在这些相对的描述中圈出能反映你个人位置的分数。

| | | | | | | |
|---|---|---|---|---|---|---|
| 1. 我喜欢与他人不同 | 1 | 2 | 3 | 4 | 5 | 我喜欢与他人相似 |
| 2. 我视自己是独立于他人的 | 1 | 2 | 3 | 4 | 5 | 我视自己是社会团体的一部分 |
| 3. 认识新人时，我会展现我个人的成就 | 1 | 2 | 3 | 4 | 5 | 认识新人时，我会展现团队的成就 |
| 4. 作为独立个体而行动对我来说是重要的 | 1 | 2 | 3 | 4 | 5 | 成为团队的一员对我来说是重要的 |
| 5. 当我需要支持时，我依靠自己 | 1 | 2 | 3 | 4 | 5 | 当我需要支持时，我寻求他人的协助 |
| 6. 当个人和团队价值观冲突时，我遵循个人价值观 | 1 | 2 | 3 | 4 | 5 | 当个人和团队价值观冲突时，我遵循团队价值观 |
| 7. 我做会让我开心的事 | 1 | 2 | 3 | 4 | 5 | 我做会让我身边的人开心的事 |
| 8. 我遵循我自己的看法 | 1 | 2 | 3 | 4 | 5 | 我遵循团队的规范和准则 |
| 9. 做决策时，我不太会在意周围人的感受 | 1 | 2 | 3 | 4 | 5 | 做决策时，我会考虑周围人的感受 |
| 10. 我可以毫不犹豫地改变我的关系网络，即便这么做并不符合我的最大利益 | 1 | 2 | 3 | 4 | 5 | 我维护已经建立的关系网络，即便这并不再符合我的最大利益 |

**计分：**

统计1、2、3、4、5题的得分，来获得你个人主义自我觉察的得分。

统计6、7、8、9、10题的得分，来获得你遵循集体主义规范的得分。

**讨论：**个人主义和集体主义在团队中的利弊有哪些？在这个维度上你的团队成员的相似程度有多少？与来自强集体主义文化的成员工作时会遇到什么问题？

来源：改编自 Fisher, R., Ferreira, M., Assmar, E., Redford, P., & Harb, C. (2009). Individualism-collectivism as descriptive norms: Development of a subjective norm approach to culture measurement. *Journal of Cross-Cultural Psychology*，40(2)，187-213。

## 活动1： 评估团队文化和环境

**目标：**团队文化与组织文化有相似也有不同。了解这些文化差异非常重要，因为当团队文化与组织或国家的文化背景有差异时，团队会遇到一些挑战和困难。组织文化和跨国文化在下列维度上会有差异：

• 在控制导向型文化里，领导者倾向于监督和管控下属的行为，但在承诺导向型文化中，领导者是引导和激励下属的催化者；

• 在个人主义文化里，人们寻求个人的成就与认可。在集体主义文化里，人们重视自己与他人的联结，个人利益是从属于集体利益的；

　　• 在高权力文化里，人们很尊敬高地位者，挑战权威会让人感觉不舒服。在低权力文化里，人们有更平等的观念并且也不太愿意服从权威；

　　• 在规避风险的文化里，人们重视稳定和团队和谐。在承担风险的文化里，人们重视行动，也愿意承担风险。

　　**活动**：与团队成员讨论现有团队的团队文化及其所在的文化情境。现有的团队可以是工作团队或大学里的学生团队。使用评估表（活动工作表14-1）来记录在这四个维度上的团队和所处的文化情境。

　　**分析**：团队和所处的文化情境有多相似？在哪些维度上，团队和组织文化有差异？当两者有差异时会发生什么样的问题？

　　**讨论**：为什么团队文化与所处文化情境一致是重要的？

**活动工作表 14-1**

**评估团队文化与文化情境**

> 用 T 的标识来评估团队，用 C 的标识来评估文化情境。
>
> 承诺导向————————————————控制导向
> 个人主义————————————————集体主义
> 低权力——————————————————高权力
> 承担风险————————————————规避风险

## 活动 2：　比较美国团队和日本团队

**目标**：

　　文化对人们在团队中的行为表现有重要的影响。文化并不会阻碍团队的使用，但却会影响团队的运作。文化的影响既给团队合作创造了机会，同时也带来一些问题。

　　美国和日本团队成员在跨国文化上有几个主要维度上的差异。美国是个人主义的、低权力距离的和承担风险的文化，日本则是集体主义的、高权力距离的和风险规避的文化。

　　**活动**：组成团队小组并讨论领导美国团队和日本团队的好处和可能遇到的问题。你也可以选择其他跨文化的团队，如墨西哥或以色列来做对比。

　　**分析**：你更愿意担任美国团队还是日本团队的领导者？为什么？在什么情境下这两支不同文化的团队会有更好的表现？你在管理这两支团队上有什么不同？

第十五章

# 虚拟团队

　　大多数人的团队经验都是以面对面沟通互动模式为主。然而，随着科技在沟通和团队中的运用，我们能越来越多地参与到虚拟团队中来。目前有各种各样的科技供虚拟团队使用。团队运用科技手段可以改变人们互动的方式，并且还可以改变团队的动力。虚拟团队有自己的优势，但同时也面临一些挑战。目前虚拟团队可用的科技工具仍在不断优化中，团队也在持续学习如何选择、使用和调整这些技术来满足团队的需要。未来随着科技的进步和运用方式的改变可以提高虚拟团队的效率。

**学习目标**

1. 科技对团队发展的直接影响和间接影响有什么不同？

2. 通信科技如何支持团队工作？

3. 通信科技的主要特征是什么？

4. 通信科技对成员的地位、匿名性及沟通产生的误解有什么作用和影响？

5. 虚拟团队沟通时，沟通规范对于处理虚拟团队面临的问题有哪些帮助？

6. 通信科技对于团队的任务表现、决策和社交关系有什么影响？

7. 选择通信科技时需要考虑哪些因素？

8. 如何提升虚拟团队的工作表现？

9. 虚拟团队在未来有什么变化，为什么？

## 一、通信科技的使用

通信科技的发展让虚拟团队变得可行。虚拟团队是指团队成员可以通过科技，超越时间、距离的限制来完成团队任务（Driskell，Radtke & Salas，2003）。电子邮件、视频会议等通信科技可以帮助团队共享信息，一些团队工作支持系统等促进团队协作的科技可以帮助团队解决问题、制定决策并能很好地协同工作。团队使用的科技与科技本身的可用性，团队是否具备相应技能，团队需要完成的任务以及技术使用的规范相关（Duarte & Snyder，2006）。尽管我们所谈到的虚拟团队依赖于科技来解决团队无法同处一个物理空间的问题，很多身处异地的团队也很依赖沟通科技，但也仍会采用面对面会议进行团队内沟通（Gibson，Huang，Kirkman & Shapiro，2014）。许多大型企业都在一定程度上使用虚拟团队，并且很多团队会使用通信科技来支持他们开展活动（Hertel，Geister，& Konradt，2005）。一项世界性调查显示46％的组织使用虚拟团队，其中有66％的跨国公司在他们的工作场合使用虚拟团队（Minton-Eversole，2012）。

虚拟性指团队成员间对电子设备沟通的依赖程度（Gibson et al.，2014）。传播媒介的丰富性和传播及时性，让团队通过各种信息沟通科技（ICTs）进行多样互动成为可能。媒介的丰富度会随着信息通过中介传递的多少而相应变化（Daft & Lengel，1986）。举个例子，面对面的互动可以传递丰富的社会信息、身体语言、及其他非语言信息，这在理想情况下会更适合于感性的、复杂的、个人之间的对话。而另一种媒介短信息在信息充分的传递上有其局限性，这也促进了聊天表情和表情符号的兴起，给信息提供额外的丰富的社交语境。在某些地方这类沟通媒介是电话和视频会议等（如 Google Hangout，Skype，etc.）。它们提供了更多的相关社交语境信息但也并不是全部。

媒介传递信息的同步性是信息沟通科技（ICTs）中影响团队成员间互动的另一大因素（Dennis & Valacich，1999）。信息及时同步的媒介（如面对面沟通、电话会议、视频会议等）允许所有团队成员实时、同步参与和及时的反馈，而非及时同步的媒介（如邮件、信息等）会出现暂时的无回复、不及时反馈，和无法共同参与等情况。

团队虚拟化是一个从面对面沟通到完全虚拟化沟通过程，有三种分类（Mesmer-Magnus，DeChurch，Jimenez-Rodriguez，Wildman & Shuffler，2011）。有可以面对面沟通的团队，有使用可同步的、多媒体科技（如视频会议）来沟通的低虚拟性团队，也有使用非同步的、非多媒体科技(如邮件)来沟通的高虚拟性团队。对于团队虚拟化程度高低的理解，有利于有能力的员工将团队需求和视讯科技很好地匹配，以便于团队成员间更好地互动。举例来说，高同步性的视讯科技更适用于管理冲突和分享复杂信息。

通信科技对组织有广泛的影响(Axley，1996)。通信科技会直接影响工作任务设计、组织设计、沟通方式等。由于减少了信息传递过程中的社交情境，也导致了次级社交效应(Sproull & Kiesler，1991)。虚拟团队的首要目标是改善工作业绩，克服时间和空间限制，并增加接触信息的范围和速度(McGrath & Hollingshead，1994)，但这些目标都会受到科技的直接影响。

如同其他类型的科技，通信科技最主要的影响通常是次级效应，包括未知的社会和组织效应。因为沟通在维持社会关系和组织文化上扮演了非常重要的角色，所以用通信科技沟通时如果缺乏社交情境，会妨碍团队和组织中成员间新社交关系的发展(Duarte & Snyder，2006)。虽然个人和团队的沟通可以借助于通信科技来建立，但人们通常不会总是被动地束缚于科技。相反，他们调适并优化科技来满足自身需求(McGrath & Hollingshead，1994)。

通信科技给团队带来的影响随着文化和年龄差异而不同(Tannenbaum，Mathieu，Salas & Cohen，2012)。年轻的团队成员倾向于使用文字信息和社交媒体，而年长的团队成员更喜欢面对面交流或电话沟通。用通信科技沟通，可能会因邮件或视频会议中非语言信息的缺乏而产生文化上的误解。

### (一)通信科技与团队

通信和协作科技可以以四种不同的方式支持团队工作(McGrath & Hollingshead，1994；Mittleman & Briggs，1999)。第一，科技能帮助团队更好地收集并呈现信息。比如，通过协作文件管理系统和电子白板可以达到此目的。第二，科技能帮助团队成员进行内部沟通和外部沟通。第三，协作科技如团队工作支持系统能给团队提供头脑风暴、问题解决和决策制定等来帮助团队处理信息。第四，电子会议系统等科技通过会议日程、任务分配和项目管理工具等可以让团队管理流程更加结构化。

通信科技的使用为团队创造了新的会谈和互动方式。虚拟团队也有不同的通信科技可供选择，如表15-1所示。

同时同地会议(Same-time，same-place meetings，STSP)为传统的面对面团队

会议。即使团队主要依赖科技沟通，面对面会议仍有其重要性。尤其是在团队刚成立时，为了让团队成员建立良好的关系，这种方式就显得非常重要。科技的确对团队会议有很大影响。团队决策支持系统可以让会议结构化，尤其对于需要进行头脑风暴和投票的活动，就更能发挥科技的作用。

表 15-1    通信技术创建的会议类型

| 会议类型 | 可用方式 |
| --- | --- |
| STSP—同时、同地会议 | 面对面会议 |
| STDP—同时、异地会议 | 视频会议 |
| DTSP—不同时、同地会议 | 计算机数据库 |
| DTDP—不同时、异地会议 | 内网公告栏、网页 |

来源：改编自 Mittleman，D.，& Briggs，R.（1999）. Communication technologies for traditional and virtual teams. In E. Sundstrom（Ed.），*Supporting work team effectiveness*（pp. 246-270）. San Francisco，CA：Jossey-Bass。

同时、异地(STDP)会议是分散式的会议，团队成员通过音频、视频、文字信息等进行会议。虽然视频会议是 STDP 科技最流行的形式，但它不一定是最有效的方式。电子会议系统提供音频和共享数据。参会者通常倾向于能够掌控和工作任务相关的数据和图表，而不是仅关注其他参与者的个人影像。

不同时、同地(DTSP)会议经常使用在需要轮班，成员频繁出差或远距离工作的团队中。这类信息技术可以提供存储系统，成员根据需要传递所需信息。例如，项目管理和其他软件系统可以建立一个管理框架，来让成员及时关注项目的进展状况。

不同时、异地(DTDP)会议中团队成员可共享同一网站上的虚拟空间。在线公告栏、聊天室和数据库等科技可以协助支持团队的运作。这种方式允许团队成员在任何时间、任何地点参与到团队协作中。

### (二)通信科技的特征

不同沟通方式的特征可以用来分析不同视讯科技之间的差异(表 15-2)。艾克斯里（Axley，1996）用以下四种标准来评估各类沟通形式：速度、触达范围(接收信息的人员数量)、互动性和信息种类(或丰富性)。瑞奇瓦尔德和葛克（Reichwald & Goecke，1994）相信社会临场感和媒体丰富性是分析沟通科技的主要变量。丰富性与获得反馈的速度、感知的渠道类型和数量、资讯来源个人化程度相关。社会临场感是指成员在使用这些沟通工具时是否能感受到与他人实际沟通的那种感觉，这个因素通常与沟通媒介的丰富度有关。

通信科技的另一个特征是记录沟通信息的能力。这些电子信息记录对团队任务和社交有重要影响(Sproull & Kiesler，1991)。例如，通信科技可以记录和存储信息，这可能会让经理人因害怕出现记录错误而不愿意使用，但它也能将重要的任务提醒通过电子邮件发送到每个成员的邮箱，而且可以被打印或保存。

分析团队沟通有效性的一个重要因素是沟通方式的丰富性(Daft & Lengel，1986)。一种通信科技的有效性取决于其功能的丰富性是否符合任务需求。如果团队的任务是产生创意想法，那么团队只要能传达所需的创意想法即可。当冲突需要协商处理时，团队就要传达信息背后的情感语境，这就需要包括事实信息和参与者的情感信息。

表 15-2　通信方式的分析

| 方式 | 速度 | 互动性 | 丰富性 | 临场感 | 文本信息 |
| --- | --- | --- | --- | --- | --- |
| 面对面 | 慢 | 高 | 高 | 高 | 无 |
| 团队会议 | 慢 | 中 | 高 | 高 | 无 |
| 即时消息 | 快 | 高 | 低 | 低 | 有 |
| 电子邮件 | 快 | 中 | 低 | 低 | 有 |
| 团队网页 | 中 | 低 | 低 | 低 | 有 |
| 打印 | 中 | 低 | 低 | 低 | 有 |
| 团队工作支持系统 | 中 | 中 | 低 | 低 | 有 |
| 计算机数据库 | 中 | 低 | 低 | 低 | 有 |
| 视频会议 | 快 | 中 | 高 | 中 | 无 |

来源：改编自 Levi，D.，& Rinzel，L.（1998）. Employee attitudes toward various communications technologies when used for communicating about organizational change. In P. Vink，E. Koningsveld，& S. Dhondt（Eds.），*Human factors in organizational design and management*（Vol. 6，pp. 483-488）. Amsterdam：Elsevier Science。

信息丰富性既有积极影响也有消极影响(Duarte & Snyder，2006)。采用面对面会议形式的团队在进行头脑风暴时不如虚拟团队的一个原因就在于信息过于丰富。在头脑风暴中，周围其他人在场会让参与者分心，资讯过多或过少都会影响沟通有效性。沟通中的不确定因素增加了信息丰富性的重要性。这就是为什么像电子邮件这样的科技不适合用在协商这类事情中。

## 二、 沟通的影响

当人们开始通过科技沟通时，他们的沟通模式已经开始改变。通信科技可能改变人们对社会地位的感知，改变人们在沟通中的匿名程度，也影响了资讯误传的数量。这其中的一些变化是由于缺乏沟通过程管理的规范，而不是因为科技本身。

### (一)地位差异

面对面团队和虚拟团队间的一个主要差异是地位差异。对学生团体的研究发现，在运用虚拟团队时，成员地位间的差异明显减少了(Parks & Sanna，1999)。地位差异的减少让虚拟团队讨论的参与者感到更加公平。在面对面团队的讨论中，拥有较高地位的少数主导人占用较多的发言时间，而多数团队成员则讨论较少，更多的是支持讨论中出现的主要观点。在虚拟团队的决策制定中，互动更为民主。社会地位差异缩小了，成员间的沟通更多基于自身知识和观点，而非他们在团队中的社会地位。

并不是所有虚拟团队都有这种公平性效应(equalization effect)。在一个典型的工作团队中，更高地位的成员容易被设定为领导者角色，指导团队活动，他们会更愿意来表达他们的观点(Driskell et al.，2003)。研究者通过观察团队成员对消息的回复可以看出他们在团队的地位，下属对来自上级的消息会回复得更快。虚拟团队可以减少地位对团队的影响，因为地位差异的信息不像面对面沟通中那么明显。然而，在实际工作场景中，团队成员不管是否使用通信科技沟通，还是会分辨出其他沟通者的身份地位。在场域研究中，对于已建立明显地位阶级(如军方或医药团队)的团队，即使运用通信科技也不会对成员的沟通模式造成改变。

地位差异对于绩效表现有着多样的作用(Driskell & Salas，2006)。当地位差异反映实际工作能力差别时，高地位个人更有影响力是合理的。但是，如果地位差异是基于一些无关因素，如文化刻板印象的影响时，地位差异就会阻碍团队决策的能力。但随着时间推移，地位效应对团队沟通的影响会随着成员间更了解彼此而减弱，团队沟通也会更注重知识而非地位。

### (二)匿名性

当虚拟团队的成员大多采用匿名时，这就会造成心理学家所说的去个性化

(deindividuation)。因为匿名的关系，个体在团体中逐渐丧失自我觉察，同时也不必担忧受到他人的评价。去个性化会产生一系列负面社会效应（Parks & Sanna，1999）。例如，在虚拟团队中，因为成员的匿名性可能会助长社会惰化行为的产生。

虚拟团队匿名的影响之一是，人们更容易说出他们在面对面互动中不会说的话，这就是网络论战（flaming）或无拘束的负面言论充斥于电子公告栏和电子邮件中的原因。虽然在实验室研究中，都出现了网络论战或其他不受拘束的情绪化交流类型，但它并不是匿名性较弱的工作团队的典型问题（Hertel et al.，2005）。大多数虚拟团队制定了沟通规范来管理情绪化沟通。

匿名减少了人们在虚拟团队中达成一致的压力（Mesmer-Magnus et al.，2011）。缺乏社会压力影响了团队管理冲突与决策制定的能力。虚拟团队通常会有更多冲突，并缺乏解决冲突和决策过程中达成一致的能力。这些影响一部分是由于社会压力的缺失造成的。这种压力通常会促进人们在分歧中妥协或更容易达成一致。

匿名也给虚拟团队带来了积极影响（Duarte & Snyder，2006）。当匿名团队工作支持系统被用来产生问题解决和决策制定的想法时，团队成员会更愿意参与其中并贡献自己的主意。虚拟团队的头脑风暴会比面对面团队的头脑风暴更易产生更多创造性的想法。

### (三)沟通误解

虚拟团队可能因误解或沟通减少而导致冲突增加（Hertel et al.，2005）。这些沟通问题会增加虚拟团队成员情绪的挫折感。这也是为什么虚拟团队成员的团队效率和满意度与成员间彼此沟通程度成正比的原因之一。如果团队成员学会如何正确解读其他成员的沟通内容，由此产生的很多沟通问题会逐渐减少。

虚拟团队在建立和维持团队成员彼此共同认知在同一个程度上也有难度（Driskell et al.，2003）。在沟通过程中，不论传达的信息或沟通是否成功，缺少沟通时的语境线索，会让团队成员在与他人互动时的不确定感增加，也很难确认自己所表达的信息是否被充分了解。面部线索和非语言反馈的减少，会增加个体的不确定性的感受。没有了这些信息，不准确和混乱就会时常发生，进而影响团队绩效。

举个例子，在电子邮件中，因为很难将社交语境线索传递给对方，便使得情绪的沟通和传递更加困难，但是人们经常意识不到这个问题，并相信他们的沟通十分有效。电子邮件读者经常很难分辨作者是在讽刺还是表现幽默的状态（Kruger，

Epley，Parker & Ng，2005）。邮件作者也会因为对自己电子邮件沟通能力的过分自信而造成读者的误解。

通信科技的错误使用会让人们对沟通者的性格做错误的假设（Vignovic & Thompson，2010）。这种错误解读在团队的跨文化交流中影响很大。在一项实验室研究中，发信人把带有技术性语言错误（拼写或语法）或礼节性错误（很短的、没有对话语气的消息）的电子邮件发送出去，语法和拼写错误让收信人感觉发信人缺乏智慧和责任心，而礼节性错误致使收信人认为发件人不具备外向的、令人愉快的和可被信赖的品质。当被告知发件人与自己有不同的文化背景时，收信人会原谅其技术性错误（他们假定错误是因为文化而不是个人品质造成的），但不会原谅礼节性错误。

沟通误解的问题同样会在视频会议中发生。当人们在进行视频会议时，他们能在对方的视线之外同时做其他工作（Turkle，2011）。视频会议并不需要面对面互动那样全部的注意力。尽管你能看到对方，但并没有眼神的交流。因为非语言线索的缺乏，它没有面对面沟通的互动质量。虽然基于电话的视频会议有一些优势，但仅仅是将名字和人脸匹配了起来，这并不是读懂非语言线索的最好的媒介方式（Hambley，O'Neill & Kline，2007）。

采用通信科技可能会对一些沟通模式造成影响。比如，电话或视频会议的音质太差可能会造成语音失真，令其他成员更难理解，但是通过电子邮件或文本等非语言途径可以减轻这种失真状况（Gibson et al.，2014）。的确，那些有社交焦虑的人或非母语者可能会更喜欢用非语言形式，如电子邮件或论坛发帖等，来表达自己的想法。

### （四）沟通规范

积累一定的经验之后，许多虚拟团队克服了他们沟通上遇到的问题，并把虚拟团队运作得和面对面的团队一样高效。这是由于社交关系的发展可以帮助他们更好地理解其他团队成员的沟通内容，同时沟通规范的制定也改善了团队沟通的质量（Vignovic & Thompson，2010）。

由于缺乏沟通规范，电子邮件、视频会议和其他沟通科技的使用导致了许多礼节性错误。电子邮件的发件人经常把邮件当作一通电话对待（如不正式、私人化、无记录），然而收信人会像信件一样对待它们（如正式、公开、能被复制或重新发布），这容易造成发件人会在自己的个人邮件被转发给其他人时感到震惊和尴尬。

邮件新手经常会写出一些糟糕的邮件格式。例如，发"垃圾邮件"给并不关注它们的人，写过长的邮件正文，或努力写得有趣。对于很多人来说，情绪往往很难体现在写作中(Kruger et al.，2005)。在电子邮件中，情绪很容易失控，由沟通误解导致的人际冲突就会产生。不过有一种解决方法就是制定针对通信科技的沟通规范。

沟通规范对高虚拟性和低虚拟性团队都有益(Duarte & Snyder，2006)。电子邮件规范会明确何时用电子邮件沟通，邮件内容如何构建(大写字母、缩写词的使用)，回复的时间和收件人是谁等。举个例子，团队可能会有关于邮件内容多少和发送名单列表使用的规定。除此之外，规范也要明确何时不宜使用电子邮件。为了避免冲突，一个很重要的规范是永远不要在你沮丧或情绪化时发电子邮件。电子邮件不应被用来解决人际关系问题，或避免个人间的互动。

沟通规范可以提高视频会议中的沟通质量。当参与者开始一个视频会议时，他们应知会团队自己已经到场。团队成员需要在发言时表明身份，避免只有单方对话。如果你听不清楚或没有理解对方时，你应及时告知主讲人等。

## 三、　团队影响

当团队依赖沟通科技时，沟通科技也会影响团队的表现。这种影响与团队的任务类型相关。团队的决策制定和社交关系发展也会被影响。随着人们越来越熟悉虚拟团队运作方式，这些绩效表现的差异会越来越小。

### (一)虚拟团队的任务表现

从个人角度来看，虚拟团队的优势包括灵活性、对时间有更大的控制权、对团队成员授权等(Hertel et al.，2005)。然而虚拟团队仍有一些缺点，如造成团队成员间的疏离感、直接的人际接触减少，造成更多的沟通误解和冲突。总体来说，面对面团队和虚拟团队的工作整体表现比较相似(Parks & Sanna，1999)，尤其对于有经验的团队来说更是如此。许多虚拟团队的缺点会在团队调整使用适合自己的通信科技方式后得到改善。

尽管虚拟团队和面对面团队的整体表现差异很小，但有些任务会仍更适合虚拟团队(Hertel et al.，2005)。虚拟团队在产生创意想法和问题解决时更容易成功。在这些任务中团队必须合理组织好信息并找到最佳答案。但是，如果团队目标是达成共识，那虚拟团队在决策制定和协商上表现将不如预期。对于决策制定型的任务，虚拟团队比面对面团队要花费更多时间，而且信息互通有限，成员满意度也较低。大多数组织倾向于在处理协商型任务中使用面对面沟通，因为虚拟团队在达成一致上会有困难。

虚拟团队在头脑风暴的运用上有较好的表现(Parks & Sanna，1999)。虚拟团队会有更好的创意和观点，品质也会很高。并且，人们更喜欢用计算机进行头脑风暴。不像面对面团队，虚拟团队的头脑风暴过程不受小组人数的影响。虚拟团队可以匿名的特点也会让头脑风暴更加成功，因为人们不用费心去关注别人对自己想法的评价。虚拟团队进行头脑风暴唯一会遇到的问题是社会惰化效应，但这也会在大型的面对面团队中产生。

虚拟团队还会面临几个比面对面团队更大的问题(Duarte & Snyder，2006)。信任在虚拟团队运作中更为重要，也更不容易建立。建立团队成员间的社交关系也更为困难。冲突在虚拟团队中更难被察觉和被解决。

为了理解通信科技对团队的积极和消极影响，下一部分将分析虚拟团队中的决策制定和社交关系。

### (二)决策制定

在虚拟团队中信息互通得较少，这是虚拟团队和面对面团队在决策制定上的一些差异(Roch & Ayman，2005)。虚拟团队和面对面团队的沟通各有其优势和不足(Mesmer-Magnus et al.，2011)。虚拟团队在分享专属信息上比面对面团队更好，尽管总体来说它们信息分享的程度略低。虚拟团队在产生创意想法和决策制定上也超过了面对面团队(Rains，2005)。面对面沟通具有更易协调、更易读懂非语言信息、更易建立信任和社交联系的特点。面对面沟通同时也具有快速达成一致、高效、具有更高交流的质量等特点(Rains，2005)。虚拟团队的沟通较少受到来自社会规范和团队压力的制约，所以会有更多的沟通方式(不需等待)，也会更方便(没有会议时间安排的问题)，并可以留存沟通记录。

在团队决策制定中，虚拟团队成员更关注讨论以逻辑和事实为基础的争论，而非造成争论的参与者的社交个性特征(Roch & Ayman，2005)。他们较少受到不相关的社交信息干扰而分散精力，如性别、年龄和种族等因素，因为这些因素可能会导致成员对沟通的内容产生偏见。这样也便于让虚拟团队成员更好地评判其他成员的能力。虚拟团队能利用匿名性更好地评估其他成员的个人意见的质量，并将其应用在团队决策上。

虚拟团队的信息异步性在沟通时有一定优势(Mesmer-Magnus et al.，2011)。因为成员有时间来思考他们的回答，他们也可以先去研究想要沟通的内容。由于不需要按照顺序参与讨论，所以更多人能参与到讨论过程中。在沟通过程中，地位和等级信息很少会出现。因此，团队成员受到的社会压力影响很小。上述这些方面促进了专属信息在团队成员间的分享。

更开放的信息互通，即信息在所有成员间的公开程度和专属信息的分享对团队工作表现的作用不尽相同(Mesmer-Magnus et al.，2011)。虚拟团队中专属信息的分享与创新、问题解决的方式，和整体团队表现息息相关。专属信息的分享程度在预测团队的业绩表现上比所有信息的分享更有价值。但是在面对面团队中，沟通的公开性既与团队表现，也与团队满意度和凝聚力相关。

### (三)社交关系

相较于面对面团队，在虚拟团队中工作的成员满意度不太高(Parks & Sanna，1999)。他们可能会感到社会支持的缺失并更容易感到更多压力。这些负面影响可能会随时间而逐渐消失(McGrath & Hollingshead，1994)。虚拟团队会随着成员更熟悉科技的使用而逐渐建立团体工作规范、发展社交关系，促进团队沟通。

虚拟团队在发展社交关系和团队凝聚力上会遇到困难(Driskell et al.，2003)。由于虚拟团队成员可以匿名，会造成成员间较弱的社交联结和较少的团队认同感。再加上通过科技传递情绪的能力有限，虚拟团队更难在团队成员间建立信任(Penarroja，Orengo，Zornoza & Hernandez，2013)。即使在视频会议中，由于很难传递情绪并缺乏丰富的社交情境，也阻碍了团队成员加深互相理解，这也制约了信任关系的建立。虚拟团队通常是任务导向型的，不会花太多时间在社交沟通上，而这恰恰是建立信任和团队凝聚力所必需的。

已经发展出很好的社交关系的团队会在虚拟团队中工作得更高效。偶尔的面对面会议对于发展和支持成员间的社交关系是必要的。当团队成员从来不私下见面时，他们将不能有效地利用通信科技来解决困难，因为他们还没有发展出在沟通中通过"阅读"来了解对方所附加的情绪意义的能力。

使用生命周期法来理解使用虚拟团队的影响是很重要的(Hertel et al.，2005)。科技对于不同发展阶段的团队会产生不同的影响。当新团队建立时，面对面会议对于团队成员互相熟悉、明确团队目标和成员角色以及发展团队运作的规范来说很重要。虚拟团队会遇到许多团队维系问题。举个例子，激励虚拟团队成员表现、抑制团队成员社会惰化、建立成员间信任感、发展团队凝聚力和认同感，这些都比面对面团队要更困难。正因为如此，为了提高虚拟团队成员的满意度，应该多提供成员见面的机会，提供与工作无关的个人生活资讯等。

## 四、 选择合适的科技工具

虚拟团队有很多可选择的科技工具。团队如果没有考虑科技与工作任务的适配性，他们将很有可能面临失败。然而，不管虚拟团队用什么科技工具，像冲突解决这些工作对于他们来说很有难度。

### （一）选择科技工具时的考虑因素

尽管有很多可用的科技工具来支持虚拟团队，但团队成员几乎从不使用复杂的协作技术（Zigurs & Khazanchi，2008），主要还是依靠电子邮件。没有一种科技工具对于虚拟团队来说是最好的。最好的科技工具取决于任务的特性、团队、团队成员和团队所处阶段。

通信科技的接受度取决于团队成员的个性和他们在团队中的社交关系。团队成员使用如电话会议系统的意愿取决于很多个人因素：使用系统的焦虑，关于系统知识和应用的自信，机构支持，如培训和技术支持（Park，Rhoads，Hou & Lee，2014）。对于通信科技的偏好也取决于沟通者所持的态度（Levi & Rinzel，1998）。当沟通信息的来源被认为可靠时，几乎每种通信媒介都被团队所接受；然而，当它被认为不可靠时，组织将采用面对面沟通以及利用其他具备较丰富资讯的沟通工具来增加资讯的可信赖度。

有一些理论研究为虚拟团队应采用何种科技工具给出了建议（Zigurs & Khazanchi，2008）。媒介丰富度理论支持虚拟团队采用更为丰富的技术（那些可以提供反馈、包含丰富社交情境线索、个人焦点等的科技工具），这是为了更好地处理模棱两可的信息并促进共同理解。自适应结构理论指出，团队成员应发展出新结构和流程以便于使用目前可用的科技。任务—科技匹配理论提倡团队根据任务特点来匹配使用多种不同类型的科技。这个问题不是关于哪种特定的科技利于或不利于团队工作，而是哪种科技的使用最适合协助团队完成正在执行的任务（Tannenbaum et al.，2012）。

强大的（或丰富的）多媒体视讯科技可能并不适用于所有任务（Dertouzos，

1997）。举个例子，打印可能是合同类文件最适合的传播媒介，因为合同需要用准确的文字描述，能被储存并被详细核查文件内容。视频会议作为一种视讯科技有时在使用时可能会分散使用者的注意力。向虚拟团队的沟通媒介中增加音频，会便于传递社交和情绪方面的信息(Driskell et al.，2003)。视频会议相较于电子会议系统来说有其局限性，因为电子会议系统不仅可以提供远程电话会议还可以提供文件共享的协作方式。在某些情况下，团队成员会关掉视频会议中的画面，以避免分散精力，能更好地将精力集中于需要讨论的文档上。

　　虚拟团队要适应并优化通信科技来满足自己的需求。团队需要明确了解使用通信科技对团队的影响，以及制定如何用科技让团队运作更高效的指引(Tannenbaum et al.，2012)。因为团队成员需要知道在何时与团队联系、联系沟通过程中怎样迅速回应。随着视讯科技类型的丰富如视频会议的兴起，团队内使用通信科技经验的增多，在人们工作和日常生活中的其他方面使用科技经验的增多等，因运用视讯科技而给团队带来的消极影响会逐渐降低；随着通信科技种类的增多，个人和专业成员的使用经验增加，团队会更容易选择合适的科技工具来匹配自己的需求。

　　虚拟团队可针对团队不同的任务选择不同类型的沟通工具(Parks & Sanna，1999)。团队成员可通过电子邮件来通知成员重要的事项或交换重要的信息，但电子邮件很少用于协商或决策流程。视频会议可用于团队讨论和汇报。当需要在技术项目上进行协作时，通常会使用计算机共享数据库。社交媒介可以用来发展和维持社交关系。项目管理软件可以让团队成员监督其他成员的表现并以团队的方式管理项目进展。团队工作支持系统是一种协作科技，用来支持虚拟会议和团队工作。这些协作类的科技工具可支持的团队任务包括想法的激发、多样化选择、想法和意见的澄清和分类、方案的评估以及达成一致的过程等(Briggs，Kolfschoten，Vreede & Dean，2006)。

### (二)将科技与团队和任务匹配

　　各种不同的团队类型会有不同的沟通需求，因此要依据团队类型来选用适合的通信科技(Biskson，Cohen & Mankin，1999；Mittleman & Briggs，1999)。生产团队利用信息管理技术来协调生产活动，追踪工作进度，分析产品信息。服务团队依赖于通信科技和共享数据库来统筹他们的工作，并据此获得客户和产品的信息。通信科技让项目管理团队可以不受地点制约，让具有重要技能的成员突破地域限制而参与团队运作。项目管理团队借助团队工作支持系统来管理团队进展。管理团队倾向于使用视频会议，因为他们更喜欢面对面的感觉而不是单纯文字的沟通。

表格 15-3 呈现了通信科技和团队沟通过程的匹配（Duarte & Snyder，2006）。有几个重要方面需要考虑。首先，所有的科技工具对于工作任务的处理都是有用的，即使没有特别完美的匹配，有经验的虚拟团队成员也能够将科技进行改造以更适配他们的工作任务。其次，团队工作支持系统有一些专业的功能，如虚拟头脑风暴系统，结构化的决策等。当团队正好有这些任务需要处理时，这些特别的功能就非常有用。最后，没有任何科技能非常有效的解决冲突问题，尤其是还带有强烈情绪化的冲突。尽管通过技术手段可以管理冲突，但这种人际冲突很难被发现也很难通过虚拟团队来处理。

虚拟团队要适用所有场景仍有其局限性（Hambley，O'Neill，& Kline，2007）。虚拟团队是强任务导向型，短期看非常有用。但虚拟团队在建立信任和发展社交关系上较为困难，正是由于这部分的缺乏而容易产生沟通问题。虚拟团队成员还没有学会如何"阅读"其他成员的沟通时的情绪以及发展互相信任的关系。没有社交关系的发展，团队就容易陷入冲突中，更由于沟通不畅，导致协商调解失败。此外，报告显示，用电脑沟通的团队成员中 90% 的互动都非常低效、没有承诺度、也不太和谐（Johnson，Bettenhausen，& Gibbons，2009）。

表 15-3 通信科技与团队沟通过程的匹配

| 通信科技 | 产生想法和分享信息 | 定期问题和决策 | 复杂问题和决策 | 协商调解冲突 |
|---|---|---|---|---|
| 即时消息和电子邮件 | 有用 | 有用 | 有时有用 | 有时有用 |
| 团队网页 | 有用 | 有用 | 有时有用 | 有时有用 |
| 团队工作支持系统 | 非常有用 | 非常有用 | 有用 | 有时有用 |
| 视频会议 | 有时有用 | 有用 | 有用 | 有时有用 |

来源：改编自 Duarte, D., & Snyder, N. (2006). *Mastering Virtual Teams*(3rd ed.). San Francisco: Jossey-Bass。

## 五、 虚拟团队的挑战

虚拟团队面临的两个主要挑战是如何解决沟通问题和创造有效的人际关系（Thompson & Coovert，2006）。沟通误解在虚拟团队中更为常见。由于虚拟团队没有时间去辨别和纠正沟通中出现的问题，进而会引发更多的问题出现。虚拟团队成员彼此沟通较少，因此他们也更容易感受到成员间关系的疏离（Priest，Stagl，

Klein & Salas，2006）。

尽管研究者相信视频会议使用的增多会减少沟通问题，但视频会议在改善虚拟团队沟通上的作用还是很有限的（Thompson & Coovert，2006）。虽然视频会议可以提供很丰富的沟通工具，但它不能补偿因缺乏非正式面对面社交关系而带来的影响。因此，虚拟团队需要使用新的方法来管理团队的运作。科技的使用、参与人员和互动风格的改变都可能会帮助虚拟团队在未来运作得更加高效。

### （一）虚拟团队的团队建设

有许多策略可以改善虚拟团队的运作。例如，花更多时间来解决问题，刚开始时用面对面方式进行会议，建立即时沟通渠道，建立适合的团队运作模式和沟通规范，对团队进行更好的培训，有合适的领导者等（Thompson & Coovert，2006）。这些策略都有助于处理团队沟通问题，并让团队更好地管理工作任务，创造多种沟通机会和渠道来改善成员间的社交互动。在团队成员间建立信任是虚拟团队完成所有任务和社交沟通的基础。

虚拟团队的发展历程与其他类型团队的发展类似（Haines，2014）。在虚拟团队发展的早期阶段，它的目标是搭建团队架构以便让团队以后能高效运作，这包括需要明确角色定位、责任，并在团队成员间建立信任等。虚拟团队的发展创造了一种团队归属感，鼓励团队成员致力于团队目标的实现，建立成员间的互相信任，而这也是团队之后取得良好工作业绩的基础。

在虚拟团队中，领导有很重要的作用，因为领导虚拟团队会比领导面对面团队更加困难（Huang，Kahai & Jestice，2010）。虚拟团队在成立时就没有太强的凝聚力，成员间的信任度也不高。他们通常没有共同的工作规范和流程。因为成员分布在不同地区，他们更难将自己视为团队的一部分；通信科技在沟通上的局限也给团队成员对工作任务的理解带来了一定的困扰并制约了成员间社交关系的建立和发展。

团队领导力的惯用方式对于解决影响虚拟团队工作表现的问题上可能不会太有效（Hoch & Kozlowski，2014）。领导者不太容易管控团队成员。因此，虚拟团队需要赋予成员更多的自主权去达成工作业绩。高绩效虚拟团队的成员会呈现出更多具有领导力的行为，尤其是在跟进和管控团队工作和表现上（Carte，Chidambaram & Becker，2006）。虚拟团队的领导者也需要更积极主动地建立团队成员的社交关系。

虚拟团队也需要有定期的面对面会议来确保团队有效运行（Dube & Robey，

2008）。在项目初期他们需要召开启动会议并在项目达到各里程碑时举行周期性会议。虚拟团队需要更有结构化的运作，如有明确的目标和详尽的计划，这样团队成员可以更好地管理自己的行为，并更容易与他人协作交流。他们需要制定合适的沟通和网络礼仪规范；由于大部分工作都是个人单独完成的，因此明确的沟通流程、规范和周期性的会议可以让成员间的沟通和协作更顺畅。

　　虚拟团队面临的另一个问题是如何发展和维持社交关系（Dube & Robey，2008）。通常，虚拟团队的会议聚焦在沟通与任务有关的事务上。但包含一些社交活动的定期面对面会议也会有利于建立和发展成员间的社交关系，并且团队成员可以利用网络科技，以非正式的形式与他人定期沟通。通过通信科技来维持团队的社交关系也是科技在工作中的一种适合的使用方式。

　　虚拟团队也更容易产生跨文化沟通问题，因为虚拟团队需要让不同国家的团队成员连接在一起（Vignovic & Thompson，2010）。相较于文化同质性的团队，文化多样性的虚拟团队容易产生更多冲突，他们的凝聚力和满意度也都较低（Staples & Zhao，2006）。然而，当团队只有短期的项目目标时，文化的负面影响会减弱。这表明文化多样性给团队带来的负面影响可能不会在团队形成的初始阶段，而是后期逐渐显现。另外，情绪表现的方式在文化同质和文化多样的团队中也有所不同——一项研究表明，有多样文化背景的团队比文化同质的团队更易于抑制消极情绪，呈现更积极的情绪（Glikson & Erez，2013）。

　　处理这些沟通问题的一种方法是帮助团队成员了解可能会造成困扰的文化差异。举个例子，IBM 有一个为员工设立的社交网站（叫作"BluePages"），所有员工都能通过这个网站了解专业上的、语言上的和文化上的差别。处理跨文化问题还有另外一些方法，包括在虚拟团队中建立明确的沟通规范，提供沟通技巧和沟通方式的相关培训等。

　　在虚拟团队中建立成员间的信任是有挑战的（Priest et al.，2006）。信任通常建立在社交关系基础上，但这对于虚拟团队而言比较有难度。另外，虚拟团队容易形成小团体，造成组内成员比较袒护彼此，对组外成员容易有偏见，这样也会导致信息共享不透明，团队内容易产生冲突等现象（Yilmaz & Peña，2014）。达成工作绩效预期是虚拟团队信任关系产生的基础，尤其在团队形成初期更为重要。团队领导者可以通过把项目分为几个子任务、建立清晰的工作绩效目标、监督完成情况等来提升团队成员间的信任。定期回顾业绩表现的会议也可以帮助团队成员维持好的信任关系。另外，营造支持性的沟通氛围，提升团队心理安全感也可以解决很多影响虚拟团队互动的问题(Gibson & Gibbs, 2006)。

### (二)虚拟团队的未来

大多数虚拟团队依赖电子邮件和偶尔的视频会议来协调彼此的工作(Dube & Robey, 2008)。尽管虚拟团队面临许多特殊的挑战,但随着时间的推移,团队往往能发展出有效的应对措施。虚拟团队会因科技的进步、新成员特点和新形态社交关系的发展而在未来有所改变。

新科技,如项目管理软件和论坛,有助于团队内任务的协调和管理。绝大多数针对团队协作软件(支持团队运作的软件和技术)的研究都会涉及电子邮件和视频会议的使用(Driskell & Salas, 2006)。不幸的是,直到现在,团队协作软件的发展只关注科技本身而非团体动力的解决。这样的结果是,个人通信科技仍然关注在如何让团队成员使用上,而不是针对团队会面对的问题类型进行特殊设计。

虚拟团队未来的一个发展方向是团队虚拟现实环境的开发(Priest et al., 2006)。虚拟现实可用来建立虚拟的团队环境,让成员感觉可以在虚拟世界中"见面",这创造了丰富的互动媒体环境。模拟训练的研究表明,通过虚拟现实可以提升成员的参与度、融入度及存在感,也可以弥补真实人际活动在虚拟团队的缺乏。

新一代工作者更能适应各种通信科技,并依赖通信科技建立和维持社交关系(Dube & Robey, 2008)。从青少年时期开始,他们已经通过在线游戏、网络笔友等通信科技建立了社交关系。他们频繁地使用移动电话和即时消息来维持彼此的关系。所以,相较于年长的一代,年轻的一代在虚拟团队中建立社交关系和信任关系上不会有太多困难。

虚拟团队的另一个问题是缺乏非正式互动(Thompson & Coovert, 2006)。工作中的碰面和非正式的互动都有助于建立人际关系并创造团队认同感。非正式的社交通信科技可以加强虚拟团队成员间的非正式互动的机会。例如,即时消息、聊天室和其他非正式通信科技等可以让团队成员更好地分享各自的工作经历。社交网络科技能帮助团队建立团队认同感。一个简单的分享团队成员照片的行为也有助于虚拟团队成员间社交关系的发展。

通过即时消息或聊天室来建立的团队联结,能帮助模拟虚拟团队非正式社交关系的建立和发展(Thompson & Coovert, 2006)。当聊天室处于持续开放状态时,团队就可以创造一个类似于真实工作环境的虚拟空间,可以及时进行互动。即时消息的使用者通常采用非正式的口语方式沟通，类似于人们平时的社交互动。这种简洁、非正式、频繁发生的对话与实际工作环境中的非正式沟通很类似。

## 小结

通信和协作科技的广泛使用，正不断改变着团队的运作。新科技提高了信息的可获得性，更好地支持内部和外部沟通，并帮助团队管理任务和进程。虚拟团队会议让人们不再被时间或空间束缚。不同通信科技之间也有很大差异，有的强调速度，有的强调互动，有的提供丰富的资讯，有的提供沟通内容历史记录的功能等。

利用科技进行沟通需要注意其带来的人际关系效应。在虚拟团队中，地位差异会减少，成员间的互动更公平。人们在虚拟团队中更加匿名化，因此负面和情绪化的信息会更容易表现出来。社交和情绪线索的减少会增加了沟通误解的概率。这些都反映出虚拟团队如果缺少沟通的规范来进一步调节成员行为，这就有可能会降低团队的沟通效率。

虚拟团队与面对面团队的另一个差异是前者在产生创意想法和解决问题类任务中更能发挥作用，但是在决策制定和协商类任务中作用有限。然而，虚拟团队的整体表现与经验丰富的团队没有太大差异。尽管虚拟团队在制定决策时可供参考的信息量有限，但随着团队成员分享专属信息的意愿增加，在虚拟团队中制定决策有时也并不难。除此之外，虚拟团队还有一个最大的问题是建立成员间的信任和社交关系。

选择正确的通信科技取决于科技本身的特点、任务和团队的特性。最先进的技术不一定是最好的选择，因为过于丰富的科技可能由于提供了太多资讯而让成员分散了注意力。团队可慢慢通过优化科技工具、制定新沟通规范和流程来渐渐让通信科技更好地适用于团队。对于团队来说，选择最适合团队任务的通信科技非常重要。但是，仍有一些任务像协商调解冲突之类则很难用通信科技来处理。

虚拟团队面临的两大挑战是如何处理沟通的问题和如何创建有效的人际关系。现在有很多团队建设方法来帮助团队解决这些问题。在非正式和社交通信科技的带动下，虚拟团队的效率可能会在未来进一步提高。

### 团队领导者的挑战 15

你是一个虚拟团队的领导者，负责协调公司分散在世界各地的 5 个研究中心的项目。尽管你在几年前召开过一次协调会议，但由于经费和时间限制，无法定期面对面召开会议。研究中心有视频会议设备，但是因各地的时差不同，也很难使用这些视频会议设备。结果绝大多数团队的沟通只能通过电子邮件完成。

虚拟团队在信息互通和管控每个研究成员的项目进展上做得非常好。然而，美国研究中心和亚洲研究中心之间的冲突却在加剧；他们似乎在工作上无法协调，也无法协商清楚各自项目上的角色定位。他们之间的电子邮件内容越来越激烈，也渐渐有一些不太符合礼仪的行为表现，其他团队成员也厌烦他们来来回回地争论。

- 你（团队领导者）怎样处理这些沟通问题？
- 你的解决方案需要采用面对面会议还是视频会议？
- 为什么视频会议在这个场景中可能不会像面对面会议一样有效？
- 建立新的通信科技沟通规范能避免未来不发生类似的问题吗？

## 活动1： 建立虚拟团队的网络礼仪

**目标：**虚拟团队需要建立并发展不同的规范来调节团队成员间的互动行为。在虚拟团队建立的规范也被称为"网络礼仪规范"。

**活动：**制定一系列虚拟团队的规范（活动工作表 15-1）。这些规范内容应该包括沟通、参与和决策制定等范畴。是否还有哪些规范有助于虚拟团队有效运作？你也可以尝试制定关于电子邮件、短信息沟通、电话和视频会议的规范。

**分析：**对于不同类型的科技，他们的规范有什么不同？科技沟通的规范和面对面会议的规范有哪些不同？

**讨论：**虚拟团队的优点和缺点是什么？制定新的规范能帮助虚拟团队更高效运作吗？还有哪些其他方法可以被用来更好地支持虚拟团队的使用？

活动工作表 15-1

虚拟团队的规范

| 沟通规范： |
| --- |
| 参与规范： |
| 决策规范： |
| 其他团队规范： |

## 活动 2： 在模拟虚拟团队中体验团队工作

**目标：** 虚拟团队往往依赖电子邮件来沟通，相比面对面沟通，通过书面形式沟通完成团队的工作任务会更有难度。

**活动：** 创建三个团队。在第一个团队中，将成员分到两个单独的房间，让他们仅通过文字沟通来完成一项团队工作任务。在第二个团队中，将成员分到两个单独房间，让他们通过电话交流来完成一项团队工作任务。在第三个团队中，让他们面对面聚在一起来完成团队工作任务。这些需要完成的任务可以是解决一个问题、制定一个决策，或计划安排一场活动等。

**分析：** 比较通过文字沟通、电话沟通、面对面沟通来完成团队任务的经历，哪些是高效的和令人愉快的？

**讨论：** 依赖通信科技给团队带来的问题是什么？完成不同类型的团队任务最适合用哪种通信科技？

第十六章

# 团队评估与酬赏

绩效评估和酬赏方案是激励团队工作表现的重要方式。绩效评估体现的是团队工作表现得如何，这些信息可用来指明团队工作的方向，激励团队的表现，也是组织酬赏方案的信息来源。团队成员应参与到评估过程中，因为他们最清楚团队中每个成员的贡献。

当组织需要切换到团队合作的方式时，他们往往也需要改变酬赏成员的方式。传统组织的个人酬赏方案无法激发每个人对组织的承诺和投入参与度。组织可以结合对个人、团队和组织的奖赏来激励团队。最佳的酬赏方案应依据任务性质和团队类型来实施。

**学习目标**

1. 绩效评估系统如何影响团队工作？

2. 好的绩效评估系统有哪些特征？

3. 使用多方评估者的绩效评估系统有哪些好处？

4. 偏见（如团队晕轮效应）是怎样影响评估过程的？

5. 组织为何需要通过改变酬赏系统来支持团队工作？

6. 个人酬赏和团队酬赏的优点和缺点分别是什么？

7. 对团队有利的个人、团队及组织酬赏类型有哪些？

8. 什么类型的酬赏方案对团队最有用？

# 一、 团队绩效评估

　　团队绩效评估给团队提供反馈来帮助其改善运作方式，绩效评估可能会与酬赏相关联并用来激励团队成员。组织会评估团队个人、团队的整体运作情况或将个人与团队结合起来评估。绩效评估方法需要事先明确，而且必须具体且清晰，评估的工作行为必须在团队成员的可控范围之内。评估过程需要主管和团队成员的共同参与。尽管评估可能会产生偏见，但多位评估者可增加评估的准确性和认可度。

　　建立一套团队导向的绩效评估系统并利用评估信息提供反馈是一种改善团队运作的重要方式（Mohrman，Cohen & Mohrman，1995）。团队利用绩效反馈明确并改正团队运作中的问题。此外，绩效评估也可以用来衡量一个团队是否取得成功，并给组织的酬赏系统提供依据，进一步激励团队更加出色地表现。

　　绩效评估在给员工反馈、员工激励、员工培养和发展等方面起到很大作用。但是，评估过程本身很容易产生冲突和不满而非激励和发展。正是由于这种潜在冲突的存在，管理者和员工会试图避免推行绩效评估。给下属提供绩效反馈，也可能会令管理者不自在；同样大部分员工对绩效评价也会抵触，因为大部分人都认为自己的表现超过一般水平，即使是给予他们有建设性的意见，也会造成他们的不满（Lawler，2000）。

## （一）评估的类型

　　三种主要的团队绩效评估方式分别为传统的绩效评估、团队成员给予评估和团队评估（Lawler，2000）。第一种是传统的绩效评估，是由主管来评估个人，这种评估方式会和组织的薪酬体系相关联，大多数组织中的绩效评估都采用这种方式运作。第二种是团队成员评估方式，由团队成员而非主管来进行绩效评估。第三种是团队评估方式，在团队的工作需要高度互助合作时使用，因为想要单独地评价每个人几乎是不可能的，这种方式也是由主管而不是团队成员来评估整个团队的运作情况。

　　有很多因素会影响该用哪种方式来进行绩效评估（Lawler，2000）。从团队合作的角度来看，最重要的影响因素是工作的设计。个人绩效评估最适合评估员工个人的工作任务，但当团队工作需要高度互助，或是由团队主导时，个人评估就不再适合，甚至有可能会影响团队合作。然而，评估类型的选择在很大程度上由组织的运作方式决定，绝大多数的传统组织会将个人绩效的评估与薪酬体系关联起来，即使这些员工更主要是按照团队模式来工作的。

对于某些团队，如球队或表演团队，评估可能同时包括个人和团队绩效的评估。个人绩效评估与组织的薪酬体系有关，并可以提供有用的信息来识别哪些个人需要支持。对于其他团队，如生产及项目团队，只需做团队绩效评估，因为要把个人的表现和团队的表现完全割裂开来并准确做出评价是很困难的。

### (二)评估标准的类型

建立一个好的绩效评估体系的关键，是确保它包含团队和组织这两者的目标。缺乏明确的团队目标与责任，是团队工作失败的主要原因之一（Jones & Moffett，1999）。团队绩效评估应与团队对组织的贡献有关，并要保证评估标准在团队能影响的范围内（Zigon，1997）。在评估时应关注团队的绩效结果，而不是团队内的工作过程，因为团队应该有自主性，用自己的方式去达成目标。

事前确定明确、可量化的目标可以让团队的绩效评估做得更好（Lawler，2000）。为使绩效评估过程更公平并能激励团队成员更好的绩效表现，他们需要事先知道自己的绩效结果会如何被衡量，以及可被接受的程度。如果没有明确的评估标准，团队成员将不知道什么样的结果才能获得积极评价。将团队成员纳入绩效评估流程中是有益的，可以增加大家对评估的了解和对评估过程的接受度。

很多绩效评估之所以失败，是因为评估标准模糊及定义不清晰（Lawler，2000）。当定义评估体系时，与其通过评估特质，如可靠度、协作性或领导力，还不如使用与工作行为相关、基于结果的、可被量化且能被明确定义的评估标准。例如，评估协作性，可以采用基于员工参加小组会的频率或给予团队成员帮助的次数来评估。刻板的模糊不清的评估方式以及其他的认知偏见，都很容易遭人诟病。

搭建团队绩效评估体系时，一个基本的方法是使用行为测量和结果表现来评估（Rynes，Gerhart & Parks，2005）。行为表现测量有很多优点：它可以用在任何一种工作类型上。评估者可以处理在员工掌控范围之外的可能会影响结果的因素，并且能够激励员工正向的行为表现（如乐于合作），尽管这些不与工作直接相关。虽然基于结果的评估会显得更加客观，但对很多团队来说，高质量的客观评估也并不容易。所以，绝大多数绩效评估系统会混合这两种评估方式（Gross，1995）。

一个典型的团队绩效评估体系会包含 5～10 个不同的评估维度（Jones & Moffett，1999）。因为评估的目标是给予反馈并提升绩效，比起一个复杂的难以理解的体系，不如用一个简单的体系进行评估。使用行为量表会促使评估者更聚焦于被评估者的行为表现而非人格品质。将团队成员的参与设计到行为量表中也是一种提高评估体系相关性和可信度的好方式。表 16-1 是由学生设计的一种简单行为量表，用来评估成员对团队项目的贡献(Levi & Cadiz，1998)。

**表 16-1　学生团队项目行为评估量表**

用下列评估量表来评估你的团队成员在项目上的表现：

1＝从不　　　2＝有时　　　3＝通常　　　4＝总是

你评估的团队成员

A. 对工作做出承诺吗？

B. 做他们工作分内的事情吗？

C. 产出可被接受的工作结果吗？

D. 积极参与团队的讨论和决策吗？

评估每位成员

| 成员 | A | B | C | D | 总计 |
|------|------|------|------|------|------|
| 1 _____ | _____ + | _____ + | _____ + | _____ | = _____ |
| 1 _____ | _____ + | _____ + | _____ + | _____ | = _____ |
| 1 _____ | _____ + | _____ + | _____ + | _____ | = _____ |
| 1 _____ | _____ + | _____ + | _____ + | _____ | = _____ |

### (三)评估过程的参与

传统上主管进行绩效评估，但是团队工作评估应包含更多的信息而不仅仅是主管所提供的信息(Lawler，2000)。让管理者对团队中的某一位成员的表现进行评估是很困难的。团队工作评估通常需要转为采用多位评估者的评估方式：如 360 度反馈，包含来自团队成员、客户以及主管提供的信息反馈。最有资格评估团队成员表现的是团队的伙伴。团队管理者和客户可以评估团队的整体表现，但只有团队成员能准确评估团队中的个人表现(Gross，1995)。

多位评估者的绩效评估比单一管理者评估更加可靠且令人信服(Rynes et al.，2005)。并且，被评估者也会认为多渠道来源的反馈会更加可信和公正。有时候管理者给出的绩效评估结果会用来决定成员的薪酬，而团队成员给出的评估结果会用来提供反馈和给予发展的建议(Lawler，2000)，这会让团队成员中的评估者更容易诚实地评估，因为他们的反馈并不会影响薪酬。

多位评估者的方法可以用在学生团队项目中。一般来说，学生对团队成员在团队项目中的表现评估得会比教授更加准确（Levi & Cadiz，1998）。教授只看到了最终成果，但是学生能观察到每位成员的表现。然而，教授往往不愿让学生承担评估工作，因为他们认为学生不会准确地评价对方。尽管如此，使用学生来评估团队项目可降低社会惰化效应，因为它给予学生能力去影响团队其他成员行为，并提升评估体系的公平性。

### （四）团队评估中的问题及偏见

团队绩效评估不应助长团队成员间的竞争。许多组织的绩效评估系统在好与不好的表现之间有固定的比例（比如，20％的人为优秀表现者，60％的人为一般表现者，20％的人为表现不佳者），这种做法是不适合团队的（Lawler，2000）。在员工之间划分等级会助长竞争进而影响团队合作。如果团队绩效良好并且每位成员做好了本职内的工作，划分员工等级就不太适当，也会影响到团队合作。团队在一起工作良好，就不应该存在绩效差距。

将团队成员纳入绩效评估过程会产生评估结果公平性和准确性的问题（Gross，1995）。在评估过程中，不管是团队管理者评估还是团队成员评估，人际关系和偏袒会是问题。团队成员往往没有关于绩效评估的经历，也可能没有接受过相关培训，所以他们需要协助才能完成这项工作。虽然由团队成员来评定等级会产生一些问题，但是最主要的问题还是在于管理者通常不愿意放弃他们绩效评估的权力。

虽然将团队成员纳入评估体系是有价值的，但有些团队成员可能会因要评价工作伙伴而感到不自在，尤其是当他们的评价结果会影响薪酬涨幅时（Lawler，Mohrman & Ledford，1995）。当团队成员可以采用客观的标准进行评估并且评估等级保密时，他们能更自在地评估彼此。

所有的评估是由人来评估，而不是纯粹客观的分数，所以评估也可能会受到偏见的影响。比起管理者，同事比较不容易有偏见，但有些因素会影响到同事的评估。例如，膨胀评估倾向与正面评估有关，当评估者期望将评估结果反馈给其他人时，会倾向于给出更多的正面评价。所以，膨胀评估倾向来自评估过程中成员的同理心或害怕引起冲突的心理（Antonioni，1994）。而互惠偏见的产生，是当人们从别人那里获得正面评价时，他们觉得也有义务给别人同样正面的评价。

有种偏见对团队而言是很特殊的，那就是团队晕轮效应。它描述了团队成员是怎样看待团队的成功及失败的（Naquin & Tynan，2003）。当团队成功时，成员会认为成功来自团队成员；反之当团队不成功时，成员会倾向于责怪个别成员导致了失败。这种类似于找替罪羊的行为，会影响到团队成员的互相评价。当团队成功时，会倾向于评估每位成员都表现良好；当团队失败时，会倾向于给特定的团队成员负面评价。

## 二、　酬赏体系

组织的酬赏体系是激励团队改善运作方式的一个重要途径。团队酬赏对激励团队个人、加强团队合作有着潜在影响。越来越多的组织开始使用各种类型的团队酬赏来激发团队效能（DeMatteo，Eby & Sundstrom，1998）。在《财富》排名中 1000 位以内的绝大多数企业在一定程度上运用了这种以团队为基础的激励方式（Merriman，2009）。

当转换到团队合作的模式时，组织仍沿用传统薪酬体系可能会带来一些问题（Lawler，2000）。这时组织需要改变薪酬制度以更好地支持团队合作。因为薪酬制度会传递并告知团队成员什么是重要的。然而，薪酬制度具有非常典型的保守型的特征，它们很少会引发组织上的变革。当组织开始以团队工作为导向时，现有的薪酬制度可能阻碍团队发展，也可能会被调整以适应团队需要。

传统企业中，薪酬体系更聚焦在个人上，人们根据在组织中职位的高低拿薪水，分红主要留给经理级人员。这些公司依靠基本薪资（常常是按工龄）的增加来酬赏和激励员工。但是在以团队为导向的组织中有着扁平化的层级和灵活的任务分配，这种传统的酬劳方案便不再起作用（Gross，1995）。

### (一)酬赏方式

通常有三种酬赏方式：个人酬赏、团队酬赏和组织酬赏。个人酬赏体系适用于激励高绩效者，但可能会影响团队合作。团队和组织酬赏可以鼓励团队合作，在各任务互相高度依赖时也适用（Cohen & Bailey，1997）。当然也有介于两者之间的选择。例如，生产工作者和专业人员通常根据个人绩效来做绩效评估和个人酬赏，但他们在团队中的参与贡献程度也可纳入个人绩效评估范畴。

大多数美国人更喜欢个人酬赏而不是团队酬赏，个人酬赏特别适用于具有高成就动机的员工（Rynes et al.，2005）。比起个人酬赏，团队酬赏在对个人的激励上效果更小；但是个人酬赏可能不会在促进团队成员合作上有很大作用。采取团队酬赏时，团队就有了正当的动机来督促那些没有做好分内之事的成员。但从另一方面来说，不提供个人酬赏可能会减少高绩效成员的工作动力。

尽管团队酬赏是有用的激励工具，但也会带来一些问题。强调团队酬赏可能会助长社会惰化效应，阻碍好的工作表现，并产生不公平的问题（DeMatteo et al.，1998）。团队中有着良好表现的个人可能会对团队酬赏有消极态度，因为他们认为对他们并不公平。不过，假如表现良好者认为团队合作对于完成重要任务是必须的，就会释怀（Haines & Taggar，2006）。不公平的问题也可能源于组织评估和酬赏团队的标准不一致（Merriman，2009）。团队成员期望从团队获得酬赏的多少会差异很大。

### （二）混合方式

上述由个人酬赏和团队酬赏产生的问题就是组织为何会经常混合使用这两者的原因。在某些研究中，采用混合酬赏方式的团队比只采用单一酬赏方式的团队的工作表现更好（Fan & Gruenfeld，1998）。但是，个人酬赏和团队酬赏的混合方式并不是时时都有用。

将个人酬赏和团队酬赏混合起来可能会让团队成员陷入一种两难的处境（Barnes，Hollenbeck，Jundt，DeRue & Harmon，2011）：他们的工作代表整个团队还是仅代表个人？关于这种两难处境的研究表明个人和团队的混合酬赏可能不是最好的方式，因为团队成员会对个人酬赏有更强的认同。

采用哪种酬赏才是最好的方式应取决于团队的任务类型（Barnes et al.，2011）。对于个人的激励会鼓励他们努力尽快完成工作，但可能因支持、合作和知识协同的减少而降低工作的准确性。只关注于个人的工作会削弱团队成员间的合作以及互相支持的行为。当团队内部高度互相依赖并且有更大的合作和共享信息的需求时，团队酬赏就是必要的。当工作结果的准确度、合作和成员互相支持成为团队成功的关键时，单独地使用团队激励可能是最好的方式。

文化可能会影响团队成员对各种不同的薪酬方案的态度。来自个人主义文化背景的成员偏爱个人酬赏，集体主义者更喜欢团队酬赏（Duarte & Snyder，2006）。文化差异也影响了团队成员关于优秀绩效的认知。个人主义者着眼于任务是否成功，集体主义者重视工作中形成的关系。当团队由许多不同文化背景的成员组成时，这些文化差异给团队的酬赏也带来了困难。

在一个学生团队工作的实验中，采用混合型酬劳的团队表现优于采用单一的个人或团队酬劳的团队，因为他们鼓励以任务为导向的沟通，减少了社会惰化效应

(Pearsall，Christian & Ellis，2010)。团队酬劳鼓励了社交互助和合作，但是也影响了个人努力程度和责任感。个人酬赏更关注个人努力程度和个人责任，但是不会促进团队中的互助行为的产生。混合酬赏在这个实验中十分有效，是因为它同时酬赏两类不同的行为，所以团队成员不需要做出选择，他们可以只关注于一个或两个目标即可。

　　将个人酬赏和团队酬赏以适当的比例混合是一件困难的事情。例如，当评估和酬赏学生团队项目时，在学生的表现和老师对项目质量的评估两者之间，如何分配两者分数所占的比例？学生团队成员的评估比例应足够高(至少10％)，但也不应过大以至于分散学生在完成自己任务上的精力(应低于35％)。当学生理解了不同酬赏方法的优缺点时，他们通常会选择团队成员评估占据项目评分的25％。

## 三、 酬赏团队中的个人

　　大多数组织都是以工作职责为基础来进行酬赏(Lawler，1999)，特殊岗位的薪资范围还会有一定浮动。员工的酬劳是由工作职责和主管定期的绩效评估共同决定的。有一种让个人绩效评估更能满足团队工作需求的方法，就是在绩效评估系统中加入一些比如合作和团队参与度等因素的考核。由于经理通常对团队的内部运作不是特别清晰，所以团队才需要在评估的环节引入团队成员的评估结果作为输入。另一种通过个人酬赏支持团队工作的方式是改变基本薪资的计算方式(如采用以技术为基础的薪酬体系)。

### (一)基本薪资调整

　　团队成员的基本薪资应该是公平和公正的。因为他们共同分担工作，支持彼此，并灵活应对不同的工作情境，所以他们的基本薪资应该是相似的(Gross，1995)。在传统组织中，每一个工作岗位的基本薪资都不同。当人们转向团队工作时，职位之间的区别就消失了。在以团队为导向的组织中，人们没有具体的职位，而是有一些特定的角色或是完成临时性的任务(Lawler，2000)。最终，以人们的能力来决定薪酬(如技能和知识)，这会比以他们执行的不断变化的任务要更合理，这就是为什么以团队为基础的组织的薪酬带宽比特定工种的岗位薪酬带宽要更宽。这项政策降低了团队成员间的薪酬差距，让团队成员感觉更加公平。

　　以团队为导向的薪酬方式的首要好处是，它给予了组织在管理团队上更大的灵活性(Manufacturing Studies Board，1986)。像横向交叉培训、轮岗和团队合作等都不会牵扯到薪酬问题，因为薪酬与具体哪一天所做的工作类型无关。它使组织可以在不考虑薪酬的情况下，能够决策要做多少横向交叉培训，给谁培训，何时培训，以及将员工派往何处。在这种情况下，倾向于做某些特定工作的人可以继续做原岗位的工作，而喜欢追求工作多样性、并想学习新技能的人则会被轮岗到别的岗位，这种方式让组织和个人都具有更大的灵活性。

　　团队导向的薪酬方式的主要问题是它去掉了组织中对于个人表现的酬赏。在传统薪酬体系中，员工有通过努力工作、学习新技能来升职的动力。而在团队导向的薪酬体系中，最显著的问题就是员工努力工作的动力不足，这需要组织设立一套个人或团队奖金的机制来激励团队成员。

### (二)基于技能的薪酬

　　促进团队工作的另一种酬赏方式是基于员工展现出的技能或能力来酬赏(Lawler，1999)。基于技能的薪酬可以激励员工学习新技能，适应更多类型的团队任务同时也加深了他们对于工作过程的理解(Gross，1995)。这种方式的主要好处是让团队可以灵活地完成工作任务，在团队成员之间的技能差异不大、团队内部高度互相依存时可以使用。例如，当团队遇到瓶颈或有员工请假时，工厂中的多技能员工可以很快接管其他人的工作。还有一些专业团队会给客户提供全面解决方案，如保险或银行业，也都是培养多技能员工来提高客户满意度。

　　基于技能的薪酬制度的首要好处是组织变得更灵活，但也存在一些问题(Luthans & Fox，1989)。首先，培训的费用会因此而增多，并且因为要通过在新岗位工作才能学习并获得新的技能，这也在一定程度上影响员工的工作质量和产出。其次，这种制度可能会造成职业发展的瓶颈，因为员工已经掌握了公司需要的所有技能。因此，基于技能的薪酬通常被用来辅助组织转型到团队合作的模式，在员工完成所有的技能培训后就会被取消(Gross，1995)。

　　基于知识的薪酬制度或职业发展阶梯是一种针对专业人员的基于技能发放薪酬的方式(Lawler，2000)。拥有多技能的员工是专业团队的优势。横向交叉培训不会创造出新技能，但是轮岗可以给组织中的专业人员带来跨越传统职业边界的技能和知识的增长。基于知识的薪酬制度根据成员所掌握的某一领域的知识深度来酬劳员工，是一种保留和发展技术专家的有效的组织工具。

## 四、 团队和组织的酬赏方式

团队酬赏以团队的成功表现为基础。很多组织正在采用团队酬赏方式，因为在团队合作的模式中他们很难准确地将个人绩效和团队绩效区分评估（DeMatteo et al.，1998）。团队酬赏的有效性取决于酬赏方案、组织和团队的特点（Gross，1995；Lawler，2000）。团队酬赏的金额应该要足够大，可以让成员间的薪酬有明显的差别，通常为薪酬的10％。为了促进合作，酬赏应在所有团队成员间平等地分配。当组织文化支持团队协作，或团队协作已经是组织运作的一部分时，团队酬赏机制会变得更加有效。清晰的团队目标、可衡量的绩效标准和需要团队协同工作的任务才能让团队酬赏方案发挥有效激励作用。

为某些类型的团队设计酬赏方式可能会有难度，如项目团队。组织往往会在项目团队成员顺利完成项目时给他们酬赏，这是一种很好的激励方式。但是在项目执行期间，不断有成员离开或加入，所以要决定酬赏谁是件困难的事。一种方法是利用团队认可项目，在团队取得重大成果时进行酬赏。另一种方案是依靠组织酬赏。比如，采用分红制来酬赏成功的团队合作。

### (一)团队认可项目

大多数企业并没有针对团队的特殊酬赏方案，当他们要对团队进行认可和激励时，最常用的方法就是认可奖励（Gross，1995）。特殊的奖赏和认可机制会被用来酬赏团队的优秀表现。虽然认可机制是一种嘉奖团队的努力和表现超于预期的好方式，但这些仅仅是对于团队酬赏方案的补充，并不能取代团队酬赏（Lawler，2000）。

认可奖励是认可团队或个人成功的一次事件（Gross，1995），奖励形式可以使用现金或非现金。调查显示大约有三分之一的美国大型企业采用认可奖励来回报团队的工作表现。非现金奖励对一些特定员工是合适的，并且要采用公开广泛宣传的方式来认可他们取得的成就。而现金奖励要足够多(几百美金或更多)才能奏效。

团队在建立认可方案时，必须决定是否采用现金的形式，应当设立不同的奖励等级或奖金数量来奖赏不同程度的贡献。为了确保公平性，应当由一个全组织范围内的机构或体系来提名或选择被认可的团队。奖励应该尽可能在团队获得成功时一起发放，对于获奖的陈述也是一次积极正向宣传团队成功经历的好时机。

### (二)组织酬赏

团队激励方案的一个潜在问题是，它会不经意间在组织内部引发团队间的竞争(Lawler，2000)。当一个组织的工作需要团队的合作时，团队酬赏方式可能会降低组织的整体表现。并且，某些组织衡量单个团队的表现可能很困难。利润分享(profit sharing)方案、收益分享(profit sharing)方案或其他组织酬赏方案能更有效地解决这些问题。使用这些组织酬赏方案有助于组织的成功及组织绩效目标的实现(如品质、生产力或客户服务目标)。

利润分享方案建立在符合组织利润目标的基础上(Rynes et al.，2005)。大量员工的参与和一些在员工掌控外的因素都会影响利润，进而限制了利润分享方案的激励作用。收益分享方案可以将薪酬与小部分的工作成果联结，而不是整个组织。例如，它们可以与特定生产单元的绩效联系在一起。由于参与其中的人数较少，因此这种做法可以更好地激励员工。当工作互相紧密联系，个人激励方案不能有效激励时，组织可以选择收益分享方案来激励团队。收益分享方案是一种鼓励组织内团队更好协作的有力激励方式(Rynes et al.，2005)。

组织酬赏可以计算并以多种方式分配给成员(Thomas & Olson，1988)。组织酬赏方案的成功更多取决于组织的环境和参与者的信念，而非特定公式计算出的酬劳。团队酬赏最大的问题是很难将团队成员的行为和组织绩效联系起来，这在大型组织中尤为明显。

在美国文化中，个人酬赏方案很难不涉及。但是，组织可能会同时使用多种不同的绩效酬赏方案(DeMatteo et al.，1998)。许多组织采用个人薪酬制度作为它们主要的薪酬方式，额外的薪酬部分可作为与技能相关的酬赏、个人贡献相关的酬赏、团队酬赏或组织酬赏。选择哪种酬赏方式都不太重要，重要的是选择正确的组合方式。正确的组合方式取决于组织的特性。

## 五、 团队类型和酬赏的关系

团队类型决定了哪种酬赏方案可以更好地支持团队合作。

### (一)团队类型

团队类型和其所在组织内的层级影响了酬赏方案的选择。团队类型并不会一成不变，团队在组织内承担基础工作还是额外工作，团队是暂时存在的还是固定的都会对团队类型有影响。有三种基本的团队类型：平行团队、流程（或工作）团队和项目团队（见表 16-2）。由于在专业技能（普通或专业）和影响力（影响组织的能力）上的差异，组织层级对团队类型也有影响。基于技能的薪酬对于一个生产团队来说是合理的，但并不适合一个专业团队。利益分享制可能对管理团队有用，但并不适合一个服务团队。

表 16-2    团队类型

| 团队类型 | 作用 | 特征 |
|---|---|---|
| 平行团队 | 问题解决 | 暂时的 |
| | 改进优化 | 部分投入 |
| 流程（或工作）团队 | 生产产品 | 永久 |
| | 提供服务 | 全勤投入 |
| 项目团队 | 设计产品 | 暂时 |
| | 执行项目 | 全勤投入 |

平行团队是典型的临时的、暂时性的团队，给日常的工作补位，解决问题并持续改善（Lawler，2000）。举一个平行团队的例子：质量改善团队，主要分析并讨论质量问题。平行团队会定期见面，遵循预设的流程和体系解决问题，参与团队合作的培训，向管理层提出建议。他们提供改进的建议，但并不执行。这类团队通常不会维持很长时间，在一个特定主题的工作结束后就会解散。平行团队在行业中很常见，85％以上的美国大型企业都有平行团队。

平行团队是鼓励员工参与的好方式，但是它也会在对团队成员的评估和酬赏上带来一些问题（Gross，1995）。平行团队成员对团队任务的投入度和自己本身的首要工作的投入度有固有的矛盾。他们在团队中花的时间很有限，大部分时间还是在给自己的主管工作，但主管却不是平行团队中的一员。在这种双重的职责下，平行团队在激励团队成员上确实有困难。如果将他们的工作表现加入他们个人的绩效考核中则可以解决这种两难的处境。

流程（或工作）团队是全勤投入、永久性的，员工大部分时间都是在这种类型的团队中工作。流程（或工作）团队有责任生产产品或提供服务（Lawler，2000）。比如，组装产品的生产团队、机组团队或外科团队都属于这个范畴。团队中的员工可能具有相似的技能或受过相同的训练，也有可能具有跨职能经验。78％的美国大型公司使用流程（或工作）团队。它们会掌控工作任务的完成方式，但是也会随着任务选择、个人事务、在工作方向上掌控的多少而变化。

在处理复杂任务或需要向团队成员提供支持时，组织使用流程（或工作）团队比较有效（Gross，1995）。但是，这种类型的团队在评估个人绩效和酬赏上会遇到一些问题。因为当各工作任务互相依赖时，组织要评估团队中个人的行为和表现往往很困难。这类团队固有的特性决定了需要以团队为单位来评估绩效。组织可以用团队酬赏的方式来激励整个团队，但是同时认可其中个人的贡献也非常重要，这通常需要把团队成员加入绩效评估的流程中并在评估中得以体现。

项目团队通常是多样化的，由具有各种知识技能的成员组成，各成员聚集到一起在一定周期内完成项目任务（Lawler，2000），如新产品开发团队。项目团队需要创造力和决策力来处理独特和不确定的任务。项目团队是暂时组建的团队，成员构成在项目中可能会发生变化，并在项目完成时随之解散。

项目团队通常需要成员用全部时间参与，但是会在有限的时间周期内。尽管团队把项目做完了，但团队成员的工作质量很难衡量，因为其价值可能会在工作完成之后的很长时间才被知道。项目团队通常是跨职能的，包含了具有不同技能的成员或各行专家。组建一个项目团队是完成组织特定类型任务的一种很有效的方式。但是，由于可能没有管理者能够评估某些团队成员在其专业领域内的表现，所以这类团队也面临评估和酬赏方面的问题（Gross，1955）。

### (二)团队类型与酬赏的关系

表 16-3 展示了团队类型和酬赏的关系。平行团队可能不需要基于个人业绩的酬赏，但是一些激励项目却可以有效激励平行团队（Lawler，2000）。组织酬赏方案，如利润分享和收益分享就非常适合平行团队来使用。但是，平行团队的成功和组织绩效的提高之间的联系很微弱，不仅团队很难看到他们的工作和组织的成功之间有什么关联，而且还要与不属于此团队的其他成员共享成功。

组织酬赏的另一种选择是给团队分红或给予认可奖励。使用分红的一个问题是很难评估平行团队给出的建议的价值，因为其价值与管理层是否采纳和实施该建议相关。认可奖励是酬赏平行团队的一种非常好的方式。认可奖励的关键在于，在团队完成重要任务时，要给予团队有价值的酬赏。

表 16-3　团队类型与酬赏的关系

| 团队类型 | 酬赏方案 |
| --- | --- |
| 平行团队 | • 团队认可奖励<br>• 组织酬赏 |
| 流程(或工作)团队 | • 基于薪酬的奖金<br>• 基于技能的薪酬<br>• 个人、团队和组织酬赏 |
| 项目团队 | • 团队认可奖励<br>• 团队和组织酬赏 |

流程(或工作)团队可采用多种个人或团队酬赏方案。以个人酬赏为基础的方案，如基于个人技能的薪酬方案，会促进团队成员重要技能的提高。如果换成以薪资为基础的酬赏而不依据工作表现，会促进团队中平等氛围的形成。团队或组织酬赏方案会促进团队协作行为的产生。最终，当团队成员的工作并不高度互相依赖时，基于团队成员评估的个人酬赏方案就可以很好地激励团队成员。

项目团队可能是最难酬赏的团队类型(Lawler，2000)。一种常用的方式是在任务完成时，给予团队分红或认可奖励。然而，项目团队可能会在一个项目上工作很长时间，并且团队成员在此期间也会有变动。除此之外，团队中成员的参与度各不相同，故给每位成员一样的薪酬是不合适的。另一种方式是在项目达到里程碑时给团队成员分红，分红可以平均分配或依据参与度分配。组织酬赏方案，如利润分享，是一种在小组织中酬赏项目团队的有效方式。

## 小结

绩效评估给团队提供了重要信息以改善团队运作。绩效评估也与组织酬赏体系相结合，从而更好地激励团队绩效的提升。评估主要有个人表现的评估、团队成员彼此间的评估或团队整体表现的评估。绩效评估可以评估整个团队成员的行为，或团队整体的绩效表现。评估与组织和团队的目标相关联，会通过一个完整的流程完成。团队成员必须参与评估过程，因为主管可能并不了解团队内部的具体运作情况。组织采用多评估者方式去做评估，包括团队成员在内，可以增加评估的准确性和公平性。

任何绩效评估系统都会存在一些问题并受到一些偏见的影响。如果评估具体的行为表现，则可减少刻板和认知偏见的影响。评估的保密性可减少某些团队成员不愿意给别人负向评价的行为。当团队取得成功时，在晕轮效应的影响下，每位成员都会被给予很高的评价；反之，就会有替罪羊产生。

酬赏可以激励个人和团队表现。但传统的个人酬赏制度往往会阻碍团队合作的实现。个人酬赏可以很好地激励个人表现，但可能会减少团队成员间的合作和对组织的投入度。团队酬赏虽促进了合作却可能无法很好地激励个人。组织酬赏体系可以促进团队合作，提升团队对于组织目标的认同感。

以团队为导向的酬赏方案是结合了个人、团队和组织的酬赏方案，依据团队和任务的类型来选择最适合酬赏团队的方式。当任务需要互助合作时，组织应使用团队和组织酬赏的方式。对于平行、流程(或工作)团队和项目团队来说，成员在团队中的时间和对团队的忠诚度并不相同，这些因素都会影响选择何种最佳方式来酬赏团队参与度。

流程(或工作)团队需要改变的是如何酬赏个人以增加个人灵活性和提升工作技能。当团队的工作是高度关联的时，这便适用团队酬赏方案，而非个人绩效评估和个人酬赏方案。用认可团队的方式酬赏平行团队和项目团队是很有用的方法，因为团队成员并非全职，也不是一直做固定的事情。组织酬赏方案，如利润分享和收益分享，能促进团队协作，并帮助组织取得成功。

## 团队领导者的挑战 16

你是一个质量改进团队的领导者，要重新设计组织的工作流程。你的团队由来自组织各个部门的成员组成。尽管这个项目对组织很重要，但团队成员仅有部分的时间用在这个项目上。团队在过去六个月会定期会面，但团队成员的投入度和积极程度都非常多变。一些团队成员抱怨说他们的管理者并不认为团队工作是重要的。

团队上周向管理层提出了一个建议方案，但得到的回复却不明确。很清楚的是，对于组织的某些部门来说，采纳和实施这些建议会比其他部门更加容易。这个建议方案对协助改善客户服务质量很有益处，但是由此带来的经济效应却很难衡量。你的团队已经尽了很大努力来完成这个建议方案，你希望能根据他们的努力程度来给予酬赏。

- 团队绩效应当如何评估？
- 你(团队领导者)酬赏团队成员最好的方式是什么？
- 酬赏应如何分配？

## 问卷调查：　个人酬赏和团队酬赏

**目的：** 了解你对团队酬赏方式的看法，以及在团队项目中哪种方式最能激励你的工作表现。当人们在团队工作时，可以用个人酬赏、团队酬赏或两者的结合来回报他们的表现。不同的酬赏方式对于组织和个人都会有不同的影响。

**说明：** 使用下列分数，标注你对团队该如何酬赏的每项观点的认同程度。

| 1 | 2 | 3 | 4 | 5 |
|---|---|---|---|---|
| 很不认同 | | | | 很认同 |

_____　1. 当酬赏是以团队表现为依据时，我会更受到激励。

_____　2. 我更倾向于基于我个人表现的酬赏，即使我在团队中工作也一样。

_____　3. 我倾向于既酬赏个人表现，也酬赏团队表现。

_____　4. 团队成员在受到相同酬赏时工作会更加努力。

_____　5. 不考虑个人的表现而给所有团队成员相同的酬赏是不公平的。

_____　6. 个人酬赏和团队酬赏对于激励团队成员来说都是必要的。

_____　7. 当在团队中工作时，我倾向于根据团队的表现来受到酬赏。

_____　8. 我更容易被个人酬赏所激励而不是团队酬赏。

_____　9. 我对团队的贡献属于我个人绩效评估和酬劳的一部分。

_____　10. 团队成员应平等地共担团队的成功或失败。

_____　11. 即使我在团队中工作，我仍希望我的个人表现能被评估和酬赏。

_____　12. 团队成员给我的评价是我在项目上可以获得多少酬赏的参考因素。

_____　13. 基于团队表现来给团队中的每一位成员平等的酬赏是公平的。

_____　14. 如果没有给予团队成员个人绩效评估和个人酬赏，他们就不会受到足够的激励。

_____　15. 个人酬赏和团队酬赏的结合是酬赏团队工作的最好方式。

**计分**

将问题1、4、7、10、13的分数相加的得分是你对团队酬赏的偏好程度。

将问题2、5、8、11、14的分数相加的得分是你对个人酬赏的偏好程度。

将问题3、6、9、12、15的分数相加的得分是你对个人和团队酬赏的偏好程度。

**讨论**：个人酬赏和团队酬赏的利弊各是什么？当你在团队工作时，只有个人酬赏或团队酬赏时，会产生什么问题？这些结果反映了你对团队工作的哪些观点？

来源：改编自 Shaw, J., Duffy, M., & Stark, E.（2001）. Team reward attitude: Construct development and initial validation. *Journal of Organizational Behavior*, 22, 903-917。

## 活动 1: 评估和酬赏项目团队

**目标**：为项目团队制定高效的评估和酬赏方案是最有难度的任务之一。如何在团队工作结果的评估和团队成员个人贡献的评估之间找到平衡是一件非常重要的事情。找到合适的平衡点和方法来衡量这两者，是一个成功的绩效评估和酬赏方案的关键。

**活动**：使用活动工作表 16-1，来为一个团队项目制订评估和酬赏方案。请选择一个学生项目团队或新产品设计的专业团队为案例。

**分析**：评估标准是否为团队成员指明了方向，使他们能够了解怎样做才能够获得成功？你选择的酬赏方案是否能激励团队成员有更好的表现？当你使用这个酬赏方案时可能会遇到什么问题？

**讨论**：使用团队成员的评分和评价来评估团队表现会有什么影响？如何正确地平衡个人酬赏和团队酬赏？

**活动工作表 16-1**

**评估和酬赏项目团队**

**团队目标**：团队的主要目标是什么？

_____

_____

_____

_____

**团队评估**：评估团队整体表现应当使用什么标准？

_____

_____

_____

_____

**成员评估**：评估团队个人表现应当使用什么标准？

_____

_____

_____

_____

**酬劳方案**：团队工作应当怎样被酬赏？

_____

_____

_____

_____

给予团队项目的酬赏和基于团队成员个人表现的酬赏之间的比例应当为多少？

_____％  团队酬赏——基于团队项目管理者的评价

_____％  个人酬赏——基于团队成员对个人表现的评价

## 活动 2：  团队晕轮效应

**目标**：团队晕轮效应是在评估团队成员时最常遇到的一种偏见类型。这种偏见在一个简单的班级活动中就能被证明。

**活动**：组织两个或多个团队比赛猜字谜。给其中一个团队较简单的字谜，给剩下的团队较难的字谜。比赛完成后，让参与者匿名地用数字给他们的团队成员来评分。

**分析**：比较两队的成员评估结果。获胜团队的评估普遍都是正面的吗？失败团队的成员是否给了队友负面评价？

**讨论**：团队晕轮效应是怎样影响你对队友的评价的？怎样制定一个能减少晕轮效应的团队绩效评估方案？团队晕轮效应与团队凝聚力有关吗？

第十七章

# 团队建设和团队培训

改善团队运作的方式被称为团队建设。团队建设方案聚焦于提高团队工作技能，改善团队人际关系，并且解决阻碍团队绩效的问题。团队合作培训（teamwork training programs）会让团队成员学习一些具体的团队工作技能。例如，如何提升自信、通过横向培训以提高团队协作、采用以问题解决为目标的团队形式提升组织的学习能力等。

**学习目标**

1. 团队建设有哪些不同定义？

2. 组织不做团队建设的可能原因是什么？

3. 衡量高效团队的标准是什么？ 低效团队的特征是什么？

4. 团队建设活动有哪些主要的类型？

5. 团队合作培训中要培训哪些技能？

6. 影响团队工作培训效率的因素有哪些？

7. 团队工作培训的主要类型有哪些？

8. 行动学习如何改善组织内的团队？

## 一、 什么是团队建设

组织发展将社会科学知识和技术应用于组织内以促进个人的发展和组织效率的

提升。团队建设是组织发展的一种介入方式，聚焦于改善工作团队的运作。团队建设是指定期评估团队绩效，以明确影响团队绩效的问题，并据此发展更高效的工作模式。团队建设应该是一种持续性的活动，这样才会让团队建设发挥更有效的作用。

业界关于团队建设存在多样化的观点，强调了各自的目标和方法。这里并不是要整合所有观点，而是将关于团队建设的不同观点列在下文作为一个示例。

(1)团队建设是一个解决问题的过程，聚焦于以下三类问题：①什么阻碍了团队的高效？②如何才能提高团队效率？③有哪些高效的事情是团队目前在做的并想要继续做的(Dyer，Dyer & Dyer，2007)？

(2)团队建设前首先要确保团队有共同的目标，并且团队成员愿意为了达到目标而一起努力。团队建设的首要工作是创造强烈的团队归属感。如果团队成员不把自己和其他人看成是一个团队，想要把他们组织起来并完成一个共同目标是不可能的(Hayes，1997)。

(3)组建团队意味着什么？意味着搭建一个具有多种技能的团队，包括专业技能方面和团队组建方面，也意味着通过改善团队运作方式来提高绩效。团队形成和发展的过程包括组织工作、厘清角色和职责、寻求必要的技术和资源、建立好组内组外关系，并能通过变革来提升绩效(Mohrman，Cohen & Mohrman，1995)。

(4)团队建设要设计一系列方法来改善团队的人际关系和互动，这样才可以使团队更加高效。最主要的方法包括：目标的设定、人际关系技能的培养、角色的明确和问题的解决。通常需要对团队问题进行诊断来决定用哪一种方式最合适(Shuffler，DiazGranados & Salas，2011)。

### (一)团队建设的组织环境

团队建设需要先审视团队的组织环境(Hayes，1997)。许多采用团队合作的组织没有意识到他们目前的工作方式和团队文化会制约团队的运作。高效的团队协作需要一个高支持度的组织环境。如果问题的根源出在外围的组织上，那解决团队的内部问题就没有太大作用。举个例子，如果组织只酬赏个人表现，那将很难促进团队成员间的合作。

团队运作的环境比团队成员的个人能力对绩效的影响更大(Mohrman et al.，1995)。因此，团队发展必须关注于团队和它所在的组织环境之间的关系。但往往团队建设项目只关注团队的内部发展却忽略了影响绩效的外部关键因素。

团队绩效的评估和酬赏体系是团队的一个重要组成因素。绩效评估系统可以给团队提供反馈以提高绩效。酬赏系统激励团队成员齐心协力地工作。对于组织来说，绩效评估和酬赏体系是一种激励团队改善运作方式的有效方法。

组织文化影响组织对于团队建设项目的支持度和包容度（Dyer et al.，2007）。组织对于开放的交流和参与的重视度、对于协同工作的支持度，以及在人员上投资的意愿，都会影响组织的文化。以团队为导向的组织文化看重发展团队合作的工作技能。高层管理团队给团队合作和团队建设项目提供支持。团队建设项目需要时间来完成，所以组织要有耐心让团队去发展、实践新的工作方式。团队合作需要组织长期关注，一定要给团队充足的时间来参与团队建设活动。

### (二)评估团队建设项目

尽管许多组织领导者宣称团队建设是一项重要的活动，但他们往往并不付诸行动（Dyer et al.，2007）。许多组织采用团队合作的方式，但是他们却很少支持团队的建设和发展，不把团队合作纳入目标设定和酬赏体系中。高层管理团队关注经济利益，通常会忽略团队合作在绩效提升上的价值，导致对于团队合作和团队建设的价值认知不一致。

组织忽略团队建设活动可能由于以下原因：缺乏能负责团队建设项目的专家；管理者不理解团队建设的益处，所以不愿意让团队花费时间做团队建设的活动。最终，团队成员也会怀疑团队建设的价值，认为参加这类活动是浪费时间而不愿意参与。

项目的声誉对于团队建设项目是否能获得组织支持有非常重要的影响。组织的一些项目受时尚的影响，并且团队建设项目受这种观念的影响（Shuffler et al.，2011）。20 世纪 60 年代期间，会心团体鼓励人们和小组内其他成员分享自己的真实感受。开放的交流和沟通可以在小组内建立良好的人际关系，但这种方法也许有点过度了。过于强调公开个人真实感受，可能会在团队成员间产生一些尴尬的问题，尤其是涉及工作场景的时候。举个例子，某位成员可能不应该在团队成员面前袒露自己对于上司的内心真实感受。还有一些其他很流行的团队建设活动，像户外体验和绳索类的，也非常受欢迎，但是却很难将这种活动经验用来解决实际遇到的工作问题（Franz，2012）。如果之前的团队建设项目做得并不好，那也会影响组织对团队建设活动的支持度。

有研究证明团队建设项目对组织是有益的（Klein et al.，2009）。研究小组用以

下几个标准衡量团队建设给组织带来的影响：认知能力（具备团队合作的知识）、情
感（信任和团队效力）、团队运作流程（沟通和协作）及绩效。清晰的目标设定和明确
的职责划分是最有效的手段，对情感和团队运作流程的结果有主要影响。关注工作
任务的团队建设活动在提高绩效上比鼓舞士气类的活动更有效（Cotton，1993）。

## 二、 你的团队需要团队建设吗

设计开发团队建设项目的第一步是诊断团队面临的问题（Franz，2012）。需要
认识到很重要的一点是：没有任何一个方案可以适用于所有团队（Shuffler et al.，
2011）。针对不同的团队需求要设计不同的团队建设方案，所以前期的分析诊断工
作至关重要。

要判断团队是否需要团队建设，首先需要了解衡量高效团队的标准，以及识别
可能会阻碍团队绩效表现的问题。表格 17-1 列举了一系列可以用来评估团队是否
高效的标准。

**表 17-1　衡量高效团队的标准**

- 清晰可衡量的绩效目标
- 被团队成员认可的角色和分工
- 信任、安全、互相支持的团队氛围
- 开放和参与式的沟通环境
- 有效的问题解决和决策机制
- 支持型领导风格
- 有效的冲突处理
- 支持型的组织文化和架构
- 管控绩效并做出必要改变的能力

来源：改编自 Dyer，W.，Dyer，W.，& Dyer，J.（2007）. *Team Building：Proven
Strategies for Improving Team Performance*（4th ed.）. San Francisco，CA：John Wiley。

高效的团队有清晰的目标和价值观，并能被团队全体成员理解和接受。团队成
员需要理解他们的任务并且知道他们在团队活动中扮演什么角色。信任和支持的团
队氛围会让成员更愿意分享彼此的想法与感受。所有成员参与到团队沟通的过程
中，并尽量统一意见做出共同的决策。一旦做出决策，团队成员都要接受并承诺执
行。领导者会支持团队成员并协助推进这个进程。这个过程会出现不同的想法，但
都能得到妥善处理而不是被视而不见。团队的组织文化和架构，要匹配团队的运作
方式并能支持目标的实现。最后，团队会定期检查绩效完成度并据此做出必要的

改变。

表 17-2 列出了可以通过团队建设方式来处理的一些团队可能会面临的问题。这些问题大部分都只说明了影响，但是却没有说明起因（Dyer et al.，2007）。在很多案例中，造成这种现象的两种因素是团队成员和领导者之间的冲突，以及团队成员间遇到的困难。与团队领导者之间的冲突往往导致成员不服从管理，或是造成特别专制的领导风格，互相缺乏信任。团队成员间的问题往往会导致互相争吵、团队成员之间缺乏信任、造成个人冲突、产生异议（并很少尝试解决）、形成小团体，或者会导致错过完成工作的截止时间。

**表 17-2 低效率团队的表现**

- 团队绩效下降
- 团队成员间抱怨增多
- 团队成员间的无谓冲突
- 对团队任务、角色和关系的困惑
- 对决策的误解或无法决策
- 团队成员的参与感下降
- 缺少主动的、有创造性的、高效的解决方案
- 会议参与度下降，会议效率低
- 对领导者的过度依赖

来源：改编自 Dyer，W.，Dyer，W.，& Dyer，J.（2007）. *Team Building：Proven Strategies for Improving Team Performance*（4th ed.）. San Francisco，CA：John Wiley。

当团队出现问题时，团队成员往往会责怪个人而忽视整个团队的责任。团队冲突或成员间困惑的产生就是一个很好的因责怪个人而导致问题产生的例子，但这些的确应该是整个团队的责任。像这类问题我们通常可通过团队建设的方式来解决。

例如，该怎样解决两个团队成员之间不断互相争吵的问题？如果原因在于个性冲突，除了避免把他们放在一个团队以外别无他法，因为一个人的性格不会轻易改变。另一种更有效的方式是，把这种冲突看成是团队成员对目标期望的不同理解。达到期望目标需要关注行动，而行动是可以改变的。所以团队可以一起讨论他们对绩效目标的期望，并对如何让互相有冲突的团队成员在一起工作进行协商并达成共识。

同样，团队成员间的困惑往往是由不清晰的任务和关系造成的。要解决这类问题，不应只关注团队成员个人，还要关注整个团队协作的过程。团队应更好地为每个成员分配角色，而不是责备成员因对任务不清晰而造成的工作失误。

## 三、 团队建设项目的类型

对团队建设的各类项目进行分类是件困难的事，因为并没有一致的标准分法。接下来的几个部分分别描述了5种团队建设项目的类型，包括：目标设定、角色澄清、人际交往技能、团队凝聚力建设和团队问题解决。

### (一)目标设定

目标设定一个是明确团队目标的过程(Klein et al.，2009)。不仅要阐明团队目标是什么，还要制定更为详细的目标来支撑团队达到目标。常见的办法是通过创建共识来让大家对团队目标达成一致并全勤投入。设定目标需要进一步定义团队任务，并建立包括团队成员在内的行动计划。目标设定的最后一步是建立一个评估与反馈系统，这样团队能够监督并管理目标的达到情况(Locke & Latham，1990)。

设定目标时，我们可能会仅聚焦在团队当前的表现上，也可能更广泛地聚焦在团队、组织的价值和愿景上。但是更有格局的一种方式是在深度挖掘团队的核心价值观和目标后给团队建立一个共同愿景。这种做法更适合想要基业长青的团队或者是具有多元化背景的团队(Hayes，1997)。

### (二)角色澄清

角色澄清主要是明确个人的角色和职责、团队规范，以及团队成员共同的责任(Klein et al.，2009)。角色的冲突和职责的模糊会给团队带来压力并影响绩效。团队成员需要很清楚地了解自己和他人的角色。在明确团队成员的职责和任务关系过程中，团队的协作程度得到了提高，团队也会做更充分的准备来完成接下来的任务。

有很多种方式可以帮团队明确各成员的角色和职责(Hayes，1997)。协商是其中一种方式。团队成员需要分析他们的工作现状，明确其他成员可以做些什么来提高工作效率，这里面可能会包含一系列他们欣赏并提倡的行为，也会包括他们想要减少或避免的行为。接下来，团队成员彼此协商各自行为的改变，来得到他们想要从其他团队成员那里获得的东西。

另一种是通过团队成员互动的方式，让团队历程观察者分析团队成员所扮演的角色。他们的观察结果会作为评估团队表现的依据。典型的结果显示团队并未充分展现出一些特定的好的行为，并容易局限在有限的行为范围内。这些反馈信息会有助于改善团队中的互动情况。

角色澄清这种方式的意义在于允许团队成员从观察者或其他成员的视角来观察和认识他们自己。这样团队成员可以从一个全新的角度去思考他们是如何配合的，并学会如何调整他们的互动模式来进一步改善团队协作。

### （三）人际交往技能

团队成员需要学习怎样与其他成员合作，并作为一个团队共同行事。决策制定、问题解决和沟通协商，是团队成员可以学习的一些团队技能。如果团队的问题与缺乏团队协作技能相关，那让他们学习人际交往技能就是一种团队建设的方式。

学习团队协作技能不仅仅局限于听讲座的方式。在团队建设中，团队会通常做一些模拟练习来训练团队协作需要的技能并分析结果（Scholtes，1988）。举个例子，团队可能会在一个沙漠生存练习中来锻炼决策制定的技能，而不是等到一个重要项目的决策不得不制定的时候再来学习。

团队建设的顾问通常会引导这些团队练习，在过程中观察团队如何协作，之后对整个团队历程给予评价和反馈（Forsyth，1999）。这些来自外部观察者的反馈是学习的关键。这种学习方法在传统意义上被认为是提升团队协作技能的最好方式。

### （四）团队凝聚力建设

凝聚力建设的目的是培养团队精神，建立成员间人际关系。如果组织做好团队凝聚力建设，这就会更鼓舞士气，增加成员间的信任和合作，塑造集体意识。凝聚力可以通过打造集体的、有归属感的以及自豪的团队氛围来建设（Hayes，1997）。它的目标就是增强团队成员对团队的归属感。一旦团队成员建立了这种牢固的关系，他们会更认同团队目标，更愿意支持其他成员的工作。

打造一个团结的团队有助于协作并容易创造归属感。有一种方法是明确团队的界限，让成员更强烈地认识到自己是一个独特团队的组成部分。一旦当他们开始用这种方式看待团队，他们就会在自己和团队成员间看到更多的相似性，以及和其他外部小组的更多不同。这些心理上的差异也增加了团队认同度。

现在流行一种户外体验项目来塑造团队凝聚力。在这个项目中，团队离开工作环境前往户外集合。团队成员面临一系列挑战，他们必须以团队为单位来应对所有挑战，如用绳索越过河流或进行攀岩活动。在一起面对挑战的过程中，团队逐渐形成了一种凝聚力和成就感。最近几年，组织也开始尝试通过慈善活动，如给人类家园国际组织建造房屋等，来增强团队成员的自豪感。

### (五)团队问题解决

团队建设有助于提高团队协作的能力。在做团队建设之前，团队要首先分析团队现存问题(Klein et al.，2009)。用问题解决的方式做团队建设首先需要明确并分析问题所在。问题可能来自绩效数据、客观的外部信息和资源，或内部团队的沟通。有关团队问题的信息可以通过问卷调查、采访或小组讨论来收集，并可以在团队内分享。在诊断团队问题初期，通过这样的方法可以清晰地界定问题并识别出团队的优劣势。

当团队开始讨论应如何采取措施来解决问题时，前期问题诊断的过程就结束了。标准的问题解决方式会给出多种可能的解决方案。接下来针对如何改善团队协作就要制订相应的行动计划来实施。

这听起来像一个很直接的解决团队问题的方法，但是团队执行起来可能会很困难(Dyer et al.，2007)。当团队意识到出现问题时，团队内潜在的冲突可能使解决方案很难被实施。通常需要外部的顾问帮助团队分析，提供多种可能的方案，最终协商出切实可行的方法。

## 四、 团队培训

由于团队缺乏协作相关的培训，所以有时团队的表现也不如预期(Marks，Sabella，Burke & Zaccaro，2002)。团队培训聚焦在训练团队成员为完成工作任务所需的技能上(Shuffler et al.，2011)。这不仅包括要学习团队协作必备的技能，还包括掌握所需的知识和应具备的态度，更需要不断练习这些技能，并通过在团队培训中得到的反馈来更好地在工作中运用。团队培训必须清晰定义达成高绩效所需的具体知识和技能，并制订出实现这些具体目标的方法。

为了成为高效团队，团队成员必须清楚了解他们的角色，知道如何与他人合作，并理解他们的行为会怎样影响其他人(Goldstein & Ford，2002)。通过团队培训，团队成员可以学习和完成工作任务相关的技能和知识、团队协作的技能，还可以了解其他团队成员的角色。此外，团队也需要过程改进的训练，这样他们会知道如何更好地提高业绩表现。

需求调研是开展培训项目的第一步，团队通过需求调研了解团队的培训需求和目标(Arthur，Bennett，Edens & Bell，2003)。调研会分析团队的目标、成员的需求、必须完成的工作任务，和所需协作的类型，而这些信息将用于设定培训目标和开发培训方案。在培训完成后，团队会通过评估的形式来检测培训目标是否达到。

培训的方式、所学技能的类型以及培训环境都会影响培训的有效性(Arthur et al.，2003)。如果将培训聚焦在培养具体的能力或技能上，当团队一起培训时，当他们有机会去练习学到的新技能时，或他们可以得到关于他们的绩效反馈时，团队协作的培训才会更有效。这个方法论确保了培训效果从培训现场到工作环境的转换和落地。统一培训团队并且做好培训成果的转化是确保团队协作培训有效的两个重要因素。

### (一)统一培训团队

对团队成员的培训应以团队为单位来进行，这样可以培养团队的心智模式和交互记忆。一个团队的心智模式是团队成员对团队如何协作的共同理解(Klimoski & Mohammed，1997)。高效的团队有对团队目标、规范、资源的共同理解，包括对每一位成员角色、知识、技能的共同理解。这种共同的理解对团队成员间的协作很重要，尤其是对于战术团队(贯彻执行流程的团队，如外科小组和飞行机组团队)。

团队氛围，这里指团队对使用新习得技能的支持程度。给特定团队中的人员来做培训，会在团队中创造出更包容的氛围来支持新技能的使用。工作环境的支持和包容度也会对新习得技能是否能被广泛应用产生很大的影响(Edmondson，Bohmer & Pisano，2001)。

### (二)培训成果的转化

培训成果的转化是指在培训中将学习到的新技能应用在工作环境中的程度(Salas & Cannon-Bowers，2001)。影响培训成果的转化的因素有培训环境、培训时间与应用所学技能的机会之间的时间间隔、工作环境中及时应用新技能的机会，和管理者是否支持将新技能应用到工作中等。培训成果的转化很重要，研究表明只有10%的培训成果真正转移并应用到了工作环境中(Smith-Jentsch，Salas & Brannick，2001)。

有一些培训方法可以促成培训成果的转化，如在模拟环境中的练习和反馈，鼓励管理者支持新技能的使用，创造支持性的团队氛围。当应用环境与培训环境相近时，培训成果的转化会变得更容易。团队领导者可以提供机会让成员在团队内运用新技能，不断打磨并进一步强化这些技能的使用。

## 五、 培训类型

团队成员可能只受到过普通团队协作技能的培训，这种培训与组织提供的其他类型的培训相似。但也有很多专门针对团队的培训类型，如团队资源管理培训、横向培训与跨岗位培训和行动学习。

### (一)团队资源管理培训

团队资源管理培训(TRM，也称为班组资源管理)，通过开发一套团队协作的能力模型让团队即使在高压环境下也可以零失误地运作良好(Goldstein & Ford，2002)。这种方式被应用在航空业，以及军事和外科这类需高压环境中工作的团队。

TRM 首先通过一套方法论来分析团队并明确团队的任务要求和协作需求，这些信息可以被用来设计团队的能力模型；之后会为团队成员选择一种适合的培训方式并设计相应的活动来让团队成员练习并实践新技能。团队通过这些活动练习可以评估培训项目的有效性，同时也为参训者提供了建设性的反馈。这类培训通常会关注的团队协作能力和技能都展示在表 17-3 中。

**表 17-3　团队协作能力和技能**

| 能力和技能 | 定义 |
| --- | --- |
| 适应度 | 利用环境中的信息来改变团队协作的能力 |
| 共享的情境觉察 | 对团队内部、外部环境和群体动力的理解和感知的提升 |
| 业绩表现的管控和反馈 | 准确监控业绩表现的能力，提供建设性的反馈，并利用这些信息改善团队协作 |
| 领导力和团队管理 | 指导和协调团队活动的能力 |
| 人际关系 | 促进团队成员间的互动来解决纠纷并激发更好的业绩表现 |
| 协调 | 整合团队资源和活动来达成高绩效 |
| 交流 | 和其他团队成员高效地交换信息的能力 |
| 决策制定 | 收集和分析信息的能力，并能利用这些信息解决问题 |

来源：改编自 Cannon-Bowers，J.，Tannenbaum，S.，Salas，E.，& Volpe，C.(1995). Defining competencies and establishing team training requirements. In R. Guzzo & E. Salas(Eds.)，*Team effectiveness and decision making in organizations*(pp. 330-380). San Francisco，CA：Jossey-Bass。

团队资源管理培训将课堂培训与附带反馈的情景模拟练习相结合（Salas，Bowers & Edens，2001），其重点在于培养团队所需的团队合作能力。它可以开发出一套工具和方法来清晰定义并传授团队所需的能力。团队资源管理培训采用评估机制，以鼓励设计有效的培训项目。这类培训可有效减少失误与事故，改进团队合作，并提高工作效率。它着眼于发展特定的团队合作能力，并为学员提供练习所需技能和获得反馈的机会，因此是一种有效的培训方式。

作为团队资源管理的一部分，自信心培训便是一个这样的例子。团队合作失当是重大航空事故发生的主要原因之一（Jentsch & Smith-Jentsch，2001）。比如，机组成员若不愿与上级交流遇到的问题，会有可能引发事故。缺乏自信是机组成员、医疗团队、警察和消防员团队存在的一大问题，因此自信心培训是团队资源管理培训的标准组成要素。

自信既是一种技能，也是一种态度。因此培训项目既要重点培养员工自信交流的技能，又要转变他们对何时需要自信心的认知。自信是一种因情况而异的表现。人们是否愿意保持自信，取决于其所处情境以及与同一情境中其他人的关系。因此，开展自信培训时的环境要和需要展现自信的场合环境相匹配。团队成员是否愿意表现出自信，在很大程度上还要取决于团队领导者营造的团队文化和氛围。因此培训项目还将指导团队领导者如何恰当地鼓励下属自信地交流和沟通。

### （二）横向培训与跨岗位培训

横向培训可用于提高团队成员对于不同工种的灵活适应性（Goldstein & Ford，2002）。在横向培训中，团队成员需至少接受两种工作技术能力培训，才能执行好团队分配的任务。在有些情况下，可开展技能奖赏类项目，奖励学会了新技能的团队成员。举一个横向培训的典型案例：生产团队的成员就要学习扮演多种角色，从而使团队能够灵活响应工作环境及人员的变化。横向培训项目往往采用在岗培训的模式，即由经验丰富的团队成员对其他成员进行培训。

跨岗位培训旨在帮助团队成员更好地理解工作所需知识、各团队成员的职责以及各成员工作之间的联系（Goldstein & Ford，2002）。这类培训可帮助团队成员形成统一的心智模式，理解团队的运作方式及协作需求。例如，跨岗位培训可指导机组成员更好地理解彼此的职责和所需能力，而不是让他们互换岗位。

跨岗位培训是为了在团队成员间建立起统一的知识结构（Marks et al.，2002），这对工作相互依赖性很高的行动团队尤为重要。行动团队成员均拥有专业技能（如手术团队成员），需依靠协作完成任务，并要在极具挑战性的环境中工作。由于各成员的工作相互依赖，他们必须借助协作才能保证有效的业绩表现。

根据知识与方法深度的不同，跨岗位培训可分为三类。①职位了解：帮助团队成员了解其他成员的任务和角色。②职位塑造：在上述信息的基础上，加入对团队成员职责的深入观察和理解。③职位轮换：团队成员需做其他成员的工作，从他人的工作中获取经验。具体哪种跨岗位培训方式最合适，取决于团队成员角色间的相互依赖程度。如果相互依赖程度较低，可采用职位了解的方式；如果团队成员高度依赖彼此，则也许更应采用职位塑造培训。

跨岗位培训可为团队成员建立统一的心智模式，从而提升团队表现。统一的心智模式能够改进团队协作，进而改善团队表现，在需要相互依赖的任务中尤其如此。跨岗位培训的目的不在于指导团队成员执行他人任务，而是为了让成员更好地理解他人角色。跨岗位培训增加了团队成员的后备人手、给团队成员的工作提供了支持。虽然跨岗位培训对行动团队尤为重要，但对其他团队也益处颇多。例如，服务团队如果能更好地理解各自角色，便可齐心协力地为顾客提供更好的服务。

### (三)行动学习

行动学习法的基本理念是相信人们可以通过直接解决现实的问题来获得大量的学习(Goldstein & Ford，2002)。行动学习着重于培养团队分析、解决组织中重大现实问题的能力，它将培训与寻求组织现有问题的创新解决方案相结合。在解决问题与复盘团队解决策略的过程中，团队成员可学习如何打造一支高效的问题解决团队。表 17-4 中列出了行动学习的基本要素。

**表 17-4　行动学习的基本要素**

1. 问题或挑战　学习可以从团队或组织重点关注的问题或任务中进行。团队通过行动实践可以学习到很多，并且能影响到工作结果，给组织带来收益。解决的问题应真实存在，有一定价值，且能够在团队可影响的范围内，如降低员工流失率、改善产品质量、重组某一部门，或改进组织流程等

2. 学习团队　团队规模应较小，以 4~8 人为宜。团队需要多样化的视角，因此最好组建跨职能团队或跨组织团队。团队必须有能力落实行动，并能影响他们正在着手解决的组织问题

3. 学习教练　学习教练引导团队活动的开展，鼓励反思，促进交流，并推动问题的解决。教练可询问团队成员：你们在过程中学到了什么？你们怎样才能解决这一问题？教练将帮助团队解决问题，但同时也会推动团队对活动过程进行反思，并在过程中学习团队合作技能

4. 洞察式提问，带反思的倾听　学习教练不会让团队急于求成、确定解决方案，而是鼓励团队成员围绕问题进行提问和讨论。重点是分析问题，在过程中鼓励反思，提高创造性，提高解决问题的能力

5. 采取行动　无行动，不学习。开展行动、进行评估/反馈的过程正是学习的关键。学习在行动的反思中产生

6. 承诺学习　能解决组织问题固然不错，但懂得如何解决问题才能为组织带来更多收益。行动学习促进组织的学习与发展，是一种解决组织问题的方法，且有助于培养员工解决当前和未来问题的能力。也就是说，它可以帮助员工学会如何学习

来源：改编自 Marquardt，M. *Building the Learning Organization*. Copyright © 2002，Palo Alto，CA：Davies-Black。

行动学习是一种自主学习（Marquardt，2002）。团队获取技能和知识，而后与组织分享。团队学习包括：通过分析复杂问题、采取行动解决问题和评估结果的方式来产生要学习的知识。由于团队学会了如何尝试用新的方法解决问题以及如何进行知识交流，未来便会有更出色的表现。行动学习能够带来团队的发展和进步，促进学习型组织的建立。通过采取深思熟虑、创新的行动，团队可学会如何更高效地利用资源。

行动学习在解决一个复杂的组织性问题的同时也能够提高个人与组织的团队合作技能（Marquardt，2004）。这是一种持续学习、鼓励尝试、允许犯错、提供支持、增加反馈的学习方式；这也是一种从培训文化（即由他人决定你需要了解的知识）到学习文化（个人对自身发展负责）的转变。

## 小结

团队建设是一种以改进团队运作为重点的组织发展行为。为达到改善团队运作的效果，团队应使其成为一种持续进行的团队活动。团队建设既考察团队的内部流程，又考验团队所处的组织环境。尽管团建项目已被证实有效，但组织和团队往往不愿开展。

要判断一支团队是否需要进行团队建设，首先应确定高效和低效团队的评判标准。高效团队有清晰的目标和任务、开放的交流氛围、持支持态度的领导者，以及处理任务和问题的专门流程。低效团队则冲突不断、敌意满满，对目标和任务认识不清，缺乏动力，且高度依赖领导者。

团队建设活动类型多种多样。例如，目标设定可用于明确团队目标；角色澄清用于明确各人角色，有助于建立团体规范；人际交往能力的培训用于训练团队成员作为团队来共同行事；凝聚力建设可建立团队认同感，改善成员人际关系；问题解

决培训可明确团队面临的主要问题，让团队共同寻求并实施解决方案。

团队培训项目可培养团队成员与工作任务相关的技能，帮助他们更好地认识各团队角色以及学习如何改善工作表现。当培训以需求评估为基础，并通过评估加以改进时，培训会更有效。团队成员应共同参与培训，且培训应当与工作紧密结合。

团队合作培训主要分三类。团队资源管理培训通过评估确定所需的团队合作能力，并将培训与实践和反馈相结合，以确保培训效果；横向培训与跨岗位培训可帮助团队成员理解彼此的角色并相互联结，从而提高团队灵活性与协作性；行动学习让成员参与到需要解决问题的团队中，借此培养团队协作能力，并解决组织面临的重要问题。

## 团队领导者的挑战 17

你是一家大型工程公司的团队领导者。公司总经理试图组建、采用项目团队，但备受挫折。他试过的方法有：进行个性测试来提高员工沟通能力；开展户外活动来提高问题解决能力；引入日本文化课来提高共识决策能力。但这些方法都毫无成效，导致他现在很困惑，工程师是否可以进行团队合作的训练。

最近一次团建项目找了一群附近大学咨询专业的研究生，担当"专业"的团队引导者。他们的做法引发了团队成员的不同反应（也许学习以更好的方式来表达他们的感受不是这些团队需要的）。团队引导者往往能有效提升团队表现，但他们并未鼓励团队成员学习独自工作的能力。主管希望就团队使用和公司未来团队建设的方式等问题，从项目团队领导者那里获得一些建议。

- 过去的团建活动有什么问题？
- （作为团队领导者）你会就组织团建给主管什么建议？
- 如何利用行动学习改进该组织的团队合作？

### 活动 1：团队建设

**目标：** 典型的团队建设项目通过开展团队活动，同时让观察者记录小组活动过程的方式促进团队发展和学习。活动结束后，引导者将与该团队讨论观察到的情况，并利用这一信息帮助团队更好地运作。

**活动**：5～7人为一组，每组发放一份"大学纪律委员会决策表"（见活动工作表17-1）。选出一名或两名观察员，提供一份本书每章末所附的团队历程观察表（如第六章：沟通；第八章：权力与社会影响力；第九章：决策；第十三章：多元化。），团队对活动工作表1中的问题进行讨论，并达成一致的决策后，请观察员给团队提供反馈。

**分析**：在观察表"分析"一节中讨论团队活动过程。这项活动也许存在性别差异，因此需考虑各团队的性别组成是否会影响其达成共识的能力。

**讨论**：如何利用诸如本例的团建活动改进团队历程？请分析第十五章末的"虚拟团队规范"活动，思考大学应建立怎样的信息技术使用规范。

活动工作表 17-1
**大学纪律委员会决策表**

你们是一所大学纪律委员会的成员，需要评审以下案例，并决定这名受到指控的学生是否违反了学校性骚扰行为准则或其他相关准则。若确实违反，你们必须确定合适的处分方案。大学纪律委员会的所有决策必须经全体成员一致同意。

**案例**

约翰·史密斯是该大学的一名大二学生，选修了英文创作课。他决定编写一系列关于一名强奸惯犯暴力折磨某所大学女生的故事。这些故事中的女性受害者均以该生写作课上的同学命名。他"出版"了这些故事，并发表在学校的个人主页上。

其中几名女生看到了这些故事，感到十分愤怒，并向学校管理人员提出了抗议。

**决议**：

1. 约翰·史密斯是否违反了学校性骚扰行为准则？ _____是_____否
2. 如果是，学校应采取何种纪律处分？

## 活动2： 团队合作中的欣赏式探询

**目标**：欣赏式探询是一种源自积极心理学的组织发展技巧。这意味着该方法更注重团队优势，而非不足之处。它鼓励人们畅想各种可能性，营造积极的未来图景，并制订计划，使之成为现实。这种活动通过了解你最出色的几次团队合作经验，检验团队合作的潜力，从而让你懂得未来如何打造更杰出的团队。

**活动**：回想你真正乐在其中，并感觉卓有成效的几次团队合作经历。用文字描述你经历过的最棒的一次团队合作，可以发生在学校、工作或者任何类型的组织中。有哪些因素使之成了你最喜爱的团队？请小组成员分享他们的团队经历，并在活动工作表 17-2 中列出"成功团队特征"。

**分析：**回顾你列出的"成功团队特征"。如果你所在团队缺乏这些特征，作为团队领导者或团队成员，你可以做出怎样的改进？在活动工作表 17-2 中写出"团队改进行动方案"。给出的建议请尽量具体。

**讨论：**回顾你的"团队改进行动方案"。你是否为改进团队尝试过介入这些行动？如果是，你的尝试产生了什么结果？如果没有，是什么阻止了你改变或改进自己的团队？

**活动工作表 17-2**
**大学纪律委员会决议**

| 成功团队特征： |
| --- |
| 团队改进行动方案： |

来源：改编自 Head，T.（2006）. Appreciative Inquiry in the graduate classroom：Making group dynamics a practical topic to address. *Organizational Development Journal*，24(2)，83-88。

附录

# 学生团队合作项目指南

　　传授团队合作技能的最佳方法之一是，在需团队合作来解决问题的大规模团队项目情境中进行(Goltz，Hietapelto，Reinsch & Tyrell，2008)。团队可借助原始的现实问题来学习团队合作与问题解决的技能。团队任务既要有挑战性，又要能调动积极性(Rentz，Arduser，Meloncon & Debs，2009)。设计团队项目时，应着重考虑问题设计(该任务有哪些特征)、团队设计(如何挑选学生组成团队)、流程设计(学生们要如何管理团队历程)，以及评估设计(如何对学生的学习结果进行评估)。

　　学生被分配到团队项目中时，往往准备欠充分，而且受过的团队合作培训经验也有限(Snyder，2009)。如果教授不提供团队合作指导，他就应该做好团队表现欠佳、学生令人不满的心理准备。团队中的学生需合作解决下述挑战：理解项目目的，鼓励团队成员参与、制订项目计划，确保项目按计划进行，并在发生冲突时展开协商。这些话题在本书中都有探讨。

　　本附录为帮助学生开展团队项目，并从学习经验中提供了建议与工具。虽然项目开始时活动繁多，但从长远来看，愿花时间认真筹划团队合作和工作任务的团队往往会更加成功(Mathieu & Rapp，2009)。接下来几部分将指导学生如何启动团队合作、规划并设计项目、监督项目进展、维持团队合作、组织团队的文字工作，以及给项目收尾。学生应自己决定是否依照这一架构开展行动、管理团体历程，从而成功完成团队项目。

## 一、启动团队

### (一)团队暖场

团队暖场是用来帮助团队成员结识彼此的社交活动。在团队项目之初就建立社交关系，有助于建立信任感，增强项目期间的交流。团队应在项目刚开始时，如第一次开会时便建立起这种关系。一旦项目启动，团队成员便会将重点放在任务上，不愿意再花时间建立社交关系。因此在团队项目的前 3 周，应在每次开会前安排 10 分钟的暖场活动(见表 A-1)。

这些活动鼓励自我表露、向其他团队成员介绍自己。不过，这种自我表露必须仅限于工作环境。你有权保留隐私，所以在敞开心扉的同时，不必分享不合时宜的私人信息。

表 A-1　团队暖场

---

第 1 周　团队暖场

每名成员应轮流做自我介绍，讲讲自己的名字、专业、家乡等个人信息

每人轮流回答，谈论下列话题：

- 你最喜欢的电影是什么？为什么？
- 你最喜欢哪门课或哪位老师？为什么？
- 关于团队项目，你最喜欢哪点？最不喜欢哪点？

第 2 周　团队暖场

让团队成员讨论下列问题：

- 你最喜欢的笑话是哪个？
- 说说你最喜欢的度假方式、娱乐活动或运动
- 你最喜欢什么音乐？你目前最常听的是哪 3 首歌？(研究显示，大学生善于根据音乐判断性格。)

让团队成员讨论下列与团队项目相关的话题：

- 你最喜欢从事哪些工作？最不喜欢哪些工作？(这也许可帮助你分配项目任务。)

第 3 周　团队暖场

- 让每名成员以匿名形式写下 3 个适合本团队的名称
- 列出所有提议
- 让团队成员列出一张新的列表，不得包含已被提出的名称
- 试着选出一个大家一致赞同的名称
- 假如还有时间，再设计一个与团队名称相符的团队标识

---

来源：改编自 Scholtes, P. (1988). *The team handbook：How to use teams to improve quality*. Madison, WI：Joiner.

### (二)建立团队契约

在启动团队时，需要就团队目的/目标、成员角色与职责、行为规范或工作规则，以及成员表现预期等达成一致，这一点非常重要。团队契约可在成员间建立起初步承诺，并为团队提供合作方向。比起项目任务，它更注重项目中的团队合作过程。

尽量设立3~5条团队目标，可以有关项目任务、团队历程或成员在项目中希望完成的工作等。例如，你们的重点是获得高分、学习团队合作知识，还是学会与其他学生相处？目标最好尽可能具体，不要泛泛而谈。此外还应列出团队的衡量标准，即与目标相关的具体行动或标准。目标应以书面形式记录，以便评估团队是否达到。

团队成员应讨论对彼此的预期。团队成员的主要角色与职责是什么？这包含任务和人际关系两个方面。团队对每名成员的贡献和参与程度是否有相同的预期？任务是否如期完成和完成质量高低的重要性如何？团队协作、维持良好的社交关系有多重要？作为团队中的一员，哪些事情对你来说关系重大？请尽可能具体地描述这些预期。

团队规则或规范定义了团队及成员的行为规范。在确立规范时，有许多问题需要考虑。例如，团队应如何制定决策？缺席会议有哪些合理原因？有人多次缺席应如何处理？每个人都参与团队讨论有多重要？如果团队成员未能完成被分配的任务，应如何处理？谁负责制定会议议程、做会议记录？应如何处理冲突与分歧？团队如何鼓励成员认真倾听、尊重他人？团队应如何实施这些规则？

人们在收到自己的绩效评估后，常抱怨团队没说清楚对自己有怎样的预期。既然你们已经讨论过了团队成员的角色与职责以及团队的工作规则，那么对团队成员的绩效评估中是否应包含这些预期？要用哪些标准评估每名成员的表现？

建立团队契约时，团队成员应考虑团队目的、目标、成员角色、行为规范，以及绩效预期。接着，团队应就这些话题达成一致，制定书面形式的团队章程。表A-2提供了一种建立团队契约的格式。

表 A-2 团队契约

---

a. 团队目标：团队的主要目标是什么？

b. 衡量标准：有哪些具体行动或标准与这些目标有关？这些应如何进行衡量或评估？

c. 团队角色：每位成员的主要角色与职责是什么？

d. 团队规范：团队需要怎样的运作规范？

e. 团队成员评估：应用怎样的标准评估每位成员的绩效表现？

---

来源：改编自 Herrenkohl，R.(2004). *Becoming a team*. Mason，OH：South-Western。

### (三)领导者与会议角色

为提高会议效率，团队往往会设定不同的会议角色。最常见的两种会议角色分别为团队领导者与记录员。其中团队领导者有两大职能：设定会议议程和引导会议开展。会议议程用于构建会议结构，与团队正在执行的任务有关。团队领导者还要承担引导职责，确保团队在支持、鼓励参与的环境中分享并处理信息。具体内容包括：确保团队讨论不脱离正轨，制止针对个人的批评，保证全体成员均参与其中等。团队记录员则需对重大决策和任务分配进行记录，使团队活动有记录可依。

由学生组成的团队往往在第一次开会时就选定团队领导者，但这种做法是错误的。因为他们选出的往往是最健谈的人，而不是最适合安排团队任务、引导团队会议的人。在团队项目的前 3 周内，大家应轮流担任领导者。此后团队可决定是继续采用轮换制，还是选定一名固定领导者。请用团队角色分析表(见表 A-3)做出决策。

表 A-3 团队角色分析

---

第一步：分析团队的领导者

每名成员应以匿名形式写下一名脱颖而出的领导者。比较并讨论选举结果。

- 团队成员是否一致同意由谁担任领导者？
- 为何此人能成为团队领导者？或者为何未出现公认的领导者？

第二步：未来应如何选择团队领导者？

- 是否应指派某人担任团队领导者？
- 是否继续采用领导者轮换制？

---

续表

---

- 应当由谁担任领导者？

第三步：下列哪些活动可定义团队领导者的角色？

____领导者为团队会议提供协助

____领导者协助并/或指导团队项目

____领导者负责设计团队项目

____其他领导者角色

第四步：团队还需要哪些角色？

- 团队是否需要记录员和其他会议角色？

- 应当由谁扮演这些角色？

---

### (四)管理团队科技工具的使用

　　无论团队成员是身处一室，还是分散在世界各地，项目团队都需要借助科技沟通、管理项目文件等。就算团队有定期面对面的会议，往往也要用科技工具处理任务和社交沟通。

　　团队要想成功运用科技工具，需先解决几个问题。首先，团队成员需一致决定为实现某种功能应采用哪种科技工具。其次，团队需确保每个人都能够使用这些工具。也就是说，所有成员既要有使用科技的条件，又要懂得如何使用。最后，团队也许还要制定该科技工具的使用规范。

　　团队可制定的科技使用规范多种多样。在建立科技工具规范时，团队应讨论下述问题：不同类型的沟通应使用哪种工具？不同科技工具可包含的信息长度和所需回应时间怎样才算合适（如采用电子邮件还是短信）？信息或回复何时应群发给所有团队成员？修改或编辑共享文件时有哪些规则？面临问题、决策或冲突时，何时需要举办面对面会议？

　　过去3周里，你的团队成员已轮流担任了领导者和记录员。现在要决定今后如何处理团队的角色分配问题。

　　与团队成员一起完成"团队项目科技工具使用的调查"（见表A-4），就团队科技使用问题达成一致，并找出潜在的技术问题。

表 A-4　团队项目科技工具使用的调查

列出你的团队选择的科技或软件
沟通任务相关信息的科技/软件＿＿＿＿＿＿＿＿＿＿＿
社交相关的科技/软件＿＿＿＿＿＿＿＿＿＿＿
管理项目文件的科技/软件＿＿＿＿＿＿＿＿＿＿＿

这些技术在执行相应功能时的效果如何？
（从 1 到 4 评分，1——毫无效果，2——有一定效果，3——有效，4——非常有效）
＿＿＿沟通任务相关信息
＿＿＿社交相关信息
＿＿＿管理项目文件

在你的团队项目中运用科技工具有哪些好处？
你在使用科技工具时遇到了哪些问题？
写出你所在团队的科技工具使用规范

## 二、项目规划与设计

### (一)认真思考工作任务

被分配任务后，大多数团队都会直接上手解决他们所认为的问题。他们往往跟着第一反应行事，直到发现这种方法行不通，然后再退回原点，从头开始。这种方法效率既低，又打击士气。

任务开始前，首先花点时间去理解它，可以询问你的教授关于任务的问题。其次制订一个大体规划，思考它能否行得通。在第二次和第三次开会时，回顾项目任务和团队的方向。向团队成员提出下列问题：我们的解决方法有什么好处？我们的方法存在什么问题？我们是否应改变方法？早点改变行动方向总比晚改变要好。

### (二)项目想法的诞生

学生团队常常要在项目之初面临最困难的决策——选定项目主题或起始方向。如果团队难以提出想法或无法达成一致，可尝试一些激发团队创造力的技巧。这里提供了一种经过改编的书面头脑风暴法，可有效解决这一问题。

**书面头脑风暴法**

1. 写下来。让每名团队成员至少写出五点想法。

2. 评审。将所有想法汇总成一张列表(或用便笺贴在墙上)。审阅这张列表，将相关想法进行组合，或标出关联。

3. 多项投票。让每名成员选出三条自己支持的备选方案。计票后，去除投票数为 0 或 1 的条目。就被选中的条目展开讨论，试着用其他方法将不同想法进行组合。如有必要，可重复这一过程，直到最终留下的想法不超过五条。

4. 决策。达成共识决策，选出一条备选方案。切忌只从自身出发，不倾听他人立场。不要通过投票或投硬币的方法仓促决定。应尽量让其他人解释自己的立场，以便更好地理解个中差异。寻求创意与协作的解决方案，如将各备选方案进行整合等。

### (三)项目规划

对团队而言，计划是一项持续性活动。要进行项目规划，团队需将项目分解成几个基本部分，在日程表上列明各部分的持续时间和必要顺序，并将各部分分配给团队成员。可用项目时间轴这种简单的图表形式呈现团队项目。表 A-5 便是一份为期 10 周的学生研究项目时间轴。建议为自己参与的团队项目列出一份项目时间轴，并定期予以对照，追踪项目进度。最好加上一些里程碑回顾点，届时应审核团队进展，并对项目规划做出必要的修改。

### (四)角色与任务

虽然我们称之为团队合作，但团队项目的大部分任务往往还需个人独立完成，只不过要借团队会议协调各自工作。因此，将项目分成不同任务、将其分配给各位成员，以及监督任务的执行也是团队的重要职能。

团队项目的划分方法有很多。整个项目可以按报告的几大部分(介绍、分析、讨论)，或不同活动(数据采集、分析、写作)进行划分。个人可以负责特定任务，同时团队也许还要作为整体执行其他任务。团队成员需就各自的角色分配进行协商。记住，公平不在于每个人分配的工作量是否相同，而更在于每个人是否同样尽职尽责、为成果做出了同样大小的贡献。

表 A-5　项目时间轴

| 项目活动 | 负责人 | 周数 | | | | | | | | | |
|---|---|---|---|---|---|---|---|---|---|---|---|
| | | 1 | 2 | 3 | 4 | 5 | 6 | 7 | 8 | 9 | 10 |
| 确定目标与团队契约 | | ■ | | | | | | | | | |
| 选择项目主题 | | | ■ | ■ | ■ | | | | | | |
| 收集研究文献 | | | ■ | ■ | ■ | | | | | | |
| 写文献综述 | | | | ■ | ■ | ■ | | | | | |
| 确定研究方法 | | | | | | ■ | | | | | |
| 收集研究数据 | | | | | | | ■ | ■ | | | |
| 分析数据，建立表格 | | | | | | | | ■ | ■ | | |
| 编写研究结果 | | | | | | | | | ■ | | |
| 撰写研究论文 | | | | | | | | | ■ | ■ | |
| 编辑论文 | | | | | | | | | | ■ | |
| 制作 PPT | | | | | | | | | | ■ | ■ |
| 做研究陈述 | | | | | | | | | | | ■ |
| 在关键里程碑评估项目 | | | | | | ■ | | | ■ | | |

　　学生团队最常用的方法是，将项目划分成若干部分，每部分由一个人来负责。此外通过团队会议监督项目进展协调各项活动。还有几个部分将留给团队共同完成（如制定战略决策或审核最终报告）。这种方法效率很高，但如果某位成员未履行自身职责，就会使团队陷入困境。因此团队还可以采用搭档的方式，每个关键部分都至少由两人完成，且每个人都要负责不止一项任务。这种方法可鼓励成员团结协作，防止部分成员给团队出难题。

　　为决定角色和任务分配，团队需讨论下列问题：

　　项目应被划分成哪些部分然后可以分配给个人？

　　哪些部分应由全体成员共同完成？

　　谁应被分配多项任务？

　　是否需要一位项目领导人来协调各项活动？

　　是否需要一位编辑员来统编最终报告？

　　团队应明确行动计划，列出重要的任务分配、相应的负责人以及预期成果；在项目开展期间，需定期对行动计划进行回顾和修改。

### (五)重新评估项目与方法

这个项目主题是否理想？我们该如何改进以让项目更加明确？我们的方法好不好？我们的方向正确吗？这些都适合针对团队初始项目决策时提的问题。此外，这些问题提得越早越好，不要等到中途遇到危机时才进行提问。请填写表 A-6 中的"力场分析表"，用表中问题和回答协助团队工作。

要开展力场分析，首先需列出与项目主题或方法相关的动力和阻力，然后标出其中最重要的力场。接下来，通过讨论下列问题进行项目回顾：

这是个好的项目主题或方法吗？我们应接受它还是拒绝它？我们该如何改进自己的方法？我们还需要哪些额外信息？

表 A-6　力场分析表

| 动力 | 阻力 |
| --- | --- |
| 有哪些因素决定了这是一个出色项目(采用该项目主题或方法有什么好处?) | 有哪些因素限制了该项目的成功(该项目主题或方法存在哪些问题?) |
|  |  |

## 三、　监督项目开展，维持团队合作

### (一)团队会议：分享信息、制定决策及跟进任务进展

团队会议可用来协调活动、跟进进展、制定决策以及分配任务。会议开始时，首先应进行信息分享及进展回顾。团队成员还应更新汇报自己的活动与任务进展。如果团队已制订了项目计划及时间轴，可借此机会评估目标达成情况。回顾完项目进展后，会议应以决策制定为重点，制定与项目主题、团队管理、团队活动、任务分配、任务协调相关的决策。会议结束时，则应总结会上做出的重要决策，并检查任务分配情况。

制订项目计划时，团队需列出任务提纲，决定各任务需要完成的时间，并将其分配给团队成员。做完计划后，团队应定期评估项目进展，检查各项目标的完成情况。每次团队会议结束时，可用表 A-7 中的"每周行动计划表"记录任务分配情况。而下次会议开始时，也可先用这张表评估大家的工作表现。

团队领导者需组织并引导会议。为使团队不脱离正轨，可用简单的会议议程列出会议安排（如信息分享、进度检查、团队决策以及任务分配等），确定决策主题。领导人可以在开会前或会议开始时请大家对会议议程提出建议。记录员则需监督会议进展，并记录下重大决策和任务安排。

表 A-7　每周行动计划表

| 行动 | 负责人 | 预期结果 | 完成日期 |
| --- | --- | --- | --- |
|  |  |  |  |
|  |  |  |  |
|  |  |  |  |
|  |  |  |  |
|  |  |  |  |

### (二)团队历程评估

项目开始后，团队需监测项目进展、管理相关问题、并改进团队运作方式。学生团队常常很快陷入行为模式的误区。他们往往会采用在之前其他团队项目或课堂环境中使用的模式。即使这些行为模式适用性或成效性不强，也会成为固定的团队运作方式。因此必须留出一定时间来评估团队运作情况，这一点非常重要。

改进团队时必须注意，切不可寻找替罪羊，或将团队的问题归咎于个人（或外力）。因为并不是个别成员导致了这些困难，而是团队运作过程出了问题。如果你的团队纵容不当行为的出现，或任其持续，你必须负起责任。找到替罪羊是无法解决问题的，只能给团队一个责备他人的机会以图省去寻找解决方案的麻烦。

团队必须决定，究竟是容忍这些问题（以及问题成员），还是对现有状况进行评估，寻找有效合作的策略。团队成员往往会无视问题的存在（因为"不想引发风波"），直到问题变得极为棘手、难以解决。其实应尽早指出问题，并在对团队运作造成干扰之前就予以解决。定期举行团队历程评估便是一种可行方法。

团队历程评估应被安排在团队会议结束时进行。它有助于识别团队做得好的方面，并鼓励成员解决团队存在的问题。先让每个人给团队的表现评分，然后回答下列问题：团队目前有哪些好的表现？需要在哪些方面予以改进？（见表 A-8）回答问题后，一起讨论大家的回应。借讨论之机认可团队的成就，指出存在的问题，并提出问题解决方案。

表 A-8　团体历程评估

| 团队目前表现如何？ | | | | | | | | |
|---|---|---|---|---|---|---|---|---|
| 非常差 | 1 | 2 | 3 | 4 | 5 | 6 | 7 | 非常好 |
| 团队做得好的有哪些方面？ | | | | | | | | |
| 需要在哪些领域予以改进？ | | | | | | | | |

来源：改编自 Scholtes，P.（1994）．*The team handbook for educators*．Madison，WI：Joiner。

学生团队应每隔一周开展一次团队历程评估，这有助于确保在问题变得难以处理之前将其找出。学生应保留评估记录，以便追踪团队进展。团体历程评估表可用于记录团队表现，还可帮助团队开展评估，并从团队项目中学习经验。

### （三）处理问题行为

团队历程评估很适合用来找出问题，但团队该如何应对这些问题呢？本活动便是一种处理问题行为的方法。团队可尝试用该方法解决一个样本问题，看看效果如何，或将其用在一个本团队正在努力解决的问题上。表 A-9 中提供了一份活动范例。

表 A-9　管理问题行为活动

| 定义问题行为 |
|---|
| 找几个问题行为的例子，讨论它们发生的时间和原因。在下方写出该问题行为的定义 |
| 管理问题行为 |
| 预防性措施：团队该怎样预防这种行为发生？ |

续表

| |
|---|
| 补救方法：为补救该行为，团队该如何改变运作方式？ |
| 改变方法：团队可采用怎样的策略来改变这一行为？ |

来源：改编自 Scholtes，P.（1994）. *The team handbook for educators*. Madison，WI：Joiner。

首先，团队要挑出并界定问题行为。有很多行为都会对团队运作造成干扰。如果团队已讨论过团队规范，违背规范的做法便可被视为问题行为。团队常遇到的问题有：参与度低、未能及时完成任务、个人主导团队讨论、成员之间出现冲突等。团队应从中选出一个希望今后予以更好处理的问题。

选定一项问题行为进行分析后，试着更好地界定该行为。想一想该问题行为的具体事例，并讨论该行为发生的时间和原因。该行为违背了哪些团队规范？请写下对该行为的定义。

有好几种处理问题行为的方法。团队可以尝试预防措施，或通过改变团队运作方式进行补救，或采用奖惩机制改变这种行为。请针对找出的问题行为讨论团队可采用哪几种处理方法，并写下你的答案。

完成分析后，团队应决定如何处理这一问题行为。无论是决定不采取行动，还是采用上述活动中提出的某项措施，团队都应在下次开会时审核该问题的最新状态。

### （四）里程碑：中期评估

项目周期进行到一半时，团队往往需要对当前工作进行评估。虽然时间已经过半，但大多数团队完成的任务还不到一半。更糟糕的是，团队也许会怀疑自己是否走在正确的方向上。这时就应暂停工作，重新评估团队的目标与目的、项目进展方向，以及团队运作方式。你也许还要重审团队契约，对项目方向开展力场分析，或评估和修改项目时间轴，这样才可以真实反映团队的表现。最终还需开展团队历程评估，检查团队合作情况。

用来反映团队表现的一项基本中期评估方法名叫"开始—停止—继续法"（Dyer，Dyer & Dyer，2007）。让每位团队成员各自写下他们认为团队应开始做什么事，停止做什么事，以及继续做什么事，才能使团队运作更加高效。接着，团队需围绕这些观点展开讨论，寻找其中规律或普遍反应。团队领导者要求成员针对识别出的问题给出具体事例。接下来，团队需讨论应做出哪些改变才能使当前做法更加有效。

项目中期过后，团队需在工作表现上再加把劲。只有当方向正确，且团队历程能为团队合作提供支持时，努力才真正有效。在这个时间点上，团队应确保上述条件能够实现，且项目能够顺利进行。

## 四、 开展协同写作

以团队形式的写作并不轻松，从性格不合到电脑不兼容，各种各样的问题都可能出现。要实现团队共同写作，没有哪种方法是最好的。一种方法是否奏效，还要取决于团队规模，以及成员的个性和能力等。

开展团队协同写作存在一定风险。你必须放弃控制权，学会接受写作风格的差异。你还要同时处理写作和决策制定两大问题。有时你会搞不清哪里存在分歧：究竟是你表达的内容还是表达方式？除此之外，你还会担心自己的绩效评分会受影响，担心自己的出色工作得不到认可。

### （一）整体策略

团队报告写作可分为三部分：阐明项目，列出提纲；进行各章节写作；检查与编辑。学生在第一阶段往往操之过急，导致后面出现许多问题和混乱。他们还会忘记第三阶段，导致最终的项目报告看上去像匆匆赶稿的产物。正确认识三大阶段的重要性，可以使写作更加轻松，提高项目质量。

在定义项目性质时，团队应就最终报告的具体内容进行讨论。这需要列出最终报告提纲，还要经讨论决定在报告中提供哪些信息。团队可试着预测一下会出现哪些问题，如应付问题成员、保证项目按期进行等；可以制订一份包含具体任务和截止日期的工作计划，这有助于解决部分上述问题。

团队需决定如何进行分工写作。下一部分给出了几种不同的分工方法。但在团队成员开始写作之前，需制定一些基本规定。例如，各章应该多长？应提交草稿还是大致终稿？团队是否应在写草稿之前对详细提纲进行核查？

团队应共同制定项目的整体提纲，但具体的写作与编辑任务则有多种不同的分配方法。虽然划分任务效率较高（主要是因为它减少了开会次数），但在某些节点上，仍需所有人共同审阅和编辑文件。如果你没有审阅整份报告并予以通过（或提出修改意见），就不算完成了自己的任务。

### （二）工作划分

在划分写作任务时，没有所谓最好的方法。团队既可以让一个人负责撰写整份报告，由其他人提供信息，也可以让全体成员共同参与写作。大多数情况下，团队都会选择一个折中方案，即将项目进行划分，由每个人负责不同的部分。无论你如何选择，分工写作法还包含另外两项要素：弱编辑体系与强编辑体系。在开始讨论之初，团队应先探讨如何采用这些方法撰写项目报告。

（1）弱编辑：将报告分为若干部分，并分配写作任务。这也许是团队协同写作最常采用的方法。这种做法采用分工制，可谓合情合理。然而，最终写出的报告往往很难阅读，因为各部分之间衔接不畅。这种方法仍需要采用有效的编辑体系，以解决无法避免的信息重叠与遗漏问题。

如果你的团队采用了这一方法，你们需在开始时就确定各章应写成什么样子。这无疑需要认真制订报告提纲，防止各章重复或重叠。此外还需制订一系列写作规则，使各部分尽可能兼容。例如，各部分该如何收尾才能平稳过渡到下一部分？此外，写作规则还包括每部分长度、全文术语一致性、一般段落的长度、文本格式与布局，以及电脑兼容性的问题等。

（2）强编辑：采用该方法时，由一名主编辑管控大部分写作过程。虽然你的团队也许采用了分工写作制，但也可以采用更加集中的方法撰写最终报告。例如，各成员将自己写成的草稿提交给主编辑，再由后者完成草稿写作，并将各部分整合为一体。这种方法写成的报告往往整体性更强，但会对关键成员造成很大压力，使其背负太多责任。

从教授的角度来看，这是一种很好的方法：由于写作风格更统一，报告读起来更加轻松。但这也会为团队带来一些问题。首先，它需要更好地规划，因为各部分草稿必须提前提交给编辑，才能保证足够的整合时间。其次，编辑需要付出额外努力，这意味着你让团队中最擅长写作的人来负责整合工作而不是让其主笔重要章节。并且就像其他集中性做法一样，这种方法也会带来如何选拔和奖励主编辑的问题。

大多数学生团队都会选择弱编辑法，其中编辑的主要任务仅仅是对报告各部分进行剪切和粘贴。这对学生来说易于执行，但可能导致报告出现一定问题。学生团队提交的报告各部分之间常存在莫名的空缺，或各部分相互重叠。此外，各部分使用的术语也可能不尽相同，导致读者不确定某处是否提出了新概念。语言和写作风格的差异也会给阅读增加难度。强编辑法便有助于解决这些问题。但强编辑法的主要问题在于太耗时间。报告各部分必须提前提交给编辑，后者才有时间进行整合，并让团队成员审阅最终报告。无论团队采用哪种方法，每个人都要对报告负责。直到审阅完最终稿，团队成员的任务才算完成！

如果团队在写作中用到了科技工具，便可以采用交叉写作法（Duarte&Snyder，2006）。采用该方法时，团队将报告提纲储存在所有成员都可访问的电子数据库中。团队成员可通过添加与编辑材料完成各部分的写作。运用电子文件写作工具，团队成员可监督彼此在写作过程中的参与情况以及对报告所做的修改。由于各成员可同步工作，这种方法效率很高。但该方法需要做出紧密的工作安排，以确保文件各部分都有所进展。

## 五、 项目收尾与完结

### (一)里程碑：完结前计划

项目最终截止的前几周，团队应开展工作审核会议，在会上评估现状，并制订项目完结计划。这与其他里程碑评估（如中期评估）类似，只不过重点在于如何完结项目。如果一切顺利，此次评估只需回顾项目计划，协调编辑的材料提交情况，并安排最终审核会议。而如果项目未按计划进行，此时则需决定如何重新分配任务，重新确定任务与活动预期，甚至要与教授协商达成新协议，从而进行补救。就算存在问题，你的团队仍有机会在最后两周里成功完成任务。

### (二)团队评估

在很多学生团队项目中，教授会让部分学生对团队成员进行评估。这种做法合情合理，因为学生比教授更了解各位组员的表现。项目完结前，应核查团队契约，找出团队认为有关的表现预期。你应当按照这些预期评估你的团队成员，因为用新标准评估他人，或对不同人采用不同标准都是不公平的做法。

团队会产生评估偏差。当团队大获成功时，往往每个人都会得到很高的评价；当团队表现差劲时，人们则会揪出替罪羊，或怪罪个别成员。事实上，你应当根据团队制定的标准，如实评价你的队友。如果团队合作很顺利，你可以给大多数人正面评价，但必须能体现出每个人所做贡献的区别，不然就不公平了。

### (三)庆祝胜利，总结经验

恭喜你完成了团队项目。就像大多数项目团队一样，你们一路上一定也经历了成功与失败，面临过挑战和冲突。因此应好好聚一聚，庆祝团队大获成功。

作为一名学生或职场人士，这不会是你参与的最后一项团队项目，因此你应当尽可能从这段经历中学习经验。如果你保留了你的团队历程评估，此时就应展开回顾，从而更好地理解团队合作过程。你对团队表现的评估在项目全程中经历了哪些变化？团队在开展项目时有哪些出色表现？有哪些领域需要改进？团队在此过程中是否解决了遭遇的问题？

涵盖完整项目经历的团队历程评估是一种非常有价值的学习工具。记住，人们从正面反馈中学到的往往比负面反馈要多。要确保自己理解了此次项目的出色之处，今后才能再创成功。

# 参考文献

Adam, H., Shirako, A., & Maddux, W. (2010). Cultural variance in the interpersonal effects of anger in negotiations. *Psychological Science, 21*(6), 882–889.

Adler, N. (1986). *International dimensions of organizational behavior.* Boston, MA: Kent.

Adler, P. (1991). Workers and flexible manufacturing systems: Three installations compared. *Journal of Organizational Behavior, 12,* 447–460.

Alberti, R., & Emmons, M. (1978). *Your perfect right.* San Luis Obispo, CA: Impact.

Allen, J. A., Sands, S. J., Mueller, S. L., Frear, K. A., Mudd, M., & Rogelberg, S. G. (2012). Employees' feelings about more meetings: An overt analysis and recommendations for improving meetings. *Management Research Review, 35*(5), 405–418.

Allen, N., & Hecht, T. (2004). The "romance of teams": Toward an understanding of its psychological underpinnings and implications. *Journal of Occupational and Organizational Psychology, 77,* 439–461.

Allen, V., & Levine, J. (1969). Consensus and conformity. *Journal of Experimental Social Psychology, 5,* 389–399.

Amabile, T. (1996). *Creativity in context.* Boulder, CO: Westview.

Amabile, T., Fisher, C., & Pillemer, J. (2014, January). IDEO's culture of helping. *Harvard Business Review,* 55–61.

Amason, A. (1996). Distinguishing the effects of functional and dysfunctional conflict on strategic decision making: Resolving a paradox for top management teams. *Academy of Management Journal, 39*(1), 123–148.

Ames, D. (2008). In search of the right touch. *Current Directions in Psychological Science, 17*(6), 381–385.

Ancona, D., & Caldwell, D. (1990). Information technology and work groups: The case of new product teams. In J. Galegher, R. Kraut, & C. Egido (Eds.), *Intellectual teamwork: Social and technological foundations of cooperative work* (pp. 173–190). Hillsdale, NJ: Lawrence Erlbaum.

Ancona, D., & Caldwell, D. (1992). Demography and design: Predictors of new product team performance. *Organizational Science, 3,* 321–331.

Antonioni, D. (1994). The effects of feedback accountability on upward appraisal ratings. *Personnel Psychology, 47,* 349–356.

Appelbaum, E., & Batt, R. (1994). *The new American workplace.* Ithaca, NY: IRL Press.

Argyris, C. (1998). Empowerment: The emperor's new clothes. *Harvard Business Review, 76*(3), 98–105.

Armstrong, D., & Cole, P. (1995). Managing distances and differences in geographically distributed workgroups. In S. Jackson & M. Ruderman (Eds.), *Diversity in work teams: Research paradigms for a changing workplace* (pp. 187–215). Washington, DC: American Psychological Association.

Arthur, W., Bennett, W., Edens, P., & Bell, S. (2003). Effectiveness of training in organizations: A meta-analysis of design and evaluation features. *Journal of Applied Psychology, 88*(2), 234–245.

Asch, S. (1955, Winter). Opinions and social pressure. *Scientific American,* 31–35.

Axelrod, R. (1984). *The evolution of cooperation.* New York, NY: Basic Books.

Axley, S. (1996). *Communication at work: Management and the communication-intensive organization.* Westport, CT: Quorum Books.

Ayoko, O., Callan, V., & Hartel, C. (2008). The influence of team emotional intelligence climate on conflict and team members' reactions to conflict. *Small Group Research, 39*(2), 121–149.

Bandura, A. (2000). Exercise of human agency through collective efficacy. *Current Directions in Psychological Science, 9,* 17–20.

Baer, M., & Frese, M. (2003). Innovation is not enough: Climates for initiative and psychological safety, process innovations, and firm performance. *Journal of Organizational Behavior, 24*(1), 45–68.

Barczak, G., Lassk, F., & Mulki, J. (2010). Antecedents of team creativity: An examination of team emotional intelligence, team trust, and collaborative culture. *Creativity and Innovation Management, 19*(4), 332–345.

Barnes, C., Hollenbeck, J., Jundt, D., DeRue, D., & Harmon, S. (2011). Mixing individual incentives and group incentives: Best of both worlds or social dilemma? *Journal of Management, 37*(6), 1611–1635.

Barnlund, D. C. (1970). A transactional model of communication. In K. Sereno & C. Mortensen (Eds.), *Foundations of communication theory* (pp. 83–102). New York, NY: Harper & Row.

Barsade, S. G., & O'Neill, O. A. (2014). What's love got to do with it? A longitudinal study of the culture of companionate love and employee and client outcomes in a long-term care setting. *Administrative Science Quarterly, 59*(4), 551–598.

Bass, B. (1985). *Leadership and performance beyond expectations.* New York, NY: Free Press.

Battaglia, B. (1992). Skills for managing multicultural teams. *Cultural Diversity at Work, 4,* 4–12.

Beal, D., Cohen, R., Burke, M., & McLendon, C. (2003). Cohesion and performance in groups: A meta-analytic clarification of construct relations. *Journal of Applied Psychology, 88*(6), 989–1004.

Becker, J. A., Halbesleben, J. R., & Dan O'Hair, H. (2005). Defensive communication and burnout in the workplace: The mediating role of leader–member exchange. *Communication Research Reports, 22*(2), 143–150.

Beebe, S., & Masterson, J. (1994). *Communicating in small groups.* New York, NY: HarperCollins.

Beersma, B., Hollenbeck, J., Conlon, D., Humphrey, S., Moon, H., & Ilgen, D. (2009). Cutthroat competition: The effects of team role decisions on adaptation to alternative reward structures. *Organizational Behavior and Human Decision Processes, 108,* 131–142.

Beersma, B., Hollenbeck, J., Humphrey, S., Moon, H., Conlon, D., & Ilgen, D. (2003). Cooperation, competition, and team performance: Toward a contingency approach. *Academy of Management Journal, 46*(5), 572–590.

Behfar, K., Mannix, E., Peterson, R., & Trochim, W. (2011). Conflict in small groups: The meaning and consequences of process conflict. *Small Group Research, 42*(2), 127–176.

Belbin, R. (1981). *Team roles at work.* Oxford, UK: Butterworth Heinemann.

Bell, S., Villado, A., Lukasik, M., Belau, L., & Briggs, A. (2010). Getting specific about demographic diversity variable and team performance relationships: A meta-analysis. *Journal of Management, 37*(3), 709–743.

Bendersky, C., & Shah, N. (2013). The downfall of extroverts and rise of neurotics: The dynamic process of status allocation in task groups. *Academy of Management Journal, 56*(2), 387–406.

Bennis, W., & Biederman, P. (1997). *Organizing genius: The secrets of creative collaboration.* Reading, MA: Addison-Wesley.

Bikson, T., Cohen, S., & Mankin, D. (1999). Information technology and high-performance teams. In E. Sundstrom (Ed.), *Supporting work team effectiveness* (pp. 215–245). San Francisco, CA: Jossey-Bass.

Blake, R., & Mouton, J. (1969). *Building a dynamic corporation through grid organizational development.* Reading, MA: Addison-Wesley.

Bradley, B., Postlethwaite, B., Klotz, A., Hamdani, M., & Brown, K. (2011). Reaping the benefits of task conflict in teams: The critical role of team psychological safety. *Journal of Applied Psychology, 97*(1), 151–158.

Brehm, S. S., & Brehm, J. W. (1981). *Psychological reactance: A theory of freedom and control.* New York, NY: Academic Press.

Brescoll, V. L. (2012). Who takes the floor and why: Gender, power, and volubility in organizations. *Administrative Science Quarterly, 56*(4), 622–641.

Brewer, M. (1995). Managing diversity: The role of social identities. In S. Jackson & M. Ruderman (Eds.), *Diversity in work teams: Research paradigms for a changing workplace* (pp. 47–68). Washington, DC: American Psychological Association.

Briggs, R., Kolfschoten, G., Vreede, G., & Dean, D. (2006). Defining key concepts in collaboration engineering. *AMCIS 2006 Proceedings,* Paper 17, 121–128. Retrieved from http:// aisel.aisnet.org/amcis2006/17.

Brown, S. (1996). A meta-analysis and review of organizational research on job involvement. *Psychological Bulletin, 120,* 235–255.

Burke, C., Priest, H., Wooten, S., DiazGranados, D., & Salas, E. (2009). Understanding the cognitive processes in adaptive multicultural teams: A framework. In E. Salas, G. Goodwin, & C. Burke (Eds.), *Team effectiveness in complex organizations: Cross-disciplinary perspectives and approaches* (pp. 209–241). New York, NY: Routledge.

Burke, C., Stagl, K., Salas, E., Pierce, L., & Kendall, D. (2006). Understanding team adaptation: A conceptual analysis and model. *Journal of Applied Psychology, 91*(6), 1189–1207.

Burn, S. (2004). *Groups: Theory and practice.* Belmont, CA: Wadsworth.

Burnstein, E., & Vinokur, A. (1977). Persuasive arguments and social comparison as determinants of attitude polarization. *Journal of Experimental Social Psychology, 13,* 315–332.

Burpitt, W., & Bigoness, W. (1997). Leadership and innovation among teams: The impact of empowerment. *Small Group Research, 28,* 414–423.

Bushe, G. (1988). Cultural contradictions of statistical process control in American manufacturing organizations. *Journal of Management, 14,* 19–31.

Cannon-Bowers, J., & Salas, E. (1998). Team performance and training in complex environments: Recent findings from applied research. *Current Directions in Psychological Science, 7,* 83–87.

Cannon-Bowers, J., Tannenbaum, S., Salas, E., & Volpe, C. (1995). Defining competencies and establishing team training requirements. In R. Guzzo & E. Salas (Eds.), *Team effectiveness and decision making in organizations* (pp. 330–380). San Francisco, CA: Jossey-Bass.

Carnevale, A., Gainer, L., & Meltzer, A. (1990). *Workplace basics: The essential skills employers want.* San Francisco, CA: Jossey-Bass.

Carnevale, A., & Stone, S. (1995). *The American mosaic: An in-depth report on the future of diversity at work.* New York, NY: McGraw-Hill.

Carnevale, P. (1986). Strategic choice in mediation. *Negotiation Journal, 2,* 41–56.

Carte, T. A., Chidambaram, L., & Becker, A. (2006). Emergent leadership in self-managed virtual teams. *Group Decision and Negotiation, 15*(4), 323–343.

Caruso, H. M., & Woolley, A. W. (2008). Harnessing the power of emergent interdependence to promote diverse team collaboration. In M. A. Neale, E. Mannix, & K. Phillips (Eds.), *Research on managing groups and teams: Groups and diversity* (Vol. 9). Oxford, UK: Elsevier Science Press.

Casciaro, T., & Lobo, M. (2005). Competent jerks, lovable fools, and the formation of social networks. *Harvard Business Review, 83*(6), 92–99.

Castore, C., & Murnighan, J. (1978). Determinants of support for group decisions. *Organizational Behavior and Human Performance, 22,* 75–92.

Charan, R., & Useem, J. (2002). Why companies fail. *Fortune, 145*(11), 50–62.

Chen, G., Kirkman, B. L., Kanfer, R., Allen, D., & Rosen, B. (2007). A multilevel study of leadership, empowerment, and performance in teams. *Journal of Applied Psychology, 92*(2), 331–346.

Cheng, J. (1983). Interdependence and coordination in organizations: A role system analysis. *Academy of Management Journal, 26,* 156–162.

Choi, K., & Cho, B. (2011). Competing hypotheses analyses of the associations between group task conflict and group relationship conflict. *Journal of Organizational Behavior, 32,* 1106–1126.

Clarke, N. (2010). Developing emotional intelligence abilities through team-based learning. *Human Resource Quarterly, 21*(2), 119–138.

Cohen, B. P., & Zhou, X. (1991). Status processes in enduring work groups. *American Sociological Review,* 179–188.

Cohen, M. A., Rogelberg, S. G., Allen, J. A., & Luong, A. (2011). Meeting design characteristics and attendee perceptions of staff/team meeting quality. *Group Dynamics: Theory, Research, and Practice, 15*(1), 90–104.

Cohen, S., & Bailey, D. (1997). What makes teams work: Group effectiveness research from the shop floor to the executive suite. *Journal of Management, 23,* 239–290.

Cohen, S., Ledford, G., & Spreitzer, G. (1996). A predictive model of self-managing work team effectiveness. *Human Relations, 49,* 643–676.

Cole, R. (1989). *Strategies for learning: Small-group activities in American, Japanese, and Swedish industry.* Berkeley: University of California Press.

Cordery, J., Morrison, D., Wright, B., & Wall, T. (2010). The impact of autonomy and task uncertainty on team performance: A longitudinal field study. *Journal of Organizational Behavior, 31,* 240–258.

Cosier, R., & Dalton, D. (1990). Positive effects of conflict: A field assessment. *International Journal of Conflict Management, 1,* 81–92.

Côté, S., Lopes, P. N., Salovey, P., & Miners, C. T. (2010). Emotional intelligence and leadership emergence in small groups. *The Leadership Quarterly, 21*(3), 496–508.

Cotton, J. (1993). *Employee involvement.* Newbury Park, CA: Sage.

Cox, T. (1994). *Cultural diversity in organizations: Theory, research, and practice.* Oakland, CA: Berrett-Koehler.

Cox, T. (1995). The complexity of diversity: Challenges and directions for future research. In S. Jackson & M. Ruderman (Eds.), *Diversity in work teams: Research paradigms for a changing workplace* (pp. 235–245). Washington, DC: American Psychological Association.

Crotty, S., & Brett, J. (2012). Fusing creativity: Cultural metacognition and teamwork in multicultural teams. *Negotiation and Conflict Management Research, 5*(2), 210–234.

Curseu, P., Schruijer, S., & Boros, S. (2007). The effects of groups' variety and disparity on groups' cognitive complexity. *Group Dynamics: Theory, Research, and Practice, 11*(3), 187–206.

Daft, R., & Lengel, R. (1986). Organizational information requirements, media richness, and structural design. *Management Science, 32,* 554–571.

Dalkey, N. (1969). *The Delphi method: An experimental study of group decisions.* Santa Monica, CA: RAND.

Davis, S. (1984). *Managing corporate culture.* Cambridge, MA: Ballinger.

Davis, L., & Wacker, G. (1987). Job design. In G. Salvendy (Ed.), *Handbook of human factors* (pp. 431–452). New York, NY: John Wiley.

Dawes, R. (1988). *Rational choice in an uncertain world*. San Diego, CA: Harcourt Brace Jovanovich.

Day, D. (2013). Leadership. In S. Koxzlowski (Ed.), *The Oxford handbook of organizational psychology* (696–725). New York, NY: Oxford University Press.

Day, D., Gronn, P., & Salas, E. (2004). Leadership capacity in teams. *The Leadership Quarterly, 15*(6), 857–880.

Deal, T., & Kennedy, A. (1982). *Corporate cultures*. Reading, MA: Addison-Wesley.

Deci, E. (1975). *Intrinsic motivation*. New York, NY: Plenum.

DeChurch, L., Mesmer-Magus, J., & Doty, D. (2013). Moving beyond relationship and task conflict: Toward a process-state perspective. *Journal of Applied Psychology, 98*(4), 559–578.

DeDreu, C. (2007). Cooperative outcome interdependence, task reflexivity, and team effectiveness: A motivated information processing perspective. *Journal of Applied Psychology, 92*(3), 628–638.

DeDreu, C., & Weingart, L. (2003). Task versus relationship conflict, team performance, and team member satisfaction: A meta-analysis. *Journal of Applied Psychology, 88*(4), 741–749.

DeJong, B., & Dirks, K. (2012). Beyond shared perceptions of trust and monitoring in teams: Implications of asymmetry and dissensus. *Journal of Applied Psychology, 97*(1), 1–16.

de Leede, J., & Stoker, J. (1999). Self-managing teams in manufacturing companies: Implications for the engineering function. *Engineering Management Journal, 11*(3), 19–24.

Delbecq, A., Van de Ven, A., & Gustafson, D. (1975). *Group techniques for program planning*. Glenview, IL: Scott, Foresman.

DeMatteo, J., Eby, L., & Sundstrom, E. (1998). Team-based rewards: Current empirical evidence and directions for future research. *Research in Organizational Behavior, 20*, 141–183.

Dennis, A., & Valacich, J. (1993). Computer brainstorms: More heads are better than one. *Journal of Applied Psychology, 78*, 531–537.

Dennis, A. R., & Valacich, J. S. (1999, January). Proceedings of the 32nd Annual Hawaii International Conference in System Sciences: *Rethinking media richness: Towards a theory of media synchronicity*. (HICSS-32). Maui, Hawaii: The Institute of Electrical and Electronics Engineers (IEEE) Computer Society.

Dertouzos, M. (1997). *What will be: How the new world of information will change our lives*. New York, NY: Harper.

Deutsch, M., & Gerard, H. (1955). A study of normative and informational social influence upon individual judgment. *Journal of Abnormal and Social Psychology, 51*, 629–636.

Devine, D., Clayton, L., Philips, J., Dunford, B., & Melner, S. (1999). Teams in organizations: Prevalence, characteristics, and effectiveness. *Small Group Research, 30*, 678–711.

Dewey, J. (1910). *How we think*. New York, NY: Heath.

DeWit, F., Greer, L., & Jehn, K. (2012). The paradox of intragroup conflict: A meta-analysis. *Journal of Applied Psychology, 97*(2), 360–390.

Dibble, R., & Gibson, C. (2013). Collaboration for the common good: An examination of challenges and adjustment processes in multicultural collaborations. *Journal of Organizational Behavior, 34,* 764–790.

Diefendorff, J. M., Erickson, R. J., Grandey, A. A., & Dahling, J. J. (2011). Emotional display rules as work unit norms: A multilevel analysis of emotional labor among nurses. *Journal of Occupational Health Psychology, 16*(2), 170–186.

Diehl, M., & Stroebe, W. (1987). Productivity loss in brainstorming groups: Toward a solution of a riddle. *Journal of Personality and Social Psychology, 53,* 497–509.

DiSalvo, V., Nikkel, E., & Monroe, C. (1989). Theory and practice: A field investigation and identification of group members' perception of problems facing natural work groups. *Small Group Behavior, 20, 551–567.*

Drach-Zahavy, A. (2004). Exploring team support: The role of team's design, values, and leader's support. *Group Dynamics, 8*(4), 235–252.

Drescher, M., Korsgaard, M., Welpe, I., Picot, A., & Wigand, R. (2014). The dynamics of shared leadership: Building trust and enhancing performance. *Journal of Applied Psychology, 99*(5), 771–783.

Driskell, J., Radtke, P., & Salas, E. (2003). Virtual teams: Effects of technological mediation on team performance. *Group Dynamics: Theory, Research, and Practice, 7*(4), 297–323.

Driskell, J., & Salas, E. (2006). Groupware, group dynamics, and team performance. In C. Bowers, E. Salas, & F. Jentsch (Eds.), *Creating high-tech teams* (pp. 11–34). Washington, DC: American Psychological Association.

Druskat, V., & Wheeler, J. (2003). Managing from the boundary: The effective leadership of self-managing work teams. *Academy of Management Journal, 46*(4), 435–457.

Druskat, V., & Wolff, S. (2001). Building the emotional intelligence of groups. *Harvard Business Review, 79*(3), 80–90.

Duarte, D., & Snyder, N. (2006). *Mastering virtual teams* (3rd ed.). San Francisco, CA: Jossey-Bass.

Dube, L., & Robey, D. (2008). Surviving the paradoxes of virtual teamwork. *Information Systems Journal, 19,* 3–30.

Dyer, W., Dyer, W., & Dyer, J. (2007). *Team building: Proven team strategies for improving team performance* (4th ed.). San Francisco, CA: John Wiley.

Eagly, A., Karau, S., & Makhijani, M. (1995). Gender and the effectiveness of leaders: A meta-analysis. *Journal of Personality and Social Psychology, 117,* 125–145.

Earley, P., & Gibson, C. (2002). *Multinational work teams: A new perspective.* Mahwah, NJ: Lawrence Erlbaum.

Earley, P., & Mosakowski, E. (2000). Creating hybrid team cultures: An empirical test of transnational team functioning. *Academy of Management Journal, 43*(1), 26–49.

Edmondson, A., Bohmer, R., & Pisano, G. (2001). Speeding up team learning. *Harvard Business Review, 79*(9), 125–132.

Edmondson, A., & Lei, Z. (2014). Psychological safety: The history, renaissance, and future of an interpersonal construct. *Annual Review of Organizational Psychology and Organizational Behavior,* 23–43.

Edmondson, A., & Nembhard, I. (2009). Product development and learning in project teams: The challenges are the benefits. *Journal of Product Innovation Management, 26,* 123–138.

Edmondson, A., & Roloff, K. (2009). Overcoming barriers to collaboration: Psychological safety and learning in diverse teams. In E. Salas, G. Goodwin, & C. Burke (Eds.), *Team effectiveness in complex organizations: Cross-disciplinary perspectives and approaches* (pp. 183–208). New York, NY: Routledge.

Ellis, S., Carette, B., Anseel, F., & Lievens, F. (2014). Systematic reflection: Implications for learning from failures and successes. *Current Directions in Psychological Science, 23*(1), 67–72.

Emich, K. (2014). Who's bringing the donuts: The role of affective patterns in group decision making. *Organizational Behavior and Human Decision Processes, 124,* 122–132.

Erez, M., & Somech, A. (1996). Is group productivity loss the rule or the exception? Effects of culture and group-based motivation. *Academy of Management Journal, 39*(6), 1513–1537.

Fairchild, J., & Hunter, S. (2013). We've got creative differences: The effects of task conflict and participative safety on team creative performance. *Journal of Creative Behavior, 48*(1), 64–87.

Falbe, C., & Yukl, G. (1992). Consequences for managers using single influence tactics and combination of tactics. *Academy of Management Journal, 35,* 638–652.

Fan, E., & Gruenfeld, D. (1998). When needs outweigh desires: The effects of resource interdependence and reward interdependence on group problem solving. *Basic and Applied Social Psychology, 20*(1), 45–56.

Farh, J., Lee, C., & Farh, C. (2010). Task conflict and team creativity: A question of how much and when. *Journal of Applied Psychology, 95*(6), 1173–1180.

Farh, C., Seo, M., & Tesluk, P. (2012). Emotional intelligence, teamwork effectiveness, and job performance: The moderating role of job context. *Journal of Applied Psychology, 98*(1), 1–11.

Farmer, S., & Roth, J. (1998). Conflict-handling behavior in work groups: Effects of group structure, decision process, and time. *Small Group Research, 29,* 669–713.

Feldman, D. (1984). The development and enforcement of group norms. *Academy of Management Review, 9,* 47–53.

Ferris, W. (2009). Demonstrating the challenges of behaving with emotional intelligence in a team setting: An on-line/on-ground experiential exercise. *Organizational Management Journal, 6,* 23–38.

Fiore, S., & Schooler, J. (2004). Process mapping and shared cognition: Teamwork and the development of shared problem models. In E. Salas & S. Fiore (Eds.), *Team cognition: Understanding the factors that drive process and performance* (pp. 133–152). Washington, DC: American Psychological Association.

Fisher, R., Ferreira, M., Assmar, E., Redford, P., & Harb, C. (2009). Individualism-collectivism as descriptive norms: Development of a subjective norm approach to culture measurement. *Journal of Cross-Cultural Psychology, 40*(2), 187–213.

Fisher, R., Ury, W., & Patton, B. (1991). *Getting to yes: Negotiating agreement without giving in* (2nd ed.). Boston, MA: Houghton Mifflin.

Ford, R., & Fottler, M. (1995). Empowerment: A matter of degree. *Academy of Management Executive, 9*(3), 21–31.

Forsyth, D. (1999). *Group dynamics* (3rd ed.). Belmont, CA: Thompson.

Forsyth, D., & Kelley, K. (1996). Heuristic-based biases in estimates of personal contributions to collective endeavors. In J. Nye & A. Brower (Eds.), *What's social about social cognition? Research on socially shared cognitions in small groups* (pp. 106–123). Thousand Oaks, CA: SAGE.

Franz, C., & Jin, K. (1995). The structure of group conflict in a collaborative work group during information systems development. *Journal of Applied Communication Research, 23,* 108–127.

Franz, R. (1998). Task interdependence and personal power in teams. *Small Group Research, 29,* 226–253.

Franz, T. (2012). *Group dynamics and team interventions.* Chichester, UK: Wiley-Blackwell.

French, J., & Raven, B. (1959). The bases of power. In D. Cartwright (Ed.), *Studies in social power* (pp. 150–167). Ann Arbor: University of Michigan Press.

Gardner, H. (2012, April). Coming through when it matters most. *Harvard Business Review,* 83–91.

Garvin, D. (2013, December). How Google sold its engineers on management. *Harvard Business Review,* 75–82.

Gersick, C. (1988). Time and transition in work teams: Toward a new model of group development. *Academy of Management Journal, 31,* 9–41. Gersick, C., & Davis-Sacks, M. (1990). Summary: Task forces. In R. Hackman (Ed.), *Groups that work (and those that don't)* (pp. 146–153). San Francisco, CA: Jossey-Bass.

Gibb, J. (1961). Defensive communication. *Journal of Communication, 11,* 141–148.

Gibson, C. B., & Gibbs, J. L. (2006). Unpacking the concept of virtuality: The effects of geographic dispersion, electronic dependence, dynamic structure, and national diversity on team innovation. *Administrative Science Quarterly, 51*(3), 451–495.

Gibson, C., Huang, L., Kirkman, B., & Shapiro, D. (2014). Where global and virtual meet: The value of examining the intersection of these elements in twenty-first century teams. *Annual Review of Organizational Psychology and Organizational Behavior,* 217–244.

Gibson, C., & McDaniel, D. (2010). Moving beyond conventional wisdom: Advancement in cross-cultural theories of leadership, conflict, and teams. *Perspectives on Psychological Science, 5*(4), 450–462.

Gibson, C. B., & Zellmer-Bruhn, M. E. (2001). Metaphors and meaning: An intercultural analysis of the concept of teamwork. *Administrative Science Quarterly, 46*(2), 274–303.

Gigone, D., & Hastie, R. (1997). The impact of information on small group choice. *Journal of Personality and Social Psychology, 72,* 132–140.

Gino, F., Argote, L., Miron-Spektore, E., & Todorova, G. (2010). First, get your feet wet: The effects of learning from direct and indirect experience on team creativity. *Organizational Behavior and Human Decision Processes, 111*(2), 102–115.

Glikson, E., & Erez, M. (2013). Emotion display norms in virtual teams. *Journal of Personnel Psychology, 12*(1), 22–32.

Goldstein, I., & Ford, J. (2002). *Training in organizations* (4th ed.). Belmont, CA: Wadsworth.

Goltz, S., Hietapelto, A., Reinsch, R., & Tyrell, S. (2008). Teaching teamwork and problem solving concurrently. *Journal of Management Education, 32*(5), 541–562.

Goncalo, J., Polman, E., & Maslach, C. (2010). Can confidence come too soon? Collective efficacy, conflict and group performance over time. *Organizational Behavior and Human Decision Processes, 113,* 13–24.

Goncalo, J. A., & Staw, B. M. (2006). Individualism–collectivism and group creativity. *Organizational behavior and human decision processes, 100*(1), 96–109.

Graen, G., & Uhl-Bien, M. (1995). Relationship-based approach to leadership: Development of leader-member exchange (LMX) theory of leadership over 25 years. *Leadership Quarterly, 6,* 219–247.

Greenberg, J., & Baron, R. (1997). *Behavior in organizations: Understanding the human side of work* (6th ed.). Upper Saddle River, NJ: Prentice Hall.

Greenberg, J. (2011). *Behavior in organizations* (10th ed.). Boston, MA: Prentice Hall.

Greengross, G., & Miller, G. F. (2008). Dissing oneself versus dissing rivals: Effects of status, personality, and sex on the short-term and long-term attractiveness of self-deprecating and other-deprecating humor. *Evolutionary Psychology, 6*(3), 393–408.

Greer, L., & van Kleef, G. (2010). Equality versus differentiation: The effects of power dispersion on group interaction. *Journal of Applied Psychology, 95*(6), 1032–1044.

Gross, S. (1995). *Compensation for teams: How to design and implement team-based reward programs.* New York, NY: Amacom.

Guzzo, R., & Dickson, M. (1996). Teams in organizations: Recent research on performance and effectiveness. *Annual Review of Psychology, 47,* 307–338.

Gwynne, S. (1990, October 29). The right stuff. *Time,* 74–84.

Hackett, D., & Martin, C. (1993). *Facilitation skills for team leaders.* Menlo Park, CA: CRISP.

Hackman, R. (1986). The psychology of self-management in organizations. In M. Pallak & R. Perloff (Eds.), *Psychology and work* (pp. 89–136). Washington, DC: American Psychological Association.

Hackman, R. (1987). The design of work teams. In J. Lorsch (Ed.), *Handbook of organizational behavior* (pp. 315–342). Englewood Cliffs, NJ: Prentice Hall.

Hackman, R. (1990a). Creating more effective work groups in organizations. In R. Hackman (Ed.), *Groups that work (and those that don't)* (pp. 479–504). San Francisco, CA: Jossey-Bass.

Hackman, R. (1990b). Work teams in organizations: An orienting framework. In R. Hackman (Ed.), *Groups that work (and those that don't)* (pp. 1–14). San Francisco, CA: Jossey-Bass.

Hackman, R. (1992). Group influences on individuals in organizations. In M. Dunnette & L. Hough (Eds.), *Handbook of industrial and organizational psychology* (pp. 199–267). Palo Alto, CA: Consulting Psychologists Press.

Hackman, R. (2002). *Leading teams: Setting the stage for great performances.* Boston, MA: Harvard Business School Press.

Hackman, R. (2012). From causes to conditions in group research. *Journal of Organizational Behavior, 33,* 428–444.

Hackman, R., & Morris, C. (1975). Group tasks, group interaction process, and group performance effectiveness: A review and proposed integration. *Advances in Experimental Social Psychology, 8,* 47–99.

Hackman, R., & Oldham, G. (1980). *Work redesign.* Reading, MA: Addison-Wesley.

Hackman, R., & Wageman, R. (2005). A theory of team coaching. *Academy of Management Review, 30*(2), 269–287.

Hackman, R., & Walton, R. (1986). Leading groups in organizations. In P. Goodman (Ed.), *Designing effective work groups* (pp. 72–119). San Francisco, CA: Jossey-Bass.

Haines, R. (2014). Group development in virtual teams: An experimental reexamination. *Computers in Human Behavior, 39,* 213–222.

Haines, V., & Taggar, S. (2006). Antecedents of team reward attitude. *Group Dynamics: Theory, Research, and Practice, 10*(3), 194–205.

Hambley, L., O'Neill, T., & Kline, T. (2007). Virtual team leadership: The effects of leadership style and communication medium on team interaction styles and outcomes. *Organizational Behavior and Human Decision Processes, 103,* 1–20.

Hare, A. (1982). *Creativity in small groups.* Beverly Hills, CA: SAGE.

Harkins, S., & Jackson, J. (1985). The role of evaluation in eliminating social loafing. *Personality and Social Psychology Bulletin, 11,* 457–465.

Harrison, D., & Humphrey, S. (2010). Designing for diversity or diversity for design? Tasks, interdependence, and within-unit differences at work. *Journal of Organizational Behavior, 31,* 328–337.

Harrison, D., & Klein, K. (2007). What's the difference? Diversity constructs as separation, variety, or disparity in organizations. *Academy of Management Review, 32*(4), 1199–1228.

Harrison, D., Price, K., Gavin, J., & Florey, A. (2002). Time, teams, and task performance: Changing effects of surface and deep level diversity on group functioning. *Academy of Management Journal, 45*(5), 1029–1045.

Harvey, J. (1988). *The Abilene paradox and other meditations on management.* Lexington, MA: Lexington Books.

Harvey, S. (2014). Creative synthesis: Exploring the process of extraordinary group creativity. *Academy of Management Review, 39*(3), 324–343.

Hatfield, E., Cacioppo, J. T., & Rapson, R. L. (1993). Emotional contagion. *Current Directions in Psychological Science, 2,* 96–99.

Hayes, N. (1997). *Successful team management.* London, UK: International Thomson Business Press.

Head, T. (2006). Appreciative Inquiry in the graduate classroom: Making group dynamics a practical topic to address. *Organizational Development Journal, 24*(2), 83–88.

Helper, S., Kleiner, M., & Wang, Y. (2010). Analyzing compensation methods in manufacturing: Piece rates, time rates, or gain-sharing? (Working Paper 16540). Cambridge, MA: National Bureau of Economic Research.

Hempel, P., Zhang, Z., & Han, Y. (2012). Team empowerment and the organizational context: Decentralization and the contrasting effects of formalization. *Journal of Management, 38,* 475–501.

Hemphill, J. (1961). Why people attempt to lead. In L. Petrullo & B. Bass (Eds.), *Leadership and interpersonal behavior* (pp. 201–215). New York, NY: Holt, Rinehart & Winston.

Herrenkohl, R. (2004). *Becoming a team.* Mason, OH: South-Western.

Herrenkohl, R., Judson, G., & Heffner, J. (1999). Defining and measuring employee empowerment. *Journal of Applied Behavioral Science, 35,* 373–389.

Hersey, P., & Blanchard, K. (1993). *Management of organizational behavior: Utilizing human resources.* Englewood Cliffs, NJ: Prentice Hall.

Hertel, G., Geister, S., & Konradt, U. (2005). Managing virtual teams: A review of current empirical research. *Human Resource Management Review, 15*(1), 69–95.

Hewstone, M., Rubin, M., & Willis, H. (2002). Intergroup bias. *Annual Review of Psychology, 53*(1), 575–604.

Higgins, M., Weiner, J., & Young, L. (2012). Implementation teams: A new lever for organizational change. *Journal of Organizational Behavior, 33,* 366–388.

Hirak, R., Peng, A. C., Carmeli, A., & Schaubroeck, J. M. (2012). Linking leader inclusiveness to work unit performance: The importance of psychological safety and learning from failures. *The Leadership Quarterly, 23*(1), 107–117.

Hirschfeld, R., & Bernerth, J. (2008). Mental efficacy and physical efficacy at the team level: Inputs and outcomes among newly formed action teams. *Journal of Applied Psychology, 93*(6), 1429–1437.

Hirschfeld, R., Jordon, M., Field, H., Giles, W., & Armenakis, A. (2006). Becoming team players: Team members' mastery of teamwork knowledge as a predictor of team task proficiency and observed teamwork effectiveness. *Journal of Applied Psychology, 91*(2), 467–474.

Hoch, J., & Kozlowski, S. (2014). Leading virtual teams: Hierarchical leadership, structural supports, and shared team leadership. *Journal of Applied Psychology, 99*(3), 390–403.

Hoever, I., Knippenberg, D., Ginkel, W., & Barkema, H. (2012). Fostering team creativity: Perspective taking as key to unlocking diversity's potential. *Journal of Applied Psychology, 97*(5), 982–996.

Hofstede, G. (1980). *Culture's consequences: International differences in work-related value.* Beverly Hills, CA: SAGE.

Hofstede, G. (2011). Dimensionalizing cultures: The Hofstede model in context. *Online readings in psychology and culture, 2*(1), 8.

Hofstede, G., Hofstede, G. J., & Minkov, M. (2010). *Cultures and organizations: Software of the mind* (3rd. ed.). New York, NY: McGraw-Hill.

Hogg, M. (1992). *The social psychology of group cohesiveness: From attraction to social identity.* New York, NY: New York University Press.

Hollander, E., & Offerman, L. (1990). Power and leadership in organizations. *American Psychologist, 45,* 179–189.

Hornsey, M. J., Robson, E., Smith, J., Esposo, S., & Sutton, R. M. (2008). Sugaring the pill: Assessing rhetorical strategies designed to minimize defensive reactions to group criticism. *Human Communication Research, 34*(1), 70–98.

Huang, R., Kahai, S., & Jestice, R. (2010). The contingent effects of leadership on team collaboration in virtual teams. *Computers in Human Behavior, 26,* 1098–1110.

Huckman, R., & Staats, B. (2013, December). The hidden benefits of keeping teams intact. *Harvard Business Review, 91*(12), 27–29.

Huffmeier, J., & Hertel, G. (2011). Many cheers make light the work: How social support triggers process gains in teams. *Journal of Managerial Psychology, 26*(3), 185–204.

Humphrey, S., & Aime, F. (2014). Team microdynamics: Toward an organizing approach to teamwork. *Academy of Management Annals, 8*(1), 443–503.

Ilgen, D., Hollenbeck, J., Johnson, M., & Jundt, D. (2005). Teams in organizations: From input-process-output models to IMOI models. *Annual Review of Psychology, 56,* 517–543.

Ilies, R., Wagner, D. T., & Morgeson, F. P. (2007). Explaining affective linkages in teams: Individual differences in susceptibility to contagion and individualism-collectivism. *Journal of Applied Psychology, 92*(4), 1140–1148.

Insko, C., Schopler, J., Graetz, K., Drigotas, S., Currey, K., Smith, S., . . . Bornstein, G. (1994). Interindividual–intergroup discontinuity in the prisoner's dilemma game. *Journal of Conflict Resolution, 38,* 87–116.

Jackson, A., & Ruderman, M. (1995). Introduction: Perspective for understanding diverse work teams. In S. Jackson & M. Ruderman (Eds.), *Diversity in work teams: Research paradigms for a changing workplace* (pp. 1–13). Washington, DC: American Psychological Association.

Jackson, S. (1992). Team composition in organizational settings: Issues in managing an increasingly diverse workforce. In S. Worchel, W. Wood, & J. Simpson (Eds.), *Group process and productivity* (pp. 138–173). Newbury Park, CA: SAGE.

Janis, I. (1972). *Victims of groupthink.* Boston, MA: Houghton Mifflin.

Janis, I., & Mann, L. (1977). *Decision making.* New York, NY: Free Press.

Janz, B., Colquitt, J., & Noe, R. (1997). Knowledge worker team effectiveness: The role of autonomy, interdependence, team development, and contextual support variables. *Personnel Psychology, 50,* 877–905.

Jehn, K. (1995). A multimethod examination of the benefits and detriments of intragroup conflict. *Administrative Science Quarterly, 40*, 256–282.

Jehn, K., & Shaw, P. (1997). Interpersonal relationships and task performance: An examination of mediating processes in friendship and acquaintance groups. *Journal of Personality and Social Psychology, 72*, 775–790.

Jentsch, F., & Smith-Jentsch, K. (2001). Assertiveness and team performance: More than "just say no." In E. Salas, C. Bowers, & E. Edens (Eds.), *Improving teamwork in organizations* (pp. 73–94). Mahwah, NJ: Lawrence Erlbaum.

Johnson, D., & Johnson, F. (1997). *Joining together: Group theory and group skills* (6th ed.). Boston, MA: Allyn & Bacon.

Johnson, D., Maruyama, G., Johnson, R., Nelson, D., & Skon, L. (1981). Effects of cooperative, competitive, and individualistic goal structures on achievement: A meta-analysis. *Psychological Bulletin, 89*, 47–62.

Johnson, S. K., Bettenhausen, K., & Gibbons, E. (2009). Realities of working in virtual teams: Affective and attitudinal outcomes of using computer-mediated communication. *Small Group Research, 40*(6), 623–649.

Jones, G., & George, J. (1998). The experience and evolution of trust: Implications for cooperation and teamwork. *Academy of Management Review, 23*, 531–546.

Jones, S., & Moffett, R. (1999). Measurement and feedback systems for teams. In E. Sundstrom (Ed.), *Supporting work team effectiveness* (pp. 157–187). San Francisco, CA: Jossey-Bass.

Jong, J., Curseu, P., & Leenders, R. (2014). When do bad apples not spoil the barrel? Negative relationships in teams, team performance, and buffering mechanisms. *Journal of Applied Psychology, 99*(3), 514–522.

Jordan, P., & Troth, A. (2004). Managing emotions during team problem solving: Emotional intelligence and conflict resolution. *Human Performance, 17*(2), 195–218.

Joshi, A. (2014). By whom and when is women's expertise recognized? The interactive effects of gender and education in science and engineering teams. *Administrative Science Quarterly, 59*(2), 202–239.

Karau, S., & Williams, K. (1993). Social loafing: A meta-analytic review and theoretical integration. *Journal of Personality and Social Psychology, 65*, 681–706.

Karau, S., & Williams, K. (1997). The effects of group cohesion on social loafing and social compensation. *Group Dynamics: Theory, Research, and Practice, 1*, 156–168.

Katzenbach, J., & Smith, D. (1993). *The wisdom of teams.* Cambridge, MA: Harvard Business School Press.

Katzenbach, J., & Smith, D. (2001). *The discipline of teams.* New York, NY: John Wiley.

Kayser, T. (1990). *Mining group gold.* El Segundo, CA: Sherif.

Kemery, E., Bedeian, A., Mossholder, K., & Touliatos, J. (1985). Outcomes of role stress: A multisample constructive replication. *Academy of Management Review, 28*, 363–375.

Kerr, N., & Bruun, S. (1983). Dispensability of member effort and group motivation losses: Free rider effects. *Journal of Personality and Social Psychology, 44,* 78–94.

Kerr, N., & Tindale, R. (2004). Group performance and decision making. *Annual Review of Psychology, 55,* 623–655.

Keysar, B., & Henly, A. (2002). Speakers' overestimation of their effectiveness. *Psychological Science, 13*(3), 207–212.

Kidder, T. (1981). *The soul of the new machine.* New York, NY: Avon.

Kilmann, R., & Saxton, M. (1983). *The Kilmann-Saxton culture gap survey.* Pittsburgh, PA: Organizational Design Consultants.

Kipnis, D. (1976). *The powerholders.* Chicago, IL: University of Chicago Press.

Kipnis, D., & Schmidt, S. (1982). *Profiles of organizational influence strategies: Influencing your subordinates.* San Diego, CA: University Associates.

Kipnis, D., Schmidt, S., Swaffin-Smith, C., & Wilkinson, I. (1984). Patterns of managerial influence: Shotgun managers, tacticians, and bystanders. *Organizational Dynamics, 12*(3), 58–67.

Kirkman, B., & Rosen, B. (1999). Beyond self-management: Antecedents and consequences of team empowerment. *Academy of Management Journal, 42*(1), 58–74.

Kirkman, B. L., & Shapiro, D. L. (1997). The impact of cultural values on employee resistance to teams: Toward a model of globalized self-managing work team effectiveness. *Academy of Management Review, 22*(3), 730–757.

Kirkpatrick, S., & Locke, E. (1991). Leadership: Do traits matter? *Academy of Management Executive, 5,* 48–60.

Kivlighan, D., & Jauquet, C. (1990). Quality of group member agendas and group session climate. *Small Group Research, 1,* 205–219.

Klein, C., DiazGranados, D., Salas, E., Le, H., Burke, C., Lyons, R., & Goodwin, G. (2009). Does team building work? *Small Group Research, 40*(2), 181–222.

Klein, J. (1984, September). Why supervisors resist employee involvement. *Harvard Business Review,* 87–93.

Klimoski, R., & Mohammed, S. (1997). Team mental model: Construct or metaphor? *Journal of Management, 20*(2), 403–437.

Knight, G., & Dubro, A. (1984). Cooperative, competitive, and individualistic social values. *Journal of Personality and Social Psychology, 46,* 98–105.

Koman, E., & Wolff, S. (2008). Emotional intelligence competencies in the team and team leader. *Journal of Management Development, 27*(1), 55–75.

Kruger, J., Epley, N., Parker, J., & Ng, Z. (2005). Egocentrism over e-mail: Can we communicate as well as we think? *Journal of Personality and Social Psychology, 89*(6), 925–936.

Langfred, C. (2000). Work group design and autonomy: A field study of the interaction between task interdependence and group autonomy. *Small Group Research, 31,* 54–70.

Larson, C., & LaFasto, F. (1989). *Teamwork: What must go right/what can go wrong.* Newbury Park, CA: SAGE.

Latane, B., Williams, K., & Harkins, S. (1979). Many hands make light the work: The causes and consequences of social loafing. *Journal of Personality and Social Psychology, 37,* 822–832.

Laughlin, P., & Hollingshead, A. (1995). A theory of collective induction. *Organizational Behavior and Human Decision Processes, 61,* 94–107.

Lawler, E. (1986). *High involvement management.* San Francisco, CA: Jossey-Bass.

Lawler, E. (1999). Creating effective pay systems for teams. In E. Sundstrom (Ed.), *Supporting work team effectiveness* (pp. 188–214). San Francisco, CA: Jossey-Bass.

Lawler, E. (2000). *Rewarding excellence: Pay strategies for the new economy.* San Francisco, CA: Jossey-Bass.

Lawler, E., Mohrman, S., & Ledford, G. (1995). *Creating high performance organizations: Practices and results of employee involvement and quality management in Fortune 1000 companies.* San Francisco, CA: Jossey-Bass.

Lea, D., & Brostrom, L. (1988). Managing the high-tech professional. *Personnel, 65*(6), 12–22.

Lee, C., Farh, J., & Chen, Z. (2011). Promoting group potency in project teams: The importance of group identification. *Journal of Organizational Behavior, 32,* 1147–1162.

Lehrer, J. (2012). *Imagine: How creativity works.* Boston, MA: Houghton, Mifflin, & Harcourt.

Levi, D., & Cadiz, D. (1998). *Evaluating teamwork on student projects: The use of behaviorally anchored scales to evaluate student performance* (ERIC Document Reproduction Service No. TM29122). East Lansing, MI: National Center for Research on Teacher Learning.

Levi, D., & Lawn, M. (1993). The driving and restraining forces which affect technological innovation. *Journal of High Technology Management Research, 4,* 225–240.

Levi, D., & Rinzel, L. (1998). Employee attitudes toward various communications technologies when used for communicating about organizational change. In P. Vink, E. Koningsveld, & S. Dhondt (Eds.), *Human factors in organizational design and management* (Vol. 6, pp. 483–488). Amsterdam, The Netherlands: Elsevier Science.

Levi, D., & Slem, C. (1995). Team work in research and development organizations: The characteristics of successful teams. *International Journal of Industrial Ergonomics, 16,* 29–42.

Levi, D., & Slem, C. (1996). The relationship of concurrent engineering practices to different views of project success. In O. Brown & H. Hendrick (Eds.), *Human factors in organizational design and management* (Vol. 5, pp. 25–30). Amsterdam, The Netherlands: Elsevier Science.

Levine, J. (1989). Reaction to opinion deviance in small groups. In P. Paulus (Ed.), *Psychology of group influence: New perspectives* (pp. 187–232). Hillsdale, NJ: Lawrence Erlbaum.

Levine, J., & Choi, H. (2004). Impact of personnel turnover on team performance and cognition. In E. Salas & S. Fiore (Eds.), *Team cognition: Understanding the factors that drive process and performance* (pp. 153–175). Washington, DC: American Psychological Association.

Lewin, K. (1951). *Field theory in social science*. New York, NY: Harper.

Lewis, K. (2004). Knowledge and performance in knowledge-worker teams: A longitudinal study of transactive memory systems. *Management Science, 11,* 1519–1533.

Li, N., Kirkman, B., & Porter, C. (2014). Toward a model of work team altruism. *Academy of Management Review, 39*(4), 541–565.

Likert, R. (1961). *New patterns in management*. New York, NY: McGraw-Hill.

Locke, E., & Latham, G. (1990). *A theory of goal setting and task performance*. Englewood Cliffs, NJ: Prentice Hall.

Lord, R. (1985). An information processing approach to social perceptions, leadership, and behavioral measurement. *Research in Organizational Behavior, 7,* 87–128.

Lorinkova, N., Pearsall, M., & Sims, H. (2013). Examining the differential longitudinal performance of directive versus empowering leadership in teams. *Academy of Management Journal, 58*(2), 573–596.

Lott, A., & Lott, B. (1965). Group cohesiveness as interpersonal attraction: A review of the relationships with antecedent and consequence variables. *Psychological Bulletin, 64,* 259–309.

Lumsden, G., & Lumsden, D. (1997). *Communicating in groups and teams*. Belmont, CA: Wadsworth.

Luthans, F., & Fox, M. (1989, March). Update on skill-based pay. *Personnel,* 26–31.

Lyons, S., & Kuron, L. (2014). Generational differences in the workplace: A review of the evidence and directions for future research. *Journal of Organizational Behavior, 35,* 139–157.

Mannix, E., & Neale, M. (2005). What differences make a difference? The promise and reality of diverse teams in organizations. *Psychology in the Public Interest, 6*(2), 32–55.

Manufacturing Studies Board. (1986). *Human resources practices for implementing advanced manufacturing technology*. Washington, DC: National Academy Press.

Manz, C. (1992). Self-leading work teams: Moving beyond self-management myths. *Human Relations, 45,* 1119–1140.

Marks, M., Mathieu, J., & Zaccaro, S. (2001). A temporally based framework and taxonomy of team processes. *Academy of Management Review, 26*(3), 356–376.

Marks, M., Sabella, M., Burke, C., & Zaccaro, S. (2002). The impact of cross-training on team effectiveness. *Journal of Applied Psychology, 87*(1), 2–13.

Marquardt, M. (2002). *Building the learning organization*. Palo Alto, CA: Davies-Black.

Marquardt, M. (2004, June). Harnessing the power of action learning. *Training & Development,* 26–32.

Martin, J., Knopoff, K., & Beckman, C. (1998). An alternative to bureaucratic impersonality and emotional labor: Bounded emotionality at the body shop. *Administrative Science Quarterly,* 429–469.

Mathieu, J., Gilson, L., & Ruddy, T. (2006). Empowerment and team effectiveness: An empirical test of an integrated model. *Journal of Applied Psychology, 91*(1), 97–108.

Mathieu, J., Maynard, T., Rapp, T., & Gilson, L. (2008). Team effectiveness 1997–2007: A review of recent advancements and a glimpse into the future. *Journal of Management, 34*(3), 410–476.

Mathieu, J., & Rapp, T. (2009). Laying the foundation for successful team performance trajectories: The roles of team charters and performance strategies. *Journal of Applied Psychology, 94*(1), 90–103.

Mathieu, J., Tannenbaum, S., Donsbach, J., & Alliger, G. (2014). A review and integration of team composition models: Moving toward a dynamic and temporal framework. *Journal of Management, 40*(1), 130–160.

Mayer, J., & Salovey, P. (1997). What is emotional intelligence? In P. Salovey & D. Sluyter (Eds.), *Emotional development and emotional intelligence: Educational implications* (pp. 3–32). New York, NY: Basic Books.

Maynard, T., Mathieu, J., Gibson, L., & Rapp, T. (2012). Something(s) old and something(s) new: Modeling drivers of global virtual team effectiveness. *Journal of Organizational Behavior, 33,* 342–365.

Mayo, E. (1933). *The human problems of an industrial civilization.* Cambridge, MA: Harvard University Press.

McAllister, D. (1995). Affect and cognition-based trust as foundations for interpersonal cooperation in organizations. *Academy of Management Journal, 38,* 24–59.

McCallin, A., & Bamford, A. (2007). Interdisciplinary teamwork: Is the influence of emotional intelligence fully appreciated? *Journal of Nursing Management, 15,* 386–391.

McClelland, D., & Boyatzis, R. (1982). Leadership motive pattern and long-term success in management. *Journal of Applied Psychology, 67,* 737–743.

McComb, S., Green, S., & Compton, W. (1999). Project goals, team performance, and shared understanding. *Engineering Management Journal, 11*(3), 7–12.

McGrath, J. (1984). *Groups: Interaction and performance.* Englewood Cliffs, NJ: Prentice Hall.

McGrath, J. (1990). Time matters in groups. In J. Galegher, R. Kraut, & C. Egido (Eds.), *Intellectual teamwork: Social and technological foundations of cooperative work* (pp. 23–62). Hillsdale, NJ: Lawrence Erlbaum.

McGrath, J., Berdahl, J., & Arrow, H. (1995). Traits, expectations, culture, and clout: The dynamics of diversity in work groups. In S. Jackson & M. Ruderman (Eds.), *Diversity in work teams: Research paradigms for a changing workplace* (pp. 17–45). Washington, DC: American Psychological Association.

McGrath, J., & Hollingshead, A. (1994). *Groups interacting with technology.* Thousand Oaks, CA: SAGE.

McIntyre, R., & Salas, E. (1995). Measuring and managing for team performance: Lessons from complex environments. In R. Guzzo & E. Salas (Eds.), *Team effectiveness and decision making in organizations* (pp. 9–45). San Francisco, CA: Jossey-Bass.

McKenna, E. (1994). *Business psychology and organizational behavior.* Hillsdale, NJ: Lawrence Erlbaum.

Meindl, J., & Ehrlich, S. (1987). The romance of leadership and the evaluation of organizational performance. *Academy of Management Journal, 30*, 91–109.

Menges, J. I., & Kilduff, M. (2015). Group emotions: Cutting the gordion knots concerning terms, levels-of-analysis, and processes. *The Academy of Management Annals, 9*(1), 849–932.

Merriman, K. (2009). On the folly of rewarding team performance, while hoping for teamwork. *Compensation Benefits Review, 41*, 61–66.

Mesmer-Magnus, J., DeChurch, L., Jimenez-Rodriguez, M., Wildman, J., & Shuffler, M. (2011). A meta-analytic investigation of virtuality and information sharing in teams. *Organizational Behavior and Human Decision Processes, 115*, 214–225.

Milgram, S. (1974). *Obedience to authority.* New York, NY: Harper & Row.

Milkman, K., Chugh, D., & Bazerman, M. (2009). How can decision making be improved? *Perspectives on Psychological Science, 4*(4), 379–383.

Mills, M., Fleck, C., & Kozikowski, A. (2013). Positive psychology at work: A conceptual review, state-of-practice assessment, and a look ahead. *Journal of Positive Psychology, 8*(2), 153–164.

Minton-Eversole, T. (2012). Virtual teams used most by global organizations, survey says. *Society for Human Resource Management, 19*, 157–190.

Mittleman, D., & Briggs, R. (1999). Communication technologies for traditional and virtual teams. In E. Sundstrom (Ed.), *Supporting work team effectiveness* (pp. 246–270). San Francisco, CA: Jossey-Bass.

Miville, M., Gelso, C., Pannu, R., Liu, W., Touradji, P., Holloway, P., & Fuertes, J. (1999). Appreciating similarities and valuing differences: The Miville-Guzman Universality-Diversity Scale. *Journal of Counseling Psychology, 46*(3), 291–307.

Mohammed, S., Ferzandi, L., & Hamilton, K. (2010). Metaphor no more: A 15 year review of the team mental model. *Journal of Management, 36*, 876–910.

Mohrman, S. (1993). Integrating roles and structure in the lateral organization. In J. Galbraith & E. Lawler (Eds.), *Organizing for the future* (pp. 109–141). San Francisco, CA: Jossey-Bass.

Mohrman, S., Cohen, S., & Mohrman, A. (1995). *Designing team-based organizations.* San Francisco, CA: Jossey-Bass.

Moreland, R., Argote, L., & Krishnan, R. (1996). Socially shared cognition at work. In J. Nye & A. Bower (Eds.), *What's social about social cognition?* Thousand Oaks, CA: SAGE.

Moreland, R., & Levine, J. (1982). Socialization in small groups: Temporal changes in individual-group relations. *Advances in Experimental Social Psychology, 15*, 137–192.

Moreland, R., & Levine, J. (1989). Newcomers and old-timers in small groups. In P. Paulus (Ed.), *Psychology of group influence* (pp. 143–186). Hillsdale, NJ: Lawrence Erlbaum.

Moreland, R., & Levine, J. (1992). Problem identification by groups. In S. Worchel, W. Wood, & J. Simpson (Eds.), *Group process and productivity* (pp. 17–48). Newbury Park, CA: SAGE.

Morgeson, F. (2005). The external leadership of self-managing teams: Intervening in the context of novel and disruptive events. *Journal of Applied Psychology, 90*(3), 497–508.

Morgeson, F., Reider, M., & Campion, M. (2005). Selecting individuals in team settings: The importance of social skills, personality characteristics, and teamwork knowledge. *Personnel Psychology, 58,* 583–611.

Moscovici, S. (1985). Social influence and conformity. In G. Lindzey & E. Aronson (Eds.), *The handbook of social psychology* (pp. 347–412). Hillsdale, NJ: Lawrence Erlbaum.

Mueller, J., Melwani, S., & Goncalo, J. (2012). The bias against creativity: Why people desire but reject creative ideas. *Psychological Science, 23*(1), 13–17.

Mullen, B., & Copper, C. (1994). The relation between group cohesiveness and performance: An integration. *Psychological Bulletin, 115,* 210–227.

Mullen, B., Johnson, C., & Salas, E. (1991). Productivity loss in brainstorming groups: A meta-analytic integration. *Basic and Applied Psychology, 12,* 3–24.

Mullen, B., Salas, E., & Driskell, J. (1989). Salience, motivation, and artifacts as contributors to the relationship between participation rate and leadership. *Journal of Experimental Social Psychology, 25,* 545–559.

Murnighan, J. (1981). Group decision making: What strategies should you use? *Management Review, 25,* 56–62.

Myers, D., & Lamm, H. (1976). The group polarization phenomenon. *Psychological Bulletin, 83,* 602–627.

Nadler, J., Thompson, L., & Morris, M. (1999, August). *Schmooze or lose: The efforts of rapport and gender in e-mail negotiations.* Paper presented at the annual meeting of the Academy of Management, Chicago, IL.

Naquin, C., & Tynan, R. (2003). The team halo effect: Why teams are not blamed for their failures. *Journal of Applied Psychology, 88*(2), 332–340.

Nemeth, C. (1979). The role of an active minority in intergroup relations. In W. Austin & S. Worchel (Eds.), *The social psychology of intergroup relations* (pp. 348–362). Pacific Grove, CA: Brooks/Cole.

Nemeth, C., & Staw, B. (1989). The trade-offs of social control and innovation in groups and organizations. In L. Berkowitz (Ed.), *Advances in experimental social psychology* (pp. 195–230). San Diego, CA: Academic Press.

Nickerson, R. S. (1998). Confirmation bias: A ubiquitous phenomenon in many guises. *Review of General Psychology, 2,* 175–220.

Nkomo, S. (1995). Identities and the complexity of diversity. In S. Jackson & M. Ruderman (Eds.), *Diversity in work teams: Research paradigms for a changing workplace* (pp. 247–253). Washington, DC: American Psychological Association.

Northcraft, G., Polzer, J., Neale, M., & Kramer, R. (1995). Diversity, social identity, and performance: Emergent social dynamics in cross-functional teams. In S. Jackson & M. Ruderman (Eds.), *Diversity in work teams: Research paradigms for a changing workplace* (pp. 69–95). Washington, DC: American Psychological Association.

Nye, J., & Forsyth, D. (1991). The effects of prototype-based biases on leadership appraisals: A test of leadership categorization theory. *Small Group Research, 22*, 360–379.

O'Dell, C. (1989, November 1). Team play, team pay: New ways of keeping score. *Across the Board*, 38–45.

Offner, A., Kramer, T., & Winter, J. (1996). The effects of facilitation, recording, and pauses on group brainstorming. *Small Group Research, 27*, 283–298.

O'Neill, T., Allen, N., & Hastings, S. (2013). Examining the "pros" and "cons" of team conflict: A team-level meta-analysis of task, relationship, and process conflict. *Human Performance, 26*, 236–260.

Orsburn, J., Moran, L., Musselwhite, E., Zenger, J., & Perrin, C. (1990). *Self-directed work teams: The new American challenge*. Homewood, IL: Business One Irwin.

Osborn, A. (1957). *Applied imagination*. New York, NY: Scribner.

Ouchi, W. (1981). *Theory Z: How American business can meet the Japanese challenge*. Reading, MA: Addison-Wesley.

Park, G., & DeShon, R. (2010). A multilevel model of minority opinion expression and team decision-making effectiveness. *Journal of Applied Psychology, 95(5)*, 824–833.

Park, N., Rhoads, M., Hou, J., & Lee, K. (2014). Understanding the acceptance of teleconferencing systems among employees: An extension of the technology acceptance model. *Computers in Human Behavior, 39*, 118–127.

Parks, C. (1994). The predictive ability of social values in resource dilemmas and public good games. *Personality and Social Psychology Bulletin, 20*, 431–438.

Parks, C., & Sanna, L. (1999). *Group performance and interaction*. Boulder, CO: Westview.

Parks, M. R. (1977). Relational communication: Theory and research. *Human Communication Research, 3(4)*, 372–381.

Pascale, R., & Athos, A. (1981). *The art of Japanese management*. New York, NY: Simon & Schuster.

Paulus, P. (1998). Developing consensus about groupthink after all these years. *Organization Behavior and Human Decision Processes, 73*, 362–374.

Paulus, P. (2000). Groups, teams, and creativity: The creative potential of idea-generating groups. *Applied Psychology: An International Review, 49(2)*, 237–262.

Paulus, P. (2002). Different ponds for different fish: A contrasting perspective on team innovation. *International Association for Applied Psychology*, 394–399.

Pavit, C. (1993). What (little) we know about formal group discussion procedures. *Small Group Research, 24*, 217–235.

Pearsall, M., Christian, M., & Ellis, A. (2010). Motivating interdependent teams: Individual rewards, shared rewards, or something in between? *Journal of Applied Psychology, 95(1)*, 183–191.

Pelled, L., Eisenhardt, K., & Xin, K. (1999). Exploring the black box: An analysis of work group diversity, conflict and performance. *Administrative Science Quarterly, 44*, 1–28.

Penarroja, V., Orengo, V., Zornoza, A., & Hernandez, A. (2013). The effects of virtuality level on task-related collaborative behaviors: The mediating role of team trust. *Computers in Human Behavior, 29*, 967–974.

Peters, T., & Waterman, R. (1982). *In search of excellence*. New York, NY: Harper & Row.

Peterson, R., & Nemeth, C. (1996). Focus versus flexibility: Majority and minority influence can both improve performance. *Personality and Social Psychology Bulletin, 22*, 14–24.

Pettigrew, T. F., & Martin, J. (1987). Shaping the organizational context for black american inclusion. *Journal of Social Issues, 43*(1), 41–78.

Pieterse, A., Knippenberg, D., & Dierendonck, D. (2013). Cultural diversity and team performance: The role of team member goal orientation. *Academy of Management Journal, 56*(3), 782–804.

Podsakoff, P., & Schriesheim, C. (1985). Field studies of French and Raven's bases of power. *Psychological Bulletin, 97*, 387–411.

Pokras, S. (1995). *Team problem solving*. Menlo Park, CA: CRISP.

Priest, H., Stagl, K., Klein, C., & Salas, E. (2006). Virtual teams: Creating context for distributed teamwork. In C. Bowers, E. Salas, & F. Jentsch (Eds.), *Creating high-tech teams* (pp. 185–211). Washington, DC: American Psychological Association.

Prochaska, R. (1980). The management of innovation in Japan: Why it is successful? *Research Management, 23*, 35–38.

Pruitt, D. (1986). Trends in the scientific study of negotiation. *Negotiation Journal, 2*, 237–244.

Quoidbach, J., & Hansenne, M. (2009). The impact of trait emotional intelligence on nursing team performance and cohesiveness. *Journal of Professional Nursing, 25*(1), 23–29.

Rahim, M. (1983). A measure of styles of handling interpersonal conflict. *Academy of Management Journal, 26*, 368–376.

Rains, S. A. (2005). Leveling the organizational playing field—virtually a meta-analysis of experimental research assessing the impact of group support system use on member influence behaviors. *Communication Research, 32*(2), 193–234.

Rajaram, S. (2011). Collaboration both hurts and helps memory: A cognitive perspective. *Current Directions in Psychological Science, 20*(2), 76–81.

Raven, B., Schwarzwald, J., & Koslowsky, M. (1998). Conceptualizing and measuring a power/interaction model of interpersonal influence. *Journal of Applied Social Psychology, 28*, 307–333.

Reichwald, R., & Goecke, R. (1994). New communication media and new forms of cooperation in the top management area. In G. Bradley & H. Hendrick (Eds.), *Human factors in organizational design and management* (Vol. 4, pp. 511–518). Amsterdam, The Netherlands: Elsevier Science.

Rentz, K., Arduser, L., Meloncon, L., & Debs, M. (2009). Designing a successful group-report experience. *Business Communication Quarterly, 72,* 79–84.

Rice, R., Instone, D., & Adams, J. (1984). Leader sex, leader success, and leadership process: Two field studies. *Journal of Applied Psychology, 69,* 12–31.

Rico, R., Sanchez-Manzanares, M., Antino, M., & Lau, D. (2012). Bridging team faultlines by combining task role assignment and goal structure strategies. *Journal of Applied Psychology, 97*(2), 407–420.

Richardson, J., & West, M. (2010). Dream teams: A positive psychology of team working. P. Linley, S. Harrington, & N. Garcea (Eds.), *Oxford handbook of positive psychology and work* (pp. 235–249). New York, NY: Oxford University Press.

Ridgeway, C. L. (1997). Interaction and the conservation of gender inequality: Considering employment. *American Sociological Review,* 218–235.

Roch, S., & Ayman, R. (2005). Group decision making and perceived decision support: The role of communication medium. *Group Dynamics, 9*(1), 15–31.

Rogelberg, S. G., Allen, J. A., Shanock, L., Scott, C., & Shuffler, M. (2010). Employee satisfaction with meetings: A contemporary facet of job satisfaction. *Human Resource Management, 49*(2), 149–172.

Rogelberg, S. G., Scott, C., & Kello, J. (2007). The science and fiction of meetings. *MIT Sloan management review, 48*(2), 18–21.

Rogelberg, S. G., Shanock, L. R., & Scott, C. W. (2012). Wasted time and money in meetings: Increasing return on investment. *Small Group Research, 43,* 236–245.

Rohlen, T. (1975). The company work group. In E. Vogel (Ed.), *Modern Japanese organization and decision making* (pp. 185–209). Tokyo, Japan: Tuttle.

Rosenberg, L. (1961). Group size, prior experience, and conformity. *Abnormal and Social Psychology, 63,* 436–437.

Ross, L., & Ward, A. (1995). Psychological barriers to dispute resolution. In M. Zanna (Ed.), *Advances in experimental social psychology* (Vol. 27, pp. 255–304). San Diego, CA: Academic Press.

Rothwell, J. D. (2015). *In mixed company: Communicating in small groups and teams* (9th ed.). Boston, MA: Cengage Learning.

Rudman, L. A., Moss-Racusin, C. A., Phelan, J. E., & Nauts, S. (2012). Status incongruity and backlash effects: Defending the gender hierarchy motivates prejudice against female leaders. *Journal of Experimental Social Psychology, 48*(1), 165–179.

Rynes, S., Gerhart, B., & Parks, L. (2005). Personnel psychology: Performance evaluation and pay for performance. *Annual Review of Psychology, 56,* 571–600.

Sakuri, M. (1975). Small group cohesiveness and detrimental conformity. *Sociometry, 38,* 340–357.

Salas, E., Bowers, C., & Edens, E. (2001). Research and practice of resource management in organizations. In E. Salas, C. Bowers, & E. Edens (Eds.), *Improving teamwork in organizations: Applications of resource management training* (pp. 235–240). Mahwah, NJ: Lawrence Erlbaum.

Salas, E., & Cannon-Bowers, J. (2001). The science of training: A decade of progress. In S. Fiske, D. Schacter, & C. Zahn-Waxler (Eds.), *Annual review of psychology* (pp. 471–499). Palo Alto, CA: Annual Review Press.

Sawyer, R. (2012, January 25). What Mel Brooks can teach us about "group flow." *Greater Good*. Retrieved from http://greatergood.berkeley.edu/article/item/what_mel_brooks_ can_teach_us_about_ group_flow#

Schein, E. (1988). *Process consultation: Its role in organizational development.* Reading, MA: Addison-Wesley.

Schein, E. (1992). *Organizational culture and leadership* (2nd ed.). San Francisco, CA: Jossey-Bass.

Scholtes, P. (1988). *The team handbook: How to use teams to improve quality.* Madison, WI: Joiner.

Scholtes, P. (1994). *The team handbook for educators.* Madison, WI: Joiner.

Schwenk, C. (1990). Effects of devil's advocacy and dialectical inquiry on decision making: A meta-analysis. *Organizational Behavior and Human Decision Processes, 47,* 161–176.

Seibert, S., Wang, G., & Courtright, S. (2011). Antecedents and consequences of psychological and team empowerment in organizations: A meta-analysis review. *Journal of Applied Psychology, 96*(5), 981–1003.

Shaw, J., Duffy, M., & Stark, E. (2001). Team reward attitude: Construct development and initial validation. *Journal of Organizational Behavior, 22,* 903–917.

Shaw, M. (1981). *Group dynamics: The psychology of small group behavior.* New York, NY: McGraw-Hill.

Sherif, M. (1966). *In common predicament: Social psychology of intergroup conflict and cooperation.* Boston, MA: Houghton Mifflin.

Shuffler, M., DiazGranados, D., & Salas, E. (2011). There's a science for that: Team development interventions in organizations. *Current Directions in Psychological Science, 20*(6), 365–372.

Simon, H. (1979). *The science of the artificial* (2nd ed.). Cambridge, MA: MIT Press.

Slavin, R. (1985). Cooperative learning: Applying contact theory in desegregated schools. *Journal of Social Issues, 41,* 45–62.

Slem, C., Levi, D., & Young, A. (1995). Attitudes about the impact of technological change: Comparison of U.S. and Japanese workers. *Journal of High Technology Management Research, 6,* 211–228.

Smith, K., Carrol, S., & Ashford, S. (1995). Intra- and interorganizational cooperation: Toward a research agenda. *Academy of Management Journal, 38,* 7–23.

Smith-Jentsch, K., Cannon-Bowers, J., Tannenbaum, S., & Salas, E. (2008). Guided team self-correction: Impacts of team mental models, processes, and effectiveness. *Small Group Research, 39*(3), 303–327.

Smith-Jentsch, K., Salas, E., & Brannick, M. (2001). To transfer or not to transfer? Investigating the combined effects of trainee characteristics, team leader support, and team climate. *Journal of Applied Psychology, 86*(2), 279–292.

Snell, S., Snow, C., Davison, S., & Hambrick, D. (1998). Designing and supporting transnational teams: The human resource agenda. *Human Resource Management, 37*(2), 147–158.

Snow, C., Snell, S., Davison, S., & Hambrick, D. (1996). Use transnational teams to globalize your company. *Organizational Dynamics, 24*(4), 50–67.

Snyder, L. (2009). Teaching teams about teamwork: Preparation, practice, and performance review. *Business Communication Quarterly, 72*(1), 74–79.

Somech, A., Desivilya, H., & Lidogoster, H. (2009). Team conflict management and team effectiveness: The effects of task interdependence and team identification. *Journal of Organizational Behavior, 30,* 359–378.

Somech, A., & Drach-Zahavy, A. (2013). Translating team creativity to innovation implementation: The role of team composition and climate for innovation. *Journal of Management, 39*(3), 684–708.

Spitzberg, B. H. (1983). Communication competence as knowledge, skill, and impression. *Communication Education, 32*(3), 323–329.

Spreitzer, G., Cohen, S., & Ledford, G. (1999). Developing effective self-managing work teams in service organizations. *Group and Organization Management, 24,* 340–367.

Sproull, L., & Kiesler, S. (1991). *Connections: New ways of working in the networked organization.* Cambridge, MA: MIT Press.

Srull, T., & Wyer, R. (1988). *Advances in social cognition.* Hillsdale, NJ: Lawrence Erlbaum.

Staples, D. S., & Zhao, L. (2006). The effects of cultural diversity in virtual teams versus face-to-face teams. *Group Decision and Negotiation, 15*(4), 389–406.

Stasser, G. (1992). Pooling of unshared information during group discussions. In S. Worchel, W. Wood, & J. Simpson (Eds.), *Group process and productivity* (pp. 17–48). Newbury Park, CA: SAGE.

Stasser, G., & Titus, W. (1985). Pooling of unshared information in group decision making: Biased information sampling during discussion. *Journal of Personality and Social Psychology, 48,* 1467–1478.

Stein, M. (1975). *Stimulating creativity.* New York, NY: Academic Press.

Steiner, I. (1972). *Group process and productivity.* New York, NY: Academic Press.

Stewart, G. (2010). The past twenty years: Team research is alive and well at the Journal of Management. *Journal of Management, 36*(4), 801–805.

Stewart, G., Courtright, S., & Barrick, M. (2012). Peer-based control in self-managing teams: Linking rational and normative influence with individual and group performance. *Journal of Applied Psychology, 97*(2), 435–447.

Stogdill, R. (1974). *Handbook of leadership.* New York, NY: Free Press.

Stoner, J. (1961). *A comparison of individual and group decision making involving risk* (Unpublished master's thesis). Massachusetts Institute of Technology, Cambridge, MA.

Sundstrom, E. (1999). The challenges of supporting work team effectiveness. In E. Sundstom (Ed.), *Supporting work team effectiveness* (pp. 2–23). San Francisco, CA: Jossey-Bass.

Sundstrom, E., DeMeuse, K., & Futrell, D. (1990). Work teams. *American Psychologist, 45*, 120–133.

Sundstrom, E., McIntyre, M., Halfhill, T., & Richards, H. (2000). Work groups: From the Hawthorne studies to work teams of the 1990s and beyond. *Group Dynamics: Theory, Research, and Practice, 4*(1), 44–67.

Sunstein, C., & Hastie, R. (2014). Making dumb groups smarter. *Harvard Business Review*, December, 91–98.

Swaab, R., Schaerer, M., Anicich, E., Ronay, R., & Galinsky, A. (2014). The too-much-talent effect: Team interdependence determines when more talent is too much or not enough. *Psychological Science, 25*(8), 1581–1591.

Sweeney, J. (1973). An experimental investigation of the free rider problem. *Social Science Research, 2*, 277–292.

Tajfel, H. (1982a). Social psychology of intergroup relations. *Annual Review of Psychology, 33*, 1–39.

Tajfel, H. (1982b). *Social identity and intergroup relations*. New York, NY: Cambridge University Press.

Tajfel, H., & Turner, J. C. (1979). An integrative theory of intergroup conflict. *The social psychology of intergroup relations, 33*(47), 74.

Tajfel, H., & Turner, J. (1986). The social identity theory of intergroup behavior. In S. Worchel & W. Austin (Eds.), *Psychology of intergroup relations* (pp. 2–24). Chicago, IL: Nelson-Hall.

Takeuchi, J., Kass, S., Schneider, S., & Van Wormer, L. (2013). Virtual and face-to-face teamwork differences in culturally homogeneous and heterogeneous teams. *Journal of Psychological Issues in Organizational Culture, 4*(2), 17–27.

Tannen, D. (1991). *You just don't understand: Women and men in conversation*. London, UK: Virago.

Tannenbaum, S., Mathieu, J., Salas, E., & Cohen, D. (2012). Teams are changing: Are research and practice evolving fast enough? *Industrial and Organizational Psychology, 5*(1), 2–24.

Tauer, J., & Harackiewicz, J. (2004). The effects of cooperation and competition on intrinsic motivation and performance. *Journal of Personality and Social Psychology, 86*(6), 849–861.

Taylor, F. (1923). *The principles of scientific management*. New York, NY: Harper.

Tekleab, A., Quigley, N., & Tesluk, P. (2009). A longitudinal study of team conflict, conflict management, cohesion, and team effectiveness. *Group and Organizational Management, 34*(2), 170–205.

Thomas, B., & Olson, M. (1988). Gain sharing: The design that guarantees success. *Personnel Journal, 67*(5), 73–79.

Thomas, K. (1976). Conflict and conflict management. In M. Dunnette (Ed.), *Handbook of industrial and organizational psychology* (pp. 889–935). Chicago, IL: Rand McNally.

Thompson, L. (2004). *Making the team: A guide for managers* (2nd ed.). Upper Saddle River, NJ: Pearson.

Thompson, L., & Coovert, M. (2006). Understanding and developing computer-supported cooperative work teams. In C. Bowers, E. Salas, & F. Jentsch (Eds.),

*Creating high-tech teams* (pp. 213–241). Washington, DC: American Psychological Association.

Thompson, L., & Hastie, R. (1990). Judgment tasks and biases in negotiation. In B. Sheppard, M. Bazerman, & R. Lewicki (Eds.), *Research on negotiations in organizations* (Vol. 2, pp. 1077–1092). Greenwich, CT: JAI.

Thompson, L., & Hrebec, D. (1996). Lose-lose agreements in interdependent decision making. *Psychological Bulletin, 120, 396–409.*

Tjosvold, D. (1995). Cooperation theory, constructive controversy, and effectiveness: Learning from crisis. In R. Guzzo & E. Salas (Eds.), *Team effectiveness and decision making in organizations* (pp. 79–112). San Francisco, CA: Jossey-Bass.

Tjosvold, D., Wong, A., & Chen, N. (2014). Constructively managing conflicts in organizations. *Annual Review of Organizational Psychology and Organizational Behavior, 545–568.*

Todd, A., Hanko, K., Galinsky, A., & Mussweiler, T. (2011). When focusing on differences leads to similar perspectives. *Psychological Science, 22(1), 134–141.*

Todorova, G., Bear, J., & Weingart, L. (2014). Con conflict be energizing? A study of task conflict, positive emotions, and job satisfaction. *Journal of Applied Psychology, 99(3), 451–467.*

Tolbert, P., Andrews, A., & Simons, T. (1995). The effects of group proportions on group dynamics. In S. Jackson & M. Ruderman (Eds.), *Diversity in work teams: Research paradigms for a changing workplace* (pp. 131–159). Washington, DC: American Psychological Association.

Tost, L., Gino, F., & Larrick, R. (2013). When power makes others speechless: The negative impact of leader power on team performance. *Academy of Management Journal, 56(5), 1465–1486.*

Triandis, H. (1994). *Culture and social behavior.* New York, NY: McGraw-Hill.

Triplett, N. (1898). The dynamogenic factors in pace-making and competition. *American Journal of Psychology, 9, 507–533.*

Tschan, F., Semmer, N. K., Gurtner, A., Bizzari, L., Spychiger, M., Breuer, M., & Marsch, S. U. (2009). Explicit reasoning, confirmation bias, and illusory transactive memory: A simulation study of group medical decision making. *Small Group Research, 40(3), 271–300.*

Tsui, A., Xin, K., & Egan, T. (1995). Relational demography: The missing link in vertical dyad linkage. In S. Jackson & M. Ruderman (Eds.), *Diversity in work teams: Research paradigms for a changing workplace* (pp. 97–129). Washington, DC: American Psychological Association.

Tuckman, B., & Jensen, M. (1977). Stages of small group development revisited. *Group and Organizational Studies, 2, 419–427.*

Turkle, S. (2011). *Alone together.* New York, NY: Basic Books.

Turner, J. C., Hogg, M. A., Oakes, P. J., Reicher, S. D., & Wetherell, M. S. (1987). *Rediscovering the social group: A self-categorization theory.* Oxford, UK: Blackwell.

Uhl-Bien, M., & Graen, G. (1992). Self-management and team-making in cross-functional work teams: Discovering the keys to becoming an integrated team. *Journal of High Technology Management Research, 3, 225–241.*

Uzzi, B. (1997). Social structure and competition in interfirm networks: The paradox of embeddedness. *Administrative Science Quarterly, 42*, 35–67.

Vallas, S. (2003). Why teamwork fails: Obstacles to workplace change in four manufacturing plants. *American Sociological Review, 68*, 223–250.

Van de Ven, A., & Delbecq, A. (1974). The effectiveness of nominal, Delphi, and interacting group decision making processes. *Academy of Management Journal, 17*, 605–621.

Van der Vegt, G., & Bunderson, J. (2005). Learning and performance in multidisciplinary teams: The importance of collective team identification. *Academy of Management Journal, 48*(3), 532–547.

Van der Vegt, G., Emans, B., & Van de Vliert, E. (1998). Motivating effects of task and outcome interdependence in work teams. *Group and Organization Management, 23*, 124–144.

Van Gundy, A. (1981). *Techniques of structured problem solving*. New York, NY: Van Nostrand Reinhold.

Van Gundy, A. (1987). *Creative problem solving: A guide for trainers and management*. New York, NY: Quorum Books.

Van Knippenberg, D., & Schippers, M. (2007). Work group diversity. *Annual Review of Psychology, 58*, 515–541.

Van Maanen, J., & Barley, S. (1985). Cultural organization: Fragments of a theory. In P. Frost, L. Moore, M. Louis, C. Lundberg, & J. Martin (Eds.), *Organizational culture* (pp. 31–54). Beverly Hills, CA: SAGE.

Van Maanen, J., & Kunda, G. (1989). "Real feelings": Emotional expression and organizational culture. *Research in organizational behavior, 11*, 43–103.

Vangelisti, A. L., Knapp, M. L., & Daly, J. A. (1990). Conversational narcissism. *Communications Monographs, 57*(4), 251–274.

Vashdi, D., Bamberger, P., & Erez, M. (2013). Can surgical teams ever learn? The role of coordination, complexity, and transitivity in action team learning. *Academy of Management Journal, 56*(4), 945–971.

Vignovic, J., & Thompson, L. (2010). Computer-mediated cross-cultural collaboration: Attributing communication errors to the person versus the situation. *Journal of Applied Psychology, 95*(2), 265–276.

Villado, A., & Winfred, A. (2013). The comparative effect of subjective and objective after-action reviews on team performance on a complex task. *Journal of Applied Psychology, 98*(3), 514–528.

Visser, V. A., van Knippenberg, D., van Kleef, G. A., & Wisse, B. (2013). How leader displays of happiness and sadness influence follower performance: Emotional contagion and creative versus analytical performance. *The Leadership Quarterly, 24*(1), 172–188.

Vorauer, J, Gagnon, A., & Sasaki, S. (2009). Salient intergroup ideology and intergroup interaction. *Psychological Science, 20*(7), 838–845.

Vroom, V., & Jago, A. (1988). *The new leadership: Managing participation in organizations*. Englewood Cliffs, NJ: Prentice Hall.

Vroom, V., & Yetton, P. (1973). *Leadership and decision making*. Pittsburgh, PA: University of Pittsburgh Press.

Wageman, R., Hackman, J., & Lehman, E. (2005). Team diagnostic survey: Development of an instrument. *Journal of Applied Behavioral Science, 41*(1), 373–398.

Walker, H., Ilardi, B., McMahon, A., & Fennell, M. (1996). Gender, interaction, and leadership. *Social Psychology Quarterly, 59,* 255–272.

Wall, V., & Nolan, L. (1987). Small group conflict: A look at equity, satisfaction, and styles of conflict management. *Small Group Behavior, 18,* 188–211.

Walton, R., & Hackman, J. (1986). Groups under contrasting management strategies. In P. Goodman & Associates (Eds.), *Designing effective work groups* (pp. 168–201). San Francisco, CA: Jossey-Bass.

Walton, R., & McKersie, R. (1965). *A behavioral theory of labor negotiations.* New York, NY: McGraw-Hill.

Wang, D., Waldman, D., & Zhang, Z. (2014). A meta-analysis of shared leadership and team effectiveness. *Journal of Applied Psychology, 99*(2), 181–198.

Wanous, J. (1980). *Organizational entry: Recruitment, selection, and socialization of newcomers.* Reading, MA: Addison-Wesley.

Wanous, J., & Youtz, M. (1986). Solution diversity and the quality of group decisions. *Academy of Management Journal, 29,* 149–159.

Wech, B., Mossholder, K., Steel, R., & Bennett, N. (1998). Does work group cohesiveness affect individuals' performance and organizational commitment? *Small Group Research, 29,* 472–494.

Wegner, D. (1986). Transactive memory: A contemporary analysis of the group mind. In B. Mullen & G. Goethals (Eds.), *Theories of group behavior* (pp. 185–208). New York, NY: Springer-Verlag.

Wellins, R., Byham, W., & Wilson, J. (1991). *Empowered teams.* San Francisco, CA: Jossey-Bass.

Wellins, R., & George, J. (1991). The key to self-directed teams. *Training and Development Journal, 45*(4), 26–31.

West, M. (2004). *Effective teamwork: Practical lessons from organizational research* (2nd ed.). Malden, MA: Blackwell.

West, M. (2012). *Effective teamwork: Practical lessons from organizational research* (3rd ed.). London, UK: Blackwell.

Wheelan, S. (2005). *Group process: A developmental perspective* (2nd ed.). Boston, MA: Allyn & Bacon.

Wiedow, A., & Konradt, U. (2011). Two-dimensional structure of team process: Team reflection and team adaptation. *Small Group Research, 42*(1), 32–54.

Wilder, D. (1986). Social categorization: Implications for creation and reduction of intergroup bias. In L. Berkowitz (Ed.), *Advances in experimental social psychology* (Vol. 19, pp. 291–355). San Diego, CA: Academic Press.

Williams, J., & Best, D. (1990). *Measuring sex differences: A multination study.* Newbury Park, CA: SAGE.

Witeman, H. (1991). Group member satisfaction: A conflict-related account. *Small Group Research, 22,* 24–58.

Woolley, A., Chabris, C., Pentland, A., Hashmi, N., & Malone, T. (2010). Evidence for a collective intelligence factor in the performance of human groups. *Science, 330,* 686–688.

Worchel, S., Andreoli, V., & Folger, R. (1977). Intergroup cooperation and intergroup attraction: The effect of previous interaction and outcome of combined effort. *Journal of Experimental Social Psychology, 13,* 131–140.

Yang, J., & Mossholder, K. W. (2004). Decoupling task and relationship conflict: The role of intragroup emotional processing. *Journal of Organizational Behavior, 25*(5), 589–605.

Yilmaz, G., & Peña, J. (2014). The influence of social categories and interpersonal behaviors on future intentions and attitudes to form subgroups in virtual teams. *Communication Research, 41*(3), 333–352.

Yong, K., Sauer, S., & Mannix, E. (2014). Conflict and creativity in interdisciplinary teams. *Small Group Research, 45*(3), 266–289.

Youngs, G. (1986). Patterns of threat and punishment reciprocity in a conflict setting. *Journal of Personality and Social Psychology, 51,* 541–546.

Yukl, G. (1989). Managerial leadership: A review of theory and research. *Journal of Management, 15,* 251–289.

Yukl, G. (1994). *Leadership in organizations* (3rd ed.). Englewood Cliffs, NJ: Prentice Hall.

Yukl, G., & Guinan, P. (1995). Influence tactics used for different objectives with subordinates, peers, and supervisors. *Group and Organization Management, 20,* 272–297.

Zaccaro, S., Heinen, B., & Shuffler, M. (2009). Team effectiveness and team leadership. In E. Salas, G. Goodwin, & C. Burke (Eds.), *Team effectiveness in complex organizations: Cross-disciplinary perspectives and approaches* (pp. 83–112). New York, NY: Routledge.

Zaccaro, S., & Klimoski, R. (2002). The interface of leadership and team processes. *Group and Organization Management, 27*(1), 4–14.

Zaccaro, S., & Marks, M. (1999). The roles of leaders in high-performance teams. In E. Sundstrom (Ed.), *Supporting work team effectiveness* (pp. 95–125). San Francisco, CA: Jossey-Bass.

Zaccaro, S., Rittman, A., & Marks, M. (2001). Team leadership. *The Leadership Quarterly, 12*(4), 451–483.

Zander, A. (1977). *Groups at work.* San Francisco, CA: Jossey-Bass.

Zander, A. (1994). *Making groups effective.* San Francisco, CA: Jossey-Bass.

Zarraga, C., & Bonache, J. (2005). The impact of team atmosphere on knowledge outcomes in self-managed teams. *Organizational Studies, 26*(5), 661–681.

Zhang, Z., Hempel, P., Han, Y., & Tjosvold, D. (2007). Transactive memory system links work team characteristics and performance. *Journal of Applied Psychology, 92*(6), 1722–1730.

Zigon, J. (1997, January–February). Team performance measurement: A process for creating performance standards. *Compensation and Benefits Review,* 38–48.

Zigurs, I., & Khazanchi, D. (2008). From profiles to patterns: A new view of task-technology fit. *Information Systems Management, 25,* 8–13.

Zuboff, S. (1988). *In the age of the smart machine.* New York, NY: Basic Books.